D1327260

The Analysis of Hispanic Texts: Current Trends in Methodology

Bilingual Press/Editorial bilingüe

Studies in the Literary Analysis of Hispanic Texts

Address:

Editorial
Bilingual Press
Department of Foreign Languages
York College, CUNY
Jamaica, New York 11451
212-969-4035

Business
Bilingual Press
552 Riverside Drive Suite 1-B
New York, New York 10027
212-866-4595

The Analysis of Hispanic Texts: Current Trends in Methodology

FIRST
YORK COLLEGE
COLLOQUIUM
Edited by:
Mary Ann Beck
Lisa E. Davis
José Hernández
Gary D. Keller
and
Isabel C. Tarán

ISBN: 0-916950-00-X

Library of Congress Catalog Card Number: 76-5741

Printed in the United States of America

Oral versions of the papers contained in this volume were presented at York College on April 25, 1975 during: Contemporary Methods of Literary Analysis: A Colloquium on Hispanic Literature.

Cover design by Richard S. Haymes

Table of Contents

I. The Writer's View

LA DISPUTA DE LAS ESCUELAS
CRITICAS

Francisco Ayala

York College, uno de los colegios de la City University de Nueva York, ha organizado este año de l975 un coloquio sobre los métodos contemporáneos de análisis literario (crítica según arquetipos, formalista, lingüística, marxista, sicoanalítica, estructuralista...), en el que he sido invitado a participar.

La mera enumeración de esos enfoques críticos declara ya cuál es el estado actual de tal actividad: una pluralidad de criterios diversos se contraponen dogmáticamente entre sí, criterios fundados en exigentes y exclusivas teorías, y muchas veces aplicados con pedantesca suficiencia, no sólo por quienes lo establecen y dominan, sino también por el estudiante primerizo o el periodista ligero, que no quieren ser menos ni parecer ajenos a las modas del día.

Sin embargo, la historia de la crítica literaria es ya lo suficiente larga para avisarnos de la transitoriedad de los sistemas, sustituídos unos por otros en su vigencia en el tiempo, sin perjuicio por lo demás de que puedan estar justificados y cumplan en su momento cada cual una función indispensable en el desarrollo histórico de la cultura literaria, de igual manera que, en términos amplios, las sucesivas concepciones filosóficas, con su respectiva pretensión absoluta a la verdad, integran la historia de la filosofía encontrando en sus momentos correspondientes razón de ser y cabal sentido en su conjunto, por más que su pluralidad y diversidad desmienten aquellas pretensiones de exclusiva validez. La filosofía, en vista de ello, ha procurado alguna vez asumir en su seno la disputa de las escuelas y de este modo convalidarlas todas en un terreno más profundo donde todas encuentran su raíz. Y quizá sea éste el momento para la crítica literaria de superar también la estrechez de sistemas inconciliables cuya radical aplicación arroja con frecuencia resultados bastante insatisfactorios, situándola en un plano a la vez más profundo y menos acotado.

La creación literaria se produce con tal variedad y da lugar a obras de arte tan heterogéneas que cada método particular puede mostrarse fecundo frente a unas, y desesperadamente inadecuado en presencia de otras. Por supuesto que el crítico, con deliberada o subconsciente astucia, suele elegir aquellas obras que mejor se prestan a su método para ejercitar sobre ellas las habilidades con que el instrumental operatorio de que dispone le permita lucirse; y hasta puede ocurrir que esas habilidades consientan una exhibición más brillante aun cuando se las aplica a productos literarios, a textos, que de ningún modo merecen o reclaman la consideración de obras de arte. Tal ocurre con los criterios sociológicos, o en el extremo opuesto, con los puramente formalistas, que funcionan con sorprendente éxito en la explicación de textos de subliteratura e incluso de textos carentes de la más remota relación con cualesquiera intenciones estéticas. Andrés Amorós que, sabiendo muy bien lo que hacía, se ha divertido en examinar desde varios ángulos la subliteratura en España (*Subliteraturas*, Barcelona, 1974), señala que "El problema fundamental, sobre todo, consiste en que un superficial sociologismo deje al margen por completo la cuestión del valor, de la calidad, que hace única e irrepetible la obra literaria." Y está en lo cierto. El éxito con que pueden acaso usarse el método marxista para explicar el sentido de las fotonovelas, o un método formalista para analizar la estructura de un prospecto farmacéutico suscita la aprensión de que, aplicados a una obra de arte, puedan tal vez dejar que se escape aquello que específicamente la califica.

Cuando esto acontece, casi llega uno a sentir la nostalgia de la vieja y desacreditada crítica "impresionista" que consistía en expresar con énfasis admirativo o deprecatorio la reacción personal del comentarista frente a una obra literaria que le había gustado o le desagradaba. De vuelta de esa supuesta crítica, reducida en el mejor de los casos a ser un eco subjetivo del objeto artístico considerado, y sin perjuicio de que se pongan a contribución todos los métodos "científicos" a que el dicho objeto se preste, será siempre necesario valerse de la intuición estética para orientar el trabajo interpretativo, evitando así que éste se convierta en un ejercicio de laboriosa futilidad.

Por lo pronto, la elección de la obra a estudiar es ya un acto positivo mediante el cual se afirma la dignidad de ese texto particular, la legitimidad de su pretensión a ser tenido por obra de arte; en otras palabras: la elección de la obra a estudiar implica un juicio de valor *a priori*, pues este acto estimativo del crítico es previo a cualquier determinación metodológica, debe serlo, y lo será, a menos que, según quedó apuntado, por un prejuicio no infrecuente incurra en la aberración de seleccionar para su trabajo una determinada obra precisamente porque en ella cree que podrá desplegar con lucimiento los recursos técnicos del sistema a que se inclina o está adscrito, y no porque en sí misma la considere digna de su atención y esfuerzo.

Sin la capacidad de establecer ese juicio personal previo el crítico estará abocado a los errores más grotescos, sobre todo si se ocupa de obras contemporáneas, pues para el examen de las que pertenecen a la literatura pretérita cuenta al menos con una tradición establecida sobre qué basar sus trabajos; pero entre la multitud de libros que actualmente salen de las prensas, la falta de una atinada percepción de valores puede llevarle a desplegar el aparato de su sabiduría estructuralista, o lingüística, o sicoanalítica sobre el cuerpo de textos insignificantes e indignos. Quiere ello decir que la actividad crítica no se satisface con una mera destreza de esas que con mayor o menor esfuerzo se adquieren a través de la adecuada preparación académica, sino que requiere de quien la ejerza aptitudes innatas muy particulares. A su manera, el crítico es también un espíritu dirigido hacia la esfera estética, un hombre capaz de percibir intuitivamente la calidad de lo bello y de reconocer la excelencia tanto como las deficiencias en la obra de arte literaria.

Dado, pues, el primer paso de elegirla para su estudio, esto es, singularizado por decisión intuitiva un texto literario como objeto de atención crítica con vistas a fijar la medida de su valor, el crítico deberá proceder a su examen cuidadoso en busca de los procedimientos más apropiados para alcanzar dicho valor estético. La casi inagotable variedad de la creación literaria hace que los diversos caminos abiertos para aproximarse al núcleo significativo de una obra poética se revelen más o menos—o quizá nada—conducentes según los casos. No olvidemos que, en cada caso concreto, la tarea del crítico consiste en ayudar y guiar a los lectores en el empeño de entender la obra poniéndolos en condiciones de que alcancen a captar su significado y valor poético, cosa ésta que, bien entendido, han de lograr en definitiva por sí mismos en un acto de intuición estética. El papel del crítico no es, pues, otro que el de mediador para, ilustrando a sus lectores, facilitarles el acceso a aquella intuición que él mismo tuvo en un principio y luego depuró mediante el análisis. Por eso creo que, lejos de la soberbia dogmática de quien piensa hallarse en posesión del único método válido, le conviene al crítico asumir frente a la obra de arte— en servicio de sus lectores—la actitud humilde de quien trata de averiguar cuáles son los que mejor pueden explicarla.

Así, por ejemplo, ante un texto anónimo perteneciente a un período remoto es evidente que el esclarecimiento de su contexto histórico y cultural será el comienzo inexcusable de la operación crítica, mientras que tal trámite puede resultar perfectamente prescindible y aun impertinente cuando se trate del texto debido a la pluma de un escritor contemporáneo cuya personalidad y obras anteriores se suponen conocidas de los lectores, inmersos ellos también en el mismo ambiente histórico-cultural.

Será en todo caso la obra quien deba sugerir al crítico el enfoque —o mejor, los enfoques—más adecuados para facilitar a su lector el acercamiento al significado esencial alojado en ella. Tras la intuición inicial de su valor estético, un estudio demorado de sus peculiares características irá revelándole cuales sean las mejores posibilidades ofrecidas a su análisis. Y dado que la obra de arte literaria constituye, aun en los especímenes de más aparente simplicidad, una estructura verbal sumamente compleja, no me parece discreto desdeñar, por fidelidad a una determinada escuela crítica o por preferencia de un determinado método, las eventuales ventajas de cualesquiera otras aproximaciones. Pensemos que, desde luego, la obra es un producto de cultura dado en un cierto momento histórico y, por lo tanto, el esclarecimiento de su marco histórico-cultural y cuantas vinculaciones sociológicas con la realidad donde aparece inserta podamos establecer, ayudarán a su mejor entendimiento: la consideración de tales factores, haciéndolos presentes en la mente del lector, le ayudará a penetrar en el sentido de la obra. Pensemos que el elemento ideológico, que no puede faltar nunca en alguna medida cuando se trata de un edificio construido con palabras, en ocasiones llega incluso a impregnar hasta el fondo la creación artística como ingrediente de su valor estético; y sea como quiera, su fijación precisa será siempre tarea ineludible para averiguar lo que el texto dice o no dice en el plano intelectual, evitando así ridículas equivocaciones que por desgracia son demasiado frecuentes. Pensemos que las circunstancias biográficas y, dentro de éstas, la personalidad del autor servirán en gran medida para aclarar sus intenciones conscientes y también sus impulsos inconscientes en la redacción de la obra (para este último aspecto, tan importante, el sicoanálisis cumplirá acaso función decisiva), y que el cotejo de tales intenciones e impulsos con los rasgos objetivos que la obra ostenta permitirá orientarse acerca del logro artístico alcanzado a partir de tales estímulos síquicos. Pensemos que, sean éstos los que fueren, el autor trabaja dentro de una densa tradición literaria y cuando se pone a escribir tiene ante sí paradigmas, modelos que imitar—o que eludir—en la producción de su propia obra: la referencia a ellos resulta indispensable, si hemos de comprender y valorar esa obra. Pensemos, en fin, que siendo la obra de arte literaria una estructura verbal, un edificio construido con palabras, los análisis de todas clases que hayan de practicarse en el terreno de la gramática y del lenguaje son de importancia primaria para la interpretación del poema, conduciendo hacia el centro mismo de la creación artística, ya que ésta se opera ahí mediante la organización de palabras y frases en un texto: descubrir la técnica con que este material ha sido manipulado es acercarse al secreto último de dicha creación poética.

Insisto en subrayar que todos los métodos a la disposición del crítico pueden, según los casos, rendir mayor o menor utilidad en la tarea de conducir al lector hacia una apreciación cabal del esencial valor que la obra contemplada encierra; pero que ninguno de ellos, por sí mismo, es capaz de suplir el acto de la comunión estética mediante el cual ese valor es percibido. Se trata de un acto absolutamente individual, de una experiencia radical e intransferible, ante la que el oficiante crítico que la ha propiciado facilitando un adecuado entendimiento de la estructura artística en cuestión tiene ya que echarse a un lado para que el lector se las entienda directamente con el poema.

Todo esto no es sino muy obvio. Y a pesar de ello suele perderse de vista en la disputa de las escuelas críticas, empeñadas en defender cada una su respectivo método como el único provisto de legitimidad y eficacia. Por lo general, tras este empeño se oculta una grave distorsión: la obra de arte deja de ser considerada como lo que en esencia es, objeto estético, para tomarla y usarla—o abusar de ella—en cuanto documento sociológico, dato sico-biográfico, ejemplo lingüístico-estructural, etcétera, cosas que, en efecto, será también, no hay duda, pero sólo de modo secundario o accesorio.

BROOKLYN COLLEGE AND THE GRADUATE CENTER
OF THE CITY UNIVERSITY OF NEW YORK

ESCRITORES, CRITICOS
Y GENDARMES

Juan Goytisolo

No, no es una *boutade* mía sino una realidad.

El perfeccionamiento creciente del instrumental crítico convierte poco a poco al escritor en una especie de acusado cuyas debilidades o fallas, ya sean de orden ideológico, político, social, síquico, moral o estético son objeto de un análisis clínico—compasivo o despiadado— por parte de un ejército de auto-titulados críticos que, armados con un aparato conceptual sólidamente articulado, bien engrasado y brillante—con la sabiduría eficaz del cirujano o la buena conciencia del juez conocedor de un vasto repertorio de delitos y leyes—intervienen, operan, seccionan, acusan, perdonan, condenan. Junto a la imagen tradicional del crítico historicista, sicoanalista, estructuralista o sociológico vemos surgir lentamente, guardiana celosa de la ortodoxia del método, una nueva casta de críticos-gendarmes investida de autoridad misteriosa, para quien el vilipendiado subjetivismo del escritor es el campo ideal sobre el que ejercer su dominio.

Mientras, por un lado, los críticos formalistas más extremos aspiran convertir la literatura en un simple esqueleto—sistema descarnado, desprovisto de mensaje—y postulan de hecho una estética estructuralista que excluya *a priori* los demás niveles de interpretación del texto, la crítica ideológica lleva a cabo una reducción similar, destinado a purgar la obra analizada de todas sus escorias e impurezas oníricas, irracionales, subjetivistas.

"Un escritor, hoy día—escribía Eikenbaum en 1929—compone una figura bastante grotesca. Es, por definición, inferior al lector medio, dado que a este último, como ciudadano profesional, se le atribuye una ideología consistente, clara y estable. En cuanto a nuestros reseñadores—no podemos darles el nombre de críticos desde el momento que no admiten diferencias de opinión—están convencidos de que son infinitamente superiores y más importantes que el escritor, del mismo modo que el juez es siempre superior y más importante que el acusado."

Casi medio siglo después, sus palabras suenan de manera familiar en nuestros oídos. El escritor sigue siendo hoy para un vasto sector de la crítica una especie de enfermo cuyas lacras, producto de su individualismo incurable, de su irracionalismo impenitente, sirven de pretexto a la exposición de esquemas y cuadros sinópticos semejantes a los que, en los libros de ciencias naturales que estudiaba en mi niñez, analizaban la morfología y caracteres de los coleópteros o los dípteros. A cubierto de una metodología objetiva, científica, los críticos se proclaman exentos, por definición, de toda tara de irracionalismo, subjetivismo, individualismo, etc., armados, protegidos, casi invulnerables tras una rígida y articulada caparazón de conceptos, maciza como una armadura. Querámoslo o no, ésta es la realidad, y aunque mi doble condición de crítico y escritor me indique que subjetivismo, pasión e irracionalidad se mezclan fatalmente con mis propósitos racionales de censura moral, social o política tanto cuando hago obra de creación como cuando ejerzo una función crítica—esto es, que mis neurosis personales de escritor son las mismas que mis neurosis personales de crítico—basta con que hábilmente me envuelva en la cota de malla de cualquier *corpus* metodológico para que mis gustos, antipatías, intereses y preferencias, esto es, mi vertiente más o menos irracional e individualista desaparezca como por ensalmo y me convierta de golpe en un ente puramente racional y objetivo, horro de todos los defectos y máculas que el desdichado escritor no logra escamotear nunca.

En mi opinión, dicha situación es absurda, y al obligado sicoanálisis de la obra del escritor debería agregarse, como materia de reflexión, el sicoanálisis de la obra del crítico. Y puesto que estamos aquí entre profesores, cuyo quehacer es hasta cierto punto la crítica, quisiera preguntarles tan sólo, como a menudo me he preguntado a mí mismo, si las dificultades y apremios de la vida diaria—la negra necesidad de publicar para ascender en el escalafón, de escribir tesis doctorales conforme a los gustos y preferencias de quienes las dirigen, de no herir la susceptibilidad del colega a quien vemos todos los días, etc., etc.—no son ingredientes obligados de nuestra actividad profesional que influyen en nuestros dictámenes y embeben nuestros juicios al mismo título y del mismo tenor que nuestras simpatías o antipatías personales, religiosas, sociales, estéticas o políticas. Tras la metodología más objetiva y científica el maldito subjetivismo asoma siempre la oreja y, a fin de cuentas, bien está que así sea. Si el crítico se limitara a aplicar con el rigor y exactitud de un *computer* los cuadros y esquemas del instrumental por él escogido—llámese estructuralista, sicoanalista o marxista—su labor de *robot* descartaría una serie de campos magnéticos y afinidades electivas de capital importancia en nuestra concepción del ser y especificidad de la literatura. Con ello no quiero decir, ni mucho menos, que el enfoque conceptual elegido por el crítico no deba aspirar a un valor científico, fundado en el rigor de su propio método. Digo, tan sólo, que la elección de éste y su manejo personal por parte del crítico supone toda una serie de apriorimos y preferencias que son al fin y al cabo ingredientes esencialmente subjetivos. En último término, toda obra crítica de importancia nos interesa en la medida en que nos habla tanto del crítico como del autor estudiado por él.

Llegado a este punto me parece oportuno que del mismo modo que solemos preguntarnos el por qué de la literatura nos interroguemos acerca del *status* del crítico en el mundo de hoy. ¿Qué papel desempeña en realidad? ¿Cuál es su justificación? ¿Simple intermediario entre el creador y el público? ¿Gorrón, parásito o zángano que vive del escritor muerto y gracias al cual obtiene un *modus vivendi* en forma de cátedras, conferencias como las que hoy les leo, premios, fabulosas becas? Muchas veces, al escribir sobre autores de vida tan difícil y dura como Rojas o Miguel de Cervantes he experimentado una sensación de frondoso asombro y estupefacción abrupta ante la idea que el dolor y amargura que configuran su obra puedan convertirse misteriosamente siglos más tarde en cómodo ganapán de hispanistas que, como yo, enseñamos, bien o mal, en universidades de Norteamérica. Mezquina realidad que convierte la herida moral del artista en medio de conseguir empleos, emprender viajes, y hasta solicitar ayudas de alguna fundación imperialista de apariencia más o menos filantrópica. A esta situación, a estas preguntas me he enfrentado a menudo estos últimos años, en virtud de mi doble condición de crítico y escritor, atormentado por una sensación de malestar tan viva e irremediable como la que acompañó en mi juventud el descubrimiento de la realidad del país en que nací y sus brutales injusticias sociales. Aunque mi menester de escritor como mi menester de crítico me parecen igualmente injustificables, creo no obstante que ninguna sociedad humana, cualquiera que sea su tipo de organización, puede vivir

8

sin ayuda de la literatura. Y si, indirectamente, ello explica la necesidad del creador (poeta, novelista, dramaturgo) no es tan seguro que dicha necesidad se extienda igualmente a la existencia del crítico.

En algunos casos la razón de ser de éste resulta con todo evidente, por el hecho mismo de las circunstancias de la comunicación escrita. Mientras en la comunicación oral, el locutor puede referirse en todo momento al contexto, esto es, a una situación concreta y precisa, simultáneamente presente al auditor—en el campo de la literatura, el autor no tiene nada en común con el lector salvo el texto que ha escrito y el dato de pertenecer a una misma comunidad lingüística. El hecho que al leer una novela, la comunicación no se establezca entre un locutor y auditor con idéntica o aproximada experiencia del mundo sino entre un narrador y un lector, ocasiona que el primero no pueda verificar si el segundo posee en el momento de la lectura el conocimiento del contexto que da por supuesto el texto narrativo. Ello explica que el lector alejado del texto en el tiempo y/o en el espacio se vea en la necesidad de que un intermediario recree las situaciones contextuales para suplir precisamente la ausencia de situación. Aquí, por ejemplo, la crítica histórica desempeña una función obvia tanto cuanto sólo el índice situacional reconstituído por el crítico puede permitirnos una lectura cabal y óptima de la obra.

Pero en otros casos, cuando el índice situacional y conocimiento del mundo del escritor y el lector son casi idénticos, la función del crítico parece, a primera vista, menos clara. ¿Qué necesidad tiene el lector de una labor intermediaria si sus coordinadas sociales y culturales son las mismas que las del novelista? La pregunta es pertinente y conviene que, aún dentro del lapso de tiempo que permite esta conferencia, nos esforcemos aunque sea brevemente, en contestarla.

Cuando el lector emprende la crítica o reseña de una obra puede adoptar una doble actitud. O bien toma como único criterio de validez sus gustos y preferencias personales y afirma que cuanto no concuerde con ellos es malo o carece de interés, es decir, da a sus emociones íntimas un valor objetivo e inapelable—o bien recurre al instrumental crítico de las diversas disciplinas que analizan la obra literaria y se esfuerzan en cerner a través de ellas su estructura, mensaje o ideología. En el primer caso la situación es muy simple: dice el refrán "sobre gustos no hay disputas" y la opinión del reseñador es desde luego irrefutable, con lo que el lector no tiene otro remedio que acatar sus dictámenes o cerrar su libro o artículo y dejarlo pontificar solo. Pero en el segundo el asunto reviste un cariz bastante más complejo y el crítico que aspire a realizar un análisis de la obra literaria con un mínimo de rigor científico se enfrenta *ab initio* con un problema de orden metodológico, a saber: ¿qué criterio debe seguir para analizarla?

Existe en efecto un fenómeno de pluralidad y convergencia de métodos. Una serie de disciplinas como la poética, la sociología, el sicoanálisis, etc., se sirven del estudio de la obra literaria concreta como medio o instrumento para llegar a los fines particulares de estas disciplinas. Una característica esencial de la obra literaria radica en el hecho de contener en sí varios niveles de interpretación y de proponer en consecuencia gran variedad de lecturas: ser A LA VEZ ilustración de ciertas ideas (políticas, artísticas, filosóficas, etc.); imagen o reflejo de la sociedad en que se produce; y expresión personal del autor. El crítico puede centrar su interés en cualquiera de los tres factores o interesarse aún en las relaciones del texto con el *corpus* literario de su tiempo y revelar así su peso específico y originalidad, sus innovaciones y vínculos, su arquitectura secreta. Dicha polisemia, consubstancial a la literatura, es consecuencia directa de la ambivalencia y ambigüedad del lenguaje. Como decía un crítico en cierta ocasión, el dolor no es siempre doloroso en la poesía: a veces aparece en el poema porque rima simplemente con amor. De igual manera podemos concebir una obra, simultáneamente, como producto de la superestructura ideológica de la sociedad y como resultado de la neurosis particular del artista. Y aunque los propósitos y fines de los críticos sean totalmente opuestos, los dos nos estarán hablando en realidad de un mismo y único libro.

La diversidad de métodos impone al lector la necesidad de escoger entre ellos no sólo conforme a sus afinidades, gustos y preferencias, sino también teniendo en cuenta la índole peculiar de la obra estudiada puesto que ésta—aunque pueda ser objeto de análisis por parte de todos ellos—se presta mejor, según los casos, a un tipo de crítica que a otro. Es decir, la existencia de diferentes sistemas críticos—dotado cada uno de ellos de metodología y fines propios—puede actuar y aceptarse *no en términos de exclusión sino de complementaridad*. Todo texto literario enjundioso admite, repetimos, distintos *approaches* y cada uno de ellos—desde el momento que se realiza con seriedad—ilumina diferentes aspectos del mismo, nos descubre su multiplicidad de facetas, nos revela los límites e insuficiencias de las diversas lecturas. Por esta razón, he soñado muchas veces en la existencia de un departamento de literatura capaz de encargar a media docena de profesores competentes, adeptos a distintas metodologías críticas, el análisis convergente de obras como *La regenta,* el *Quijote* o *La Celestina.* Creo que tal experiencia sería decisiva para el estudiante que tuviera la oportunidad y el deseo de asistir a los diferentes cursos en la medida en que le revelaría la índole ambigua, polisémica, totalizante de la obra tratada. Pero esto sería mucho pedir a los desdichados departamentos de español que en la mayoría de los casos, aún a estas alturas, siguen ignorando desdeñosamente todo tipo de cursillo teórico sobre la poética o sobre la lingüística.

Esta complementaridad de enfoques me parece perfectamente admisible con dos condiciones:

1) En primer lugar, siempre y cuando el crítico renuncie a toda idea de síntesis. Sabemos en efecto desde Kant que la ciencia no la crea el objeto sino el método. Esto es, todo análisis de la obra literaria será aceptable a condición de que sea coherente o, por mejor decir, se elabore a partir de un punto de vista particular y preciso. Una vez adoptado éste, habrá que tomar en consideración los elementos y factores que se conforman con él y descartar los demás. Creo, pues, en la validez y legitimidad de diferentes métodos críticos; pero, si pretendiéramos amalgamarlos, si quisiéramos barajar en nuestro análisis conceptos de la crítica histórica, sociológica, sicoanalítica, etc., actuaríamos, como dijo una vez Todorov, como si al proceder al análisis de los cuerpos mezcláramos los métodos de análisis de la física, la química y la geometría—renunciando así a toda pretensión de rigor.

2) En segundo lugar, el crítico tiene que adoptar un cierto margen de libertad con respecto a su propio método—libertad exigida no sólo por la índole particular del texto sino también por la necesidad de liberar su análisis de toda carga de dogmatismo. Esto me parece esencial, y creo que los epígonos y discípulos de Lukács, Goldmann, Adorno, Barthes o Greimas deberían tenerlo muy en cuenta. Rasgo muy común a la crítica ideológica hispana ha sido siempre su propensión a transformar todo método de análisis de la obra literaria—importado a menudo pieza por pieza de Alemania, Francia o Italia como nuestras fábricas de Volkswagen, Fiat o Renault—en un rígido sistema de dogmas penosamente digeridos (y alguno de nuestros "ideólogos" me hace pensar irresistiblemente en estas serpientes que, tras devorar a un buey, permanecen meses y meses aletargadas, sin poder asimilar el animal objeto de su desmesurado apetito, llámese Freud o Lenín, Walter Benjamin o Lacan). Pero la literatura se ha burlado, se burla y se burlará siempre de semejantes gendarmes, y basta con que éstos se erijan en centinelas a las puertas de cualquier fortaleza ortodoxa para que descubran en seguida,

con tristeza y asombro, que, alrededor de la ciudadela preciosamente guardada, nuevos e improvisados campamentos brotan, aquí y allá, como hongos. En otras palabras, el crítico debe poseer la flexibilidad de adaptar su propio método a la obra que estudia. Siempre he preferido los trajes a medida que los de confección en serie—y desde el momento en que el crítico dogmatiza pierde miserablemente el tiempo: su tentativa es tan inútil como poner puertas al campo o querer atrapar con redes el agua del mar.

Dicho esto, entre los diferentes métodos de análisis crítico, mis preferencias personales van al de la Poética, tal como nos ha sido definida por Jakobson. Creo, como creía Northrop Frye, que la crítica literaria tiene necesidad de un principio coordinador o hipótesis de base que permita considerar las obras aisladas como partes constituyentes de un conjunto global. Toda disciplina permanece en estado embrionario hasta que no descubre su autonomía y toma conciencia de ella. El salto inductivo que sienta las bases de la poética se funda en el hecho evidente que la descripción de un texto no es nunca completa si se limita solamente a él: una obra cobra siempre de valores y significaciones previos. Como descubrieron en su día los formalistas rusos, "la función de cada obra está en su relación con las demás (...) cada obra es un signo diferencial". En otros términos: el objeto de la poética "debe ser el estudio de las particularidades específicas de los objetos literarios que los distingue de cualquier otra materia independientemente del hecho que, por sus rasgos secundarios, esta materia sirva de pretexto y de derecho a ser utilizada por otras disciplinas como objeto auxiliar". Tal enfoque crítico no pretende, como suele decirse, que la literatura se baste a sí misma ni postula la llamada teoría del arte por el arte. Al contrario, muestra que la serie literaria es una parte del edificio social, en estrecha vinculación con las otras series del mismo. Pues aunque la vinculación de todo texto con el *corpus* literario de su tiempo es siempre más intensa que la que le une al contexto, la descripción o análisis de una obra dada nunca serán completos si no hacen referencia a todo su conjunto dinámico de elementos y relaciones extra-textuales. Ahora bien, a mi entender, esta referencia sólo cobra sentido integrada en el sistema total de la obra y, en este caso, "es la realidad la que forma parte del texto, y no al revés".

Pluralidad de métodos, no sincretismo: mi experiencia particular de escritor me ha enseñado que el novelista, como el poeta, opera con palabras, no con cosas o ideas. Toda novela, decíamos antes, implica una visión del hombre y el mundo y responde a los problemas de una

12

época y sociedad determinadas. Pero el novelista no puede "reproducir" el mundo sino aislándose de él y recomponiéndolo conforme a otros cánones. Y aunque su propósito sea el de expresarse a sí mismo u ofrecernos su visión del hombre y la sociedad, no nos comunica su expresión personal o visión social sino en el momento en que se forja un lenguaje. El estudio de éste se convierte así en un elemento fundamental de su propia praxis y es ahí donde la controvertible necesidad del crítico a la que antes aludía halla tal vez su razón de ser.

El período actual ocupa un lugar único en la historia de la literatura por el hecho que, cuando el autor emprende una obra, ésta surge en medio de una serie de disciplinas, cada vez más precisas y elaboradas, sobre la actividad narrativa o poética y por tanto se ve obligado a enfrentarse con ellas si quiere llevar su empresa a buen término. El escritor de hoy no puede fingir inocencia ante el lenguaje y utilizarlo con ingenuidad porque da la casualidad que el lenguaje no es jamás "inocente"; no puede abandonarse, como solía en otras épocas, al flujo caprichoso de la inspiración confiando en que ésta le llevará por buen camino porque al actuar así se comportaría, observó en una ocasión Cortázar, como una persona que se propusiera realizar una larga y difícil travesía marítima sin conocer las reglas elementales del arte de la navegación. Cualquier escritor contemporáneo que ignore, por ejemplo, las nociones básicas de la Poética o la lingüística es una figura anacrónica, condenada a una expresión reiterativa, redundante, muerta antes de nacer. Esto es, el novelista o poeta consciente es necesariamente un novelista o poeta crítico, y me atreveré a decir ahora que el mismo desdoblamiento opera en sentido inverso: el crítico debe ser también, y será cada vez más en lo futuro, narrador y poeta. Crítico-poeta o poeta-crítico, dicho mestizaje tendrá la virtud de eliminar las diferencias artificiales erigidas entre ellos, aboliendo por un lado la imagen romántica del creador inspirado por las musas y por otro la que el crítico intermediario nos ofrece hoy—zángano, parásito, aprovechador. Uno de los rasgos esenciales de la literatura de nuestro tiempo radica precisamente en la abolición de las aduanas y fronteras establecidas entre los géneros clásicos en favor de una producción textual descondicionada que los englobe y a su vez los anule: textos que sean a un tiempo crítica y creación, literatura y discurso sobre la literatura y, por consiguiente, capaces de encerrar en sí mismos la posibilidad de una lectura simultáneamente poética, crítica, narrativa.

Bajo este concepto podríamos estimar (es una mera hipótesis) la

13

insólita y admirable explosión de la novela en lengua española de los últimos años (especialmente en Latinoamérica) como el canto de cisne de un género destinado a morir en su forma actual—deslumbrador castillo de fuegos de artificio que nos oculta quizá la escueta realidad de su eclipse ante una nueva visión del hecho literario concebido como libérrima opción de lecturas, a distintos niveles, en el interior del espacio textual. La prodigiosa riqueza actual de nuestra narrativa sería menos, en este caso, una apuesta lanzada a lo por venir que un signo formal del pasado: una inquieta, apresurada y febril recuperación del tiempo perdido tras el desarraigo brutal de la dimensión imaginativa del campo de la novela con posterioridad al *Quijote*—exactamente a la inversa de lo que ocurre en Francia, en donde el agotamiento paulatino de los géneros "creativos" tradicionales se conjuga con un desenvolvimiento inverso del pensamiento crítico, centrado en el propósito de sentar las bases de una producción textual aún en agraz, pero enteramente liberada ya de la censura monosémica inherente a la existencia de géneros minuciosamente codificados. El diferente estadio de desarrollo o, por mejor decir, de decrepitud de las formas literarias canonizadas se relacionaría así con la evolución desigual del *corpus* crítico respecto a ellas—lo que indicaría tal vez (lo repito, es una simple hipótesis) que la buena salud aparente de que hoy disfruta nuestra novela es una manifestación puramente transitoria, como algunos síntomas lo muestran ya. Hoy más que nunca, la introducción de un instrumental crítico en el ámbito de nuestra lengua es una necesidad insoslayable si los países de habla española pretenden desempeñar algún papel en la asimilación y ordenación creadoras de una fase histórica que, como la actual, recuerda en tantos aspectos la que vivieron los hombres del Renacimiento—cuando España encarnó pasajeramente la aspiración a un saber sin fronteras antes de enclaustrarse para siempre en el panteón de la autosuficiencia, el pensamiento monolítico, la cerrazón ortodoxa.

Nuestra futura comunidad literaria deberá ser, pues, una de críticos-creadores o creadores-críticos, reflejo a su vez de una sociedad en la que la posibilidad del trabajo creador, no alienado, se extienda a todos los ciudadanos conforme al viejo sueño de Marx.

Abandonaré aquí mis elucubraciones un tanto utopistas para volver a mi punto de partida y encararme aún, antes de concluir, con la pregunta que anteriormente me planteaba: ¿es realmente necesario el crítico literario en el imperfectísimo mundo de hoy? Mi respuesta será: tanto, o tan poco, como el escritor. Como él es, a un tiempo, subjetivo, irracional, arbitrario (y objetivo, racional, moralista) pero lo disimula mejor. Su condición es vagamente parasitaria y posee una propensión desdichada a erigirse en guardián de su ideología, de la pureza de su propio método. A menudo confunde sus gustos personales con la noción ideal del arte y la literatura. Vive, a veces muy bien, del creador muerto—pero lo único que a fin de cuentas puede echársele en cara es su falta de humor.

YORK COLLEGE
OF THE CITY UNIVERSITY OF NEW YORK

II. *Archetypal Criticism*

PROCESO DE INDIVIDUACION, Y ARQUETIPO DE LA GRAN MADRE EN *LA CELESTINA*

Egla Morales Blouin

Los estudiosos de *La Celestina* acostumbran hablar de la obra en términos de asombro, sorpresa y fascinación. Adolfo Prieto, por ejemplo, señala la "impresión de extrañeza y de contraste" con las obras españolas contemporáneas.[1] Robert Ricard confiesa que la primera lectura le causó "la impresión de una especie de fantasmagoría." Además añade que "porque no hemos logrado hasta ahora definirla y situarla de manera exacta y completa, ha ejercido y sigue ejerciendo sobre nosotros una especie de irritante fascinación."[2] José Antonio Maravall habla de las "sorprendentes intuiciones de Rojas."[3] Para Alvaro Custodio, trama y personajes son de "una asombrosa veracidad."[4] Stephen Gilman experimenta "maravilla y secreto regocijo" y el sentido de que a través de la tragicomedia está ocurriendo "algo misterioso, completamente nuevo y tremendamente importante."[5]

Es curioso que en la carta "A vn su amigo" añadida a la edición de 1501, el mismo Rojas habla en términos similares de la lectura del primer acto, que le pareció tan singular y excelente que lo leyó "tres ó quatro vezes. E tantas quantas más lo leya, tanta más necessidad me ponia de releerlo é tanto más me agradaua y en su processo nueuas sentencias sentia."[6] Anticipando a Pirandello, Rojas debió de sentir lo que expresa El Padre de *Seis personajes en busca de un autor*, cuando entra en escena y explica: "el autor que nos dio vida en su fantasía no quiso luego, o no pudo, llevarnos al mundo del arte. Y fue un crimen, caballero, porque el que tiene la ventura de nacer personaje vivo, puede reírse hasta de la muerte, porque no morirá jamás. Morirá el hombre, el escritor, instrumento de la creación. ¡Pero la criatura es inmortal!"[7] La autonomía de los personajes de *La Celestina*, quienes "poseen una vida que casi se sale del libro a fuerza de palpitar," (Custodio, 213), evidentemente se incautó de las voluntades del público hasta tal punto que Rojas se convirtió de nuevo en instrumento casi forzado de la prolongación del "processo de su deleyte destos amantes," (I, 26), por petición popular.

¿En qué reside independencia tan inusitada en personajes de ficción, su misterio, su fascinación? El embrujo de *La Celestina* se puede explicar, por lo menos parcialmente, en que la obra es una apertura hacia el ámbito arquetípico que la humanidad lleva en su inconsciente, y que el lector reconoce instintivamente al entrar en contacto con las consciencias de los personajes. La interacción de una consciencia sobre otra en el proceso de su desarrollo psíquico está reflejado con tan nítida transparencia en el fluir del diálogo, que Gilman en su análisis de la obra, asegura que la creación de los personajes es secundaria a la presentación del proceso que los va definiendo y modificando. (Gilman, 22-23)

A muchos extraña la juventud y el limitado medio ambiente de Rojas en contraste con el profundo conocimiento del alma humana que presta grandeza y universalidad a su obra. Este fenómeno se puede explicar, como lo hace Jung, en la posible liberación anímica que logra un artista durante el proceso creador. Siempre que la fuerza creadora predomina, la vida humana se rige y se moldea por el inconsciente, en oposición a la voluntad. Abandonándose a la fuerza creadora, el artista se convierte en instrumento de un mensaje a la humanidad. Si pudiera personificarse ese inconsciente universal que moldea el mensaje, conoceríamos a un ser humano colectivo de ambos sexos, que transciende la juventud y la vejez, el nacimiento y la muerte, y que es casi inmortal por tener a su disposición la experiencia humana de uno o dos millones de años.[8] Sin embargo, como advierte Mircea Eliade, cualquier mensaje por más universal que sea, se singulariza y delimita en cuanto se manifiesta.[9] El mensaje de *La Celestina* queda delimitado por la lengua y conocimientos de Rojas además de las modas y tendencias de su época, pero transciende su historicidad porque la visión fundamental de su obra le llega del inconsciente colectivo.

El redescubrimiento de arquetipos de simbolismo arcaico es común en el ser humano de cualquier época, según demuestra la psicología. El ser humano en su totalidad se da cuenta de situaciones que están sobre su condición histórica: estados del sueño, emociones, sentimientos, ritmos temporales, zonas del inconsciente (Eliade, 32-33). Son estas situaciones del vivir humano las que Rojas muestra en mayor detalle. María Rosa Lida de Malkiel declara: "La representación de estos personajes es tan completa que no sólo abarca su realidad sino también su ensueño."[10] En contraste, sabemos poco sobre las circunstancias históricosociales de los personajes o sobre su apariencia física, con excepción de Melibea. Ricard atestigua esa impresión de que "la intriga se desarrolla en un mundo irreal y según modalidades irreales, rasgos que confieren a la obra una extraña poesía. Me siento desconcertado ante este marco y este decorado que no están precisados. . .ante estos personajes. . .que mezclan a las fórmulas cristianas recuerdos, casi obsesivos, del paganismo grecolatino." (Ricard, 470).

Estas opiniones sobre *La Celestina* encuentran eco en muchos estudios, porque el desenvolvimiento de la obra toma lugar menos en el tiempo y el espacio que dentro de la psique misma de los personajes. Y esos "recuerdos, casi obsesivos" son en efecto recuerdos de simbolismo arcaico que nos remiten a etapas de la evolución de las consciencias individuales. *La Celestina* es sobre todo, la descripción del proceso de individuación en la etapa postadolescente, manifestado principalmente en Calisto, Melibea y Pármeno, y la irrupción destructora del arquetipo de la Gran Madre en su modalidad negativa de Madre Terrible o Madre Devoradora, manifestada en Celestina. Para enfocar a los personajes de *La Celestina* desde este punto de vista, consideremos brevemente las teorías desarrolladas por Jung y su escuela respecto al proceso de individuación y los arquetipos.

Por individuación se comprende la participación consciente del individuo (*ego*), en el desarrollo de su psique, el Yo (*Self*), que incluye componentes conscientes e inconscientes. En el individuo, este proceso recapitula el proceso de evolución de consciencia en la humanidad. En su fase primaria, la psique es una complejidad estructurada por polaridades, de donde emerge y se diferencia progresivamente el ego a través de una gradual identificación de los contenidos inconscientes de la psique. El principio del estado consciente es la capacidad de discernir los opuestos o polaridades. A medida que el ego, centro de la consciencia, va reconociendo y reconciliando los contenidos de la totalidad de su psique, el ego es reemplazado por el Yo, en cuyo crecimiento reside la plenitud espiritual del individuo. Cada etapa de crecimiento equivale a una transformación. Gilman, que hace hincapié en el diálogo de *La Celestina* como interacción de consciencias, dice: "character is the end product of a thousand and one major and minor transformations overheard in relentless detail." (Gilman, 16).

18

El estado inconsciente primario se simboliza por el uroboros, serpiente que muerde su propia cola, o Gran Círculo o recipiente, y en general se asocia con el polo femenino por su calidad de contención. El estado consciente se simboliza por la luz y el neuma y se asocia con el polo masculino. Todo ser humano comienza con un contenido psíquico bisexual pero su proceso de individuación diverge según su físico se polariza en una definición sexual. La escuela junguiana utiliza los conceptos *anima* y *animus* para simbolizar los elementos contrasexuales en el inconsciente personal del hombre y de la mujer respectivamente. Su función es la de comunicar al ego contenidos del inconsciente colectivo, que primero se proyectan por medio de los sueños o en la vida real sobre personas del sexo opuesto.

Los contenidos del inconsciente colectivo son los arquetipos que aparecen en mitos, sueños, y obras de arte y que como contraparte de los instintos biológicos, son herencia innata que determina a priori las posibilidades del ser. Un arquetipo como tal es irrepresentable, pero se manifiesta por sus efectos. Los arquetipos llegan acompañados de una poderosa carga de energía que los hace fascinantes. Tienen un encanto especial.[11] De aquí emana la extrañeza embrujadora en *La Celestina*.

El arquetipo de la Gran Madre abarca lo positivo y lo negativo. Es el vientre donde nace la vida y es la oscuridad de la tumba. Tiene la capacidad tanto de alimentar como de devorar. Corresponde a la madre naturaleza que crea y destruye. Psicológicamente, corresponde al inconsciente que nutre al ego o lo lleva a su aniquilación.[12] Ulanov, en el libro citado, incorporando las ideas de los analistas Toni Wolff y Mario Moreno, divide el Femenino en cuatro arquetipos subsidiarios, de acuerdo a las imágenes, sistemas de valores, y conducta que cada uno proyecta. Estos son: la madre, la hetaira, la amazona, y la médium. Cada arquetipo tiene un aspecto elemental o negativo, y uno transformativo o positivo. El aspecto negativo tiende a sumergir y a retener el ego, atrayéndole hacia un estado de inconsciencia primitiva que impide su progreso, desarrollo, y diferenciación. El aspecto positivo impele hacia el movimiento, cambio, y desarrollo psíquico. En Celestina dominan los aspectos negativos de la hetaira, la amazona y la médium. Aunque Celestina queda identificada de inmediato como "madre" dentro de la obra, pues así la llaman los otros personajes, este nominativo carece de relación alguna con lo positivo maternal que crea vida y la protege. Celestina no ha sido físicamente madre ni puede serlo espiritualmente. Sus efectos sobre los otros personajes la perfilan como Madre Terrible, aspecto negativo del arquetipo femenino universal.

La hetaira negativa es la sacerdotisa dedicada al culto del amor.
Conoce la sensualidad como su propio fin. Este arquetipo desarrolla
las modalidades de seductora, ninfa, ramera y bruja. (Ver Ulanov,
203-205). Así es Celestina, para quien el amor es sexualidad.Pablo
Fernández Márquez, en su libro sobre los personajes de *La Celestina*,
hace notar que Celestina no es inmoral, sino amoral. Este crítico
compara a Celestina con una sacerdotisa del amor, para quien el acto
sexual es "como un rito." La llama "sacerdotisa del placer."[13] Celestina es la gran manipuladora del instinto sexual. Por este medio se gana la vida como Trotaconventos y otros oficios relacionados, gana la
adhesión de los hombres que le pueden servir de provecho, pretende
curar males reales e imaginarios (como el mal de madre de Areúsa y el
dolor de corazón de Melibea) y hasta trata por este medio de salvar su
vida, ofreciendo nuevas amantes a Sempronio y Pármeno. Su carac-
terización como ramera y bruja corre por cuenta de Pármeno en el
famoso pasaje de "puta vieja" (I, 67-86). Entendiendo perfectamente
las señales y efectos del deseo en los enamorados, Celestina los maneja como títeres. Con toda confianza anticipa el rendimiento de Melibea y la generosidad de Calisto, y explica a Sempronio la psicología
de las doncellas airadas que después de todo, "Catiuanse del primer
abraço, ruegan á quien rogó, penan por el penado, házense sieruas de
quien eran señoras." (I, 138). En cuanto a los hombres enamorados,
"no sienten con el embeuecimiento del amor, no les pena, no veen, no
oyen." (II, 36). Y lo que le importa aún más a Celestina, "No les duele
a los tales lo que gastan." (*Ibid.*)

Celestina incita a todos a pensar en el placer. A las mujeres ino-
centes como Melibea, les inculca el deseo del varón, que "donde no ay
varón, todo bien fallesce." (I, 174). La sabia descripción de Calisto
con que tienta a Melibea incluye el germen potencial de los celos:
"Ninguna muger le vee, que no alabe á Dios, que assí le pintó. Pues,
si le habla acaso, no es mas señora de sí, de lo que él ordena." (I, 188).
El efecto de esta insinuación se escucha en el monólogo de Melibea en
el décimo "aucto," cuando se preocupa Melibea de que su amado
"aya puesto sus ojos en amor de otra." (II, 50). A las mujeres experi-
mentadas como Areúsa, Celestina recomienda tener más amantes.
Lo ideal en su estimación es "vno en la cama é otro en la puerta é
otro, que sospira por ella en su casa." (I, 254). A Pármeno le predica
que "de los mancebos es propio el deleyte." (I, 232). El éxito de su
magisterio se puede ver en Elicia que ya lleva tiempo como discípula
de Celestina y que repite la filosofía de su maestra: "Ayamos mucho

plazer. . .Gozemos e holguemos." (I, 262).

El arquetipo de la amazona puede reunir las siguientes características que aparecen en Celestina. Toma valores masculinos, manipula al hombre para su propia ambición, usa la sexualidad como poderío, y como sirena que lleva a la muerte, la amazona no desarrolla sus propios sentimientos sino que permanece fría, calculadora, e íntimamente sola (Ver Ulanov, 205-207). Celestina tiene un sentido masculino de la honra que se basa en el orgullo de su profesión y en su posición en la sociedad. La honra de la mujer de su época se cimentaba en castidad, recato, y sujeción al patriarca de la familia. En contraste, Celestina se jacta de la efectividad de su oficio y de su renombre: "Pocas vírgenes, á Dios gracias, has tú visto en esta ciudad, que hayan abierto tienda á vender, de quien yo no aya sido corredora de su primer hilado. . .En esta ciudad nascida, en ella criada, manteniendo honrra, como todo el mundo sabe ¿conoscida pues, no soy? Quien no supiere mi nombre é mi casa tenle por extranjero." (I, 133). Otro valor masculino que toma Celestina es el de la valentía. No desea en ningún momento ser considerada cobarde. Camino a casa de Melibea, en el "aucto cuarto," Celestina monologa su perplejidad: "Pues yré ó tornarme hé?. . .¡En el osar, manifiesto peligro; en la couardía, denostada, perdida!. . . .Yr quiero. Que mayor es la vergüenca de quedar por couarde, que la pena, cumpliendo como osada lo que prometí, pus jamás al esfuerço desayudó la fortuna." (I, 154, 156). De su modelo y maestra, la madre de Pármeno recuerda con admiración como "Tan sin pena ni temor se andaua á media noche de cimenterio en cimenterio, buscando aparejos para nuestro oficio." La masculinidad como virtud queda claramente exaltada en la exclamación previa de Celestina: "¡O qué desembuelta, limpia, varonil!" (I, 238).

Actuando como principio masculino, Celestina hace de azor que caza la presa para el hombre (Maravall discute los aspectos venatorios del amor en su libro citado, 156-158.) Durante la seducción preliminar que ésta lleva a cabo, pronuncia frases de tinte tan galante que parecen salidas de boca de hombre. Ejemplo de esto es: "El temor perdí mirando, señora, tu beldad. Que no puedo creer que en balde pintasse Dios vnos gestos mas perfetos que otros, mas dotados de gracias, mas hermosas faciones;. . .etc." (I, 175). Más tarde, con Areúsa, aunque a manera de broma, emite varias frases de corte masculino. Cuando Areúsa pregunta quién toca a su puerta, Celestina contesta: "vna enamorada tuya, avnque vieja." (I, 247). Luego, con el propósito de atizar los deseos de Pármeno que las escucha: "Déxame mirarte toda, á mi voluntad, que me huelgo." (I, 249). "¡O quién fuera hombre é tanta parte alcançara de tí para gozar tal vista!" (I, 250).

Celestina la cazadora también tiene trazos de guerrera. Cuando Calisto desconfía de poder ganar a Melibea, ella le asegura que "el buen atreuimiento de vn solo hombre ganó á Troya. No desconfíes, que vna muger puede ganar otra." (I, 22l). En tono guerrero también, Celestina promete cortar esa cadena del amor que atormenta a Calisto. Aquí Celestina produce una de varias imágenes de simbolismo fálico que asocia con su persona: "Calla é no te fatigues. Que mas aguda es la lima, que yo tengo, que fuerte essa cadena, que te atormenta." (I, 228). Estas imágenes menudean en su conversación con Melibea: "Pues si tú quieres ser sana e que te descubra la punta de mi sotil aguja," (II, 56). "Tu llaga es grande, tiene necessidad de áspera cura. E lo duro con duro se ablanda más eficacemente. . .E vn clavo con otro se espele e vn dolor con otro." (II, 58). "Primero te auisé de mi cura e desta inuisible aguja, que sin llegar a tí, sientes en solo mentarla en mi boca." (II, 59). A este respecto, comenta Erich Neumann: "The bisexual structure of the uroboric dragon shows that the Great Mother possesses masculine, but not paternal, features. The aggressive and destructive features of the Great Mother—her function as a killer, for example—can be distinguished as masculine, and among her attributes we also find phallic symbols, as Jung has already pointed out."[14]

Esta mujer que manipula a hombres y mujeres en pro de su propia ambición, usando la sexualidad como poderío sobre ellos, es un ser intrínsicamente solitario. Esto se presiente en su monólogo del "aucto quarto." Celestina no comparte sus conflictos ni sus temores. Nadie debe conocer a la verdadera Celestina que a veces flaquea como todo el mundo. "Agora, que voy sola, quiero mirar bien lo que Sempronio ha temido deste mi camino. . .etc." (I, l53). Del mismo modo, la escena de la cena en su casa separa los pares de amantes de la vieja solitaria que se contenta con la proximidad del jarro de vino. "Poneos en órden, cada vno cabe la suya; yo, que estoy sola, porné cabo mí este jarro e taça." (II, 28). "Que ya, ¡mal pecado!. caducado he, nadie no me quiere." (II, 39). Su soledad, claro está, queda especialmente puesta en manifiesto cuando cae bajo los golpes de Sempronio sin que nadie la defienda.

El arquetipo de la médium desarrolla un fuerte ego que media entre el mundo de la consciencia y el de la inconsciencia. En su aspecto positivo se representa mitológicamente por Sofía o Sibila, pero la médium negativa es la bruja o adivina que se incauta de los poderes del inconsciente como suyos y se convierte en fuente de infección psíquica y decadencia. (Ver Ulanov, 207-210). Esta valuación de Ulanov guarda un parecido extraordinario con la que hace Gilman de Celestina, "that genius of persuasion, Celestina, whose verbal putrefaction attracts and infects all who listen to her." (Gilman, 25). El *animus* de la médium negativa puede tomar la forma de diablo o mago. En Celestina actúa como *animus* el diablo, Plutón, en una mezcla católico-pagana que involucra los oscuros ritos de la fertilidad. Gustavo Correa interpreta este aspecto de Celestina: "La condición de maga y hechicera de esta última la pone en relación con el mundo de lo misterioso y desconocido en la Naturaleza. Aún más, Celestina actúa como sacerdotisa de un culto, cuyo objeto de veneración son las fuerzas primarias de la tierra personificadas en el dios Plutón del inframundo. En efecto, Plutón es uno de los dioses de la fertilidad y de la vegetación en virtud de su relación con las figuras de Demeter y Perséfone en la cultura griega."[15] El efecto de este arquetipo es la inundación de egos débiles con los contenidos del inconsciente. Menéndez y Pelayo ha expuesto ese poder inundador del ego poderoso de Celestina: "Desde que Celestina entra en escena, ella la domina y rige con su maestría infernal" ... "La verdadera magia que pone en ejercicio es la sugestión moral del fuerte sobre el débil, el conocimiento de los más torturosos senderos del alma".[16] En la obra misma Calisto nos da el indicio de la potencia celestinesca. Sobrecogido por la numinosidad de Celestina, éste declara: "en todo me pareces mas que muger" y la juzga digna de mediar para Cupido mismo (I, 214, 216).

En la esfera de la Gran Madre, según la analiza Neumann, entran todos los oficios que desempeña Celestina y que dependen de la transformación de elementos naturales, como son los oficios de labrandera, perfumera, hechicera, curandera y lapidaria. Los misterios de transformación femeninos desde su dominación primordial incluyen el control de intoxicantes, venenos y medicinas.[17] La representación de Celestina como médica cunde por toda la obra y su conversación se sazona constantemente con metáforas de males y curas junto al tópico del amor como enfermedad. En el "décimo aucto" el extenso diálogo entre Celestina y Melibea se conduce todo en un doble sentido basado en términos médicos en que ésta se identifica como "paciente", Celestina como "médico", "físico, y aún "çurujano," y sabemos que la "melezina" prometida no será otro que Calisto.

Un aspecto esencial de la Gran Madre es su relación con el mundo de plantas y animales. La Gran Madre, dice Neumann, es

23

Proceso de individuación

"The lady of the Plants" y también "The Lady of the Beasts." (Ver: cap. 13 y 14 del último libro citado, *The Great Mother*, 240-280). La gran diosa primordial o urobórica se conceptúa como árbol en muchas culturas, lo cual se hace evidente en las artes plásticas. Por lo tanto, es interesante el comentario que hace Fernández Márquez sobre Celestina: "Celestina es como un árbol viejo en medio de una pradera de fertilidad exuberante. Un árbol de tronco retorcido y ramas sarmentosas, cuyas raíces hienden profundamente la tierra, penetrándola en todas las direcciones. Por estas raíces le llegan a ella los hálitos exitantes de la madre tierra, los olores de las plantas y de las hierbas, iguales a las que ella guarda en la cámara de los ungüentos. Hierbas y raíces que encienden en la sangre humana el deseo de la función genésica. "(*Op. cit.*, cap. "Celestina y la moral," sin núm.) Celestina, que al decir de Lucrecia conoce mucho en hierbas, es conducto del mundo inconsciente simbolizado en aspectos de la naturaleza y la sensualidad, y llena sus razonamientos de imágenes de plantas y animales. Así define para Pármeno la polaridad sexual que dirige el mundo: "E no solo en la humana especie; mas en los pesces, en las bestias, en las aues, en las reptilias y en lo vegetativo algunas plantas han este respeto, ... ser machos é hembras." (I, 95). Suscita la bondad de Melibea en favor de Calisto: "no se puede dezir nacido el que para sí solo nasció. Porque sería semejante á los brutos animales, en los quales avn hay algunos piadosos, como se dize del vnicornio, que se humilla a qualquiera donzella. *El perro con todo su ímpetu é braueza, quando viene á morder, si se echan en el suelo, no haze mal:* ... ¿Pues las aues? Ninguna cosa el gallo come que no participe é llame las gallinas á comer dello. *El pelicano rompe el pecho por dar á sus hijos a comer de sus entrañas. Las cigüeñas mantienen otro tanto tiempo á sus padres viejos en el nido, quanto ellos les dieron ceuo siendo pollitos.*" (I, 175, 176).

Ilustra para beneficio de Calisto la furia de Melibea que le mostrará "Aquella cara,. . .que suelen los brauos toros mostrar contra los que lançan las agudas frechas en el coso, la que los monteses puercos contra los sabuesos, que mucho los aquexan." (I,206). Pero como Dama de las bestias, Celestina puede amansarlas: "Todo su rigor traygo conuertido en miel, su yra en mansedumbre." (I, 207). Ya anteriormente Celestina había prometido a Calisto: "Mas fuerte estaua Troya é avn otras mas brauas he yo amansado!" (I, 181). Ella sabe muy bien que "mejor se doman los animales en su primera edad, que quando ya es su cuero endurecido ... mejor crescen las plantas, que tiernas e nueuas se trasponen, que las que fructificando ya se mudan." (II, 54).

Celestina desencadena las fuerzas de la naturaleza proyectándolas sobre los otros personajes. Así se identifica con el uroboros que al mismo tiempo pare, engendra y decora (Neumann, *The Great Mother*, 30). Es significativo que el pasaje de Petrarca elegido para el prólogo de *La Celestina*, contiene el mito de: *La bíuora, reptilia ó serpiente enconada, al tiempo del concebir, por la boca de la hembra metida la cabeça del macho y ella con el gran dulçor apriétale tanto que le mata é, quedando preñada, el primer hijo rompe las yjares de la madre, por do todos salen y ella muerta queda y él quasi como vengador de la paterna muerte."* (I, l9-20). El hijo que mata a la Madre Terrible simboliza la lucha del ego por liberarse del recipiente elemental, en busca del desarrollo positivo y transformación. En *La Celestina*, este acto se cumple por manos de Sempronio y Pármeno, como se explicará más adelante. La intuición que identifica a Celestina o la asocia con el uroboros se halla en estas palabras de Maravall: "Este amor, que tan adecuado vehículo se juzgaría ser, en principio, para llegar a una exaltación, en su plenitud, del placer de amar y de la entrega a la vida y sus deleites, resulta que, mordiéndose la cola a sí mismo, viene a exaltar de tal manera el goce amoroso que a su renuncia prefiere la muerte." (*Op. cit.*, 153).

La realización de la función devastadora de Celestina como vórtice de fuerzas que atraen hacia el inconsciente y lleva a los egos a su aniquilación es posible por el estado de desarrollo psíquico en los personajes afectados en el momento en que entran en contacto con ella, y también por la ampliación del ámbito de su poder en otros personajes como Elicia, Areúsa y Centurio. Calisto, Melibea y Pármeno aparecen en el estado típico de la juventud en que el desarrollo psíquico del individuo experimenta intensamente su estado dividido o dual. El individuo se encara con la necesidad de reconocer algo diferente y extraño como parte de su propia vida.[18] Esta etapa de proyección del *anima* o *animus* generalmente significa el enamoramiento del individuo. Es una etapa de conflicto en que esta expansión deseada supone un doloroso esfuerzo por vencer la inercia del ego que siempre tiende a mantenerse bajo la dependencia maternal del inconsciente.

Siguiendo símbolos antiguos y universales, Calisto es precedido en el huerto de Melibea por el halcón, que sugiere la polaridad masculina como aspecto ligero, alado, rápido, sorpresivo. (En Egipto Horus era el halcón que representaba al espíritu fecundador, cielo, en oposición a la tierra, polaridad femenina.) Aunque dentro de la obra éste es el primer encuentro de Calisto y Melibea, la familiaridad con

que se hablan, el sentido de las palabras de Calisto y la gran alteración que Melibea esconde en ironía, delatan la tensión de quienes ya
se conocen y han establecido un marco de gran atracción. Para analizar la trayectoria del amor y establecer la influencia de Celestina, es
importante examinar esta posibilidad. En su primer intercambio de
palabras, ya se llaman por sus nombres: "En esto veo, Melibea, la
grandeza de Dios." "¿En qué, Calisto?" (I, 31, 32). Considerar el uso
de los nombres como mera acotación escénica para dar información
al lector y oyente, parece menospreciar la sagacidad de un escritor
que tan sutil y lógicamente negocia otros tipos de información mucho
más difícil de impartir, en diálogos completamente naturales. La próxima declaración de Calisto demuestra que deliberadamente buscaba
la oportunidad de hablar con Melibea: "é facer a mí inmérito tanta
merced que verte alcançasse é en tan conueniente lugar, que mi secreto dolor manifestarte pudiesse." Además Calisto confiesa que tiene
ofrecido a Dios "seruicio, sacrificio, deuocion é obras pías,...por este
lugar alcançar." Es decir, precisamente por lograr esta ocasión o "lugar" de verla (I, 32). La descripción que Calisto más tarde brinda a
Sempronio de su amada, no es la de una dama recién conocida: "Mira
la nobleza é antigüedad de su linaje, el grandíssimo patrimonio, el ex-
celentíssimo ingenio, las resplandecientes virtudes, la altitud é enefa-
ble gracia, la soberana hermosura." (I, 53). Salvo la belleza física, el
resto son cualidades que no se notan en un rápido encuentro. Por
otra parte, Melibea aclara a su padre, antes de morir, quién es la causa de su suicidio: "vn cauallero, que se llamaua Calisto, el qual tú bien
conosciste. Conosciste assimismo sus padres e claro linaje." (II, 196).
En el mismo pasaje Melibea en vez de decir que Celestina la conven-
ció de que amara a Calisto, confiesa que Celestina "sacó mi secreto
amor de mi pecho." Melibea no se enamora por arte del convencimiento de Celestina ni por sus brujerías. Desde el principio protesta
demasiado y está claro que ya lo ama.

Otro indicio de un conocimiento anterior al primer diálogo de la
obra se halla en el "aucto quarto." Ya que esta primera escena parece
ocurrir de día, es curioso que cuando Celestina aborda el tema de Calisto, Melibea le llame no sólo "esse loco, saltaparedes," sino también
"fantasma de noche," como si él rondara su casa por las noches. La
burla que añade Melibea respecto a la apariencia de Calisto, "luengo
como cigüeña, figura de paramento malpintado," indica sumo interés y conflicto mal encubierto. Puesto que no parece lógico que Calisto anduviera de cacería solo y en plena ciudad, es seguro que rondaba
la casa de Melibea esperando la oportunidad de verla. Los arreos de

cacería eran un ardid masculino para estos encuentros, si hemos de creer el comentario de Celestina en el "aucto quinto" sobre lo que necesitan los mozos: "¡Una docena de agujetas é vn torce para el bonete é vn arco para andarte de casa en casa tirando á páxaros é aojando páxaras a las ventanas!. . .*Que no ay mejor alcahuete para ellas que vn arco, que se puede entrar cada vno hecho moxtrenco, como dizen.*" (I, 197). Esto es, como ha entrado Calisto en la huerta de Melibea, sin permiso, so pretexto del halcón.

Melibea es la personificación del *anima* de Calisto que atrae al mancebo con su misteriosa promesa de transformación espiritual. La actitud de amante cortesano que éste asume, corrobora esta esperanza. M.L. von Fránz interpreta el amor cortés de esta manera: "the knightly cult of the lady signified an attempt to differentiate the feminine side of man's nature in regard to the outer woman as well as in relation to the inner world. The lady to whose service the knight pledged himself, and for whom he performed his heroic deeds, was naturally a personification of the anima...Later, however, this individual and personal effort of developing the relationship with the anima was abandoned when her sublime aspect fused with the figure of the Virgin, who then became the object of boundless devotion and praise."[19] F.X. Newman expresa la ambivalencia del amor cortés: "Though the aim of courtly love was the moral improvement, even the ennobling of the lover, it was not to be confused with Platonic love because it was frankly grounded in sexual passion."[20] Así, en Melibea, Calisto ha fundido el culto de la dama con lo divino, sobre una base sensual. Como ilustra Correa en su artículo antes citado, "El deseo de posesión de la amada cobra así la forma de un proceso de divinización de esta última (Melibea-Dios), y de deificación por parte del amante, que ansía confundirse en íntima unión con ella (unión con Dios)" (Correa, 9). La idea se cristaliza perfectamente, aunque en nivel brutal, en el chiste de Sempronio que compara a su amo con "aquellos (que) procuraron abominable uso con los ángeles no conocidos é tú con el que confiessas ser Dios." (I, 44).

Esta mezcla de glorificación y sensualidad que expresa Calisto ha dado lugar a infinidad de interpretaciones críticas, en su mayoría extremas. Mientras algunos ven en Calisto un místico del amor, otros hablan de su desorden, confusión verbal, trastrueque de valores, etc. Sin embargo, esta síntesis aparentemente contradictoria, es precisamente lo que la escuela junguiana esclarece como normal. Es común para los que aman profundamente sentir que se encuentran en una especie de estado de gracia. Ulanov opina que la polaridad sexual es la manera primaria de experimentar la otredad—del sexo opuesto, del insconsciente, de Dios. Las polaridades de la psique se reconcilian en una tercera forma que llega al sentido religioso de que el individuo está guiado y tocado por la fuente y potencia del Ser. Los símbolos de polaridad sexual son centrales al proceso de individuación porque representan la oposición de todas las polaridades de la psique, más la suma de su atracción mutua. La unión de masculino y femenino resuelve la tensión de los opuestos creando un nuevo ser completo (Ver Ulanov, 66-86).

Melibea, situada en la intimidad de su huerto, lugar protegido y asociado con la vegetación, el hogar y la familia, se nos presenta en las primeras etapas del desarrollo de su *animus*. En esta fase el individuo femenino todavía está contenido en la madre, el grupo, el clan. Puesto que el ego femenino se identifica con la madre y otras mujeres que conoce, no tiene que comenzar su individuación en oposición al inconsciente (femenino) como el varón. Una mujer puede permanecer toda la vida en este estado, como se verá en el caso de Alisa. La violencia con que Melibea rechaza a Calisto en el huerto exterioriza el conflicto y pavor que siente la mujer en la proyección de su *animus*, y que implica un próximo desgajamiento del grupo protector. "A woman experiences this invading masculine, carried by a man or by the animus, as a transpersonal ravishing penetrator who breaks into her consciousness, overpowers her, transports her outside herself, connects her to her own instinctual nature, and fundamentally changes her personality." (Ulanov, 247). El rechazo de Melibea echa por tierra el proceso de conocimiento que anticipaba Calisto, y lo sume en una depresión morbosa en que se vislumbra la atracción del arquetipo maternal elemental regido por el inconsciente, en pugna con su *anima* que lo empuja a la transformación. Neumann describe la depresión psíquica como *abaissement du niveau mental*, pérdida de libido de la consciencia, que se expresa por falta de entusiasmo e iniciativa, cansancio de la vida, tendencias suicidas, etc. Esta condición siempre implica la actuación del algún arquetipo (Neumann, *The Great Mother*, 27). Calisto se encierra en su cuarto como en un recipiente, con las ventanas cerradas y en tinieblas como en un vientre o una tumba, deseando la muerte, la inconsciencia total. Al abrirse la obra, el amor de Calisto y Melibea es puro desasosiego. Los amantes ya han entrado en el campo de tensión psíquica por atracción de los polos opuestos: inconsciencia y transformación. Símbolos de esta dialéctica son los venerables tópicos de la literatura amorosa: dolor, desmayos, fuego, etc. Los amantes se encuentran en estados de desarmonía pues sienten la atracción que promete individuación en una gloriosa integración de su ser, y al mismo tiempo sienten vivamente su condición de fragmentación o incompleción que recién empiezan a comprender. De súbito han aprehendido los límites de sus egos. Resienten al invasor contrasexual al mismo tiempo que lo desean. El resultado es soledad y discordia. La falta de armonía en Calisto se expresa por boca de Sempronio cuando anuncia burlonamente: "Destemplado está esse laud," a lo cual responde Calisto: "¿Cómo templará el destemplado? ¿Cómo sentirá el armonía aquel, que consigo está tan discorde?" (I, 39). Calisto expresa la verdad psicológica que la desarmonía está entre los componentes de su propio ser. Otras frases de Calisto en la misma escena atestiguan la profundidad con que el genio de Rojas permite al mismo personaje penetrar en sus propios estados de alma. Así, el fuego, símbolo antiquísimo de transformación, se siente amenazar el mismo espíritu del mancebo. "Mayor es la llama que dura ochenta años, que la que *en un dia passa, y mayor la que* quema cient mill cuerpos." (I, 40).

Neumann sostiene que mientras que los misterios masculinos en su mayoría se efectúan en un espacio intelectual abstracto, los misterios primordiales femeninos se enlazan con las realidades cercanas a la vida diaria (*The Great Mother*, 282). Así, mientras que como hemos visto el amor en Calisto se abstrae en imágenes de fuego y desarmonía, en Melibea el amor se concreta como dolencia física: "lastimada de mí," "mi dolor," "mi dolorido corazón," "herido corazón," "mi corazón. . .fecho pedazos." Ulanov cita otro trabajo de Neumann para iluminar la experiencia femenina del amor: "she understands, symbolically speaking, not with the head but with the whole body,. . . her spiritual and corporeal processes are bound together in a way quite foreign to the average man."[21] Melibea insiste en la expresión física de su arrebato amoroso, que como dice a Celestina es "nacido en mi cuerpo." (II, 54). La presencia del invasor masculino en su ser más íntimo se descubre en imágenes de serpientes que son símbolos de transcendencia, renovación, y fertilidad. Melibea resume su mal ante Celestina: "Madre mía, que comen este coraçon serpientes dentro de mi cuerpo." (II, 52). Siente que le lastima cruelmente "el ponçoñoso bocado, que la vista de su presencia de aquel cauallero" le dio (II, 51). Quiere que Celestina sea como Alexandre que sanó a Tolomeo "del bocado de la biuora." (II, 53).

La cura que efectúa Celestina consiste en arrancar la confesión de Melibea que ahora puede aceptar acercarse a los peligros del amor. Su decisión se expresa en términos que reconcilian lo abstracto con lo físico, y demuestran el nuevo valor que está lista a probar. "Agora toque en mi honrra, agora dañe mi fama, agora lastime mi cuerpo, avnque sea romper mis carnes para sacar mi dolorido coraçón, te doy mi fe." (II, 56). El desvanecimiento que sufre Melibea poco después, es símbolo de la transformación que está experimentando. El ego se sumerge en el inconsciente y emerge dilatado por los nuevos contenidos que rescata de ese mundo inconsciente de la psique. Es una especie de muerte y renacimiento. Puesto que el nombre del individuo en muchas culturas representa el alma del individuo, no es sorprendente que sea el nombre de Calisto lo que precipita la crisis. En este caso el nombre se identifica con el *animus* de Melibea proyectado sobre Calisto que ahora surge en su consciencia y es aceptado. De ahora en adelante, Melibea será distinta. Las características opuestas que se han reconciliado en su ser empiezan a manifestarse en su nueva independencia y agresividad.

Volviendo a la primera parte de la tragicomedia, se nota que Celestina entra en escena cuando los amantes se hallan en el más delicado punto de incómoda tensión. Dado que los estados emocionales producen una alteración de la consciencia a favor del inconsciente, los amantes pueden caer fácilmente bajo la influencia de impulsos y contenidos inconscientes instintivos. Sempronio es el vehículo por medio del cual Celestina, con su carga de fascinante energía, primero irrumpe sobre los egos de Calisto y Melibea. Poco se sabe del pasado de Sempronio, pero sí está claro que él es producto del tutelaje de Celestina en materias amorosas, según explica ésta a Pármeno: "Yo le fize hombre, de Dios en ayuso." (I, 233). Sabemos que anduvo perdido por Elicia pues el mismo Sempronio declara: "me causó algun tiempo andar fecho otro Calisto, perdido el sentido, cansado el cuerpo, la cabeça vana, los días *mal* dormiendo, las noches todas velando." (II, 38). Toda esa promesa de amor parece haberse reducido al uso carnal de Elicia, como se nota por los copiosos comentarios de Sempronio que testifican su falta de comprensión y de conocimiento del ser femenino. Para Sempronio la mujer es el juguete sexual del hombre; la mujer es un ser inferior digno de desprecio. Sempronio resume en una frase lo que significa para él la mujer: "¡O qué fastío es conferir con ellas, más de aquel breue tiempo, que son aparejadas á deleyte!" (I, 5l). Ahora le parece que su original turbación amorosa fue un engaño, que miraba a la mujer con "ojos de alinde, con que lo poco parece mucho é lo pequeño grande," (I, 57), pues viendo a su amo en igual turbación así es como analiza su problema. Sempronio intenta resolver el amor de Calisto con la simple posesión física de la mujer, tal como el suyo fue resuelto. Sempronio representa el aborto del proceso de individuación y su fijación en una etapa inmadura en que el hombre experimenta su masculinidad en su aspecto puramente fálico. Simbólicamente, para Sempronio el enamorado es un toro o un asno. Habiendo quedado polarizado uniteralmente en su masculinidad, como resultado devalúa el elemento femenino que no ha logrado incorporar en su psique. Su misoginia transparenta al hombre que ha vislumbrado lo que no pudo alcanzar y ahora duda que exista. Su vida está regida por el egoísmo, la sensualidad, la cobardía y el desprecio, ya que sus satisfacciones se han reducido a los instintos. En todo esto se ve la mano de Celestina, el efecto del arquetipo. La intercesión de ésta en favor de Pármeno con Areúsa ilustra el proceso que debió ocurrir anteriormente con Sempronio, cuyo camino ahora vemos a Pármeno iniciar.

"The more unconscious a man is," nos dice Neumann, "the more the anima figure remains fused or connected with the mana figure of the mother or the old woman. In other words, the unconscious psyche of man is directed by a magical unity of old and young women." (*The Great Mother*, 295.) Esta constelación parece ser la que actúa sobre Sempronio y está formada por Celestina y sus pupilas a quienes ella conduce por el camino del matriarcado elemental, alejado completamente de las funciones transformativas más significativas para la mujer, que se asocian a la maternidad. Cuando Celestina insta a Areúsa y a Elicia a no amar a ningún hombre en particular, sino a satisfacerse con cuantos puedan y a usarlos para su provecho, se acerca a esa visión básica matriarcal que no veía conección entre sexo y maternidad. Las sociedades primitivas o tempranas se caracterizaban por una vida sexual promiscua donde el amor profundo por un hombre en particular o no existía, o no era reconocido como norma (Neumann, *The Great Mother*, 269-270).

El símbolo más fundamental del arquetipo femenino es el recipiente donde se crea, se contiene y se protege la vida. Celestina hipócritamente presenta este aspecto positivo, acogedor y confortante para atraer y cobrar poderío sobre los egos. Su actuación como Madre Terrible se manifiesta con suma nitidez en el caso de Pármeno. Ante él se identifica Celestina como "buen acorro," "amiga, madre é más que madre," "buen mesón para descansar," "buen hospital para sanar," "buena bolsa para necesidad," "buena arca para guardar dinero," "buen fuego de invierno," "buena sombra de verano," "buena tauerna para comer é beuer." (I, 233). Así resume los misterios primordiales del Femenino que gobiernan casa, cercado, alimento, ropa, fuego del hogar, cama, horno, etc. (Neumann, *The Great Mother*, 227-231). Estas funciones protectoras y posesivas de la Madre son positivas en la etapa infantil del ser humano. Siempre que el Femenino lanza a la vida y a la luz lo que contiene, es la Gran Madre Buena de toda vida. Pero la Gran Madre que traba en vez de soltar lo que aspira independencia y libertad es peligrosa. El individuo que ya no se encuentra en la situación natural original de contención infantil siente esta actitud del Femenino como restringente y hostil. La función de trabar o amarrar implica una tendencia agresiva, que como el simbolismo del cautiverio, pertenece al carácter de bruja de la Madre negativa. Esta función se denota por los símbolos apropiados que son red, lazo, araña, pulpo, etc. (Neumann, *The Great Mother*, 65, 66). Pármeno fue echado del nido antes de tiempo, y obligado a servir a Celestina a quien encontraba repulsiva. Ha experimentado el rechazo del amor maternal. "Withdrawal of love can appear as a withdrawal of all the functions constituting the positive side of the elementary character. Thus hunger and thirst may take the place of food, cold of warmth, defenselessness of protection, nakedness of shelter and clothing, and distress of contentment. But stronger than these is often loneliness, the *principium individuationis*, the contrary of the containment that is the basic principle of *participation mystique*, of the bond in which there is no loneliness." (Neumann, *The Great Mother*, 67). Como substituo, Pármeno ha ideado en su imaginación una madre pobre y decente. "Dias grandes son passados que mi madre, muger pobre, moraua en su vezindad, la qual rogada por esta Celestina, me dió á ella por siruiente." I, 69). Resintiendo la hostilidad de Pármeno, Celestina malvadamente destruye esa imagen, forzándolo a encararse con la realidad desagradable y chocante de lo que fue en realidad su madre natural. "Lastimásteme, don loquillo. A las verdades nos andamos. Pues espera, que yo te tocaré donde te duela." (I, 242). El recuento de las innobles actividades de Claudina y sus humillantes castigos a manos de la justicia, dejan de nuevo a Pármeno en abyecta soledad. Por segunda vez, Celestina lo cautiva y amarra ofreciendo abrigo y compañía, finalmente jugando una carta irresistible. Tomando ventaja del interés sexual adolescente de Pármeno, y de su soledad, le entrega la mujer que a él le gusta. Pármeno se hace aliado de Celestina, pero su sentimiento de hostilidad permanece contra la tendencia agresiva y cautivadora de ella.

Esta tendencia surge en la obra en una serie de imágenes que tienen como rasgo semántico común el sentido de hilos que amarran:

hilado, cordón, atamiento, red, nudo, cadena, etc. Celestina tiene aparejos de tejedora, como sabemos cuando pide a Elicia que le busque el papel del conjuro que guarda en una "arca de los lizos." (I, 143). Además, Celestina informa que siempre lleva un poco de hilado en su faltriquera para poder entrar donde no la conocen. Según Neumann, "The primordial mystery of weaving and spinning has also been experienced in projection upon the Great Mother who weaves the web of life and spins the thread of fate" (227). Todas las actividades de trenzar, tejer, anudar, pertenecen a la actividad femenina que gobierna el Hado, y Celestina imagina sus propios planes como el tender de una red. Planeando la persuasión de Pármeno, dice a Sempronio: "Darnos ha lugar á tender las redes sin embaraço por aquellas doblas de Calisto." (I, 137). Tiene un registro donde anota los nacimientos de las hembras "para saber quantas se me salen de la red." (I, 133). Mircea Eliade, que discute la magia de los nudos y el atar, explica la ambivalencia de la orientación del acto que puede ser positiva o negativa de acuerdo con la intención que lleva. El hilado que trae Celestina a casa de Melibea ha sido conjurado en nombre de Plutón, rey de las potencias infernales, por lo cual el Hado que va tejiendo con su hilado ya contiene la intención negativa de oscuridad y muerte. Con ello espera que Melibea quede enredada. Con un poco de hilado ya tiene "caçadas más de treynta de su estado," se jacta la vieja (I, 210).

El simbolismo de los hilos toma profundidades y variaciones intricadísimas en *La Celestina*. Celestina tiene la suerte de que al llegar a casa de Melibea por vez primera, Lucrecia le informa que su señora Alisa ha urdido una tela para la cual tiene necesidad del hilado. La tela se podría interpretar como Melibea misma, quien tiene necesidad de la intervención de Celestina, el hilado untado con aceite de víboras, para poder llegar al conocimiento de su amor. Esta explicación, quizás un poco atrevida, se puede justificar por lo antiguos y difundidos que son los símbolos pertinentes. El cruce de los hilos es símbolo de unión sexual. Todavía se habla del cruce de los animales y plantas. Por el cruce de los sexos se teje la vida. Neumann sugiere que el tejer puede ser una manera de expresar la creación de la vida y del cuerpo humano, basándose en las tejedoras que aparecen en las pinturas simbólicas de pueblos romanos, y en la palabra griega *mitos*, que denomina la simiente humana como 'hilado,' y que es el nombre del cónyuge primitivo de los cabiros. También se habla de los tejidos del cuerpo (*The Great Mother*, 227-231). Alisa ha urdido la tela de la vida de Melibea que Celestina ayuda a completar, antes de tiempo, con su hilado. Cuando Celestina declara que pocas vírgenes han "abierto tienda a vender" de quien ella no haya sido "corredora de su primer hilado," utiliza definitivamente el simbolismo que aduce Neumann de hilado para unión sexual. También es interesante que la descripción del hilado que hace Celestina "delgado como el pelo de la cabeza," dentro del contexto, recuerda el sentido de virginidad que contiene la noción de los cabellos en la lírica tradicional. Calisto implica que Melibea lo ha amarrado con sus cabellos: "Solo vn poco de agua clara con vn eburneo peyne basta para exceder a las nacidas en gentileza. Estas son sus armas. Con estas mata é vence, con estas me catiuó, con estas me tiene ligado é puesto en dura cadena." (I, 228). Otro comentario relacionado es el de Celestina ante la furia de Melibea: "No seas la telaraña, que no muestra su fuerza sino contra los flacos animales." (I, 183).

Los hilos del Hado se desdoblan también en cadena, cordón, lazos. La valiosa cadena con que Calisto paga a Celestina, arrastra finalmente a los tres conspiradores al crimen y a la muerte. Pleberio apostrofa al mundo: "¿Cómo me mandas quedar en tí, conosciendo tus falacias, tus lazos, tus cadenas' e redes, con que pescas nuestras flacas voluntades?" (II, 209). El hilado lleno del poder numínico de Celestina, portador del mal, se trueca y se alarga en el cordón de Melibea, que ha sido santificado tocando las reliquias sagradas de Roma y Jerusalén. El contraste entre el hilado demoníaco y el cordón bendito simboliza la tensión dialéctica entre las polaridades consciente e inconsciente entre las cuales se debaten los egos. El cordón en manos de Calisto es el primer representante físico que anuncia la subsecuente posesión de la amada. Al mismo tiempo, es una extensión del poder que por medio del amor Melibea ejerce sobre Calisto. Es como los cabellos de la amada misma, lleno de sus efluvios, y aquél lo recibe con exaltación: "¡O ñudos de mi pasión, vosotros enlazastes mis desseos!" (I, 220). Ya anteriormente, Celestina se ha dirigido al cordón: "¡Ay, cordón, cordón! Yo te faré traer por fuerça, si viuo, á la que no quiso darme su buena habla de grado." (I, 195). La presencia simbólica de Melibea en su cordón se multiplica de diversos modos. Dice Sempronio: "Quisieras tú ayer que te traxeran a la primera habla amanojada e embuelta en su cordón a Melibea." (II, 21). Y Melibea misma dice a Celestina: "En mi cordón te lleuaste embuelta la posesión de mi libertad. " (II, 61). Antes de recibir el cordón, Calisto cuenta que ha soñado con Melibea. Los sueños son una manera corriente del ego de confrontar la imagen de su *anima*. Muestra el desarrollo de Calisto hacia el estado integrativo en que el ego recobra elementos del femenino antes suprimidos y que en la mitología se representa como el héroe que mata al dragón, liberando a la cautiva. El elemento de peligro que supone esta experiencia, se traduce en la conexión subsconsciente que hace Calisto entre su sueño y el recuerdo de Alcibíades y Sócrates que murieron pronto después de envolverse en el manto de sus amigas. Envolverse en el manto puede interpretarse como tomar, aceptar o imitar el elemento femenino: es decir, integrarse a su *anima*. Este deseo de integración continúa en la escena del cordón, desembocando en imágenes de transubstanciación. Calisto ha manifestado: "en vida ó en muerte, alegre me sería vestir su vestidura," es decir, tomar el lugar físico de Melibea. Estando en el cordón la amada, Calisto desea que fuera parte de su propio cuerpo: "asaz bien me fuera del cielo otorgado, que de mis bracos fueras fecho é texido, no de seda como eres." (I, 220, 222). Las tendencias a un crecimiento espiritual por medio del amor que evidencia Calisto, son interrumpidas y desviadas por Celestina con ayuda de Sempronio, que inflaman los deseos de posesión física en Calisto. Celestina le recuerda que el cordón es sólo un cordón y que no haga "yguales la persona é el vestido." (I, 223). Sempronio por su parte, reitera: "No es, señor, el solo cordón del que pende tu remedio." (I, 224). Cuando Calisto llama al cordón "empresa," Celestina devalúa su idealismo recordándole que no ha sido dado de grado, y antepone su propia importancia como medianera.

En la obra nunca se nota evidencia alguna de que Celestina comprenda el amor como proceso de expansión espiritual, más allá de la compañía que puede brindar la unión física. Pármeno, que presiente algo mejor, según se nota por los consejos que da a Calisto, nunca tiene la oportunidad de comprobarlo. Su posesión de Areusa ha sido rápida y fácil. Es así como los personajes influenciados por Celestina cultivan el deseo de satisfacción inmediata al nivel de los instintos. Esta resolución psicológica se plasma en las muchas imágenes que unen dos instintos básicos: lo alimentario y lo sexual.[22] En el "aucto dozeno" Pármeno anticipa: "esta donzella ha de ser para él (Calisto) ceuo de anzuelo o carne de buytrera, que suelen pagar bien el escote los que a comerla vienen." (II, 80). Celestina, refiriéndose a la atractiva mocedad de Pármeno: "Destos me mandauan á mi comer en mi tiempo los médicos de mi tierra, quando tenía mejores dientes." (I, 259). Calisto, impaciente por desvestir a Melibea: *"Señora, el que quiere comer el ave, quita primero las plumas."* (II, 181). El deseo de Lucrecia y Celestina de poder parti-

35

cipar en las acciones amorosas que las rodean se expresan como "dentera." Pero el ejemplo más notable es la cena en casa de Celestina, donde el comer alterna con los retozos eróticos de las dos parejas (II, 39-40).

Celestina, como Madre Terrible, mantiene a los hombres en su estado fálico, inmaduro, y rige sobre el deseo y la seducción que lleva al pecado y a la destrucción. El signo de la Madre conjuga el amor y la muerte. En Egipto, Grecia, Mesopotamia y México, la mitología agrupa las diosas del amor, la caza y la muerte. El amor como poder destructor se puede relacionar con los ritos mágicos de diosas de la tierra relacionados con la fertilidad. Este aspecto del arquetipo es el que parece poseer al autor de *La Celestina*, y halla resonancia en la visión pesimista y caótica del mundo de Rojas, como se volverá a mencionar más tarde. En *La Celestina* hasta se conserva algo de los tintes incestuosos que son parte del simbolismo mitológico de la constelación de la Madre Terrible. Pármeno recuerda a Celestina mientras ésta insistentemente reclama su maternidad sobre él, que "algunas vezes, avnque era niño, me subías á la cabeçera é me apretabas contigo é, porque olías á vieja, me fuya de tí." (I, 99). Ahora que es mozo, exlama Celestina: "¡Mas rauia mala me mate, si te llego á mí, avnque vieja! Que la voz tienes ronca, las barbas te apuntan. Mal sosegadilla deues tener la punta de la barriga." (I, 95). Arriba queda citada su lúbrica broma sobre lo que la mandaban comer los médicos de su tierra.

Al fomentar la amistad de Sempronio con Pármeno, Celestina propicia las condiciones para su propia muerte. Opuesto al grupo matriarcal que domina la Gran Madre en la humanidad primitiva, surge como próximo eslabón en el desarrollo de la consciencia, el grupo de las sociedades masculinas. Así el colectivo masculino (Pármeno y Sempronio) contrarresta la dominación del uroboros. El ego ha llegado a su plena masculinización y se rebela. Celestina, momentos antes de ser penetrada por la espada de Sempronio, muerte simbólica, trata una vez más de dominarlos por medio de la sensualidad, prometiéndoles nuevas amantes. Pero ya es muy tarde. Celestina cae como el dragón, pero Sempronio y Pármeno también sucumben, entrando ya de lleno al inconsciente con la Madre. La muerte de Sempronio y Pármeno inmediatamente después de su asesinato de Celestina con la espada, guarda cierto parecido con lo que Neumann llama 'incesto uROBÓRICO.' "Uroboric incest is a form of entry into the mother, of union with her, and it stands with sharp contrast to other and later forms of incest.... The Great Mother takes the little child back into herself, and always over uroboric incest there stand the insignia of death, signifying final dissolution in union with the Mother." (*Origins and History of Consciousness*, 17).

La primera cita de Calisto y Melibea conserva características de los mitos del héroe que libera la doncella. Calisto y sus criados salen armados como para enfrentar algún peligro, y como en las iniciaciones de neófitos, la escena toma lugar en la oscuridad. Las puertas de la casa de Melibea separan a los amantes como una primera prueba heroica. Calisto está dispuesto a quebrantarlas, probando su fuerza, masculinidad y coraje, tal como espera 'la cautiva'. En el mito del héroe, cuando la acción pasa al ámbito humano, la prueba de transformar y liberar la mujer le toca al héroe, dice Neumann: "In the captive she no longer appears as a mighty, transpersonal archetype, but as a human creature, a partner with whom man can unite himself personally. More: she is something that cries out to be rescued, set free, and redeemed, and she demands that the man shall prove himself manly, not merely as the bearer of the phallic instrument of fertilization, but as a spiritual potency, a hero. She expects strength, cunning, resourcefulness, bravery, protection, and readiness to fight" (*Origins and History*, 200-201). Durante esta primera cita, el progreso de la individuación en Calisto, y su sentido de transformación se expresan en eufórica potencia. Calisto mismo explica las "singulares marauillas" que le han acontecido: "ya los rayos ylustrantes de tu muy claro gesto dieron luz en mis ojos, encendieron mi coraçón, despertaron mi lengua, estendieron mi merecer, acortaron mi couardía, destorcieron mi encogimiento, doblaron mis fuerças, desadormescieron mis pies e manos, finalmente, me dieron tal osadía, que me han traydo con su mucho poder a este sublimado estado en que agora me veo." (II, 85). La confianza y devoción que muestra Melibea durante esta entrevista estimulan la armonía psíquica de Calisto, que despierta al otro día lleno de paz. "¡O cómo he dormido tan a mi plazer, después de aquel acucarado rato, . . .Gran reposo he tenido." (II, 105). En plena consciencia su ego masculino se relaciona con su ánima esperando la completa unión con el ser que ama. En este estado, desciende sobre Calisto la noticia de la muerte de sus criados y el escándalo y deshonor que supone para él.

Calisto se halla ante el dilema de reaccionar públicamente como deber de su persona social o perseguir la gloria que espera en su unión con Melibea. La resolución de Calisto en favor de la última posibilidad ha sido severamente enjuiciada por muchos críticos. Lida de Malkiel, por ejemplo, resume el comportamiento de Calisto desde el punto de vista de su obligación estamental: "Por un momento, Calisto se estremece ante el escándalo y el deshonor, pero, sólo atento a la esperanza de la nueva cita, suple indiferente los criados muertos con los que le quedan, escala por la noche las altas tapias del huerto de Melibea, obtiene su amor y. . .vuelve, silencioso y hastiado a encerrarse." (*Dos obras maestras*, 76.) En defensa de Calisto, alego las ideas de Aniela Jaffé quien opina que las colisiones del deber son puntos culminantes en el camino de individuación, pues presuponen una consciencia más diferenciada de lo que el cumplimiento obediente de las leyes requiere.[23] La reacción de Calisto ante la noticia de la muerte de Pármeno y Sempronio demuestra que siente lo sucedido; en realidad su opinión de ellos es mejor de lo que se merecían, pues los considera, engañadamente, "sobrados é esforzados," en vez de cobardes como eran en realidad. Pero la intervención de Calisto como vengador en este lance sería un gesto de decoro social. No hay indicios en la obra de que tal gesto beneficiaría a nadie, fuera de la reputación de Calisto mismo. Puesto que en *La Celestina* no asistimos a un caso de honra como en las comedias de capa y espada, sino que presenciamos el desenvolvimiento desnudo de consciencias humanas, la decisión de Calisto es de mayor veracidad psicológica. Si respetamos la intuición de complexión mística que Calisto ha mostrado hasta ahora respecto al amor, podemos comprender también la extrema importancia psicológica que supone el logro de su destino individual, en contra del mundo exterior. Calisto deja a un lado su "congoxa" y "fuerte tribulación" aunque sabe que peligra su honra. Su acto no es de cobardía, sino que establece su nueva potencia individual, y así corresponde a Melibea que también ha arriesgado la honra por amor a Calisto. ". . .las aduersidades con ygual ánimo se han de sofrir e en ellas se prueua el coraçon rezio o flaco," musita Calisto, "No ay mejor toque para conocer qué quilates de virtud o esfuerco tiene el hombre. Pues por más mal e daño que me venga, no dexaré de complir el mandado de aquella por quien todo esto se ha causado. Que más me va en conseguir la ganancia de la gloria que espero, que en la pérdida de morir los que murieron." (II, 112).

La segunda escena de amor entre Calisto y Melibea se caracteriza por la fuerza del instinto erótico en Calisto, simbolizado por la oscuridad en que toma lugar. Al principio de la diferenciación de su *anima* se unen en el hombre la identidad de su ego, su *anima*, y su instinto. Sus sentimientos se identifican con la sexualidad (Ulanov, *The Feminine*, 222). Como si esto fuera poco, hormiguean en los ánimos de los amantes las enseñanzas de Celestina, bajo cuyo signo se hacen posibles sus encuentros. Melibea expresa el sentido de muerte o sacrificio que acompaña la iniciación sexual, comparándose con la oveja, imagen expiatoria por excelencia: *"Cata que del buen pastor es propio tresquillar sus ouejas e ganado; pero no destruyrlo y estragarlo."* (II, 117). Simultáneamente el acto la libera del estado en que ha sido contenida. Melibea se lamenta de la separación subjetiva que se ha llevado a cabo entre ella y sus padres, pero su amor ahora conscientemente dirigido muestra una clara transición hacia la independencia y la iniciativa. Se despide de su amante instándole: "no me niegues tu vista de día, passando por mi puerta; de noche donde tu ordenares. *Sea tu venida por este secreto lugar a la mesma ora, porque siempre te espere apercebida del gozo con que quedo, esperando las venideras noches."* (II, 120).

La subsecuente depresión de Calisto al retornar a su casa, no significa la mengua de su amor ya saciado, sino que es otra etapa natural en el proceso de individuación. La intoxicación orgiástica del amor, según Neumann, es un retorno al vientre de la Gran Madre que tiene como moto: *post coitum omne animal triste.* Significa la pérdida del ego fálico y la subyugación por el elemento femenino, su *anima*, que apuntando hacia la reconciliación de las polaridades de su psique, lo ilumina y deifica (*Origins and History*, 60). En sus consecuencias totales, la individuación no permanece como asunto privado, sino que involucra al ser humano con su función como criatura social. La preocupación de Calisto sobre su deber social ahora se expande para incluir una esfera mayor donde aparece el personaje por primera vez como parte de un grupo social. Al volver a su casa, Calisto amonesta a sus criados: *"Entrad callando, no nos sientan en casa."* (II, 122). Hasta este momento no había muestras de que Calisto viviera con otra gente que no fueran sus sirvientes, con quienes en esta época no se acostumbraban miramientos. Ahora penetra en Calisto todo el horror de la deshonra que la manera en que murieron sus criados significa para él. Escuchamos sus primeras palabras como ser que opina sobre la vida en general, fuera de su polaridad con Melibea: *"¡O mísera suauidad desta breuíssima vida!. . .no ay hora cierta ni limitada ni avn vn solo momento. . .¡O breue deleyte mundano! ¡Cómo duran poco e cuestan mucho tus dulçores!. . .quando el vil está rico, no tiene pariente ni amigo. . .es menor yerro no condenar los malhechores que punir los innocentes. . .nunca los absentes se hallaron justos. . .la ley tiene de ser ygual a todos. . .etc."* (II, 122-125). Ahora Calisto se relaciona conscientemente no sólo con su medio social y con su amada, sino también con el universo. Dentro del fluir de consciencia que atestiguamos en su monólogo, se nota una nueva claridad de su pensamiento. Habiendo experimentado casi simultáneamente los extremos de tragedia y gloria, Calisto comprende la polaridad de la creación: *"Todo se rige con freno ygual, todo se mueue con igual espuela; cielo, tierra, mar, fuego, viento, calor, frío."* (II, 128). Su enumeración de opuestos se relaciona, como queda dicho, con el desarrollo del estado consciente. Sus relaciones con Melibea también toman un cariz más diferenciado. Calisto recuerda sus rasgos personales, su comportamiento como Melibea, mujer individual. Stephen Gilman ha hecho notar lo extraordinario de esta actitud de Calisto que no se paga de su conquista con arrogancia masculina, sino que se goza en la otredad que ahora comparten. El análisis de Gilman es tan parecido a una exposición del proceso de individuación en los amantes, que incluye una interpretación de la palabra 'gozo' como **triunfo del estado consciente** (*The Spain*, 387).

La última cita entre Calisto y Melibea representa otro jalón en la fase integrativa de su individuación. Como ya ha apuntado Lida de Malkiel, "los caracteres de los amantes no se muestran aquí contrapuestos, sino armonizados, como correspondiendo a una fase más madura de su pasión." (*Dos obras maestras*, 105). La escena se llena de gracia y armonía con los versos que cantan Lucrecia y Melibea. La naturaleza se conjuga románticamente con los sentimientos de los amantes, como expresa bellamente Melibea: *"Todo se goza este huerto con tu venida. Mira la luna quán clara se nos muestra, mira las nuues cómo huyen. Oye la corriente agua desta fontezica, . . . Escucha los altos cipreses. . . Mira sus quietas sombras, ¡quán oscuras están e aparejadas para encobrir nuestro deleyte!"* (II, 180). La mayor iluminación de esta escena coincide con la expansión del estado consciente en Calisto, quien ahora contiene su impaciencia erótica y se queda un rato escuchando y gozando del canto de su amada. Aquí se demuestra su deleite en ella como persona que brinda a Calisto el tesoro de su encanto individual. Aun así, los sentimientos de Calisto están identificados con la sexualidad mucho más que los de Melibea, que desea el conocimiento total del amado en todas direcciones: *"Holguemos e burlemos de otros mill modos que yo te mostraré; no me destroces ni maltrates como sueles."* (II, 181). En este momento Calisto separa el valor del amor de Melibea para él, de otros instintos básicos, en contraste con previas expresiones: *"Comer e beuer, donde quiera se da por dinero, . . . pero lo no vendible, lo que en toda la tierra no ay ygual que en este huerto, ¿cómo mandas que me passe ningún momento que no goze?"* (II, 182).

Mientras que entre Calisto y Melibea se desarrolla positivamente la plenitud que es posible alcanzar en el amor, se cierne sobre ellos la venganza de Elicia y Areúsa, continuadoras del sacerdocio y culto de la Gran Madre Devoradora. Neumann informa que los elementos agresivos y destructores de este arquetipo pueden aparecer como figuras separadas, en la forma de auxiliares, sacerdotes, animales, etc. Sus consortes fálicos ejecutan su voluntad destructora, en este caso Centurio es el llamado a terminar su obra (*Origins and History*, 156). Calisto, que como héroe que ha liberado y ganado a la cautiva está pleno de fuerza y luminosidad, corre en defensa de sus jóvenes criados y perece con la cabeza despedazada. La muerte de Calisto no es castigo de su 'pecado,' sino cumplimiento del ciclo mitológico en que el joven dios provee la sangre que garantiza la fertilidad en los ritos de la Gran Madre. En *La Celestina* todas las víctimas mueren despedazadas. Muerte, despedazamiento, y castración representan la suerte que espera, o al joven dios fálico que quedaba sacrificado en las sangrientas orgías del culto a la Gran Madre, o al joven amante que queda fascinado y seducido por ella, en quien halla muerte e inconsciencia (Neumann, *Origins and History*, 58, 60). La decapitación y el despedazamiento (modo en que mueren Sempronio y Pármeno), eran una modalidad de los antiguos ritos egipcios, de los cuales se conservaban vestigios en el México prehispánico (Neumann, *The Great Mother*, 186). Las muertes de los tres jóvenes añaden otra pieza al rompecabezas de *La Celestina* que perfila aún mas definidamente la presencia del arquetipo de la Madre Terrible.

La rebeldía que desarrolla Melibea en contra de las costumbres de la sociedad a que pertenece, ha sido vista por muchos como resultado de la degradación causada por 'el loco amor.' Estas opiniones revelan una visión estrictamente afín con el patriarcado que regía su época y todavía en gran medida, la nuestra. La historia de amor de Melibea descubre la liberación de un ser femenino de su dependencia patriarcal, si bien le cuesta la vida. No es locura erótica lo que hace a Melibea reaccionar con violencia cuando escucha a sus padres planear su matrimonio. La actividad de su *animus* como consciencia le hace ahora capaz de enfocar su personalidad como ser completo. El estar conscientes de la polaridad sexual interna, nos hace enteros, y así experimentamos lo que se llama espíritu. La mujer que se da cuenta de que el amor y el espíritu van unidos, pone el amor sobre las normas sociales de respetabilidad (Ver Ulanov, *The Feminine*, 296). Haciendo paráfrasis de su apasionada protesta, Calisto es para ella su *anima*, su vida, su señor, en quien tiene toda su esperanza. Por medio de él, ha llegado Melibea a un estado de autoconocimiento por primera vez: *"No tengo otra lástima sino por el tiempo que perdí de no gozarlo, de no conoscerlo, después que a mí me sé conoscer."* (II, 148). El matrimonio que conoce Melibea ejemplificado por sus padres de acuerdo a la época y su estado, es una unión de dos soledades. Tiene poco que ver con esa exaltada intensificación de consciencia que ahora conoce Melibea. No quiere seguir los pasos de su madre. La unión sin amor le parece defectuosa y baja. Por eso protesta: *"más vale ser amiga que mala casada. . . . No quiero marido, no quiero ensuziar los ñudos del matrimonio, ni las maritales pisadas de agено hombre repisar."* (II, 148).

El matrimonio a través de la historia ha promulgado la completa polarización de los elementos femenino y masculino, dejando poco lugar para el desarrollo contrasexual de los participantes. Alisa se nos presenta como el tipo de mujer que permanece identificada completamente con el cerrado círculo matriarcal de donde proviene y en el cual ha querido contener también a su hija. *"Que yo sé bien lo que tengo criado en mi guardada hija."* (II, 151). La mujer en este estado, al entrar en el matrimonio patriarcal, repite su papel de hija pasiva, guiada en todo por su esposo-padre. Su capacidad de individuación permanece en gran medida inactiva. La cultura patriarcal porta los valores de la consciencia y el desarrollo del ego, dejando a la mujer sin realizar las áreas centrales de su vida psicológica, y haciéndola depender del hombre (Ver Ulanov, *The Feminine*, 161-162). La pasividad de la mujer en esa situación niega al hombre la verdadera compañía. Alisa, por ejemplo, se desentiende completamente de la preocupación que siente Pleberio por casar a Melibea, *"como esto sea officio de los padres e muy agено a las mugeres."* (II, 146). Por otra parte, Alisa responde a cualquier tensión emocional desmayándose, es decir, refugiándose en el inconsciente. Según Ulanov, esto se explica porque la mujer fijada en su etapa patriarcal muestra la intensificación de las cualidades negativas de la fase previa, la matriarcal. Se siente sin raíces en su propio cuerpo, desconectada de los procesos instintivos de su psique, lo cual se derrama en síntomas histéricos (Ver *The Feminine*, 250). Las últimas escenas de la obra están inundadas por esa soledad a que está condenado Pleberio por el tipo de relaciones que hay entre él y Alisa. Cuando acude a la desesperada llamada de Lucrecia, va solo. Su mujer ha quedado "sin seso," "turbada." Alisa se desmaya de nuevo al ver a Melibea muerta, por cuanto Pleberio transido de dolor le ruega: "¡O muger mía! Leuántate de sobre ella é, si alguna vida te queda, gástala comigo en tristes gemidos, . . . E si por caso tu espíritu reposa con el suyo, si ya has dexado esta vida de dolor, ¿por qué quesiste que lo passe yo todo?" (II, 202).

Apostrofando a la vida y al amor en el lamento final de la obra, brota de labios de Pleberio una breve síntesis de su vida: "¡O amor, amor!. . .Herida fué de tí mi juuentud, por medio de tus brasas passé:. . .Bien pensé que de tus lazos me auía librado, quando los quarenta años toqué, quando fui contento con mi conjugal compañera, quando me ví con el fruto que me cortaste el día de oy." (II, 209). Ese amor de brasas y lazos que conoció Pleberio en su juventud se retrata como algo distinto al arreglo eminentemente razonable que hizo a los cuarenta años y del cual es producto Melibea. La hija ha llenado la soledad de Pleberio, supliendo el contacto espiritual que falta en sus relaciones de esposo de Alisa. Entresacando de la acción y el diálogo, hallamos rastros de la intimidad emocional que existió entre padre e hija. Es él quien responde a la urgente llamada de Lucrecia y llega presto a la pieza de Melibea donde la anima tiernamente: "Fabla conmigo, cuéntame la causa de tu arrebatada pena. ¿Qué has? ¿Qué sientes? ¿Qué quieres? Háblame, mírame, dime la razón de tu dolor, porque presto sea remediado," (II, 189), como si fuera cosa acostumbrada el que se hablen y que Melibea le cuente sus cosas. Es Pleberio quien escucha la confesión final de Melibea, y quien más tarde exclama: "¿Qué haré, quando entre en tu cámara e retraymiento e la halle sola?," (II, 208), de nuevo sugiriendo una práctica de conversaciones y visitas entre los dos. Melibea misma, antes de despeñarse de la torre, recuerda "aquellos antiguos libros que tú, por más aclarar mi ingenio, me madauas leer." (II, 198). Tenemos el cuadro de un hombre solitario que educa a su hija, ganando así su compañía espiritual. Pleberio sabe que, muerta Melibea, no encontrará solaz ni compañía en Alisa. A los amigos y señores que acuden ante su llanto les pide que le ayuden a llorar su pena, ya que Alisa no le ayuda. Faltándole Melibea, se declara completamente solo: "Quanto tiempo me dexare solo despues de tí, fálteme la vida, pues me faltó tu agradable compañía." Considera que ya "no tiene qué perder." "Pues desconsolado viejo, ¡qué solo estoy!" exclama, "¿Por qué me dexaste triste e solo in hac lachrymarum valle?" (II, 202, 203, 205, 212).

La intimidad y la ternura que ha existido entre padre e hija ha facilitado la individuación de Melibea como mujer adulta. El *animus* en la mujer, normalmente, se nutre de sus conocimientos del padre como ser del sexo opuesto. Jung asevera que "the father exerts his influence on the mind or spirit of his daughter—on her 'Logos.' This he does by increasing her intellectuality."[24] Por el contrario, no se nota gran intimidad entre Melibea y su madre, aunque sí se expone el afecto natural que siente una por la otra. Alisa, que proyecta sobre su hija su propia personalidad fijada y contenida, ignora cómo es realmente Melibea. Esta no puede, por lo tanto, confiar en su propia madre. Como revela a Pleberio antes de morir, "Descubría a ella, (Celestina) lo que a mi querida madre encobría." (II, 196).

El suicidio de Melibea es la culminación de este personaje como mujer realizada, capaz de decidir su suerte. Su suicidio es un acto de voluntad por el cual espera continuar su unión con el ser amado. Melibea se culpa por la muerte de Calisto, pero lo que más le preocupa no es castigarse, sino estar a la par con él. "Algún aliuio siento en ver que tan presto seremos juntos yo e aquel mi querido amado Calisto. . . .no me atajen el camino, por el qual en breue tiempo podré visitar en este día al que me visitó la passada noche. . . .llegado es mi descanso. . .llegado es mi alivio. . .llegada es mi acompañada hora. . . .E assí contentarle he en la muerte, pues no tuue tiempo en la vida. ¡O mi amor e señor Calisto! Espérame, ya voy; detente, si me esperas." (II, 191-198). Al contar a su padre la trayectoria de su amor, Melibea ni se arrepiente, ni se rebaja. Habla de la "dulce e desdichada" ejecución de la voluntad de Calisto, y del *deleytoso yerro de amor."* Como última voluntad, pide que se junten sus sepulturas y se hagan obsequias fúnebres para los dos juntos, conservando en la muerte la unión de cuerpos y almas que empezaban a conocer en vida.

En su libro sobre el suicidio, A. Alvarez reproduce el comentario de un suicida: "When I'm alone, I stop believing I exist."[25] Melibea la mujer existe por gracia de que Calisto ha transformado su vida. Sin él, vuelve a la soledad del estado dividido, se hunde en la inconsciencia, deja de existir.

En conclusión, consideremos que hasta el Renacimiento el arte estuvo al servicio de la iglesia, del estado y de los preceptos culturales establecidos; es decir, que nacía de los antiguos arquetipos que sostenían los símbolos medievales. El principio del Renacimiento es una época en que se entremezclan caóticamente antiguos cánones con sus fundamentos en ruinas, con escandalosos símbolos de nuevos arquetipos que iban a servir de base para las ideas del futuro. Este es el cuadro que reproduce *La Celestina*. Representa un estado de "desintegración creadora," frase de Neumann con que expresa la mezcla de decadencia y nacimiento.[26] Sobresalen en la obra el conflicto de clases sociales, la rebeldía de la mujer reprimida en una sociedad patriarcal, la soledad en el matrimonio de conveniencia, la religión que sostenía falsos ideales, y se ventilan la envidia, lujuria, avaricia e hipocresía que cundían entre los individuos. Como gérmenes de nuevos preceptos, encontramos la apreciación de la naturaleza, el amor como instrumento de desarrollo psíquico, la importancia de la individualidad. Pero soterrado, como río escondido en símbolos y personajes, percibimos ese sentimiento de angustia, resentimiento, pesimismo y soledad, que quizás refleja el torrente demoníaco, mágico, irracional de la Inquisición.

Jung y su discípulo Neumann están de acuerdo en que el trabajo de un artista nace para satisfacer las necesidades espirituales de la sociedad en que vive, surgiendo del inconsciente colectivo, y que por lo tanto su función es terapéutica. Las imágenes arquetípicas despiertan cuando la perspectiva de una época lo requiere. Rojas responde a esta función desarrollando la imagen del arquetipo de la Gran Madre de de la tierra en oposición al arquetipo del Padre Celestial que dominaba la Edad Media. El proceso de individuación que bosqueja en los personajes es desarrollo interior individual en oposición a la dirección exterior. Además, falta en su obra el sentido abrumador de pecado y culpabilidad que fomentaban los predicadores. Rojas presenta una nueva perspectiva de la consciencia humana. Puesto que lo revelado se matiza al pasar por la estructura psíquica del mensajero, la Gran Madre se disfraza de españolísima Trotaconventos pero que, como espero haber demostrado, mantiene la numinosidad y constelación del arquetipo. La tragedia en la obra más el sentido de desorden y caos que su lectura imparte a algunos estudiosos refleja la conjunción de dos elementos: el desmoronamiento de antiguos valores al lado de la singularidad, soledad y nueva realidad del artista mismo, que en oposición a la sociedad, tiene que destruir para crear.

GEORGETOWN UNIVERSITY

Notas
[1]Adolfo Prieto, "El sentimiento de la muerte a través de la literatura española," *Revista de literaturas modernas,* II (1960), pág. 161.
[2]Robert Ricard, "La Celestina vista otra vez," *Cuadernos Hispanoamericanos,* LXVI Núm. 198 (1966), págs. 470, 480.
[3]José Antonio Maravall, *El mundo social de La Celestina,* 2a. ed. (Madrid: Gredos, 1968), pág. 23.

Proceso de individuación

[4] Alvaro Custodio, "Sobre el secreto de Melibea," *Cuadernos Hispanoamericanos,* CI (1958), pág. 213.

[5] Stephen Gilman, *The Spain of Fernando Rojas* (Princeton University Press, 1972), pág. vii. "the sense that something mysterious, wholly new, and immensily important is transpiring."

[6] Fernando de Rojas, *La Celestina,* 9a. ed. (Madrid: Espasa Calpe, 1968), I, pág. 5. Todas las citas de *La Celestina* corresponderán a esta misma edición. De aquí en adelante abrevio, dando el número del volumen y la página.

[7] Allardyce Nicoll, *Historia del teatro mundial,* trad. Juan Martín Ruiz-Werner (Madrid: Aguilar, 1964), pág. 648.

[8] Carl G. Jung, *Modern Man in Search of a Soul,* trad. W.S. Dell y Cary F. Baynes (London: K. Paul, Trench, Trubner & Co., Ltd., 1933), págs. 197, 215.

[9] Mircea Eliade, *Images and Symbols,* trad. Philip Mairet (New York: Search Book: Sheed and Ward, 1969), pág. 31.

[10] María Rosa Lida de Malkiel, *Dos obras maestras españolas,* 2a. ed. (Buenos Aires: Eudeba, 1968), pág. 100.

[11] Carl G. Jung, "Approaching the Unconscious," *Man and his Symbols,* ed. John Freeman (New York: Doubleday & Company, Inc., 1964), pág. 79.

[12] Ann Belford Ulanov, *The Feminine in Jungian Psychology and in Christian Theology* (Evanston: Northwestern University Press, 1971), pág. 61, donde cita a: Edward F. Edinger, "An Outline of Analytical Psychology," *Quadrant,* I (Spring, 1968), pág. 13.

[13] Pablo Fernández Márquez, *Los personajes de La Celestina* (México: Finisterre, sin fecha), pág. sin núm.

[14] Erich Neumann, *The Origins and History of Consciousness,* trad. R.F.C. Hull (Princeton University Press, Bollingen Series XLII, 1970), pág. 155.

[15] Gustavo Correa, "Naturaleza, religión y honra en *La Celestina,*" *PMLA* LXXVII (1962), págs. 10-11.

[16] Marcelino Menéndez y Pelayo, *Orígenes de la novela* (Buenos Aires: Glem, sin fecha), IV, págs. 56, 57.

[17] Erich Neumann, *The Great Mother: An Analysis of the Archetype,* 2a. ed., trad. Ralph Manheim (Princeton University Press, Bollingen Series XLVII, 1972), pág. 60.

[18] Carl G. Jung, *The Structure and Dynamics of the Psyche,* 2a. ed., trad. R.F.C. Hull (Princeton University Presss, Bollingen Series XX, 1969), pág. 391-393.

[19] M.-L. von Franz, "The Process of Individuation," *Man and his Symbols,* pág. 187.

[20] F.X. Neuman, ed. *The Meaning of Courtly Love* (Albany: State University of New York Press, 1968), pág. vii.

[21] Ulanov, *The Feminine,* pág. 247, donde cita a Erich Neumann, "Psychological Stages of Feminine Development," *Spring,* trad. Hildegard Nagel y Jane Pratt (New York: The Analytical Psychology Club, 1959), pág. 63.

[22] Véase: Neumann, *The Great Mother,* que explica la relación entre lo alimentario y lo sexual en los ritos de fertilidad que garantizan la producción de alimentos, y la similaridad de términos que se refieren a ambos instintos. También sobre "vagina dentata," págs. 168, 172.

[23] Aniela Jaffe, *The Myth of Meaning in the Work of C.G. Jung,* trad. R.F.C. Hull (London: Hodder and Stoughton, 1970), pág. 99.

[24] Carl G. Jung, *Symbols of Transformation,* trad. R.F.C. Hull (New York: Pantheon Books, 1956), pág. 186.

[25]A. Alvarez, *The Savage God* (New York: Bantam Books, arr. Random House, 1973), pág. 121

[26]Erich Neumann, "Art and Time," *Art and the Creative Unconscious*, trad. Ralph Manheim (Pantheon, Bollingen Series LXI, 1959), pág. 118.

Bibliografía

Alvarez, A. *The Savage God.* New York: Bantam Books, arr. Random House, 1973.

Ayllón, Cándido. "La ironía en *La Celestina.*" *Romanische Forschungen*, 83 (1971) 37-55.

_____*La visión pesimista de La Celestina.* México: Andrea, 1965.

Bagby, Jr., Albert I. and Carroll, William M. "The Falcon as a Symbol of Destiny: De Rojas and Shakespeare." *Romanische Forschungen*, 83 (1971) 306-310.

Castro, Américo. *De la edad conflictiva.* 2a. ed. Madrid: Taurus, 1961.

_____*La realidad histórica de España.* 3a. ed. México: Porrúa, 1966.

Correa, Gustavo. "Naturaleza, religión y honra en *La Celestina.*" *PMLA*, LXXVII (1962) 8-17.

Custodio, Alvaro. "Sobre el secreto de Melibea." *Cuadernos Americanos*, CI (1958) 209-213.

Eliade, Mircea. *Images & Symbols: Studies in Religious Symbolism.* trad. Philip Mairet. New York: Search Book: Sheed and Ward, 1969.

Fernández Márquez, Pablo. *Los personajes de La Celestina.* México: Finisterre, sin fecha.

Gilman, Stephen. *The Spain of Fernando de Rojas: The Intellectual and Social Landscape of La Celestina.* Princeton: Princeton University Press, 1972.

Jaffé, Aniela. *The Myth of Meaning in the Work of C.G. Jung.* trad. R.F.C. Hull. London: Hodder and Stoughton Ltd., 1970.

Jung, Carl G. "Approaching the Unconscious." *Man and his Symbols.* John Freeman, ed. New York: Doubleday & Company, Inc., 1964.

_____*Modern Man in Search of a Soul.* trad. W.S. Dell y Cary F. Baynes. London: K. Paul, Trench Trubner & Co. Ltd., 1933.

_____*The Structure and Dynamics of the Psyche.* 2a. ed. trad. R.F.C. Hull. Princeton: Princeton University Press, Bollingen Series XX, 1969.

_____*Symbols of Transformation.* trad. R.F.C. Hull. New York: Pantheon Books, 1956.

Lida de Malkiel, María Rosa. *Dos obras maestras españolas: El libro de buen amor y La Celestina.* 2a. ed. Buenos Aires: Eudeba, 1968.

Maravall, José Antonio. *El mundo social de La Celestina.* 2a. ed. Madrid: Gredos, 1968.

Menéndez y Pelayo, Marcelino. *Orígenes de la novela.* Vol. IV. Buenos Aires: Glem, sin fecha.

Neumann, Erich. "Art and Time." *Art and the Creative Unconscious: Four Essays.* trad. Ralph Manheim. New York: Pantheon, Bollingen Series LXI, 1959.

Proceso de individuación

Neumann, Erich. *The Great Mother: An Analysis of the Archetype.* 2a. ed. trad. Ralph Manheim. Princeton: Princeton University Press, Bollingen Series XLVII, 1972.
_____ *The Origins and History of Consciousness.* trad. R.F.C. Hull. Princeton: Princeton University Press, Bollingen Series XLII, 1970.

Newman, F.X. *The Meaning of Courtly Love: Papers of the First Annual Conference of the Center for Medieval and Early Renaissance Studies, State University of New York at Binghamton, March 17-18, 1967.* Albany: State University of New York Press, 1968.

Nicol, Allardyce. *Historia del teatro mundial.* trad. Juan Martín Ruiz-Werner. Madrid: Aguilar, 1964.

Prieto, Adolfo. "El sentimiento de la muerte a través de la literatura española." *Revista de literaturas modernas,* II (1960), 11-170.

Ricard, Robert. "La Celestina vista otra vez." *Cuadernos Hispanoamericanos,* LXVI 198 (1966), 469-486.

Rojas, Fernando de. *La Celestina.* 9a. ed. Madrid: Espasa Calpe, 1968.

Ruggiero, M.J. "La Celestina: Didacticism Once More." *Romanische Forschungen,* 82 (1970), 56-64.

Ulanov, Ann Belford. *The Feminine in Jungian Psychology and in Christian Theology.* Evanston: Northwestern University Press, 1971.

von Franz, M-L. "The Process of Individuation." *Man and his Symbols.* ed. John Freeman. New York: Doubleday & Company, Inc., 1964, 158-229.

EL RETORNO SIMBOLICO EN
SEÑAS DE IDENTIDAD DE
JUAN GOYTISOLO

Gabriel Berns

Max Aub en su "diario español" que él tan acertadamente tituló *La gallina ciega,*[1] describe con cierta desilusión lo que significaba para él su vuelta física a España después de una larga ausencia ocasionada por la guerra civil española y sus consecuencias. Camina por las calles de Madrid y otras partes del país y le "hirvió la sangre ante la indiferencia."[2] Después de treinta años de un exilio forzado, Aub regresa a una España que se le presenta con una serie de cambios superficiales, pero no por superficiales menos hirientes o chocantes para el autor que hubiera deseado encontrar o más curiosidad entre la gente joven o si no eso, menos amnesia por parte de la gente mayor. Cosa sabida es que el exiliado, sobretodo el que se vió obligado a abandonar su patria a la fuerza, vive o se sostiene por el recuerdo, y si además de ser exiliado es también escritor, sus obras a menudo sirven de enlace entre el momento actual y el pasado. Los libros de memorias entre este grupo así cobran una importancia algo especial, casi dijéramos vital, en tal situación. Las autobiografías de José Moreno Villa (*Vida en claro*)[3] y de Rafael Alberti (*La arboleda perdida*)[4] atestiguan esta importancia y son libros de una vitalidad extraordinaria. En efecto, el último libro de Pablo Neruda, su *Confieso que he vivido,*[5] escrito principalmente desde la perspectiva de un exilio espiritual, también comparte este tema de "los buenos tiempos aquellos. . ." y tiene muchísimo en común con las mencionadas autobiografías de Moreno Villa y Alberti. Para el mismo Alberti, a pesar de unas secciones intercaladas en las cuales el poeta presenta el ambiente de los momentos actuales durante los cuales compone esta obra de tan larga gestación, sus memorias sobre el paraíso perdido o la arboleda perdida de su juventud constituyen la esencia de su autobiografía. En el primer libro de estos recuerdos, Alberti dice a las claras que no puede comentar sobre los momentos presentes que son "demasiado duros, demasiado tristes para escribir de ellos." En lugar de esto, Alberti prefiere "volver a aquellos otros de mi infancia junto al mar de Cádiz, aireándome la frente con ondas de los pinares ribereños, sintiendo cómo se me llenan de arena los zapatos, arena rubia de las dunas quemantes, sombreada a trechos de retamas."[6]

Una cita ésta altamente poética, altamente triste y a la vez, quizás, algo escapista. Pero al leer las memorias de Alberti sobre su juventud en el Puerto de Santa María, no descubrimos una juventud tan idealizada ni tan libre de una actitud de estrechez mental. Hay en estas páginas unas descripciones verdaderamente espeluznantes de un catolicismo tiránico y de un provincialismo cerrado que amargan la existencia de este chico sensible y algo distinto tanto de sus compañeros de colegio como de los otros miembros de su familia. Hasta después, cuando la familia de Alberti se traslada a Madrid, nos vemos metidos junto con el joven Rafael en el mundillo de pequeñas envidias, de rencores y de hipocresía que a menudo caracterizaban y siguen caracterizando la vida artística e intelectual madrileña. Todo ello es emocionante, lleno de vitalidad y descubrimiento, como un rito de pasaje, pero a la vez lo vemos como un tipo de crítica o denuncia de un mundo que merece ser destruído o, si esto parece un poco fuerte, un mundo que por lo menos debe ser purgado de su venenosa complacencia. No quisiera yo dar a entender aquí que el propósito principal del libro de Alberti sea la destrucción de la España caduca que existía al principio del siglo veinte y que para el exiliado sigue existiendo mientras vive en el pasado o "a destiempo" ya que la historia de su país suele quedar parada, para el expatriado, en el momento de su marcha forzosa. Las memorias autobiográficas de Rafael Alberti, como todas las verdaderas autobiografías, son una búsqueda de raíces personales o señas de identidad, y *La arboleda perdida* no se diferencia de otras obras de esta índole como quizás se pudiera colegir de lo que acabo de sugerir. Pero de todas formas, el deseo de destrucción o la necesidad apremiante de una intervención casi quirúrgica para quitar la parte cancerosa del organismo social es, a mi parecer, un aspecto importante y significativo en las obras de muchos autores españoles en el exilio y merece ser estudiado algún día con cierta detención.[7]

"Extraña sensación de pisar por primera vez la tierra que uno ha inventado," escribe Max Aub en *La gallina ciega*[8] al recorrer una carretera española que no había recorrido antes excepto en su imaginación y en sus escritos. Extraña sensación, sí, pero algo que cae muy bien dentro de las posibilidades de uno que conoce a fondo su pueblo y sus características tanto físicas como espirituales. Además, es una realidad en potencia o en esencia lo que importa cuando se está alejado de la tierra que uno describe o recuerda, especialmente si tales descripciones y recuerdos llevan en sí el prurito de destruir. Lo importante es llegar al punto de darle a esta tierra una consistencia suficiente para que la destrucción consiguiente tenga su sustancia y eficacia—para que lo derrumbado caiga casi de su propio peso y con la capacidad de hacerles daño a quienes les caiga encima.

Juan Goytisolo, en su *Señas de identidad* ha construído una España de este tipo, una España de cal y canto, de altos principios y bajos deseos, de jóvenes idealistas y señoritingos disolutos, de catedráticos liberales y comprometidos como el profesor Ayuso, cuyo triste entierro ocupa varias páginas significantes de la novela, y de un tipo bien intencionado pero soso e ineficaz como el ex dirigente del disuelto partido de Estat Catalá a quien Alvaro visita en compañía de su amigo Ricardo. Es un país visto y edificado primero desde fuera por Alvaro Mendiola durante el exilio en el sur de Francia con su madre y sus tíos donde reciben las noticias, ininteligibles para el niño, de la muerte de su padre a manos de los "rojos" y, más tarde, desde París en el café de Madame Berger donde se congregan, según las palabras de Alvaro, "los elementos integrantes de cada estrato histórico" del exilio español, unos estratos que no se comunican entre sí. Es, en efecto, en este café donde Alvaro, después de haber visto llegar tantas nuevas oleadas de emigrados con sus cuentos y proyectos que no interesaban en absoluto a los de las capas más antiguas y más petrificadas, llega a la conclusión de que se iba formando sobre su propia piel "un duro caparazón de escamas; la conciencia de la inutilidad del exilio y, de modo simultáneo, la imposibilidad del retorno." (p. 259)[9] No hay nada heroico en estos nuevos expatriados ni en los que llegaron en las mareas anteriores, y Goytisolo acaba por describir la última oleada de invasores españoles, aquellas Vicentas y aquellos Vicentes en busca de trabajo y la buena vida entre los países del Mercado Común, en términos francamente caricaturescos:

> Herederos ilustres de los descubridores del Pacífico y expedicionarios del Orinoco, de los guerreros invictos de México y héroes del Alto

Perú, partían a la conquista y redención de la pagana, virgen e inexplorada Europa recorriendo audazmente su vasta y misteriosa geografía sin arredrarse ante fronteras ni obstáculos, émulos de Francisco Pizarro en su temeraria travesía de los Alpes y de Orellana en su arriesgada exploración del Rin, espeleólogos de negros y profundísimos pozos de las cuencas mineras del Norte, ocupantes de inmensos complejos industriales renanos que parecieran obra de algún resucitado Moctezuma, aventureros procedentes de todos los rincones de España, portadores del bagaje espiritual de una patria que es unidad de destino en lo universal y madre orgullosa de diecinueve naciones jóvenes que rezan, cantan y se expresan en su idioma (p. 239).[10]

No sólo se rebaja así la nueva conquista con estas palabras que parecen de una parodia épica, sino que la descripción igual le quita grandeza a la España de las inauditas y casi míticas empresas colonizantes y descubridoras de los siglos quince y dieciséis. La densidad del pasaje citado y de toda la novela contribuye a la creación de una España de ahora y de siempre, al mito de España desde la tauromaquia hasta el supuesto heroísmo de los que buscan lo desconocido, la libertad o nada más que cinco minutos encerrados con una vieja francesa borracha en el lavabo de un bar en el viejo mercado, les Halles, de París. Estos "españolitos de un metro y sesenta y cinco de altura con veinticinco, treinta o treinta y cinco años de hambre y privaciones a la espalda" (p. 240) son compatriotas de Alvaro, sus compañeros en el exilio; y él no les puede aguantar después de haber hecho algunos débiles esfuerzos por ayudarles a adaptarse a su nuevo ambiente parisiense.

Como se ha dicho, se trata aquí de una vista externa de una España tentacular, pero cuyo centro o cuerpo se queda dentro de sus propias fronteras.[11] La novela de Goytisolo nos coloca también en la cabeza del pulpo mientras acompañamos a Alvaro en sus peripecias por Barcelona y por el sur del país en un tipo de viaje medio imaginario y medio real en busca de un pasado—el pasado del mismo Alvaro que únicamente lo había vivido antes de oídas y de fotografías. Es una visión calidoscópica o lo que el mismo Goytisolo llamó en una interesantísima entrevista con Emir Rodríguez Monegal en 1967, "una ruptura temporal y geográfica."[12] ¿Para qué vuelve Alvaro a España? ¿Para qué también se agarra a uno de los tentáculos de este país-pulpo para llegar a las costas de la colonia española establecida en Cuba? Las preguntas no tienen una respuesta fácil, del mismo modo que la novela en sí no se presta a un análisis simple. Pero no se puede evitar la sensación de que lo buscado se relaciona con el paraíso perdido y de que hay una nostalgia de tal paraíso por parte de Alvaro que trae a colación lo que Mircea Eliade describe en su libro *Myths, Dreams and Mysteries*.[13] Según Eliade, la tradición cristiana hace que el paraíso se quede inaccesible por el fuego que lo rodea y la única manera de entrar plenamente en el mundo paradisíaco es a través de este círculo de fuego purificador. El retorno de Alvaro es un intento de experimentar esta purificación y es el resultado de un deseo de sentirse libre de los sentimientos de culpabilidad que tienen su base en el abandono por su parte de sus amigos, de los que él, a pesar suyo, considera como los mártires de la patria. Además, así se castigará a sí mismo o se purificará por haber tan brutalmente arrancado sus raíces culturales por propia volición.

Pero algo inesperado ocurre y el retorno tanto físico como simbólico, en vez de conducir a una redención personal y ofrecerle a Alvaro la "reconstitución y síntesis" que busca, se convierte en un afán de destrucción que surge de la imposibilidad de recoger y atar todos los hilos rotos. Lo que Alvaro ve dentro de "su" tierra es igual de espeluznante para él que lo visto desde la perspectiva del destierro. Los recuerdos de sus años mozos en Barcelona no hacen más que comprobar y fortalecer esta sensación. He aquí la descripción de un Barcelona visto por él a través de la ventanilla del MG descapotable que pertenece a su amigo Sergio y que luego será la causa de la muerte de éste en un accidente de carretera:

> En tiendas y colmados una mugre secular parecía acumularse sobre los extraños productos del subdesarrollo ibero: las calderas de aceitunas, los garbanzos y alubias cocidos, los inmensos quesos manchegos grasientos, amazacotados, redondos. Proliferando en tan espléndido caldo de cultivo, la españolísima Corte de Milagros—única Corte perdurable y auténtica de vuestra accidentada y sorprendente historia—exhibía sus defectos en medio de la indiferencia general de la tribu: brazos torcidos, muñones, llagas, ojos velados como espejos ciegos poniéndote en contacto, a tus diecinueve años de existencia vacua, con la estructura real de una sociedad a la que sin saberlo pertenecías, execrencia paralela e inversa aquella, a la de vuestra parasitaria casta—voraz, tentacular, madrepórica (p. 75).

Cuanto más se penetra en este mundo a su vuelta después de diez años de ausencia, más se convence Alvaro que aquí no puede haber y nunca hubo ningún paraíso, y que su vida no llegará a ser otra cosa que "un lento y difícil camino de ruptura y desposesión." (p. 55). Juan Goytisolo, en la entrevista ya mencionada, explica que en *Señas de identidad* se había propuesto "una destrucción de todos los mitos que envuelven el término España." (p. 55). Es decir, los mitos del presente y del pasado. Esto lo ha conseguido magistralmente pero a la vez ha destruido el mito del retorno simbólico al paraíso perdido. La novela empieza con un verso de Luis Cernuda: "Mejor la destrucción, el fuego" y sabemos por el mismo Goytisolo que él hubiera querido darle este título a la novela. Por razones más bien editoriales no lo hizo. Pero aunque el título original fuera abandonado, no se abandonó la idea básica del fuego y su potencia de purificación en el caso del protagonista. Este fuego, sin embargo, se extiende, siguiendo quizás otro camino que el que le fue designado y terminó por destruir casi todo lo que se encontrara en su camino.

Ya no hay fuego purificador que valga, sino más bien una verdadera hoguera destructiva que dejará en ruinas tanto los mitos pertenecientes a una España que nunca ha existido, como la posibilidad de una salvación personal de Alvaro Mendiola. El retorno termina en fracaso o en una inmolación gratuita, y al final concluimos, con Goytisolo o Alvaro, que es "mejor la destrucción." Como un tipo de héroe semi-divino y vengativo a la vez, Alvaro Mendiola azota la España actual y su propio pasado, antes tan anhelado, pero ahora contaminado por el presente y así rechazado por él. La culpa no es totalmente ajena a su papel en esta historia accidentada, pero primero el protagonista se tiene que convencer que su situación particular es irremediable antes de llevar a cabo una aniquilación de dimensiones tan apocalípticas e históricas a la vez. Al principio de la novela, hablando de tú consigo mismo, Alvaro hace indagaciones para encontrar las razones por su vuelta a la España del mito:

> ...suspendido como estabas en un presente incierto, exento de pasado como de porvenir, con la desolada e íntima certeza que habías vuelto no porque las cosas hubieran cambiado y tu expatriación hubiese tenido un sentido, sino porque habías agotado poco a poco tus reservas de espera y sencillamente, tenías miedo a morir. (p. 15).

En el mismo "threshold of return,"[14] Alvaro Mendiola se da cuenta de la necesidad de buscar la razón de su vida frente al miedo de morir sin haber encontrado un pasado que diera sentido a su existencia. Alvaro, con sus "costumbres más francesas que españolas incluso en el ya clásico amancebamiento con la hija de una notoria personalidad del exilio residente habitual en la Ville Lumière y visitante episódico de su patria a fin de dar testimonio parisiense de la vida española susceptible a épater le bourgeois," (p. 9) deambula por una España reconstruida por Juan Goytisolo como una pira a la cual el autor quisiera prender fuego al final. Bien merece una destrucción por medio del fuego simbólico esta España edificada con tanto esmero y tanta densidad por el novelista. Son las hordas de los nuevos invasores bárbaros de fuera, los turistas franceses, alemanes, americanos e ingleses, que así podrán heredar las cenizas después de pasar por las fronteras del país en sus coches, carromatos y remolques. Alvaro Mendiola y Juan Goytisolo les entregan a los "New Barbarians" lo que quede del holocausto que la novela intenta crear y describir. Que *ellos* disfruten de los "edificios legañosos buldozers brigadas de obreros barracas en ruinas nuevas chozas farolas plateadas avenidas" (p. 422) que vemos desde el mirador de Montjuich o del Tibidabo al terminar la obra.

La novela concluye con el ruido algo babélico de los idiomas que ahora van a dejarse oír a través de esta Nueva España, pero primero Alvaro tiene que hacerse la sempiterna pregunta, aunque ahora sea por última vez dentro de esta obra: "qué orden intentaste forzar y cuál fue tu crimen." No hay contestación a esta pregunta ya bastante retórica, pero las palabras "forzar" y "crimen" dejan su resonancia mientras nos asalta el sonido ensordecedor de las nuevas lenguas que se hablan en España:

    INTRODUZCA LA MONEDA
    INTRODUISEZ LA MONNAIE
    INTRODUCE THE COIN
    GELDSTUCK EINWERFEN (p. 422)[15]

Al final de *Señas de identidad*, la nueva invasión de España sirve como respuesta al éxodo descrito antes de los Vicentes y las Vicentas, los que van a extender, en palabras del mismo Goytisolo, "el empleo cotidiano de la lengua de Cervantes en miles de hogares extraños." (p.239). La contra-invasión de los turistas que llegan a España va a tener el mismo efecto sobre la lengua cervantina. La primera indicación de INTRODUZCA LA MONEDA queda enterrada por lo que sigue y la novela termina en alemán, el idioma invasor por antonomasia.[16] Los españoles habían emprendido una nueva conquista, como hace tres siglos y medio, y otra vez iba a ser una conquista tanto lingüística como materialista. Pero dentro de la Madre Patria no hay, en fin, ningún verdadero holocausto y ni siquiera una carnicería, dos posibles hechos redentores. Lo que sí hay es una violación hecha a base del dinero y de la lengua; una venta del patrimonio por vacuo que sea, o simplemente unas rebajas de fin de temporada. Hay cierta justicia poética y también una tragedia personal en que sea el idioma, "el lenguaje nutritivo," lo que queda destruido al concluir esta búsqueda fracasada de unas auténticas señas de identidad.

UNIVERSITY OF CALIFORNIA
SANTA CRUZ

El retorno simbólico

Notas

[1] Max Aub, *La gallina ciega*, México, 1971.

[2] *Ibid.*, p. 8.

[3] José Moreno Villa, *La vida en claro*, El Colegio de México, 1944.

[4] Rafael Alberti, *La arboleda perdida*, Buenos Aires, 1959.

[5] Pablo Neruda, *Confieso que he vivido*, Buenos Aires, 1974.

[6] Alberti, *op. cit.*, p. 49.

[7] El libro de José Marra-López, *Narrativa española fuera de España*, Madrid, 1963, es una valiosa contribución a tal estudio y además hay muchos artículos sueltos sobre el tema. Pero todavía queda por escribirse un trabajo más completo sobre la literatura española del exilio que abarque el período desde 1936 hasta el momento actual. Tengo entre manos este proyecto sumamente ambicioso del cual forma parte este breve comentario sobre la novela de Juan Goytisolo.

[8] Aub, *op. cit.*, p. 19.

[9] Cito de la tercera edición de *Señas de identidad*, México, 1973.

[10] El mismo Juan Goytisolo me indicó durante este simposio que esta cita tiene su base y origen en unas palabras pronunciadas por Francisco Franco sobre la más reciente emigración española. Mi colega en la Universidad de California de Santa Cruz, la profesora Marta Morello-Frosch, ha notado aquí cierta semejanza con lo que escribió Rubén Darío en su poema "A Roosevelt" sobre la América española "que aún reza a Jesucristo y aún habla en español."

[11] Otro punto interesante en la relación establecida por Goytisolo entre la España legendaria y heroica del siglo XVI y la de ahora se vislumbra aquí. España durante la primera época de conquista y exploración más allá de sus fronteras se desangraba como madre por crear más vida. La España que describe Goytisolo obliga a que muchos de sus habitantes salgan en busca de dinero, un tipo de sangre revitalizadora para un cuerpo senil. Una transfusión de esta índole no puede hacer más que prolongar su agonía y quizás fuera mejor la eutanasia. Desde luego, Juan Goytisolo cree en la eutanasia bajo ciertas condiciones según declaró en su ensayo "Literatura y eutanasia" en el libro *El furgón de cola* (Paris, 1967):

> Quien da muerte, por piedad, a un ser querido debe hacerlo al término de un largo y desgarrador debate de conciencia, condición *sine qua non* su acto sería, pura y simplemente, un crimen: existe, en efecto, una diferencia cualitativa entre decretar como hicieron los nazis, por ejemplo, la exterminación de ciertos locos y enfermos incurables, esto es, por razones generales, utilitarias, políticas o como quiera llamárselas y dar muerte a un ser próximo por amor, ejerciendo violencia el ejecutor sobre sí mismo y actuando en contra de sus propios sentimientos. (pp. 54-55).

[12] Juan Goytisolo, "Destrucción de la España sagrada," *Mundo Nuevo*, No. 12 (June 1967), pp. 44-60).

[13] Mircea Eliade, *Myths, Dreams and Mysteries* (English translation), Chapter III "Nostalgia for Paradise in the Primitive Traditions," New York, 1960.

[14] Cf. Joseph Campbell, *The Hero with a Thousand Faces*, New York, 1949.

[15] En una reseña de V.S. Pritchett sobre la traducción al inglés de la última novela publicada de Juan Goytisolo, *Count Julian* (*New Yorker*, October 7, 1974) se lee lo siguiente:

> It is natural that Goytisolo should immediately bring Joyce, Malcolm Lowry, Becket, and even Nabokov to mind, for he looks beyond his country. Exile unites such writers in one important aspect. The exile loses his country, and his

only luggage is his language—a smuggled capital or hoard. He locks himself up in it and it becomes a speculative magic, and he himself becomes—as Joyce and Nabokov became—a grammarian of his hatreds and defeated love. Goytisolo cries out:

> One's true homeland is not the country of one's birth: a man is not a tree: help me to live without roots: ever on the move: my only sustenance your nourishing language: a tongue without a history, a hermetic verbal universe, a shimmering mirage: . . .(p. 173).

[16]Juan Goytisolo, en un artículo que apareció en inglés (*The New York Times Book Review*, March 31, 1974, p. 47) bajo el título "Writing in an Occupied Language," hizo un comentario sobre los problemas con que tiene que enfrentarse el escritor español que intenta escribir sus obras dentro de España donde sigue existiendo una censura tan cerrada. Según Goytisolo, dicha censura tiene el efecto de exigirle al autor a que utilice un "occupied language," una lengua que es suya y no lo es al mismo tiempo. En todo lo que he intentado explorar aquí tocante a la destrucción de la lengua y la extensión del castellano a otros pueblos, se nota la preocupación de Goytisolo por este concepto de una lengua ocupada. Sin embargo, no hay duda de que el idioma español ha funcionado y sigue funcionando como una lengua "ocupante" transmitida por los Vicentes y las Vicentas al mundo entero. Le agradezco al profesor Joseph H. Silverman el haber puesto en mi conocimiento el artículo del señor Goytisolo y sugerido tan interesante idea.

LA MUJER SERPIENTE Y LA NOVIA DE NIEVE. DOS ARQUETIPOS FEMENINOS EN *JARDINES LEJANOS* DE JUAN RAMON JIMENEZ

Lily Litvak

Un estudio de la obra temprana de Juan Ramón Jiménez, nos revela un erotismo que constituye la expresión más profunda de esa poesía. Obras como *Ninfeas, almas de violeta, Pastorales, Jardines lejanos,* son mucho más carnales, mucho más sensuales de intención y de expresión que lo que se piensa de ordinario. En ese erotismo hay, evidentemente, la revelación de una angustia metafísica, pero ésta, aun en los poemas más espirituales, está irremisiblemente ligada a la nostalgia de la plenitud activa de la carne.

Para ilustrar esta actitud, podemos citar la siguiente prosa de Juan Ramón:

> En los instantes carnales del amor ¿quién piensa en las fecundaciones? Vamos a la conquista de lo imposible, a entrar en el mundo ideal de la mujer, por medio de la pasión. La actividad corporal que la mujer desarrolla y que procede de su mundo ideal, nos pone a las puertas del Paraíso. Ahora bien, el placer es tan intenso que necesita concretarse, perpetuarse. Por eso nacen los hijos. . .[1]

En este pensamiento hay una maravillosa definición del amor, donde el poeta atribuye su carga poética a la unión entre su parte más metafísica y la más oscura, la más fisiológica: a su más clara necesidad carnal.

El erotismo de Juan Ramón se basa en una contradicción fundamental. El amor sexual tiene para él un primer atractivo que es el del éxtasis de la vida, el de la maravillosa sensación de enraizarse en la realidad. Pero la posesión física entraña también un sentimiento de culpa y por ello el amor físico llega a asociarse directamente con el mal. En oposición a ese mal, Juan Ramón opone el valor absoluto de la castidad. Esa dualidad, sin embargo, continua desarrollándose. La castidad es la pureza absoluta, y lo puro sólo puede mantenerse así por la eliminación de todo contacto. Representa lo que no tiene mezcla, cualquier contacto significaría su muerte. Por ello la pureza llega a alejarse de todos los valores vitales, hasta que, intocable y fría, se convierte en esterilidad. Vemos así una compleja ambivalencia:

$$\text{vida} \underline{\quad\quad} \text{amor físico} \underline{\quad\quad} \text{mal}$$
$$\text{muerte} \underline{\quad\quad} \text{castidad} \underline{\quad\quad} \text{ideal}$$

El erotismo de Juan Ramón oscila así entre el ideal de la pureza más absoluta y la fascinación de la carne; entre la nostalgia de la vida y el horror al pecado. Eros nos lleva en esos poemas a una nueva problemática. El pecado carnal o la abstinencia, ¿cuál es verdaderamente el mal? Esta dualidad en el erotismo de Juan Ramón orienta un esquema fundamental en el desarrollo de sus poemas. Hay en ellos toda una serie de nociones que provocan en él sentimientos contradictorios: éxtasis y horror; amor y odio, atracción y repulsión.

Los símbolos e imágenes eróticos de estos poemas pueden servirnos para llegar a los fundamentos universales de religiones o leyendas. Vista desde el pensamiento mítico, la dualidad erótica de nuestro poeta representa la experiencia paradisíaca o diabólica, por medio de dos constelaciones simbólicas opuestas. Una de ellas agrupa las imágenes arquetípicas de la asención, de la luz celeste, del triunfo del espíritu sobre la materia, pero también del ascetismo, de la esterilidad y de la muerte. La otra agrupa imágenes arquetípicas del descenso, de la impureza, del pecado, pero también de la intimidad nocturna, del calor femenino; valoriza el éxtasis carnal y la comunión con la naturaleza. Está claro, también, que ambos polos pueden cambiar de signo y pasar de positivos a negativos o viceversa. Es también posible relacionar este cambio de signo con ciertos aspectos orgiásticos de ritos prehelénicos y prejudaicos.

En esta discusión, nos restringiremos exclusivamente al estudio de un motivo arquetípico que aparece en *Jardines lejanos*, el de la mujer carnal, personificada varias veces en esta obra como la mujer-serpiente. Por medio de este motivo, trataremos de indicar algunos rasgos del dilema erótico y espiritual de nuestro poeta; dilema que tiene como bisagra la ambivalencia a la que hemos aludido.

La mujer serpiente y la novia de nieve

En *Jardines lejanos* aparecen dos arquetipos femeninos, el primero, la mujer-serpiente, domina la primera parte del libro: "Jardines galantes." Esta figura nos muestra simultáneamente la atracción del amor erótico, así como la nostalgia del poeta por la perfección edénica y un agudo sentimiento de culpa por el pecado original. En la segunda parte, llamada "Jardines místicos," aparece otro arquetipo: la mujer ideal, toda espíritu, la "novia de nieve" como la llama Juan Ramón. Esta figura representa el intento de desvestir al amor de su contingencia erótica y carnal. Es un intento místico de alcanzar un absoluto de pureza, un intento de asención, cuyo fracaso se simboliza en una serie de imágenes de pureza pero también de esterilidad y muerte.

Nos ha parecido que para este estudio sería apropiado recurrir a la antropología y tratar de examinar esos motivos desde el punto de vista mítico. Nos parece que este tipo de análisis, ya sea bajo la égida de la antropología comparada, o de la filosofía de formas simbólicas, contribuye a revelar riquezas insospechadas en las obras literarias. A pesar de su importancia, este movimiento crítico ha despertado poco entusiasmo entre los hispanistas, y creemos que el estudioso de la literatura no puede, en algún momento, dejar de acudir a los esquemas míticos sin excluir del análisis literario una interesante dimensión crítica.

Para este tipo de estudios hemos utilizado las obras de Lévi-Strauss,[3] R. Caillois,[4] M. Mauss[5] y J. Monnerot.[6] La del historiador de las religiones Mircea Eliade[7] y las de los filósofos Ernst Cassirer[8] y G. Gusdorf.[9] Son también fundamentales *The Masks of God* de Joseph Campbell[10] y *Les Structures anthropologiques de l'imaginaire* de Gilbert Durand.[11] Para un análisis basado en la filosofía de las formas simbólicas son indispensables los trabajos de Cassirer, Susanne K. Langer[12] y Kenneth Burke.[13] Para ellos el lenguaje, el mito, el rito y el arte son formas simbólicas creadas por el contacto con la realidad.

Antes de abordar el motivo de la mujer-serpiente en *Jardines lejanos*, debemos hacer un breve prefacio. Leo Frobenius observó la existencia de dos actitudes vitales opuestas en los pueblos primitivos. Entre los pueblos cazadores, la representación del destino humano sigue el modelo de la vida animal. La necesidad de matar para comer, hace que toda muerte sea concebida como un acto de violencia que excluye definitivamente a la víctima de la región de los vivos. En las sociedades agrarias, por el contrario, la muerte es tan solo una etapa natural en la vida. Estas sociedades modelan el ciclo vital con la cosecha, que no desaparece sino para renacer, por lo que para ellos no hay una ruptura violenta entre la vida y la muerte, sino una continuidad.[14]

Joseph Campbell relaciona los diversos sistemas míticos aparecidos en la prehistoria con estos dos polos. En las sociedades agrarias, hay un predominio de los valores femeninos por la analogía de la mujer con la tierra: ambas dan y preservan la vida. La divinidad está generalmente representada bajo la forma de una mujer a la cual se asocian los símbolos que representan el doble aspecto—creador y destructor—de la naturaleza: la doble hacha, la serpiente, el planeta Venus, la trucha que da vida a sus hijos y los devora, el árbol de la vida que reverdece cada primavera, etc.[15]

Por el contrario, en las sociedades de cazadores, pastores o nómadas guerreros, los valores masculinos se afirmaron. Tienen como atributos el día, el rayo, el trueno, las armas. Para asegurar su poder debieron vencer a las fuerzas mágicas asociadas con la mujer. Ello aparece constantemente en las mitologías occidentales como el triunfo de héroes y dioses luminosos sobre monstruos subterráneos y marinos representantes de la feminidad peligrosa.[16]

Campbell explica como en el período neolítico, hacia el final de la edad de bronce, se impusieron nuevos valores míticos y sociales en las civilizaciones agrarias que florecían en el Mediterráneo. En esas antiguas culturas, el hombre vivía en harmonía con la naturaleza a cambio de una sumisión ciega a ella. Los cultos de la fertilidad eran sangrientos e implicaban sacrificios humanos, pero se suponía que las víctimas, como la cosecha, morían y renacían cada año. Para las mitologías prehelénicas o prejudaicas los poderes destructivos de la gran diosa no eran más que el reverso de su poder de dar la vida. Su culto, centrado en la mujer, daba igual lugar a las fuerzas creadoras y a las destructoras.

A ese monismo sucedieron los dualismos arios y semíticos de las tribus invasoras. La gran diosa, símbolo de la fertilidad cósmica, del poder destructor y regenerador de la naturaleza, fue vista por los invasores únicamente bajo su aspecto maléfico. El bien fue atribuído exclusivamente al hombre y a los dioses viriles y las divinidades matriarcales fueron relegadas a las tinieblas infernales.[17]

Este conflicto ha penetrado en los diversos aspectos de la vida de las civilizaciones occidentales. Joseph Campbell encuentra en la evolución de sus mitologías y religiones el conflicto de esos dos principios. En la tradición judeo-cristiana predominan los valores viriles, que llegaron a su máximo en el ascetismo calvinista o jansenista o en el puritanismo agustino.

La mujer serpiente y la novia de nieve

Sin embargo, la fuerza de las divinidades matriarcales no ha sido completamente vencida, y permanece subconscientemente la nostalgia por un mundo matriarcal, donde la voluptuosidad y la mujer no significarían el pecado, sino un retorno al seno de la gran Madre, la otorgadora de vida.

En innumerables mitos y leyendas, dioses y héroes masculinos han vencido a serpientes, dragones o hidras; fuerzas matriarcales encarnadas en monstruos telúricos o acuáticos. Pero las divinidades vencidas conservan mucho tiempo a sus fieles. Ezequiel se lamenta de que los hebreos adoran a las bestias que se arrastran.[18] Zeus era adorado bajo la forma de una serpiente,[19] y, como nos los indica Campbell, en el Pentateuco quedan los restos de la sabiduría de la madre tierra y de la serpiente. Eva, nos dice Campbell, "As the mother of all living. . .must be recognized as the missing anthropomorphic aspect of the mother-goddess."[20]

Tal vez ningún motivo que representa a la diosa madre sea más recurrente que la serpiente. Campbell explica muchos mitos y leyendas donde ésta aparece como símbolo del mal—en su interpretación patriarcal—pero conservando al mismo tiempo los atributos de la divinidad femenina, asociada con la naturaleza, que da y preserva la vida.[21] Nos habla, por ejemplo, de la Gorgona y de su poder de dar y quitar la vida. Recordemos también que en los tiempos tempranos del cristianismo había sectas ofídicas cristianas para quienes el *ágape* era una orgía dionisíaca, y para quienes la serpiente, "which in normal Christian thought is the figure of Satan himself. . .have been assigned the focal role in a Christian version of the mystic marriage."[22]

En el fondo de sí misma, el alma humana siente que los más secretos recónditos de su ser están asociados a los poderes oscuros y salvajes que la moral judeo-cristiana ha querido eliminar. Por ello, desde otros puntos de vista, la serpiente tiene un poder alusivo riquísimo. Según Jung, encarna la psique inferior, el inconsciente, lo que puede elevarse en nosotros contra nosotros mismos. La serpiente culpable, relegada y encerrada en lo más profundo de nuestro ser, nos dice Jung, constituye una imagen innata al cristiano, aun en ausencia de toda educación religiosa.[23] Según Alain, la serpiente es indudablemente un símbolo fálico y representa al hombre a la proa de sus deseos y pasiones.[24]

Símbolo ambivalente, plantea todo un problema religioso. ¿Es el mal verdaderamente el mal? Paul Ricoeur interpreta el mito de la caída, del cual hay obviamente huellas en el pensamiento de Juan Ramón, "Under this second aspect, the myth tries to fill up the interval between innocence and the fall by a sort of dizziness from which the evil act emerges as if by fascination."[25]

Según Harcourt, este mito se relaciona con un problema filosófico fundamental, el por qué del desafío a las órdenes divinas:

> Floating at a distance from me, the commandment becomes insupportable; the creative limit becomes hostile negativity, and, as such, problematic: the soul of the serpent's question is the "evil infinite" which simultaneously perverts the meaning of the limit by which freedom was oriented and the meaning of the fitness of the freedom thus oriented by the limit.[26]

En cierta forma la promesa de la serpiente es una promesa de infinito. Por ello, en cierta forma, la caída se relaciona con la estructura de una libertad infinita y un deseo innato de infinito.

Algunos otros encuentran en la serpiente la proyección psicológica del deseo, la naturaleza animal del hombre semiahogada por prohibiciones morales y sociales, enloquecida por un vértigo de infinito. Representa pues el caos que nos confronta pero que es a la vez una representación de nosotros y del mundo que nos rodea.[27]

En *Jardines lejanos* encontramos a la serpiente con todos estos atributos. Símbolo del mal y de la vida, del pecado y del amor, maléfica pero atrayente, es un poderoso símbolo erótico que se opone a la mujer virgen que aparece en la segunda parte de ese libro. Veamos a continuación como aparece la serpiente en "Jardines galantes."

El jardín en esta parte de la obra tiene un activo papel simbólico. Sus elementos aumentan el contenido sensual del poema, ya sea en forma de metáforas, o por medio de alusiones visuales. En un primer grado hay un proceso erótico alusivo por asociación de formas. Corolas abiertas, alargados tallos, sinuosas yedras que se abrazan a los árboles, todo ello está fuertemente permeado por analogía de formas de referencia a los órganos sexuales. Abundan, por ejemplo, las formas circulares o esféricas asociadas al sexo femenino, y las formas alargadas de los árboles, ricas en alusiones fálicas.

En otro nivel, la tendencia de Juan Ramón es la de sutilizar, simbolizar por referencias oblicuas. Estos jardines atravesados por enredados y laberínticos senderos se convierten en una estructura indefinidamente ramificada que se centra en un punto de vitalidad, el lugar de la entrega amorosa. El recorrido del sendero se convierte en un verdadero recorrido iniciativo, casi un símbolo de la búsqueda sensual.

Muchos de los poemas de "Jardines galantes" se desarrollan en un escenario nocturno que nos sumerge en una profunda oscuridad que, paradójicamente, contiene más riquezas luminosas que el día.

La mujer serpiente y la novia de nieve

La noche cubre y vela, pero es fecunda. Su oscuridad se anima con toda clase de brillos, reflejos y chispas. Sus tinieblas dejan pasar luces. Las claridades escapan aquí y allá, y en esos brillos momentáneos viene la invitación al amor.

La noche se anima con risas y murmullos, con las notas de alguna mandolina. Una sonrisa, una mirada invitadora, el brillo de unos ojos negros, y la caza amorosa se inicia.

Al descubrir la tentación femenina, Juan Ramón asocia varias veces a la mujer con la serpiente, ocultándola bajo la antigua y eterna máscara de Satán. En esta representación arquetípica de la mujer, la asocia con la femenidad peligrosa, con la animalidad salvaje y devoradora, con la magia fascinante y nefasta de las tinieblas, del caos, de la impureza, del descenso y de la divinidad infernal.

La mujer-serpiente aparece desde la introducción en prosa que abre "Jardines galantes:"

> Por las sendas plateadas de luna vienen unas sombras vestidas de negro; si el viento alza los trajes, suele surgir una pierna de mujer. . .Se acerca. . .; no sabemos quienes son, porque traen antifaces de seda negra; pero los ojos nos fascinan con un magnetismo de serpientes. . .y son senos tibios entre las rosas y son carcajadas alegres y huecas. . Otra noche es el lago en un jardín. . ., es una sonrisa de novia blanca. . . es una mano blanca con una azucena. . .—oro y nieve. . .[28]

Esta cita posee una extraordinaria riqueza. Podemos ver allí varios puntos interesantes. El conflicto entre símbolos eróticos y símbolos de espiritualidad, encarnados respectivamente en las mujeres enmascaradas y en la novia blanca que lleva una azucena en la mano. También vemos aquí la atracción irresistible y mágica que el poeta siente hacia la mujer serpiente cuyos "ojos nos fascinan con un magnetismo de serpientes." Notemos también que son esas mujeres enmascaradas quienes se acercan a él en una actitud que une la voluptuosidad a una especie de ferocidad. Esas mujeres llevan máscaras, que, recordemos, en ciertas culturas tienen el papel de asegurar la transición entre lo mágico y lo normal.[29] Por último, vemos también la doble atracción del poeta hacia el erotismo y hacia la abstención purificadora.

No se trata de una ambivalencia maniqueica entre eros contra pureza, el mal contra el bien. El amor físico, aunque sea para nuestro poeta la manifestación del mal, del pecado, ejerce sobre él una profunda fascinación y las gracias satánicas de la mujer-serpiente no le parecen menos fascinantes que las divinas. Esa mujer termina asociándose con el descenso al infierno pero también con toda una serie de valores vitales hasta convertirse en una figura femenina, fascinante y terrible, detentora de la vida y la sensualidad.[30]

Notemos, en primer lugar, que la posesión física en Juan Ramón se asocia generalmente con el calor. Muchas veces el sol se convierte en un poderoso símbolo erótico masculino que alude simbólicamente al desfloramiento de la virgen:

En un banco del sendero
como el cuerpo se abandona
al cuerpo que va buscando
la delicia más recóndita

y cuando ya el sol es fuego
como todo se deshoja
en una rosa de besos,
de caricias y de rosas.[31]

Otras veces es el color rojo el que ilumina las horas de la posesión amorosa que llegan a ser en Juan Ramón increíblemente rojas y ardientes.

El desfloramiento se asocia a menudo con el ocaso, dando una nota de violencia muy sugestiva: la lucha entre el día y la noche, entre la carne y la virginidad, entre los valores nocturnos y voluptuosos y los valores diurnos y guerreros. Basta ver el poema "La cremación del sol" en *Ninfeas* para ver a la tarde, inflamada por el ocaso, comunicando un sentimiento inmediato de desastre, de agonía, con consonancias a la vez eróticas y guerreras de carácter último y paroxístico.

Pero muchas veces la incandescencia del acto amoroso habrá que buscarla en la mujer carnal de Juan Ramón, en su propio cuerpo. En una ignición primitiva el fuego femenino se opone o reemplaza al fuego solar. Abundan las expresiones en Juan Ramón que nos lo muestran: "Su carne llena de sol,"[32] "sus labios rojos mordían, quemaban lo que miraban sus ojos."[33] Ese fuego interno femenino se asocia con el color rojo, parece convertirse en una fuerza misteriosa que se enraiza en la parte más secreta del organismo, en la misma sangre. La sangre constituye en estos poemas el humor activo, es lo que brilla y arde bajo la piel de un cuerpo desnudo, lo que sonrosa la piel blanca de la mujer, lo que la revive y la transforma en mujer de carne, asoma en la desnudez de los labios, en la punta de los senos. Existe en Juan Ramón toda una tipología carnal, y en el cuerpo femenino los lugares que prefiere son aquellos, sonrosados o rojos, que nos indican la circulación de la sangre. Los senos: "senos tibios entre las rosas,"[34] los labios que ofrecen la sangre, la quemadura entreabierta de un beso: "tarde de sangre en los labios."[35] "Las bellas de labios rojos."[36] Desde luego, Juan Ramón se detiene a menudo en la evocación del sexo femenino refiriéndose a él por una serie de símbolos florales entre los cuales destaca la rosa roja. Esta flor, asociada con la mujer carnal es el símbolo de la feminidad. Rosa de la boca, rosa del seno, o símbolo del sexo femenino, Juan Ramón habla a menudo de ella: "Por esos labios de rosa,"[37] "tarde rosas con sol, el amor no es solitario. . .sus flores son las rosas"[38] "encontré rosas carnales."[39] La ambigüedad de la mujer carnal se traslada a la flor que puede ser también el símbolo del pecado:

> Rosa, turbadora rosa
> que con tu dulce fragancia
> rompiste tanta oración
> quebraste tanta a la blanca.[40]

El rojo se une en general en Juan Ramón a una afirmación de lo carnal. La mujer más abiertamente carnal será aquella donde sube más violentamente la ola roja, la sensualidad se manifiesta como una embriaguez púrpura, estalla en el rojo del ocaso, en el ofrecimiento de unos labios, en el rubor de unas mejillas, en el escarlata de una rosa, en la violencia de un beso.

El color rojo en esa mujer es estallante, sensual, insolente, a menudo se asocia con el negro, el color de las tinieblas, del abismo, del infierno:

> Los labios están más rojos
> hay más sangre por las venas;
> la negrura de los ojos
> ríe, con los labios rojos.[41]

El tema de la sangre y del color rojo aparece de una manera a la vez vital, sexual, cruel; ligando el gozo amoroso íntimamente a la violencia del derrame de la plétora sanguínea:

> el rojo día de la desposada
> de la pura virgen
> que en delirios locos gozará una dicha lujuriosa y lánguida[42]

La asociación de la mujer con la serpiente recurre varias veces en "Jardines galantes":

> tengo miedo. . .Sus bocas me hieren
> como bocas de víboras. . .Rojos
> fuegos tienen sus ojos. . .Ay! quieren
> que esta noche yo cierre mis ojos. . .[43]

En estos versos, en la asociación de la mujer con la serpiente hay una alusión a Satán, y la descripción de los ojos con su brillo rojo y sombrío sugiere inmediatamente el fuego del infierno.

En otra parte el poeta describe a una mujer fuertemente sensual: "Reía más que las fuentes, olía más que las rosas," nos dice Juan Ramón asociándola con dos símbolos tradicionalmente eróticos, y concluye:

> Cuando me dijo que sí
> —aquel sí de mariposa
> le ví la lengua de víbora
> en la rosa de su boca.[44]

Atracción erótica vertiginosa para sólo descubrir en ella el poder satánico de la serpiente.

La serpiente aparece por última vez en el primer poema que inicia la parte denominada "Jardines místicos":

> Por las ramas en la luz brillan ojos
> de lascivas y bellas serpientes;
> cada rosa me ofrece dos rojos
> labios llenos de besos ardientes.[45]

Nuevamente la asociación de los tenebrosos poderes de la sexualidad con el mal y la alusión a las fuerzas amenazadoras del subconsciente.

Esta será la última vez que aparezca la mujer-serpiente, es la última tentación. En este poema, Juan Ramón hace una clara elección, escoje a la otra figura femenina. Mujer blanca, virgen, casta, ideal que resume todos los valores espirituales, es la mujer sin materia, la "novia de nieve,"

> y me muestra sus dulces blancores. . .
> tiene senos de nardo, y su alma
> se descubre en un fondo de flores
> a través de las carnes en calma.[46]

Hasta ahora hemos visto cómo la mujer-serpiente está asociada en "Jardines galantes" con la tentación del pecado. Para comprender como a la vez se asocia con valores vitales, es preciso analizar brevemente lo que representa la "novia de nieve," el nuevo arquetipo femenino.

Si la mujer carnal se asociaba con el color rojo, nada mejor para traducir el ideal de castidad de Juan Ramón que lo blanco. Por ello, los "Jardines místicos" se blanquean bajo la satinada luz de la luna o bajo un manto de nieve. Las flores palidecen y las rosas rojas de jardines galantes ceden su puesto a las blancas. El jardín se puebla de azucenas, nardos, jazmines. Todas ellas relacionadas con la castidad y la inocencia.[47] El paisaje llegará a adquirir una blancura de castidad reconocida como estéril a la vez que ideal, como muerta a la vez que espiritual. La nieve que a menudo cubre estos jardines les da sus obvias connotaciones de frialdad y muerte. Hay en esos poemas una simbología relacionada con valores espirituales que son a la vez elementos privativos. La luna da "un abril de nieve" al parque;[48] en él, "las avenidas se esfuman."[49] La luz plateada elimina los colores; la blancura del paisaje parece ser porque "la luna ha deshojado sus nieves y sus jazmines." Es un paisaje completamente inmóvil, "los árboles no se mueven." Castas y espirituales, "las flores miran al cielo." Aquí no existe la tentación erótica, el poeta nos indica que "No hay viento que traiga aroma de rosas," concluyendo que en este ambiente impecable, "los besos y las palabras entre las flores se han muerto."[50] Todos estos elementos nos envían a la noción de la negatividad, del vacío, donde los elementos del jardín tendrán la función de repercutir en nuestra sensibilidad por su ausencia de vida. Por ello, lo blanco, que empieza siendo símbolo de la pureza termina convirtiéndose para Juan Ramón en el soporte de un mundo que en vez de hacernos sentir la experiencia de lo ideal nos hace sentir la experiencia del vacío. Señalemos, entre paréntesis, que Juan Ramón sigue con ello uno de los tópicos simbolistas adoptado por los modernistas de su época.[51]

En esa melancolía monótona de lo blanco, en ese clima de desastre, carente de vitalidad, hay una invasión de esterilidad en el paisaje que lo divide, lo corroe, lo mata. Todo el mundo muere por un exceso de blancura. Corroídos por todos lados, los elementos del jardín se detienen al extremo borde del vacío. En esos momentos aparecerá la novia de nieve. Esa mujer blanca, fantasmal, silenciosa, de "palidez de azucena y de claustro y su sonrisa de santidad" pasa fugitiva y silenciosa como un rayo de luna. "Sombras de mujeres en flor, pasan entre las flores en el esplendor de la luna muerta, y ya no vuelven nunca."[52] De estricto corte prerrafaelista, su esbelta y difusa silueta resume la castidad y la frialdad; la virginidad y la esterilidad, la espiritualidad y la muerte. Su blancura posee por ello una función doble; es a la vez la mensajera del mundo del espíritu y la mensajera del más allá. Blanca, silenciosa parece ser una herma de dos caras.

Juan Ramón subraya la falta de materialidad de esa mujer; en los versos siguientes la desmaterializa hasta convertirla en pura blancura, en un sueño lunar:

> Y pienso en ella. . ., ella es blanca
> por la misma vida; creo
> que si ella fuera a la luna
> en la luna fuera un sueño.[53]

A veces la deshace transformándola en esencia:

> Ella en este jardín, fuera
> más de nardo, más de incienso.[54]

En estos versos el incienso aporta unas obvias connotaciones religiosas.

Es una pureza tan extrema que muere de ella:
> Iba vestida de blanco
> se estaba muriendo. . .[55]

Es Beatriz, guiando al poeta al mundo de la muerte. Su fría belleza es compañera de la muerte:
> Pronto vendrá una novia
> que te ha de nevar el alma[56]

> Era blanca y triste, era
> de un corazón como el mío. . .
> y al llegar la primavera
> me dejó morir de frío.[57]

Hay a veces una alegórica identificación con la Virgen:
> Era blanca y muy bella. . .
> cuando miraba tenía
> la tristeza de una estrella. . .,
> y se llamaba María.[58]

Como se puede ver en los versos citados, una de las cualidades más patentes de la "novia de nieve" es su evanescencia. Esta mujer se evapora por la luz de la luna, por lo blanco, por las gasas que envuelven su cuerpo, que la consumen, la vaporizan, la hacen polvo plateado que se une al rayo de luna. Fantasma blanco, figura lisa que como expresión ha escogido el silencio. Su cuerpo, todo negativo, servirá para encarnar todos aquellos valores espirituales que se opondrán a la mujer de carne.

La oposición entre ambos arquetipos alegoriza la oposición entre dos series de valores, eros-pureza; pecado-ideal; vida-muerte. Esta oposición se encuentra en muchas poesías de *Jardines lejanos*. Basta ver las estrofas siguientes:

> —Madre, rojas son las rosas
> y blancas las azucenas;
> si las blancas son más buenas,
> las rojas son más piadosas.
> Madre, rojas son las rosas.

> Yo fui novio de una santa
> que tenía blanco el seno;
> y su seno me dio tanta
> blancura, que aquella santa
> me hizo niño y me hizo bueno.

> Si hoy quiero tanto a esta flor
> de labios frescos y rojos,
> deja, virgen, que su amor
> ponga lascivia en mis ojos;
> hoy sus labios están rojos,
> mis labios están en flor.[59]

La mujer serpiente y la novia de nieve

Batalla entre colores contrarios, la misma que aparece en los versos siguientes donde también aparecen símbolos florales contrarios con sus debidas connotaciones simbólicas:

> Cuando viene el mes de mayo,
> todo el campo huele a rosas;
> en rayo del sol es rayo
> de esencias y mariposas.
>
> . . .
>
> Los labios están más rojos,
> hay más sangre por las venas;
> la negrura de los ojos
> ríe, con los labios rojos,
> de las pobres azucenas.
>
> La santa Virgen María
> desde el cielo azul nos llama. . .
> . . .Madre, ¿y la nueva alegría?
> ¿Y la carne que nos ama?
>
> . . .
>
> Es tiempo de sol y risa;
> y aunque suene la campana,
> no podemos ir a misa,
> porque nos llama la brisa
> galante de la mañana.[60]

De lo anteriormente expuesto podemos sacar algunas conclusiones. En *Jardines lejanos* se encuentran dos arquetipos femeninos simbólicos de la atracción instintiva del hombre hacia la animalidad y de su deseo de espiritualidad. La "novia de nieve" representa un intento de purificación basado en técnicas ascéticas.

La oposición entre ambos arquetipos femeninos se aproxima a un esquema mítico bien conocido por los etnólogos, la oposición entre lo profano y lo sagrado. La mujer-serpiente, representación de las fuerzas femeninas, representará los valores asociados con el descenso y la crueldad, pero también con el éxtasis del amor físico y con la vida. La "novia de nieve" representa el ideal del triunfo del espíritu sobre la materia pero también la absoluta fragmentación de los valores vitales.

UNIVERSITY OF TEXAS

Lily Litvak

Notas

[1]Juan Ramóon Jiménez, *Ideas líricas (1907-1908) Libros de prosa I, Primeras prosas* (Madrid: Aguilar, 1969), 271.

[2]Este libro fue publicado en Madrid en 1904 en la editorial de Fernando Fe. Se compone de tres partes. "Jardines galantes" que trae al frente los compases de una gavota de Gluck y unos versos de Verlaine, y está dedicado a Vicente Pereda; "Jardines místicos," con unos compases de Schumann y unos versos de Laforgue, está dedicado a Francisco de Icaza; "Jardines dolientes" trae una melodía de Mendelsshon, unos versos de Rodenbach y está dedicado a Antonio Machado. En las citas a este libro nos referimos a la edición comprendida en Juan Ramón Jiménez, *Primeros libros de poesía* (Madrid: Aguilar, 1967).

[3]C. Lévi-Strauss, *Le Cru et le cuit* (Paris: Plon, 1964); *La pensée sauvage* (Paris: Plon, 1962); *Structural Anthropology* (New York-London: Basic Books, Inc., 1963); "The Structural Study of Myth," *Myth, A Symposium* (Philadelphia: American Folklore Society, 1955), 50-66; y R. Jakobson, "Les chats de Charles Baudelaire," *L' Homme*, 1 (1962), 5-21.

[4]R. Caillois, *Les Jeux et les hommes (Le masque et le vertige)* (Paris: Gallimard, 1958); *Man and the Sacred* (Glencoe, Ill.: The Free Press, 1959).

[5]M. Mauss, *Sociologie et Anthropologie* (Paris: Presses universitaires, 1950).

[6]J. Monnerot, *La poésie moderne et le sacré* (Paris: Gallimard, 1945). Véase también, N. Frye, *Anatomy of Criticism* (Princeton: Princeton University Press, 1957); *Fearful Symmetry. A Study of William Blake* (Princeton: Princeton University Press, 1947).

[7]M. Eliade, *Images and Symbols* (New York: Sheed and Ward, 1961); *Mythes, rêves et mystères* (Paris: Gallimard, 1957); *Naissances mystiques* (Paris: Gallimard, 1959); *Shamanism, Archaic Techniques of Ecstasy* (New York: Pantheon Books, 1964); *Traité d'histoire des religions* (Paris: Pavot, 1964). Véase también la obra fundamental de J.G. Frazer, *The Golden Bough. A Study in Magic and Religion* (New York: The Macmillan Company, 1947).

[8]E. Cassirer, *The Philosophy of Symbolic Forms* (New Haven: Yale University Press, 1953-1957), 3 vols.

[9]G. Gusdorf, *Mythe et métaphysique* (Paris: Flammarion, 1953).

[10]Joseph Campbell, *The Masks of God* (New York: The Viking Press, 1968), 4 vols.

[11]Gilbert Durand, *Les Structures anthropologiques de l'imaginaire. Introduction a l'archétypologie générale* (Paris: Presses Universitaires de France, 1963). Véase también de Durand, *Le décor mythique de la Chartreuse de Parme. Contribution à l'esthétique du romanesque* (Paris: Corti, 1961).

[12]S.K. Langer, *Feeling and Form. A Theory of Art* (New York: Charles Scribner's Sons, 1953); *Philosophy in a New Key. A Study in the Symbolism of Reason, Rite and Art* (New York: New American Library of World Literature Inc., 1948).

[13]K. Burke, *A Grammar of Motives* (New York: Prentice Hall Inc., 1945); *The Philosophy of Literary Forms. Studies in Symbolic Action* (New York: Vintage Books, 1957); *A Rhetoric of Motives* (New York: Prentice Hall, 1950).

[14]J. Campbell, *The Masks of God*, I, 125-131.

[15]*Ibid.*, I, 313-314; III, 3-185.

[16]*Ibid.*, I, 313-334, 371-388.

[17]*Ibid.*, III, 19-31, 42-54, 146-157.

La mujer serpiente y la novia de nieve

[18] *Ezequiel*, VIII, 10, 14.

[19] Zeus era adorado bajo la forma de una serpiente con el nombre de Zeus Meilichios, véase J. Campbell, III, 18, 20, 27-31.

[20] *Ibid.*, III, 30.

[21] *Ibid.*, I, 90, 150-59, 592; III, 9-12, 15, 17-18, 20, 22-24, 26-31, 54, 70, 92, 105, 154, 162, 171, 259, 262-68, 275, 467, 469, 478, 481, 490.

[22] *Ibid.*, IV, 152.

[23] Carl G. Jung, *L'Homme à la découverte de son âme* (Mont Blanc-Genève, 1948), 377.

[24] Paul Valéry, *Charmes commentée par Alain* (Paris: Gallimard, 1958), 178.

[25] Paul Ricoeur, *The Symbolism of Evil* (New York-London: Harper and Row Publishers, 1967), 252-260, cit. 252-253.

[26] Citado por Ricoeur, *ibid.*, 253. Sobre simbolismo de la serpiente véase también J. Coppens "La connaissance du bien et du mal et le péché du paradis," *Analecta Lovaniensia Biblica et Orientalia* (1948), App. I, 92-117; W.F. Albright, "The Goddess of Life and Wisdom," *Am. Jour. Se. Lang. Lit.* (1920-21), 258-94; G. Charrière, "Mythes et réalités sur la plus noble conquête de l'homme et sur son plus perfide ennemi," *Revue de l'Histoire des Religions* (Julio, 1874), 3-44.

[27] Sobre la interpretación psicoanalítica de la serpiente véase Ludwig Levy, "Sexuale Symbolik in der Paradiesgeschichte," *Imago* (1917-19), 16-30; R.F. Fortune, "The Symbolic of the Serpent," *International Journal of Psychoanalysis* (1926), 237-243.

[28] Juan Ramón Jiménez, *Jardines lejanos*, 349.

[29] Véase al respecto, R. Caillois, *Les jeux et les hommes. (Le Masque et le vertige)*, 136-154.

[30] Mircea Eliade, *Naissances mystiques*, 126-131.

[31] Juan Ramón Jiménez, *Jardines lejanos*, 393.

[32] *Ibid.*

[33] *Ibid.*, 393.

[34] *Ibid.*, 407.

[35] *Ibid.*, 359.

[36] *Ibid.*, 375.

[37] *Ibid.*, 357.

[38] *Ibid.*, 360.

[39] *Ibid.*, 375.

[40] *Ibid.*, 388.

[41] *Ibid.*, 401.

[42] *Ninfeas. Primeros libros de poesía*, 1486.

[43] *Jardines lejanos*, 378.

[44] *Ibid.*, 396.

[45] *Ibid.*, 409.

[46] *Ibid.*, 410.

[47] La azucena, símbolo de la virginidad, es la flor de la Virgen María. Aparece en las Anunciaciones en la mano del Arcángel Gabriel e indicando la pureza de la Concepción. Aparece en la iconografía típica del simbolismo, por ejemplo, en el *Blessed Demosel* de Dante Gabriel Rossetti (1878. Fogg Museum of Art, Harvard University). Es la flor mística de Gustave Moreau. Juan Ramón la usa a menudo en *Jardines lejanos*: 431, 410, 407, 352.

[48] *Jardines lejanos*, 417.

[49] *Ibid.*, 418.

[50] *Ibid.*, 422.

[51] Sobre este tema véase Pedro Salinas: "El cisne y el buho," *Revista Iberoamericana* II (1940), 68; Ivan Schulman, "Función y sentido del color en la poesía de Manuel Gutiérrez Nájera," *Revista Hispánica Moderna*, XXIII (1951); Carole A. Holdsworth, "White Symbolism in Selected Revista Moderna Authors," *Revista de Estudios Hispánicos*, II, 2 (Nov., 1968), 1-12.

[52] *Jardines lejanos*, 407.

[53] *Ibid.*, 422.

[54] *Ibid.*, 423.

[55] *Ibid.*, 434.

[56] *Ibid.*, 434.

[57] *Ibid.*, 442.

[58] *Ibid.*, 443.

[59] *Ibid.*, 381.

[60] *Ibid.*, 401-402.

THE SEARCH FOR THE INDIGENOUS: AN EVALUATION OF THE LITERARY VISION OF ALEJO CARPENTIER AND MIGUEL ANGEL ASTURIAS

Rolstan P. Adams

Alejo Carpentier and Miguel Angel Asturias have imposed upon the Latin American novel a vision and form of universalism which the literature of that genre had hitherto lacked. It is what I shall refer to as the "indigenous" imagination, and though my usage of the term may seem contradictory to the conventional usage, I shall hope to show that the term "indigenous" is not an antonym of universalism in the realm of the literary imagination, but on the contrary is a useful agent and "modus operandi" in the works of the writers now under consideration.

Prior to Carpentier and Asturias, Latin American novelists worked with the prevailing European influences in the arts, through which they tried to interpret the native elements of the pre-Columbian past. Thus, the movements known as Realism, Naturalism, and Positivism gave birth to such sporadic literary movements in the Latin American novel as "indianismo," "indigenismo," "criollismo," etc.

None of these literary movements has developed into a major genre in itself, but taken altogether they have contributed to the complex imaginative vision which one finds in the novels of Carpentier and Asturias. In both writers one finds the influence of surrealism as the prime European influence. Carpentier's surrealism is the result of his association with the surrealists in Paris in the 1930's. Their "taste for the primitive and the unconscious led many of them on semi-archaeological expeditions into the continent's tribal past."[1] Asturias also recognizes his debt to the movement in Paris and writes of this debt in the following statements:

> We felt it gave us freedom to create. Belonging as we did to different races, and pledged to rules of artistic creation governed by intelligence and reason, we felt that surrealism opened a door by which to express the unconscious internal message springing from the depths of our being. Automatic writing and all these new forms of self-expression were like a lash of the whip for us since we already had a primitive and infantile form of surrealism. There's undoubtedly something elemental in surrealism, something psychologically elemental; but this new school enabled us to give life to what we carried within us. Some Indian texts, like the "Popol Vuh" or the "Anales de los Xahil," are truly surrealist. They possess the same duality between reality and dream, of unreality, which when told in all its detail seems more real than reality itself. From this springs what we call "magic realism." There are events which really happen and afterwards become legend, and there are legends which afterwards become events; there are no boundaries between reality and dreams, between reality and fiction, between what is seen and what is imagined. The magic of our climate and light gives our stories a double aspect—from one side they seem dreams, from the other they are realities.[2]

Yet despite this debt which Asturias professes, when one speaks of surrealism in the Latin American novel one begins immediately to diverge from the mainstream of the European movement and the particular stream of writing it had produced, typified in the novels of James Joyce.

For what one is now speaking of is the particular search by the Latin Americans among the relics and fragments of their cultural and anthropological past for the universalism which exists in the indigenous vision of dualities. And even if the Latin American surrealist may wash his intellect in the mainstream of the philosophic and political tides of the century, he is essentially a private person with a sensibility rooted in his native environment, through which he becomes an ethnologist, a surveyor, an archaeologist, a musicologist, a historian, a psychologist, a shaman. He is, like W.B. Yeats, looking at the apocalypse which has already descended upon his civilization from the pyramid of political power, through the crevices of a broken tower, through the cobwebbed spaces of ruined catacombs, through the present, into the past, recapturing time, reversing the modern imagination with its penchant for a civilization based upon the sciences, into a mythical universe, into a mythical reality. Carpentier makes a direct connection between this literary vision and the main philosophic mode of the indigenous vision of the universe: "The presence of the timeless in the temporal—and the universal in the particular."[3] It is almost a religious experience to be participating in this native consciousness for this particular writer:

> I think the view the Latin-American intellectual has over the world is one of the vastest, most complete and universal man has ever had. For me the American continent is the most extraordinary world of the century; because of its all-embracing cultural scope, our view of it must be ecumenic. . .Its indigenous realities are quickly becoming a part of the universal experience. We are not only on the threshold of a new age. . .but we have already entered it.[4]

At the core of this literary vision is a unity of man and nature. Asturias says:

> Nature is my book. On the whole I think that what characterises Latin American literature is the realization that man is not supreme in nature, whereas in other literatures and other schools of fiction such as the European, nature has always been dominated by man, and indeed figures very little because the novels develop in surroundings of cement and glass. . .[5]

Richard Callan, in his critical work on Asturias, concurs:

> It is this unifying vision of man and nature that characterises the Latin American novel and furnishes a basis for its universality. We shall see that this link with the forces of nature which primitive people have preserved is, from the viewpoint of psychology, an advantage they have over the civilised.[6]

Indeed, it would seem that this psychological orientation of the Latin American imagination, typified in the novels of Carpentier and Asturias, is tied to an overwhelming sense of the disaster which the civilization of the region has endured and is still in the process of enduring, with the arms of mightier governments reaching into every pocket of the landscape and *persona*. In his essay, "History, Fable and Myth," another regional writer, Wilson Harris, has rationalized the man/nature psychological complex of the region as part of an historical psychosis from which the writer cannot escape and out of which he creates characters which are bigger than life, if only to transcend the overpowering sense of an impending apocalypse:

> We know from investigations into the psychology of the VICTIM (conducted for example in post-Hiroshima Japan) that it is he, the victim, very often, whose consciousness is infused with omens of the future (apocalyptic omens are often of this kind in a victor/victim syndrome). It is as though the guilt of the victor stands on the threshold of a creative break-through in the darkening consciousness of the victim as prelude to the birthpangs of a new cosmos. It is not inconsistent, therefore, that we may discern, in the rubble of the Carib past,

signs akin to a new, ominous but renascent consciousness at the time of the Spanish conquest.[7]

Harris is here alluding to the fact that the Caribs—and indeed the Mayas, Aztecs and Incas to different degrees—saw in the landing of Columbus the beginning of a new age. Their monolithic civilization was about to crash down upon their heads at the same time that Columbus was about to prove that the earth is round and at the same time that Galileo was exploding the Ptolemaic cosmogonies. Some of the Indians believed that the Spaniards were their returning ancestors, men of gold now come to replace the men of corn, the Indians.

There is therefore a dynamic of consciousness, an explosion within linear time and history, in the clash of the pre-Columbian/post-Columbian experience in the Latin American imagination. It is this dynamic, this explosion, to which the writer responds in his own subconscious; and in responding to it he bids farewell to the museum of concrete and glass in the metropolis and returns to the land of nature and myth, to various levels of cultural consciousness which are working together in the indigenous vision. Asturias, viewing the Mayan collection in the British Museum felt that:

> . . .The objects he saw were like scarecrows out of his own past. They were a mute reminder that although time and distance had effaced the tattered splendours of the old Indian civilisation, its vision of the world and its modes of thought were not entirely gone. He had caught glimpses of them at home, dormant, fossilised in an inscrutable population reduced to misery and despair. But their signs could still be read. Perhaps he had begun to find traces of them in his own conscience.[8]

Here, then, is the point at which the Latin American writer departs from the mainstream of European surrealism and enters the mainstream of his own cultural subconscious to seek out the true life of the indigenous folk. The writer's primary concern is now with the anthropological continuities which manifest themselves in the universal mythic archetypes of world cultures. And it is at this point that the literature of Latin America becomes a reinforcement and documentation of the cultural mythic vision and its archetypes in the individual myths of mankind. We find, therefore, that Asturias has returned to the *Chilam Balam*, to the *Popol Vuh*, and to other Indian texts, and in constructing his own *El señor presidente*, he sets up a metaphysical conflict depicting the basic principles of archetypal myths. Such nuances as the power of love over death, the triadic birth/death/resurrection principle of fertility rites and religions, the capacity of the life-giving hero turned God who recreates his existence out of chaos and destruction in order to overcome the human condition, the terrible God whose love is only as strong as his vengeful justice—are all part of the mythic continuum, which is universal and which the characters in the novel represent. The fact that these mythic archetypes existed in the imagination of the pre-Columbian Indian is itself sufficient justification for a writer who shares this subconscious with his ancestors to seek to resurrect them in literary fiction. The fact that these myths exist at all is an affirmation of the universality of the human imagination. As Callan correctly points out in his study of Asturias:

> . . .the ancestral force that Asturias is talking about is in reality a psychic force dwelling in the unconscious mind, which when active, is projected outside the individual and perceived as an objective reality. Primitive man personified the images through which he perceived his psychic energies as gods and described them in myths. These archaic images or archetypes of the collective unconscious which all men share are like a dry riverbed, says Jung: the deeper the channel, the longer the river once flowed there, *and the more likely is the water to return.*[9] (Italics mine).

Thus, if one believes in the dialectic of the human spirit as the dynamic of the cultural imagination—that it is the inmost religious dread and psychosis which in the course of time becomes belief, and which in times of human stress becomes the principle of action—one is faced with the possible notion that a writer like Asturias has made an imaginative journey into the subconscious which may well be the beginning of modern man's search for reunification and spiritual survival. But it is not my intention here to proselytize the literature of myth, however much my affinities may point to that direction. I merely want to evaluate the validity of the vision and to comment upon its far-reaching effects. As Wilson Harris puts it:

> Such a quest invites us to look afresh in each age at the life of the imagination as this addresses us from the past with a new intuitive logic and design which diverges from the prison of the past, and which speaks through us towards the past and the future in such a manner that also subtly diverges from the prison of the present, and may I add, from popular prejudice.[10]

It is precisely this "address from the past" which led Alejo Carpentier back from Europe, via New York, to Cuba and thence to the Amazon jungle of Venezuela to retrace the lost steps of an anthropological, cultural and surrealistic/magic-realistic continuum of the human experience. Significantly, it is at the core of primitivism that Carpentier finds the justification for the imaginative principles of this continuum.

In the novel *The Lost Steps (Los pasos perdidos)*, the first-person narrator introduces himself as a musicologist in search of the first primitive instruments of music, instruments such as would be used by man in his most elemental community. As a man of the museum, the narrator is bored by the artificially channelled sensibilities of art and artists in the metropolis. He is just about to abandon his search for a great universalistic musical composition when he is mercifully rescued from his "ennui" by the curator of the museum—a character who is more than just a character, a typical technique of Carpentier in the novel. The curator stands for a spiritual and imaginative link between the museum "of concrete and glass," between pre-Christian/ Christian eras of Europe's cultural assimilations and developments, and the labyrinths of primitive folk. The narrator, then, on the first level of the novel, has his imagination guided by the curator into what the Haitian writer Stephen Alexi calls the "Marvelous Imagination."[11] From here onwards one is looking into a progression in which the sterile functions of ritual are abandoned by the narrator for the dynamic experiences which lie within the seams of the New World's "acculturation" process. The narrator is consciously pursuing the research in justification of his theory of "Mimetism-Magic-Rhythm."

When looked at closely, the theory (Mimetism-Magic-Rhythm) is a structural approach to the intellectual and emotional processes of cultural development in man. The first level, mimetism, suggests the first principles of art associated with man's earliest cave drawings and representations. Magic refers to the development of myths and mythic archetypes, which exist in their rawest forms in primitive cultures, and which are symptomatic of a certain degree of reconciliation of man to his environment. The third level, rhythm, suggests the forms which art in a civilized setting has assumed. It is the mark of man's highest achievements in the arts—the attainment of rhythmic form, the sensing of the rhythm of the universe.

For reasons based upon this structural progression, each of Carpentier's characters becomes a medium through which other characters form. This process rapidly accelerates in the novel as the narrator comes nearer and nearer to providing the validity of his imaginative hypothesis and intellectual theory. Thus we see the "Woman of the City"—the artificial product of her level of civilization—giving way to the "Woman of the Jungle"—the woman who represents the racial meeting of all the cultures of the New World on their most dynamic levels in the folk:

> . . .the fusion of Celts, Negroes, Latins, Indians, even "New Christians" that had taken place on the great melting-ground of America in that first encounter. For here it had not been the amalgam of related peoples, such as history had fused at certain crossroads of Ulysses' sea, but of the great races of the world, the most widely separated, the most divergent, those which for centuries had ignored the fact that they inhabited the same planet.[12]

As the narrator passes into the influence of the "New Woman," and he experiences through her consciousness the complex personality of the New World indigenous folk, the presence of both time and space becomes less cerebral and more emotional in the levels of his own consciousness. He now experiences time as great columns of existent possibilities leading from massed human survival into individuation. At the same time he becomes aware that the proportions of time in such a perspective demand a kind of cyclic computation where one is aware of moving into the future as much as one is aware of recreating the past. This vision of time is rather like the Indian's magical and mythical vision of time.[13]

Space too takes on a magical quality in the novel. It does not now exist so much as dimensions through which man can relate to his artifacts, but as a phenomenon to which man himself must relate for its own sake. One no longer passes upon the landscape, for example, but one instead passes *through* and *into* the landscape.

The narrator passes into the landscape through the persona of an Orphic figure, significantly called *el Adelantado*. This character, taken as one with his twin persona Montsalvatje, is the humanized replica of the El Dorado seeker. In a sense, he is more an alchemist than a conquistador in that he does not feel himself to be an alien, a conqueror, an exploiter of the continent as the conquistadors first felt. On the other hand, this quester has learned how to match his spirit to the spirit of place and to allow the unity of space and season in the landscape to harmonize with his own consciousness. The author represents the Adelantado as a plant collector, a herbalist, a magician, a new version of the shaman having the experiences of centuries of varied cultural secrets.

> The Adelantado listened, his face a sly mask, as he threw twigs on the fire. To the plant-collector a myth was always the reflection of a reality. Where men sought the city of Manoa up and down the extent of its vast phantasmagorial province, there were diamonds in the mud on the banks and gold in the river-beds.[14]

Here it seems to the narrator that the Old and New Worlds have not only met but that the crossroads of Ulysses have come together too, as witnessed by the presence of Greek questers, one of whom carries a copy of Homer.

So all experience has come together in one place in a remote spot on the earth where civilization is just about to re-enter into its first glimmerings, its first principles.

It is time for the cosmos of man's imagination to be re-made in the unity of its existence.

The narrator passes through an entrance in the jungle which seems part of the solid mass of space, and when the light breaks again it is as if he had passed into Creation after the First Day. And a truce between myth and reality has been called; the great divide in the consciousness and the imagination has been healed:

> What amazed me most was the inexhaustible mimetism of virgin nature. Everything here seemed something else, thus creating a world of appearances that concealed reality, casting doubt on many truths.[15]

Quite resourcefully, the narrator discovers that what is metaphysically possible may also be politically possible, and he meditates upon the reconciliation of the pre-Columbian to the European adventurer, of the native to the conquistador.

> Yesterday I amused myself with the thought that we were conquistadors searching for Manoa. It suddenly came to me that there was no difference between this Mass and those Masses which the seekers of El Dorado had listened to in similar wilderness. Time had been turned back four hundred years. This was the Mass of the Discoverers who had just set foot on a nameless strand, who planted the emblem of their sunwise migration before the astonished gaze of the Men of Corn.[16]

The past is recycled into the consciousness; the dynamic of the abrasive clash of one age upon another age, one civilization upon another civilization, is felt. History is re-lived and understood not in the academic sense but in the imaginative sense.

The second level of the narrator's theory is now proven. For here at the universal crossroads of civilization and culture are found ancient figurines of magical gods and fertility goddesses, chief of whom is the pregnant mother, the Great Mother-Goddess.

Also found is the great rhythm which completes the third level of the narrator's structural quest. One is not surprised to find that this rhythm is more an esoteric response to the natural environment and its dominance of the imagination than an experience which had hitherto laid outside the narrator's consciousness:

> . . .the "Threnody" had been inside me all the time, but its seed had been sown and had begun to grow in the night of the Paleolithic, on

> the banks of the river inhabited by monsters, when I heard the medi-
> cine man howling over a black snake-poisoned corpse. . .[17]

Despite the chilling note of realism on which the novel ends, realism so cold as to hinge the loss of the narrator's musical score to the
lack of paper—a product of technological civilization—on which to
write the music, I do not, as reader and critic, feel that this failure to
express the artistic sensibility is also a failure in the narrator's imaginative journey. There has been an affirmation of faith in man's artistic spirit as a result of the quest, which turned out to be a spiritual
quest for the narrator. Orpheus may have failed to rescue Eurydice
from the underworld, but the journey was worthwhile as a spiritual
quest to reunite the world of light with the world of shadows. And the
allegory is fitting on several levels to Carpentier's *The Lost Steps*.
First, there is the mythological archetype applied to the journey of
the narrator as the quester in the jungle. But probably of greater significance is the fact that the jungle, the indigenous, is reunited with
the city; and the narrator, like the Waste Land traveller, has finally
found the right questions to be asked of the impotent and ritualistic
sensibilities of our modern spiritually deserted museums, where everything has been analyzed and pinned down to a catalogue of facts
and data and ideologies. In *The Lost Steps* the mythical vision has
been reactivated, the universal in man has been imaginatively ap-
proached once more, and the indigenous as a "modus operandi" has
reaffirmed the common origins of human culture.

In the novels of Miguel Angel Asturias, the indigenous, the mythical vision, is already the "modus operandi" in form and fiction. The
fiction is myth, whether it is presented through realistic modes, as in
the "Banana Trilogy," or through entirely unrealistic modes as in
Mulata de tal. Before Asturias begins to write, the imaginative journey has already been made. The writer himself gives the best example
of this:

> . . .mountains and rivers are often personified, either through being
> transformed into people, or by people taking on these natural forms.
> In *Hombres de maíz*, for example, one of the characters is María Te-
> cún, the 'tecuna,' the woman who is always running away. In the west
> of Guatemala there is a high plateau on which stands a huge stone that
> is seldom visible because, it is always shrouded in mist; this stone is
> known as María Tecún. These great rocks are often given the names
> of persons or figures from legends and so develop a human quality.
> There is a relationship between nature and humanity.[18]

In the characterization is the myth, in the myth are centuries of imaginative experience lying layer upon layer deep, experience such as

would be discovered by the narrator of Carpentier's *The Lost Steps*. Thus each image in the Asturias novel is a projection of the persona of the fiction, and each exists in a multifaceted series of relationships all of which combine to affirm the continuity of human history in the indigenous subconscious. One particularly striking example of this humanizing technique in Asturias is in the image of the approaching schooner in the opening section of the novel *The Green Pope:*

> The thirty people travelling on the boat had died and been revived many times. The abyss would spit them out to swallow them again, angry at their curses, the dregs of so many things dragged through the Panama Canal. Their curses only dug the sea deeper.
>
> The ship exploded in gold, a matchbox that burned with every lightning flash, coinciding with the stride of the engine as it lost its strength and was at the mercy of the waves, swept seaward or driven back like a shell towards the coast that reverberated with the thunder of the storm.[19]

The battered schooner here, which is bringing workers to the banana plantations of Guatemala, is the modern replica of the ships of the European adventurers in the New World, and also the replica of the slaver crossing the Atlantic from Africa, either purposefully destined to the American mainland or floundering to the end of its journey, having lost its direction over the thousands of perilous miles. The advent of the ship, on one level, is the cyclic repetition of history. On another level it is the contradiction of human authority over nature and a negation of the conquering stasis into which New World history seems to have been written. The ship is both the replica of the peopling of the New World with all the races of mankind and the offering of sacrifices to this earth-mother—human sacrifices, because the mother is greater than the human possessor.

What, then, in the development of the indigenous universalistic vision, is the significance of this humanizing/mythicising technique of Asturias?

The significance lies in the potential of the human personality itself, of the human consciousness, to link the discontinuous spaces of history into a total unity and to reconcile the disparities of race and culture into which the modern political world has fallen. This technique has the advantage of denying the linear development in the novel of characters who have one perspective, one line of consciousness. The fact that the personae of the fiction are dead and have been recreated offers the novelist the Orphic vision of having seen the world of light and also the world of shadows, and he is now in a position to comment upon its universality.

The Search for the Indigenous

For Asturias the folk of the region are not mere natives, but are roots of history, the roots of cultural continuity:

> Who were they not to let themselves be tempted by gold, to withdraw their hands and not receive the handfuls of coins that were brighter than the sun in exchange for plots of land exposed to the flooding of the river, the threat of jaguars, the scourge of locusts? They were not human. They were roots. Roots.[20]

By a rooting of the metaphor itself, the folk consider themselves to be men of corn who sow the earth not for profit, like the men of gold, but for sustenance.

It is to the folk that the Latin American writer is committed. The roots of their culture are sunk into his own subconscious; he narrates their myths, he invokes the powers of their ancestral gods by the use of their magic words—and for them the Word is the magic of communication. Thus, the writer is also the shaman; by using the Word, by narrating the myth, he causes the darkness of the apocalypse to recede, and he reasserts the presence of order and harmony in the universe. Such a novelist turns out works which are social protests against the agencies of destruction of the indigenous order and unity. The indigenous order and unity involve the harmonious interaction of man with time and space and the dominance of nature above all.

In the novel *Mulata de tal* one finds the Faustian story of a corn-grower who sells his wife, the symbol of the earth, to the Devil in return for gold. For a little while the deal seems to work out fine for the husbandman Yumí:

> Yumí was like a madman. Instead of bills he found the cribs full of gold pieces. Every ear was gold. Ears where instead of kernels of corn there were kernels of gold, burning with the unmoving flame of a firefly. They were not ears of corn but ears of fireflies.[21]

Alas! The Devil is treacherous and his destruction is swift once he is admitted into the order of the universe. For once he has gained entrance into the spirit of the husbandman the Devil wreaks havoc upon the land and upon the human spirit, and he throws the indigenous cosmos back into a state of original Chaos.

In the consequent surrealistic confusion of the novel one sees episode after episode of disorientation, like an alchemical experiment gone wrong or like a collective psychosis and breakdown of social sanity.

How does Asturias proceed to recreate universality out of this chaos of disorientation and collective psychosis? By the use of the archetypal myths. These archetypes are mirror reflections of the indigenous myths, and to the author they are especially valuable for

84

(a) their psychological basis and (b) their social-protest value. Brief reference has already been made in this paper to the psychological basis of myth, which appeals to the Latin American writer. It is the psychological stasis of the *victim* which creates a condition of entrapment around him. It is the effort to break out of this condition of entrapment which leads the writer to use archetypal myths for the purpose of social protest. In the following quote from Callan's study of Asturias I hope to make this clear:

> More useful for an understanding of the literary output of Asturias than the scant facts of his life are his views on Latin American Literature, past and future. In lectures and interviews Asturias has pointed out its distinguishing features. It is primarily a literature of protest: beginning with the Conquistadores, a compulsion to dispute misjudgements, to correct injustices, and to remonstrate against the excesses of exploitation that plagued the continent then as now, drove the men of the New World to register their dissention in books, letters and chronicles. Predating any of these, however, the writings of the Indians themselves are the headwaters of all social protest in America. In documents such as the Maya books of Chilam Balam, the original inhabitants of the continent expressed their reaction to the barbarity of conquest.[22]

Asturias is therefore taking up the stream of writing which had been established by the Indians centuries before him. Always it expresses the need to transcend the condition of entrapment by use of the universalistic myth. Therefore, in Asturias' portrait of the President as the archetype of the Terrible Mother (in *El señor Presidente*), there is at once social protest in its own right against the dictatorship of Estrada Cabrera, and also the continuity of the Indian literature of myth. The novel, on these levels, describes a condition of social and psychological entrapment which is also universally applicable to all races and cultures of the world that have developed an indigenous myth of suffering. To indicate the various levels on which an Asturias novel works I shall attempt to make a very brief reference to a typical passage.

The following is a passage from *Mulata*. It is included here to give an example of the various levels on which Asturias is writing so as to universalise the myth of suffering in terms of its archetypes:

> A palm tree that was waving its branches rhythmically, just like a woman, like a Salome with many arms, her waist with all the flexibility of a rush, a body made from the coils of a snake, snatched away the head of the Baptist from the priest, just as the sexton, crawling like some kind of vermin, came out to join him, missing his right arm. He touched and retouched his shoulder to no avail. I was not there. The

> priest. . .using his Latin so that the other would not understand what
> was in it, I am losing myself.[23]

This is a scene of social protest. The attendants of the indigenous god Tazol and his descendants, demi-gods, have wreaked havoc in the Roman Catholic mission. The setting here, however, is not one of realism, although the situation is probably a historically based fact. It is one of surrealism: surrealism which captures images of the many-armed deities of India, images of the decapitated god associated with fertility myths, images of the sacrificed and interred hero who recreates the seasons and the spirit of Man in his triumph over death, nuances of Judaic and Christian themes—all as part of the mythic vision in the fiction. Consequently, one is looking at a situation which is universally understood as Man's imaginative struggle against entrapment. Or, as Carpentier has said:

> . . .we—like Adam in the garden of Eden—are still in the stage of "naming things." We must contribute a complete and detailed inventory of our undiscovered streets, houses, forests, lakes, mountains, to incorporate them into the experiences of Western Man, to make them a part of the universal sensibility.[24]

It should not be very surprising, in a context of the sensibilities of modern literature, that admirers of writers like Carpentier and Asturias think that they have made some of the widest appeals to the philosophic vision of the century. For we live in a century when the universe has suddenly become very ordinary. The swift eye of science has seen all—it has examined the fossils of the moon and can predict the advent of a comet crossing the Milky Way one century from now. There are no great mysteries of the forces of the physical universe to be resolved. The big preoccupations which remain are mainly philosophical: how to survive this great scientific conquest itself. It is here that the apocalypses of past civilizations become a thing of primary concern to those writers who feel that the modern modes of western civilization are on the brink of a collapse.

The fragments of a broken civilization remain as a constant reminder, a constant accusation, that man's presence in his environment is a continuously abrasive thing, releasing disruptive forces ceaselessly. Each great phase of man's civilization consumes its environment and entire populations. Only the spirit of survival, only the imaginative and psychological mechanisms of survival, remain as a legacy of the past to entire races of man today. And all is the result of the progression of civilization, especially western civilization.

The writer who holds such a fragment of civilization in his hand feels that he holds something no less predictive of the future than a scientist or political leader who examines a piece of the moon's rock in his hands. The scientist may be prepared to analyse, to pin-point the minutiae of the substance and to hypothesize on the basis of cold analysis. For the writer the time for cold analysis has passed. Death has already passed and cast a cold eye over some aspect of his civilization, of his legacy, of his culture, of his subconscious. It is now time to think of "the New World that's a comin'." Such a writer shuns modes of literature and criticism which strangle myth. He fears the cold eye of sterile, surgical analysis of his universe.

In the case of the two writers with whom this paper has dealt, theirs is the search for the disordered cosmos. As Carpentier says:

> There were days when I would wish to be a naturalist, a geologist, an ethnologist, a botanist, a historian, so that I could understand all this, set it down, explain it so far as possible.[25]

But the writer's world is often limited to the imagination as he searches among the cracks of history for the seepage of the spirit from civilization, for the loss of the subconscious in time. Such a writer descends into the shadows of disorientation and collective psychosis, into the experiences of lost and decimated races and tribes, to find the broken discontinuities of culture, the broken rhythms of art.

In a modern world where scientific and political and economic considerations override the imaginative experiences of the past, the writer who asserts the importance of the indigenous as the mainstream of a universalistic vision may either be completely ignored or be taken very seriously.

YORK COLLEGE
OF THE CITY OF NEW YORK

Footnotes

[1]Luis Harss and Barbara Dohmann, *Into the Mainstream: Conversation with Latin-American Writers* (New York and London: Harper and Row, 1967), p. 39.

[2]Rita Guibert, *Seven Voices*, trans. Frances Patridge (New York: Vintage Books, 1973), p. 136.

[3]Harss and Dohmann, p. 51.

[4]*Ibid.* , p. 44.

[5]Guibert, p. 138.

The Search for the Indigenous

[6]Richard Callan, *Miguel Angel Asturias* (New York: Twayne, 1970), p. 15.

[7]Wilson Harris, "History, Fable And Myth In The Caribbean And Guyanas" *Pamph. of the 1970 Edgar Mittelholzer Memorial Lectures* (Georgetown, Guyana: The National History and Arts Council, 1970), p. 19.

[8]Harss and Dohmann, p. 76.

[9]Callan, p. 50.

[10]Harris, p. 26.

[11]Stephen Alexi, "The Marvellous Imagination of the Haitian," in *Presence Africaine*, Volume 1 of the *Presence Africaine Conference Papers*, Paris 1956 (Paris, Presence Africaine, 1956) pp. 250-275.

[12]Alejo Carpentier, *The Lost Steps*, trans. Harriet de Onis (Middlesex: Penguin, 1968), p. 74.

[13]Harss & Dohmann quote Asturias as saying:

> The Indian lives backward, not forward. The Mayans had computed time three hundred thousand years back into the past. But when they looked ahead they thought in terms of periods that spanned no more than twenty years. Every twenty years they thought that the end of the world was due. They held the belief that man lived through different solar cycles. We are now living in the fifth solar cycle, which they represented as the sun in motion. They called the sun "the one that moves" and equated it with the heart in the body. Therefore, the great hecatombs in the time of the Aztecs. The heart was sacrificed to feed the sun. They were increasingly afraid that the sun would come to a stop one day; then everything would collapse. Historically speaking, their fears were probably inspired by memories of the great natural disasters of the neolithic era (p. 88).

[14]Carpentier, p. 128.

[15]*Ibid.*, p. 149.

[16]*Ibid.*, p. 159.

[17]*Ibid.*

[18]Guibert, p. 141.

[19]Miguel Angel Asturias, *The Green Pope*, trans. Gregory Rabassa (New York: Delacorte, 1971), p. 5.

[20]*Ibid.*, p. 38.

[21]Miguel Angel Asturias, *Mulata*, trans. Gregory Rabassa (New York: Dell Books, 1963), p. 56.

[22]Callan, p. 13.

[23]Asturias, *Mulata*, p. 171.

[24]Harss and Dohmann, p. 57.

[25]Carpentier, p. 188.

III. *Formalism*

ALCANCES DE LA DESCRIPCION ESTILISTICA (LUIS CERNUDA: "NOCTURNO YANQUI")

Gonzalo Sobejano

Luis Cernuda, "Nocturno yanqui"
(*La realidad y el deseo:* X, Con las horas contadas, 1950-1956)

(I. ESPACIO)

(1) La lámpara y la cortina
Al pueblo en su sombra excluyen.
Sueña ahora,
Si puedes, si te contentas
Con sueños, cuando te faltan
Realidades._/ (1)

(2) Estás aquí, de regreso
Del mundo, ayer vivo, hoy
Cuerpo en pena,
Esperando locamente,
Alrededor tuyo, amigos
Y sus voces._/ (2)

(3) Callas y escuchas. No. Nada
Oyes, excepto tu sangre,
Su latido
Incansable, temeroso;
Y atención prestas a otra
Cosa inquieta._/ (3)

(4) Es la madera, que cruje;
Es el radiador, que silba.

Un bostezo.
Pausa. Y el reloj consultas:
Todavía temprano para
Acostarte._/ (4)

Tomas un libro. Mas piensas (5)
Que has leído demasiado
Con los ojos,
Y a tus años la lectura
Mejor es recuerdo de unos
Libros viejos,_/ (5)
Pero con nuevo sentido.

(II. TIEMPO)

¿Qué hacer? Porque tiempo hay. (6)
Es temprano.
Todo el invierno te espera,
Y la primavera entonces.
Tiempo tienes._/ (6)

¿Mucho? ¿Cuánto? ¿Y hasta cuándo (7)
El tiempo al hombre le dura?
"No, que es tarde,
Es tarde", repite alguno

Dentro de ti, que no eres.
Y suspiras._/ (7)

(8) La vida en tiempo se vive,
Tu eternidad es ahora,
Porque luego
No habrá tiempo para nada
Tuyo. Gana tiempo. ¿Y cuándo?

(9) Alguien dijo:_/ (8)
"El tiempo y yo para otros
Dos". ¿Cuáles dos? ¿Dos lectores
De mañana?
Mas tus lectores, si nacen,
Y tu tiempo, no coinciden.
Estás solo_/ (9)
Frente al tiempo, con tu vida
Sin vivir.

(10)   Remordimiento.
Fuiste joven,
Pero nunca lo supiste
Hasta hoy que el ave ha huido
De tu mano._/ (10)

(11) La mocedad dentro duele,
Tú su presa vengadora,
Conociendo
Que, pues no le va esta cara
Ni el pelo blanco, es inútil
Por tardía._/ (11)

(III. TRABAJO)
(12) El trabajo alivia a otros
De lo que no tiene cura,
Según dicen.
¿Cuántos años ahora tienes
De trabajo? ¿Veinte y pico
Mal contados?_/ (12)

(13) Trabajo fue que no compra
Para ti la independencia
Relativa.
A otro menester el mundo,
Generoso como siempre,
Te demanda._/ (13)

(14) Y profesas pues, ganando

Tu vida, no con esfuerzo,
Con fastidio.
Nadie enseña lo que importa,
Que eso ha de aprenderlo el hombre
Por sí solo._/ (14)

(IV. IDEAL)
Lo mejor que has sido, diste,   (1?
Lo mejor de tu existencia,
A una sombra:
Al afán de hacerte digno,
Al deseo de excederte,
Esperando_/ (15)
Siempre mañana otro día
Que, aunque tarde, justifique
Tu pretexto.

Cierto que tú te esforzaste   (16
Por sino y amor de una
Criatura,
Mito moceril, buscando
Desde siempre, y al servirla,
Ser quien eres._/ (16)

Y al que eras le has hallado.   (17
¿Mas es la verdad del hombre
Para él solo,
Como un inútil secreto?
¿Por qué no poner la vida
A otra cosa?_/ (17)

Quien eres, tu vida era;   (18
Uno sin otro no sois,
Tú lo sabes.
Y es fuerza seguir, entonces,
Aun el miraje perdido,
Hasta el día_/ (18)
Que la historia se termine,
Para ti al menos.

(V. SOLEDAD)
                         Y piensas (19
Que así vuelves
Donde estabas al comienzo
Del soliloquio: contigo
Y sin nadie._/ (19)

Mata la luz, y a la cama._/ (20)

                              (20

Gonzalo Sobejano

Nota: Estrofa 9: *"El tiempo y yo, para otros dos*. Fue muchas veces
repetido por el rey don Felipe II el Prudente, dando a entender lo mucho que uno puede hacer con vida y tiempo".
(Gonzalo Correas: *Vocabulario*).

LLamo descripción estilística a la exposición de aquello que distingue y caracteriza un texto en cualquiera de los elementos que lo
constituyen: actitud, tema, estructura y lenguaje. Pero, de acuerdo
con la acepción más restringida de estilística, me refiero principalmente al lenguaje, por creer que lo diferencial de la obra literaria es la
primacía de la función poética: el hecho de que el mensaje llame la
atención primariamente hacia la forma en que aparece expresado en
palabra.

Todo método aspira a la integridad, y por tanto, no hay que excluir de antemano ninguno de los que se ofrezcan. Pero a mi juicio
la descripción estilística es la operación primera e indispensable, sin
la cual toda comprensión valorativa carecería de fundamento propiamente literario. Mostrar hasta dónde alcanza la descripción de los
rasgos de lenguaje de un texto, es el propósito, adrede experimental,
de este examen, cuya justificación es para mí, como la de cualquier intento de conocimiento, la curiosidad intelectual.

El texto seleccionado es "Nocturno yanqui" de Luis Cernuda.
Admiro a este poeta desde que leí su obra en 1948, y admiro este
poema desde que lo leí en 1959. De esa admiración arranca la curiosidad.

"Nocturno yanqui", es decir, poema que tiene por ámbito temporal la noche y por ámbito espacial el Norte de Estados Unidos. Esperamos que, como "nocturno", el poema nos haga percibir la noche,
y así es. Esperamos que, como "yanqui", nos haga percibir la Norteamérica más nórdica, y no es así, pues apenas un sustantivo, "radiador", demanda una orientación al Norte. "Yanqui" constituiría,
pues, dentro del título en relación con lo titulado, una reticencia: se
anuncia algo, y no se explicita.

Pasando a lo titulado, surge el primer problema. Quiero describir
lo distinto y característico del texto, pero ¿cómo hacerlo en absoluto,
sin comparación con otra cosa? ¿Distinto de qué? ¿Característico
respecto a qué? No cabe comparar el texto con otro hasta no conocer
aquél en sí mismo, único modo de encontrarle después parangones
adecuados. Compararlo con un ideal de "Nocturno yanqui" que pu-

91

diera yo tener en mi conciencia, es tan desaconsejable como si pretendiese conocer yo a otra persona comparándola conmigo o con una persona ideal producto de mi fantasía: sería la mejor manera de no conocerla. Se impone, pues, primeramente, comparar el texto consigo mismo. Si puedo conocer a una persona estableciendo relaciones entre lo que dice y lo que hace, entre la expresión de sus ojos y el tono de su voz, entre lo que promete y lo que cumple, entre sus ademanes y su modo de vestir, etc., podré también llegar a caracterizar un texto comparando entre sí sus elementos—actitud, tema, estructura, lenguaje—y comparando, para cada uno de éstos, los cambios, los motivos, las partes, los contrastes que a lo largo del texto se revelen. Sólo después de esta inmanente comparación será lícito pasar a otros modos de comparación trascendente.

Para orientarse en la percepción del texto, como para orientarse en la trama de la existencia, parece necesario reconocer con precisión las tres categorías que conforman el mundo: el espacio, el tiempo, y la relación sujeto-objeto; distinguiendo primero la estructura o disposición espacial, temporal y transitiva que adopta el tema desde la actitud, y describiendo en seguida la expresión lingüística en la cual reside la eficacia poética. Acometer la descripción del lenguaje sin haber entendido—aunque sea provisionalmente—la disposición que presenta el tema desde la actitud, va contra la naturaleza racional del hombre.

El poema se presenta repartido exteriormente en veinte estrofas, once de las cuales (1-4, 7, 11-14, 16 y 17) son sextetos octosílabos de pie quebrado, y las restantes sextetos irregulares por defecto o por exceso, salvo la última que es un verso único. Si restituimos a su lugar canónico los defectos y excesos, obtenemos también veinte estrofas, todas ellas sextetos regulares, menos la estrofa 15 que constaría de un sexteto más la mitad de otro, y la 20, constituida por el mencionado verso único. Todos los versos son blancos.

Esta estructura externa, con su tensión entre el canon estrófico y la irregularidad que introducen las pausas interestróficas efectivas ¿responde a una realidad semántica determinadora? Sólo podrá responderse después de reconocer la estructura interna, la articulación del pensamiento según el espacio, el tiempo y la relación.

Indicaciones espaciales, referidas a un lugar muy concreto, son "lámpara," "cortina," "pueblo," "aquí, de regreso / Del mundo," "madera," "radiador," "reloj," "un libro." Desde la estrofa 6 cesan, y sólo se vuelve a hallar una, "la cama," como última palabra de la composición entera.

Las indicaciones temporales no faltan de principio a fin. El tiempo verbal dominante es el presente: de indicativo en todas las estrofas menos la última; de imperativo en "Sueña ahora" (l), "Gana tiempo" (8) y "Mata la luz" (20), y de subjuntivo en las estrofas 15 y 18. No obstante la ubicuidad del presente, hay numerosas incursiones en el pasado: "has leído" (5), "Alguien dijo" (9), "Fuiste joven" y "ha huido" (l0), "Trabajo fue" (13), "Lo mejor que has sido, diste" (15), "te esforzaste" (16), "Al que eras, le has hallado" (17), "tu vida era" (18), "Donde estabas" (19); pero sólo hay dos incursiones en el futuro: "No habrá tiempo" (8), y "eso ha de aprenderlo el hombre" (14). El presente, pues, domina la composición y, frente a él, sólo el pasado adquiere relieve desde la estrofa 5, aquella en que terminan las indicaciones espaciales. Tal comprobación parece cobrar mayor importancia porque las primeras cinco estrofas, tan llenas de indicios de espacio, no ponen de manifiesto la temporalidad tanto como las estrofas 6 a 11, en las que se da una acumulación de índices temporales: "tiempo hay," "temprano," "invierno," "primavera," "Tiempo tienes," "¿. . .hasta cuándo/El tiempo al hombre le dura?," "es tarde," "La vida en tiempo se vive," "Tu eternidad es ahora," "Porque luego/No habrá tiempo," "Gana tiempo," "El tiempo y yo," "tu tiempo," "Frente al tiempo," "Fuiste joven," "nunca lo supiste/Hasta hoy," "mocedad," "tardía." No desaparecen tales índices en las estrofas siguientes, pero se enrarecen bastante.

En cuanto a la relación. A partir de los versos tres y cuatro de la estrofa primera el lector percibe que no hay más que dos sujetos: la voz que habla (jamás designada por "yo" ni por la desinencia de primera persona verbal) y "tú," cuya presencia consta en todas las estrofas, una por una. La ausencia de cualquier signo de yo emisor, y la omnipresencia del tú receptor, muestran su igualdad: este tú es yo. Se trata de un monólogo autorreflexivo, de un autodiálogo. Si surge otro portador de elocución independiente, es un sujeto indefinido: "repite alguno" (7), "Alguien dijo" (9), y "Según dicen" (12).

Pero si ese sujeto único no se relaciona con otros sujetos, se relaciona con objetos. En las cinco primeras estrofas, aparece referido a los objetos de significación espacial ya mencionados, más los "sueños" y las "realidades," ciertos "amigos" no presentes, el latido de la propia "sangre" y unos "libros viejos." Entre la estrofa 6 y 11—ya queda dicho—es el tiempo el objeto tenazmente aludido o nombrado. Desde la primera palabra de la estrofa 12 se impone como término de referencia el trabajo: "El trabajo alivia a otros," "¿Cuántos años. . ./De trabajo. . .?," "Trabajo fue que no compra," "A otro menester," "Y profesas pues." Con la estrofa 15 se abandona esa referencia y empieza a notarse otra que podría llamarse el ideal: "Lo mejor que has sido," "hacerte digno," "excederte," "sino y amor," "Mito moceril," "Ser quien eres," "la verdad del hombre," "Quien eres." Son expresiones que remiten a aquello que mueve al ser a realizarse auténticamente.

Consideraríamos, según esto, el poema, articulado en una estructura en que lo decisivo es la relación del sujeto único hacia los términos siguientes: I. Espacio que hace sentir la soledad (estrofas 1-5), II. Tiempo que hace sentir el fracaso (6-11), III. Trabajo que hace sentir el fracaso (12-14), IV. Ideal que hace sentir la soledad (15-18), y V. Soledad (19-20).

Este esquema del proceso señala ya los temas: soledad en el espacio, fracaso en el tiempo, fracaso al cabo del trabajo, soledad al cabo del esfuerzo por un ideal, y anegación en la soledad de la sombra. Unitariamente: Recapitulación, desde la soledad nocturna, de una vida estrechada por un espacio sin estímulos, próxima a la consumación de su tiempo histórico, insatisfecha de su trabajo, y convencida de que su esfuerzo hacia un ideal no ha trascendido fuera de sí.

La actitud que parece dar unidad al discurso es una actitud de meditación autospectiva, cuyo acento elegíaco ofrece los siguientes cambios: 1, carencia de realidad; 2, penitente espera; 3, temor; 4, aburrimiento; 5, desatención; 6, falsa confianza en el tiempo; 7, duda acerca de esa confianza; 8, apremio del tiempo; 9, insatisfacción con la propia vida; 10, remordimiento; 11, sensación de mocedad tardía; 12-15, precariedad y fastidio; 15, afán no justificado; 16, esfuerzo por ser auténtico; 17, logro de autenticidad pero sin trascendencia; 18, aceptación de la autenticidad no trascendente; 19, retorno a la soledad inicial, y 20, anegación de la conciencia en la oscuridad.

Vista así la estructura interna, ¿se corresponde con ella la estructura externa caracterizada por el desajuste entre las veinte estrofas canónicas y las veinte efectivas?

El primer desajuste aparece entre las estrofas 5 y 6, al pasar del tema espacio al tema tiempo. Mientras dura la comprobación del contorno vacío de estímulos reales, la rigidez del canon se mantiene: forma fija para contenido yerto. "¿Qué hacer?," es la primera pregunta de un poema sembrado de preguntas. Y sobreviene entonces el sentimiento del tiempo personal, con dudas, sospechas y preocupaciones; la forma fija empieza a ceder a la libertad de una digresión vuelta hacia lo que el sujeto ve que ha sido, pudo ser, y es. El segundo desajuste está entre las estrofas 8 y 9, aquélla terminada en una pregunta ("¿Y cuándo?"), y ésta iniciada con una cita ("Alguien dijo"). Entre la estrofa 9 y la 10 se produce el tercer desajuste, en un momento psíquico de extremo pesar: "...vida/Sin vivir"—"Remordimiento." En la estrofa 11 se recobra la regularidad, mantenida a lo largo de las tres siguientes, relativas al trabajo: con la visión de éste como supuesto alivio y menester fastidioso concuerda la observancia del molde. Cuando aparece el cuarto desajuste es cuando ha surgido el cuarto tema, el ideal, que con su dilatación semántica (el "deseo de excederte, / Esperando/Siempre mañana otro día/Que, aunque tarde, justifique/Tu pretexto") trae consigo el alargamiento de la estrofa, la mayor anomalía en todo el poema, ya que no hay modo de insertar los tres versos últimos en ningún sexteto canónico. La presunta satisfacción de haber servido fielmente al ideal regulariza de nuevo el molde en las estrofas 16 y 17. Pero la 18 se desequilibra otra vez por alargamiento: al ideal que se cree cumplido le falta la trascendencia hacia los otros, y el razonamiento viene a parar en la comprobación brusca de la soledad, produciéndose así el quinto desajuste: un desequilibrio que va a acabar y acaba de hecho en el abrupto verso último, "Mata la luz, y a la cama," cuyo prosaísmo extingue, como un pistoletazo, la luz de la conciencia que la "lámpara" del verso primero del poema había encendido.

Hasta aquí el análisis se ha apoyado principalmente en la forma del contenido, sin que haya sido necesario recurrir a una previa intuición de fenómenos expresivos parciales, como proponía Leo Spitzer, ni a una previa intuición totalizadora, como postulaba Dámaso Alonso.[1] En palabras de Fernando Lázaro Carreter: "el estudio del lenguaje literario ha conquistado su derecho a ser objetivo y autónomo, es decir, a contar con una descripción independiente de intuiciones críticas previas, y que no tenga como única finalidad confirmarlas; por el contrario, esa descripción puede promover observaciones literarias no alcanzables por mera intuición."[2] Esto quizá quede más claro al examinar ahora, por el mismo criterio experimental e inductivo, la forma de la expresión.

Puede hacerse esta descripción del lenguaje siguiendo de izquierda a derecha las líneas escritas, verso por verso, estrofa por estrofa, parte por parte. Puede hacerse también apreciando los rasgos estilísticos sobre cada uno de los estratos del lenguaje: métrico, fónico, sintáctico, semántico, y figurativo o retórico. Adopto esta segunda vía para dar mayor variedad al análisis.

Lo decisivo en una descripción estilística inmanente es detectar los hechos de lenguaje que parecen dotar al texto de una fisonomía peculiar, y un buen criterio para ello es el propuesto por Michael Riffaterre: el contexto estilístico, definido como "un *pattern* rompu par un élément imprévisible."[3] El procedimiento de estilo es 'contexto/contraste', ya se trate de contexto mínimo inmediato o de contexto periférico mediato. Por ejemplo, en la estrofa primera sería rasgo estilístico la repetición de la prótasis condicional: "Si puedes, si te contentas," donde "Si puedes" funcionaría como microcontexto junto al cual se destaca, y sólo gracias a él, la repetición "si te contentas," relativamente imprevisible dentro de ese diseño, pero que obtiene una especie de previsibilidad característica dentro del diseño mayor del poema, ya que esa repetición de un mismo miembro sintáctico se encuentra varias veces: "tu sangre,/Su latido/Incansable, temeroso," "Es la madera, que cruje;/Es el radiador, que silba," "es tarde,/Es tarde," "¿Cuáles dos?¿Dos lectores. . .?," "¿Cuántos años. . .?/¿Veinte y pico. . .?," "Al afán de hacerte digno,/Al deseo de excederte." Podría hablarse entonces de la propensión general a duplicar una función sintáctica equivalente; procedimiento de insistencia (doble, no múltiple, y, por tanto, no oratoria) que concuerda con el tono comprobatorio-inquisitivo del soliloquio.

Pongamos, pues, de relieve el lenguaje del texto según los estratos indicados.

Del aspecto métrico se ha dicho ya que los sextetos regulares sufren cinco desajustes en momentos de tensión muy marcada. Lo mismo ocurre entre versos: "si te contentas/Con sueños, cuando te faltan/Realidades," etc. El encabalgamiento, no sólo entre estrofas sino también entre versos, es una característica permanente en "Nocturno yanqui."

No es éste un poema que ofrezca efectos fónicos abundantes. La ausencia de rima y el uso de octosílabos y cuatrisílabos (medidas normales de los grupos fónicos del castellano hablado) imponen una evidente proximidad al habla ordinaria, reforzada porque los encabalgamientos, y a menudo también las pausas fuertes en el interior del verso ("Callas y escuchas. No. Nada/Oyes," etc.), tienden a hacer poco perceptibles las unidades métricas. Lenguaje, pues, de ritmo casi prosario, en el que apenas puede descubrirse otro simbolismo fónico que no sea ese regateo parcial del compás previsible en favor de la expansión o contracción momentáneas del discurso. Hay, claro, algún caso de onomatopeya: la madera que "cruje," el radiador que "silba." La sinéresis "Todavía temprano para" apoyaría el malestar de la comprobación, y en el hiato "para/Acostarte" se haría audible el "bostezo" nombrado en esa misma estrofa cuarta.

Respecto al estrato sintáctico ya se han hecho algunas observaciones. El poema es un autodiálogo formulado en el presente de indicativo de la constatación, al que sirven de hitos orientadores, casi equidistantes, los tres imperativos: "Sueña ahora," irónico, que abre la contemplación de un espacio solitario; "Gana tiempo," urgente, que centra el examen de un pasado insatisfactorio y de un presente sin proyección hacia fuera; y, en fin, "Mata la luz," imperativo cortante que ahoga el monólogo en la mudez de la inconsciencia. Los desajustes ya señalados en estrofas y versos testimonian la preponderancia del ritmo semántico, propio de la prosa, según Northrop Frye,[4] sobre el ritmo lírico de la asociación.

Puede añadirse ahora que en este poema la frase yuxtapuesta o coordinada predomina con mucho sobre la subordinación. Es una sintaxis de segmentos sueltos ("Un bostezo./Pausa. Y el reloj consultas") o levemente coordinados ("Tomas un libro. Mas piensas. . ."); rara es, en cambio, la frase de largo desenvolvimiento (por ejemplo, la estrofa 15, aquella precisamente que alarga el sexteto con tres versos no compensables). Tal cosa está en armonía con el tono meditativo de este soliloquio, en el que no hay una sola exclamación, pero que aparece salpicado de preguntas, no retóricas, sino lógicas, puntualizadoras, decisivas: "¿Qué hacer?," "¿Mucho? ¿Cuánto? ¿Y hasta cuándo. . .?," "¿Y cuándo?," "¿Cuáles dos? ¿Dos lectores. . .?," "¿Cuántos años ahora tienes/De trabajo? ¿Veinte y pico. . .?," "Mas es la verdad del hombre. . .?," "¿Por qué no poner la vida/A otra cosa?" Son preguntas respondidas por el propio sujeto de alguna manera, sea con simples constataciones, por medio de la indefinida voz de alguien, o por adversación explícita o implícita.

Por su repetición o por su rareza llaman la atención otros rasgos sintácticos. Por su repetición se destacan: el uso del presente comprobativo ("estás," "callas y escuchas," "consultas," etc.); las interrogaciones breves, según se ha indicado; las frases elípticas ("Un bostezo./Pausa," "Todavía temprano para/Acostarte," "¿Mucho? ¿Cuánto?," "¿Cuáles dos. . .?," "Remordimiento"), y los comienzos copulativos que van agregando espaciadamente unidad tras unidad a un pensar entrecortado: "Y atención prestas," "Y el reloj consultas," "¿Y hasta cuándo. . .?," "Y suspiras," "¿Y cuándo?," "Y profesas pues," "Y al que eras le has hallado," "Y piensas/Que así vuelves." Presente comprobativo, interrogaciones breves, frases elípticas y comienzos copulativos actúan en común como signos de un ahora sin después: la acción está produciéndose en este momento, las preguntas plantean incógnitas no resueltas, las frases elípticas carecen de marca tempo-

ral, agregar un sumando más a lo que se ha dicho puede hacerse una y
otra y otra vez.

Por su rareza llaman la atención dos cláusulas absolutas: "Tú su
presa vengadora" (11), o sea, 'siendo tú su presa vengadora', y "Aun
el miraje perdido" (18), es decir, 'aun habiendo perdido ya el espejis-
mo que te atraía'. Tales cláusulas no son sino nuevos modos de elip-
sis; pero, como propias de la lengua escrita, discrepan ligeramente del
carácter coloquial que distingue al poema.

Finalmente, el plano semántico y el figurativo.

Describir el léxico de un texto, desde el punto de vista del estilo,
es exponer lo distintivo de su vocabulario, cosa que sólo puede hacerse atendiendo de nuevo a la repetición o a la rareza. En cuanto a lo
primero, basta notar la frecuencia con que términos idénticos, o pertenecientes a un mismo campo nocional, aparecen. En la estrofa 3
hallamos contiguos los términos "No. Nada;" en la 8, "No habrá
tiempo para nada;" en la 10, "Pero nunca lo supiste;" en la 14, "Nadie
enseña lo que importa;" en la 19, "contigo/Y sin nadie," términos
todos de negatividad, a los que pueden agregarse, como afines, muchas fórmulas interrogativas, y otras expresiones de indeterminación: "otra/Cosa inquieta" (3), "A otra cosa" (17), "alguno/Dentro
de ti" (7), "Alguien dijo" (9), "Según dicen" (12), y "sombra" (15),
"mito" (16) y "miraje" (18). Junto a estos síntomas de la insuficiencia
(negatividad, interrogación, indeterminación) hay que ponderar la
abundancia, y a veces la repetición literal, de los síntomas de la temporalidad: la palabra "tiempo" figura, entre las estrofas 6 y 9, ocho
veces, y el motivo 'temprano-tarde' se hace dramático en las estrofas
4 a 11 e incluso después: "Esperando/Siempre mañana otro día/Que,
aunque tarde, justifique/Tu pretexto" (15). Insuficiencia y temporalidad serían así los campos semánticos dominantes.

Desde el punto de vista de la rareza, la comparación oportuna se
entabla con el inmediato contexto, pero también con el tono general
deducido de la observación del texto entero. "La lámpara y la corti-
na/Al pueblo en su sombra excluyen" forma un enunciado en que llama mi atención "excluyen" en contraste con "sombra," que haría pre-
ver más fácilmente 'ocultan' o 'encubren': "excluyen" trae una intensa
connotación de apartamiento previo y sin remedio. Parecidamente,
en "cuerpo en pena" (2) se siente que lo previsible ('alma en pena') ha
sido objeto de una sustitución, produciéndose así una ruptura de
cliché: "cuerpo en pena."

Se ha reconocido ya en el poema una proximidad de tono a la lengua prosaria, incluso prosaica en giros como "Tomas un libro,"

"¿Veinte y pico. . .?" "a la cama." Dentro de ese tono general desentonan por raras, según mi horizonte de previsión, además de las cláusulas absolutas (fenómeno sintáctico), otros fenómenos de orden léxico: "Tomas un libro. Mas piensas" (5), "¿Dos lectores / De mañana? / Mas tus lectores. . ." (9). La conjunción "mas," a diferencia de 'pero', es de empleo exclusivamente literario, jamás presente en el castellano hablado. También insólitos en la lengua hablada son los vocablos "moceril" (16) y "miraje" (18), este último un galicismo que ni aun en la lengua literaria ha encontrado aceptación. Concluiríamos, ante esto, que el léxico de "Nocturno yanqui" está muy cerca de la lengua hablada pero contiene algunas expresiones extrañas a ella, que producen un cierto enfriamiento.[5]

Pasando al plano figurativo, notamos primero tres casos de ironía: "Sueña ahora, / Si puedes" (1), exhortación a lo que se sabe de antemano imposible; " 'El tiempo y yo para otros / Dos'. ¿Cuáles dos? ¿Dos lectores / De mañana?" (9), donde la cita, cuyo sentido es que con ayuda del tiempo yo soy capaz de luchar contra dos adversarios mancomunados y vencerlos, se utiliza con un matiz de sarcasmo aplicándola a dos destinatarios futuros, irrisorio y tardío resultado de un trabajo poético que consumió una vida entera; y, finalmente, "A otro menester el mundo, / Generoso como siempre, / Te demanda" (13), es decir, 'mezquino como siempre.'

Notaremos en seguida la escasez y palidez de las metáforas: "el ave ha huido / De tu mano" (10), por 'la juventud,' es figura modestísima de procedencia proverbial (más vale pájaro en mano); "Tú su presa vengadora" (11) es también metáfora venatoria, pero menos sensorial que la anterior: del sujeto ha querido apoderarse la juventud a destiempo, como en venganza de no haber sido él consciente de esa juventud cuando de hecho la tuvo. Parecido sello de abstracción, en "una sombra" (15), metáfora del afán o deseo; en "mito moceril" (16), y en "el miraje perdido" (18), donde el tenor implícito quizá sea 'aquello que se creyó poder ser.' Levemente metafórica es la expresión "poner la vida / A otra cosa" (17): arriesgarla como se arriesga la fortuna en una apuesta. Pocas metáforas, por tanto, y tenues: sea por triviales (el ave en la mano), por lexicalizadas (ser presa de algo, poner la vida a algo), o por semiabstractas (sombra, mito, miraje). Parquedad metafórica que no sorprende en un texto de tono hablado y contenido meditativo.

En cambio, no son escasas las figuras de contigüidad en "Nocturno yanqui." Hay expresiones sinecdóquicas de la parte en vez del todo: "cuerpo en pena," "amigos / Y sus voces," el "latido / Incansable, temeroso" de la sangre, "has leído demasiado/Con los ojos," "no le va esta cara/Ni el pelo blanco," expresiones que destacan aquellos aspectos en que más condensadamente se acentúan los valores humanos: voces de los amigos que faltan pues falta la comunicación; cuerpo en pena porque el sujeto se siente como materia abandonada; latido de la sangre en juego con crujido de la madera o silbido del radiador; lectura hecha no con toda la conciencia sino sólo con unos ojos fatigados; cara y pelo blanco que desdicen de la juventud interiormente sentida. Por otro lado, las sinécdoques del todo en vez de la parte (que también las hay) remiten infaliblemente al espacio ajeno y al tiempo indefinido: "De regreso/Del mundo," "Todo el invierno te espera," "La mocedad dentro duele," "el mundo. . ./Te demanda," "Hasta el día/Que la historia se termine," a las que deben añadirse sinécdoques de la materia en vez del objeto: "la madera, que cruje," y "mata la luz." Frente a la evocación por partes de la persona humana, entrevista en fragmentos de intensificado relieve, está la visión totalitaria-indistinta del tiempo, el mundo y la materia. Temporalidad y espacialidad amenazantes frente a amenazada insuficiencia personal.

Aunque el poema contiene expresiones de posible valor simbólico, ningún símbolo parece tan seguro como el de esa luz—la luz de la conciencia pensante—que aparece aludida en la primera palabra del texto ("La lámpara. . .") y nombrada en el último verso ("Mata la luz").

Aquí puede darse por terminada una descripción suficiente del poema comparado consigo mismo. "Nocturno yanqui" es un poema en que un sujeto se dirige a sí propio como a un tú, en una noche (reticentemente norteamericana), contemplando un espacio de soledad y un tiempo y un trabajo vanos, para cerciorarse luego del esfuerzo por él dedicado a un ideal, el cual, por no haber trascendido fuera de sí, le refiere de nuevo a la soledad inicial, cortada por la decisión de matar, con la luz, el raciocinio. Tal soliloquio está trazado desde una primordial actitud de fatal inmanencia. Entran en colisión el canon métrico elegido y la irregularidad por defecto o por exceso en momentos de cambio temático o desequilibrio interior. El lenguaje se distingue por su tono hablado y su escaso relieve fónico, por su sintaxis suelta de carácter meditativo-inquisitivo, por su insistencia semántica en la insuficiencia y la temporalidad, por cierto enfriamiento literario del tono coloquial, y por una imaginación más denotativa que transmutadora que pone de manifiesto la amenaza de un todo espacio-temporal respecto a la persona, vislumbrada en aspectos parciales.

Gonzalo Sobejano

Semejante tipo de descripción de un texto comparado consigo mismo puede cumplir la tarea primaria de distinguir, caracterizar, aclarar. Tratando de inducir los rasgos de su fisonomía, la conciencia descriptiva pone en movimiento al poema.

Pero no carecen de cierta razón quienes piensan que una descripción así constituye una especie de tautología que nos deja prisioneros del lenguaje y cerrados al mundo del autor y a nuestro mundo. Es entonces cuando se debe pasar a la comparación del texto en dos instancias: el circumtexto personal y el cultural. Ambas nos llevan del texto hacia fuera: hacia la persona del autor, su obra toda, la obra literaria de sus predecesores y contemporáneos, el sistema de modos y géneros literarios vigentes cuando se compuso el texto, el complejo de las artes en tiempo del autor y en el nuestro; el mundo económico, social y político suyo y de nosotros, y el movimiento general de la historia. De todas estas zonas concéntricas dos admiten todavía la descripción estilística del lenguaje: la obra total del autor, y las obras ajenas con las que el texto pueda fundamentadamente ponerse en relación directa. A este respecto, recordaré que el teórico ruso V. V. Vinogradov proponía, primeramente, el estudio "funcional e inmanente" del texto y de la obra entera de un autor como sistema individual y único de correlaciones estilísticas, y, en segundo lugar, el estudio "retrospectivo y proyectivo" de ese microcosmos "como uno de los eslabones en la cadena general de los estilos artísticos sucesivos."[6] Más recientemente, el italiano Cesare Segre, después de reconocer que la descripción estilística "reactiva las diferencias y las oposiciones, las evocaciones y las conexiones entre las distintas partes de la obra: descubre de nuevo, en definitiva, el funcionamiento del sistema," añade que "el sistema estilístico de una obra puede ampliarse sin sufrir alteraciones en dos direcciones: la de los sistemas estilísticos de las demás obras del autor estudiado, y la de las anteriores fases de redacción de la obra misma" (si se cuenta, claro está, con tales fases).[7]

Por vía de ejemplo apunto algunas conexiones entre "Nocturno yanqui" y *La realidad y el deseo*, colección completa de la obra en verso de Luis Cernuda.[8]

En esta colección sólo hay dos poemas que se titulen "nocturnos": el "Nocturno entre las musarañas" (de *Un río, un amor*, 1929), donde un "cuerpo de piedra, cuerpo triste," sin saber donde ir ni donde volver, anhela en vano la flor de los deseos cortados a raíz, y este "Nocturno yanqui," que expresa idéntica inmanencia sin efugio, pero no en el umbral de la vida, sino en su declinar. Ahora bien, poemas brotados de la soledad de la noche, aunque no se titulen "nocturnos,"

101

Alcances de la descripción estilística

los hay en tanta profusión que puede considerarse una situación constante, en la poesía de Cernuda, esa soledad del hombre encerrado dentro de una habitación contemplando unos muros, una lámpara, un lecho, una ventana: ámbito que nunca es hogar, y casi siempre celda. Esta prisión de la noche está presente con mayor evidencia en los tres primeros libros, pero nunca desaparece del todo. En cuanto a "yanqui," no encuentro esta palabra ni en el verso ni en la prosa de Cernuda, y tal vez esta ausencia inyecte al reticente adjetivo un matiz de desprecio, ya sospechado pero que puede confirmarse con unos versos concretamente referidos a un enclave norteamericano: "El norte nos devora, presos en esta tierra,/ La fortaleza del fastidio atareado" (*Con las horas contadas*, 1950-56: "Retrato de poeta," p. 299).

"Nocturno yanqui" es el único poema de Cernuda escrito en sextetos octosílabos de pie quebrado. El punto de comparación en este aspecto habrá que buscarlo, pues, fuera de *La realidad y el deseo*.

Otro rasgo del poema, el uso del "tú" autorreflexivo, aparece en la poesía de Cernuda a partir de 1931 (*Los placeres prohibidos*, poemas IX y X), aunque muy débilmente; toma incremento en el libro *Las nubes* (1937-1940), e invade *Como quien espera el alba* (1941-44), *Vivir sin estar viviendo* (1940-49) y *Con las horas contadas* (1950-56), libro este último al que pertenece "Nocturno yanqui," si bien dentro de él ocupen amplio espacio los "Poemas para un cuerpo," obra de amor trascendente. . .hasta cierto punto. Podríamos estimar el "Nocturno," en este aspecto, como la quintaesencia del autodiálogo cernudiano exacerbado en la soledad del destierro.

El tono coloquial del poema ofrece casi la misma trayectoria que el "tú" reflexivo en la obra toda del poeta: apunta tenuemente en alguna composición anterior a la guerra (por ejemplo, "La gloria del poeta," de *Invocaciones*, 1934-35), pero sólo adquiere predominio desde *Las nubes* ("Impresión de destierro"), por efecto de cierta poesía inglesa según declararía el propio Cernuda, y por un principio de austeridad connatural al poeta y un deseo de directa verdad sin énfasis, acentuado a causa de las circunstancias: exilio, guerra, sufrimiento personal y postración colectiva.

Otro rasgo expresivo del "Nocturno yanqui," la tensión entre metro y sintaxis, nos lo aclaran mejor que cualquier poema ciertas palabras del "Historial de un libro" que parecen describir con la más aguda inteligencia crítica este caso: "A partir de la lectura de Hölderlin—explica Cernuda—había comenzado a usar en mis composiciones, de manera cada vez más evidente, el *enjambement* (. . .). Eso me condujo poco a poco a un ritmo doble, a manera de contrapunto: el del verso y el de la frase. A veces ambos pueden coincidir, pero otras diferir, siendo en ocasiones más evidente el ritmo del verso y otras el de la frase. Este último, el ritmo de la frase, se iba imponiendo en algunas composiciones, de manera que, para oídos inexpertos podía prestar a aquéllas aire anómalo. En ciertos poemas míos, que constituyen un monólogo dramático, entre los cuales se encuentran algunas de mis composiciones preferidas, el verso queda como ensordecido bajo el dominio del ritmo de la frase."⁹ Así ocurre muy a menudo en "Nocturno yanqui," testimonio de una voluntad de dicción común, prosaria y transparente.

Pero no se trata de probar aquí cómo se realiza en este texto la poética de Luis Cernuda, cosa fácil consultando el "Historial de un libro" y otros ensayos críticos del poeta; ni tampoco es hacedero en esta ocasión trazar un cuadro completo de concordancias entre el "Nocturno" y toda *La realidad y el deseo*. Me ceñiré a unas cuantas observaciones sobre los aspectos más sujetos a duda, pues creo en lo que dice Michel Le Guern: "L'explication d'un vers peut laisser au commentateur un choix très étendu, qui sera vraisemblablement réduit si l'on cherche à interpréter le vers dans la totalité du poème, et plus encore si l'on tient compte de l'ensemble du recueil. Ce qui était connotation libre pour le vers separé de son contexte deviendra souvent connotation obligée dans un ensemble plus large."¹⁰ Hacer de una connotación libre una obligada no es, contra lo que pudiera parecer, reducir el radio de eficacia de las palabras de un texto, sino restituirles el verdadero sentido en que las pensó el poeta y, por tanto, acercarse más a su verdad, conocerlo mejor.

Por ejemplo: "La lámpara y la cortina/Al pueblo en su sombra excluyen." Este "excluyen" toma un significado más claro de eliminación previa del horizonte comunicativo si le comparamos unos versos del primer libro de Cernuda: "Surge viva la lámpara/En la noche desierta/Defendiendo el recinto/Con sus fuerzas ligeras" (*Primeras poesías*, 1924-27, xxi, p. 22). Aquí una lámpara protectora que defiende el recinto de la ensoñación, y allí una lámpara aislante que sumerge en la sombra el espacio de relación humana. Así también, "cuerpo en pena," percibido como ruptura del cliché 'alma en pena,' se nos aparece, tras consultar la obra poética total, como una especie de cliché personal de Cernuda: "Cuerpo en pena" se titula un poema de *Un río, un amor* (p. 42), libro en el que hallamos también, dentro de otro poema, como metáfora del viento, la expresión "Amor en pena o cuerpo solitario" ("Como el viento," p. 45). Y más tarde, en *Las nubes*: "Tal jugador febril ante una carta,/Un alma solitaria fue

Alcances de la descripción estilística

la apuesta/Arriesgada y perdida en nuestro encuentro;/El cuerpo entre los hombres quedó en pena" ("Tristeza del recuerdo," p. 162). Y sólo se comprende bien la razón de esta imagen si se recuerda la exaltación que constantemente hace nuestro poeta del cuerpo joven y hermoso: "cuerpo en pena" no sólo traduce el desamparo de la materia, sino la decadencia de lo más preciado—el cuerpo—por obra del tiempo.

Una frase elíptica como "Todavía temprano para/Acostarte" se revela como rasgo característico de la sintaxis poética de Cernuda cuando la cotejamos con otras en distintas composiciones: "Ahora inútil pasar la mano sobre otoño" (*Las nubes*: "Carne de mar," p. 59), "Pero el mérito igual en ambos casos" ("Dostoiewsky y la hermosura física," p. 330).

Ese "alguno/Dentro de ti, que no eres," que susurra al oído del sujeto su perentorio "es tarde,/Es tarde," puede parecernos identificable si releemos "Noche del hombre y su demonio," donde un secreto interlocutor del hombre—su "demonio"—dice a éste: "Amigo ya no tienes si no es éste/Que te incita y despierta, padeciendo contigo" (*Como quien espera el alba*, p. 230). Y podremos explicarnos mejor la mención "El tiempo y yo para otros dos," frase atribuida a Felipe II, si conocemos el interés manifestado por Cernuda hacia ese monarca, protagonista de las composiciones "Silla del rey" (*Como quien espera el alba*, p.270) y "Aguila y rosa" (*Con las horas contadas*, p. 289).

La "vida sin vivir" es concepto que, extendido al período de hastío, invierno y desamor, padecido por el poeta durante su permanencia en Estados Unidos, sirve de título al libro IX de la colección: *Vivir sin estar viviendo*. La palabra "remordimiento," que generalmente significa pesadumbre por un error cometido, queda aclarada en relación con la "vida sin vivir" cuando comprobamos que algunas veces esa palabra, u otra equivalente, figuran en poemas de Cernuda con la significación de pesadumbre por lo no realizado: un "hombre gris," un "cuerpo vacío" alegoriza el pasado en "Remordimiento en traje de noche" (*Un río, un amor*, p. 41), y en otra parte: "me pesan los pecados/Que la ocasión o fuerza de cometer no tuve" (*Como quien espera el alba*: "Apología pro vita sua," p. 213).

El "mito moceril" de nuestro poema tiene en la obra en verso de Cernuda muchos nombres: es el "muchacho andaluz," y el "etéreo visitante," y el "joven marino" adorado "como cifra de todo cuerpo bello" en las *Invocaciones* (pp. 108, 113-114, 124), y es el "Arcángel" de *Como quien espera el alba* (p. 210): la figura, en fin, en que el deseo se consuma en privilegiados momentos de la vida, el milagroso término del amor. De los "Poemas para un cuerpo" son estos versos: "Mas mi amor nada puede/Sin que tu cuerpo acceda:/El sólo informa un mito/En tu hermosa materia" (p. 324). Confieso que este "mito" sólo se me ha aclarado totalmente al leer las líneas de una carta en que Cernuda explica a Philip Silver que el "mito de su existir" tiene como fin "indicar la trayectoria finalmente mítica que traza una existencia, en la cual no entra, claro, un solo amor, sino varios, juntamente con otras múltiples experiencias de toda clase, que componen el 'mito' de la misma." Y Silver observa que "el mito va a ser a Cernuda el equivalente al 'hombre interior' de Aldana y a la Máscara u otro yo de Yeats."[11]

El extraño "moceril" no es tan extraño: en la composición titulada "El poeta" ya hablaba Cernuda de un "anhelo moceril que se despierta" (*Vivir sin estar viviendo*, p. 257). Y el "miraje" que también nos extrañaba, lo hallamos (después, no antes del "Nocturno") en el poema "Desolación de la Quimera": "Cuando el hombre y el poeta preferían/Un miraje cruel a certeza burguesa" (p. 57 del volumen del mismo título, J. Mortiz, México, 1962).

El verso medular de "Nocturno yanqui" es para mí: "Quien eres, tu vida era." En él el afán de autenticidad ("Ser quien eres," según el lema de Píndaro y de Nietzsche) se reconoce cumplido, no en otro que en el mismo sujeto de la meditación: ser quienes somos no lo alcanzamos en otro ni para otros, según Cernuda, sino en la vida misma que fuimos si la vivimos con pasión. Así lo presentía el poeta en plena juventud: "La verdad de sí mismo,/Que no se llama gloria, fortuna o ambición/Sino amor o deseo" (*Los placeres prohibidos*: "Si el hombre pudiera decir," p. 73). Y así lo corrobora este "Nocturno" de la declinación de la edad, contadas ya las horas. El Hombre ya había replicado a su Demonio: "es más digno/Sentirse vivo en medio de la angustia/Que ignorar con los grandes de este mundo" ("Noche del hombre y su demonio," p. 230). Tal sería el mensaje último de "Nocturno yanqui": sentirse vivo en medio de la angustia. Ante la soledad del espacio, ante la fuga de las horas, ante la servidumbre del trabajo, ante la imposibilidad de que el ideal trascienda: conciencia que conoce, y que se reconoce idéntica a su amor, a su haber vivido "por sino y amor" de un "mito."

El último círculo comparativo al que la descripción estilística alcanza está constituido por aquellas obras literarias ajenas con las que el texto pueda directamente relacionarse de un modo razonable.

Alcances de la descripción estilística

Nuestra memoria cultural y la consulta de la obra total del poeta nos proporcionarán los puntos de referencia adecuados.

Como todos los poemas de Cernuda, "Nocturno yanqui" está en la línea de la poesía metafísica por él mismo definida en su memorable escrito acerca de Manrique, Aldana y el autor de la "Epístola moral a Fabio." Admiraba Cernuda la poesía de Jorge Manrique por esta calidad metafísica y también por otras razones: el uso de la palabra como revelación directa de un pensamiento sin particular complacencia en asociaciones imaginativas, el equilibrio entre lenguaje escrito y hablado, y la manera como la estrofa manriqueña venía a ser proyección material del pensamiento, indisoluble de éste y por éste determinada.[12]

Que el "Nocturno" está escrito en sextetos octosílabos quebrados por inducción de la estrofa manriqueña (aunque ésta consiste en un doble sexteto) es cosa que no tarda en percibir el lector culto. (José Olivio Jiménez fue el primero en comentar la semejanza de tema y ritmo del "Nocturno" respecto a las "Coplas").[13] A mi parecer, hay ecos indudables, y otros probables, de la elegía manriqueña: "No se engañe nadie, no,/pensando que ha de durar/lo que espera..." resuena en "¿Y hasta cuándo/El tiempo al hombre le dura?;" "Si fuese en nuestro poder/tornar la cara hermosa/corporal..." y "la gentil frescura y tez/de la cara" pueden estar en relación con "pues no le va esta cara," y "pues se va la vida apriesa/como sueño" en relación con "La vida en tiempo se vive,/Tu eternidad es ahora;" "Después de puesta la vida/tantas veces por su ley/al tablero..." parece haber inspirado "¿Porqué no poner la vida/A otra cosa?" Pero lo importante es que Cernuda elige esta estrofa para, como Manrique, hablar del tiempo, de la temporalidad, del pasar de la vida, y, no obstante el tono casi prosaico, tan distinto del tono del poeta castellano, llega en el "arrabal de senectud" a un cierto aprecio de la vida; aprecio no heroico ni proyectado al más allá de la fe, pero digno con dignidad ética inmanente, a pesar de su limitación al aquí terrenal o por eso mismo: "Quien eres, tu vida era."

Otro poeta siempre admirado por Cernuda fue Baudelaire. Para mí es indudable que el "Nocturno yanqui" recoge algunos motivos de "L'examen de minuit" de *Les fleurs du mal*. Así lo dejan entender algunas semejanzas: el péndulo que suena en ese poema, y la madera y el radiador en el nuestro; la referencia de Baudelaire al uso que hicimos del día de hoy, y el carácter de recapitulación, si no del día, de la vida pasada, en esta reflexión del poeta andaluz; en Baudelaire se habla de haber bebido sin sed y comido sin hambre ("Bu sans soif et mangé sans faim") y en Cernuda de "bostezo" y de haber "leído demasiado" (aunque aquí Mallarmé está más cerca: ". . .et j'ai lu tous les livres"). Pero donde se impone el recuerdo de Baudelaire es al final: "—Vite soufflons la lampe à fin/ De nous cacher dans les tenèbres!," versos que Cernuda parece haber traducido despojándolos de su acento satánico: "Mata la luz, y a la cama." Huelga decir que para Luis Cernuda era Baudelaire otro de los grandes poetas que sabían relacionar lo sensible a lo suprasensible, y en quien admiraba, entre otras cosas, la capacidad de "contarse en un tono moderado de confesonario."[14]

Posible creo también la reminiscencia del siguiente breve poema de Jorge Guillén, "Noche encendida":

> Tiempo: ¿prefieres la noche encendida?
> . . .Bien, radiador, ruiseñor del invierno.
>
> ¡Qué lentitud, soledad, en tu colmo!
>
> ¿La claridad de la lámpara es breve?
> Cerré las puertas. El mundo me ciñe.[15]

Más allá del "radiador" y de la "lámpara," lo notable en este caso, como en cualquier posible cotejo entre Guillén y Cernuda, es la oposición de actitudes: afirmativa en aquél ("noche encendida," "ruiseñor," "colmo," "el mundo me ciñe"), negativa en éste ("al pueblo en su sombra excluyen," "de regreso/ del mundo"). Como bien dice Casalduero, Guillén "cierra la puerta a los ruidos para oir en toda su claridad la melodía del mundo;"[16] Cernuda, en cambio, está trágicamente solo y desatado del mundo.

Hay, en fin, otro poema, que me parece muy próximo al "Nocturno yanqui," a pesar de una notable divergencia: el "Poema de un día. Meditaciones rurales," de Antonio Machado (*Poesías completas,* CXXVIII). Sobre esta composición escribió Cernuda que "en su fluir espontáneo de conciencia e inconsciencia es un anticipo de lo que años más tarde se llamaría 'monólogo interior;' su tono coloquial, su prosaísmo deliberado, que se levanta así más efectivamente en ciertos momentos, la ironía que corre bajo los versos, el ritmo tomado de las *Coplas* de Manrique y que con destreza se adapta a tema bien distinto, hacen de ella una de las más significativas de su obra."[17]

Tal juicio me parece acertado en lo que atañe al tono coloquial, prosaísmo e ironía; no tanto en el resto, pues más que de un monólogo interior en su habitual forma semiconsciente, se trata del discurso errático, pero lúcido, de un sujeto que está solo y por ello mismo deseoso de hablar con otros, y que, dada la dificultad circunstancial de hacerlo, habla para sí en un estado tal de animación hacia fuera que ni aun esa soledad material puede frenarle el placer de pensar en voz alta. Tampoco me parece seguro que el poema de Machado esté compuesto en un ritmo tomado de las coplas manriqueñas: está escrito, sí, en octosílabos y quebrados de rima consonante, pero sin orden estrófico, en un fluir espontáneo que a veces prolonga la serie de octosílabos, y otras veces aproxima, e incluso pone contiguos, los quebrados, distribuyendo las rimas a voleo, con tendencia a las alternas y a las pareadas. De la composición de Machado se obtiene la impresión de una alegría borboteante: lo contrario del ritmo grave de Manrique y del ritmo, entre gravemente pausado y angustiosamente entrerroto y espasmódico, del soliloquio de Luis Cernuda.

Y, sin embargo, con el poema de Machado (datado en Baeza, 1913) tiene nuestro "Nocturno" concordancias de situación y de tema. Machado se refiere al día de hoy, no en la noche sino en la tarde, y sufre de incomunicación, pero de una incomunicación que el ambiente le impone; él, por sí mismo, se comunicaría, y se comunica en cuanto puede. Ahora bien: Machado es ahí, como lo era Cernuda al escribir su soliloquio, un "profesor/de lenguas vivas," ocasional habitante de "un pueblo húmedo y frío." En sintaxis elíptica, muy semejante a la de Cernuda, leemos: "Invierno. Cerca del fuego." Hay fuego en ese aposento: casi parece un hogar, la casa que Cernuda anheló siempre tener y nunca pudo.[18] Y en el poema de Machado, afuera, está lloviendo, y el sujeto invoca, aunque sea por costumbre, al "Señor." Hay allí un reloj arrinconado que golpea con su tic-tac: "el latido/de un corazón de metal;" rumor tan insidioso como el crujir de la madera o el silbar del radiador. No embellece Machado la situación: claramente se refiere a "esa monotonía/que mide el tiempo vacío," pero la contrasta con la hora interior de su corazón, que le lleva a recordar la muerte de un ser querido. Clamorean las campanas y repiquetea la lluvia en los cristales: tanto movimiento, en medio de esa monotonía, frente al pueblo de Cernuda excluído en la sombra. Y el profesor solitario, en el poema de Machado, habla también de la primavera, pero invitando a la lluvia a apiadarse de todo cuanto aspira a florecer. La lámpara cernudiana es aquí "el hilo de la bombilla," que "se enrojece,/luego brilla,/resplandece/poco más que una cerilla." Y el profesor busca sus gafas, que deben andar entre "librotes,/revistas y papelotes," las encuentra, y mira con curiosidad: "Libros nuevos. Abro uno/de Unamuno," y esto le lleva a pensar en España, en Salamanca, en la filosofía funambulesca, en la poesía ("cosa cordial"), y abre otro libro, esta vez un libro de Bergson, y reflexiona, y aunque consciente de que en semejantes pueblos los pensares se hacen pronto "bostezos de Salomón," escapa a la tertulia ya en la noche, y el inicial monólogo se convierte en plática a varias voces. Y, al retornar, y ver de nuevo encima de la mesa el libro de Bergson, comprende bien el solitario el deseo de todo yo creativo: "saltar impaciente/las bardas de su corral," es decir, trascender, salir fuera de sí. Lo contrario de la enclaustrada inmanencia de Cernuda. Numerosas, pues, las semejanzas, pero profunda la diferencia de actitudes. Antonio Machado es ahí diálogo querido, y desde sus más tempranas *Soledades* venía siendo al menos diálogo buscado. Cernuda, de un extremo a otro de su obra, es imposible diálogo: monólogo consigo o con la duplicada imagen de sí mismo. "Carácter es destino," dice la última línea del "Historial de un libro," repitiendo la sentencia de Heráclito.

Claro que Machado, cuando escribe "Meditaciones rurales," está, aunque en un destartalado poblachón, dentro de su patria, y que lo escribe, ese poema, en fecha anterior al primer estallido bélico de Europa. Cernuda, en cambio, cuando escribe "Nocturno yanqui," se encuentra en tierra ajena, muy lejos de su patria, y lo escribe en fecha todavía próxima a la guerra civil (causa de su exilio) y a la segunda devastadora guerra mundial. Por aquí empezarían a tener entrada los criterios histórico-políticos y sociológicos y hallarían paso los biográficos, psicológicos, psicoanalíticos. Desde un punto de vista arquetípico se impondría reparar en la condición de examen de conciencia de los poemas que hemos relacionado y discurrir sobre la antinomia acción-contemplación o sobre el aislamiento—narcisista o acaso minotáurico—del poeta, monstruo de su laberinto, lo que remitiría de nuevo a condicionamientos históricos y sociales, etc. Abiertas están todas esas rutas, pero después del entendimiento textual y contextual logrado por la descripción estilística, no antes.

De los varios métodos el que ha dado más fruto, en el caso de Cernuda, ha sido el temático-arquetípico: los mitos del perdido edén, Narciso, o el Angel caído, son tan esenciales en la creación y meditación de este poeta, que sus críticos mejores (Octavio Paz, Philip Silver, John Coleman, Jacques Ancet, Derek Harris) han tenido que plantearse el sentido y desarrollo de esas y otras figuraciones míticas.[19] Quien más a fondo ha explorado ese aspecto ha sido Philip Silver; por eso, nada tiene de extraño que, en su excelente monografía, nada diga acerca del "Nocturno yanqui," poema al que hacen, en cambio, referencias sustanciosas José Olivio Jiménez, en lo relativo a la temporalidad, y Derek Harris en lo concerniente a la identificación de la búsqueda del amor con la afirmación de la propia persona, y al sentido de autorrealización, o fidelidad al propio ser, expresado en este poema.[20]

Toda descripción estilística es una comparación de dentro afuera; un ejercicio de lectura sin más motivo ni finalidad que la comprensión por amor. Puede servir, esa descripción estilística, a algunos objetivos ya apuntados: reducir el papel, siempre aleatorio, de la intuición; observar y entresacar repeticiones y anomalías que imprimen carácter; aproximarse con más probabilidad de acierto a los designios connotativos del poeta en el acto de escribir su poema. Pero, además, obliga al receptor (sea lector ingenuo, crítico propenso a las sinopsis, o estilista acaso demasiado seguro de los poderes del análisis) a un importante aprendizaje preliminar: le obliga a definir el texto en sí mismo y por sí solo, a familiarizarse luego con la obra toda del poeta desde el punto de arranque del texto que ya se le ha hecho familiar, y en fin le obliga a poner el texto y a su autor en una constelación de posibles y oportunos términos de contraste.

Del análisis del texto en los tres círculos indicados (contexto, circumtexto personal, circumtexto cultural) puede deducir el intérprete cuál sea el pertinente método de exégesis. Cada poeta, cada poema, requieren seguramente un método, el cual, por eso mismo, no debería depender del gusto del lector ni de las modas críticas del día. Todo tiene su sazón, y no es cuerdo cerrarse a los climas culturales por los que atraviesa la vida de un hombre, por corta que ésta sea. Pero el texto y su autor piden tratamiento idóneo desde sí mismos, por su peculiaridad, sólo reconocible a través de estos ejercicios de distinción, correlación y contraste que la descripción estilística propone.

Para mí la motivación esencial de la poesía de Luis Cernuda, tal como la abarco desde el punto de contacto elegido, sería una tensión dolorosa entre inmanencia y trascendencia, entre el deseo de ser en sí y el deseo de proyectarse; tensión enfrentada siempre al convencimiento de la imposibilidad de proyectarse. Una fatídica inmanencia, con su miseria y su gloria, impregna esta poesía, desde la concepción del amor y la vida hasta los más particulares rasgos del lenguaje: estrofa o metro fijos frente a libertad de la frase, presente cerrado al futuro, búsqueda de un tono coloquial enfriado por artificios de lengua escrita, sintaxis segmentada y elíptica, lexemas de negación e indeterminación, predominio de las relaciones de contigüidad sobre las trasmutaciones metafóricas, soliloquio (o, en otros casos, monólogo dramático y emisión del yo tras máscaras diáfanas), índices de acoso temporal, ámbitos de noche y de encierro, exclusión del horizonte comunicativo, exilio consustancial. Y Narciso, sí, pero también

Gonzalo Sobejano

Heautontimorúmenos: a la vez sujeto y objeto del amor y del tormento.

UNIVERSITY OF PENNSYLVANIA

Notas

[1]Me refiero a la "sacudida interna" (Leo Spitzer, *Lingüística e historia literaria*, 2a. ed., Gredos, Madrid, 1961, pp. 50-51) y a la "intuición totalizadora," "inexpresable, inefable" (Dámaso Alonso, *Poesía española. Ensayo de métodos y límites estilísticos*, Gredos, Madrid, 1950, pp. 36-37).

[2]Fernando Lázaro Carreter, "La lingüística norteamericana y los estudios literarios en la última década," *Revista de Occidente*, 81, Diciembre 1969, pp. 319-347; lo citado, en pp. 325-326.

[3]Michael Riffaterre, *Essais de stylistique structurale*, Présentation et traductions de Daniel Delas, Flammarion, Paris, 1971, p. 65.

[4]Northrop Frye, *Anatomy of Criticism*, Atheneum, New York, 1966, p. 263.

[5]El mismo Cernuda, tras manifestar su intento de acercarse lo más posible al lenguaje hablado y al tono coloquial, confesaba que la relectura de *La realidad y el deseo*, en 1958, había representado para él "un ejercicio ascético, mortificante de la vanidad, ya que pocas composiciones parecían concertarse, y aun en éstas el concertamiento sólo era fragmentario, con las predilecciones estilísticas y preferencias expresivas que acabo de indicar" (*Poesía y literatura*, Seix Barral, Barcelona, 1960: "Historial de un libro," p. 267). Octavio Paz, tan amigo y admirador de Cernuda, observaba en su ensayo de 1964, "La palabra edificante (Luis Cernuda)": "Con frecuencia su verso es prosaico, en el sentido en que la prosa *escrita* es prosaica, no el habla viva: algo más pensado y construido que dicho. Por las palabras que emplea, casi todas cultas, y por la sintaxis artificiosa, más que 'escribir como se habla,' a veces Cernuda 'habla como un libro.' Lo milagroso es que esa escritura se condense de pronto en expresiones centelleantes" (*Cuadrivio*, 2a. ed., J. Mortiz, México, 1969, p. 182).

[6]V.V. Vinogradov, "Sobre la tarea de la estilística," en: T. Todorov, ed., *Teoría de la literatura de los formalistas rusos*, Trad. de A.M. Nethol, Signos, Buenos Aires, 1970, pp. 81-84.

[7]Cesare Segre, *Crítica bajo control*, Trad. de M. Arizmendi y M. Hernández-Esteban, Planeta, Barcelona, 1970, p. 32.

[8]Las referencias a *La realidad y el deseo*, insertas en adelante dentro del texto, se hacen según la tercera edición: Tezontle, México, 1958.

[9]"Historial de un libro," en *Poesía y literatura*, ed. cit., p. 266.

[10]Michel Le Guern, *Sémantique de la métaphore et de la métonymie*, Larousse, Paris, 1973, p. 21.

[11]Philip Silver, *Luis Cernuda. El poeta en su leyenda*, Trad. de Salustiano Masó, Alfaguara, Madrid, 1972, pp. 74-75. (El libro de Silver, en su original inglés, se publicó en 1965. La carta de Cernuda está fechada el 30 de enero de 1961).

[12]Luis Cernuda: "Tres poetas metafísicos" (1946), en *Poesía y literatura*, ed. cit., pp. 55-74.

111

Alcances de la descripción estilística

[13]José Olivio Jiménez, "Emoción y trascendencia del tiempo en la poesía de Luis Cernuda," en *Homenaje a Luis Cernuda, La Caña Gris*, Valencia, 6-8, Otoño 1962, pp. 45-83; estudio recogido en el libro del mismo autor *Cinco poetas del tiempo*, Insula, Madrid, 2a. ed., 1972; lo pertinente, en pp. 142-144.

[14]Luis Cernuda, *Poesía y literatura, II*, Seix Barral, Barcelona, 1964: "Baudelaire en el centenario de *Las flores del mal*" (1959), pp. 133-147; la frase citada (p. 146) es de Laforgue.

[15]Jorge Guillén, *Aire nuestro*, All'Insegna del Pesce d'Oro, Milano, 1968, p. 232. En la primera edición de *Cántico* (1928), aparte algunos retoques de puntuación nuevos, el poema presentaba los versos sin blancos, y el verso ahora tercero era el segundo y el ahora segundo era el tercero.

[16]Joaquín Casalduero, *"Cántico" de Jorge Guillén y "Aire nuestro,"* Gredos, Madrid, 1974, p. 90.

[17]Luis Cernuda, *Estudios sobre poesía española contemporánea*, Guadarrama, Madrid, 1957, pp. 113-114.

[18]Luis Cernuda, "La casa," en *Ocnos*, 3a. ed. aumentada, Xalapa-México, 1963, p. 181. Para el motivo de los libros y la lectura, véase en el mismo libro (pp. 145-146) el capítulo titulado "Biblioteca": "Mas un libro debe ser cosa viva, y su lectura revelación maravillada tras de la cual quien leyó ya no es el mismo, o lo es más de como antes lo era. De no ser así el libro, para poco sirve su conocimiento, pues el saber ocupa lugar, tanto que puede desplazar a la inteligencia."

[19]Octavio Paz y Philip Silver en los estudios ya citados.—A. Coleman, *Other Voices: A Study of the Late Poetry of Luis Cernuda*, The University of North Carolina Press, Chapel Hill, 1969.—Jacques Ancet: *Luis Cernuda*, P. Seghers, Paris, 1972.—Luis Cernuda, *Perfil del aire* con otras obras olvidadas e inéditas, documentos y epistolario. Edición y estudio de Derek Harris, Tamesis Books Ltd., London, 1971.—Derek Harris, *Luis Cernuda. A Study of the Poetry*, Tamesis Books Ltd., London, 1973.—Véanse también: Elisabeth Müller, *Die Dichtung Luis Cernudas*, Droz-Minard, Genève-Paris, 1962, y José María Capote Benot, *El período sevillano de Luis Cernuda*, Gredos, Madrid, 1971.

[20]Derek Harris, *Luis Cernuda*, pp. 146-147 y 164-165.

TWOS AND THREES IN
CORTAZAR'S *RAYUELA*

Robert Brody

The initiated reader, once aware of the paradoxical nature of *Rayuela*, will also become aware of the true direction of this novel. The destruction which Morelli proposes and which Cortázar carries out, though only to a limited degree, is only a means to a constructive end —an authentic literature, an authentic reality. What carries apparently negative force results in essentially positive effects. With this in mind, it should be no surprise that the seemingly formless mass of *Rayuela* is not at all formless, but rather is filled with certain structural patterns and features which directly relate to Cortázar's vision.[1]

An analysis of the external structure of the novel reveals a method of composition based on groupings of two. The first grouping into two is encountered at the outset of the novel. Cortázar gives the reader instructions on how to read his novel. He indicates that *Rayuela* is composed mainly of two books, one that is read in the customary manner through Chapter 56, the remaining 99 chapters being "expendable," and another, by skipping back and forth according to the indications supplied by Cortázar, a method which encompasses all 155 chapters.[2] This dual scheme also has parallels within the novel itself, as in the case of Chapter 55. In the second book referred to by Cortázar, there is no numerical indication for Chapter 55. On first glance, it seems to have disappeared. In an interesting article, Juan Loveluck suggests that one result of reading *Rayuela* the second way is "no llegar a un capítulo que en este orden de lectura desaparece, se fantasmiza: el 55."[3] The fact is, however, that Chapter 55 *does* reappear verbatim in the "second" book, but in a rather disguised form. Chapter 55 becomes part of Chapters 129 and 133, where Cortázar introduces the reader to Ceferino Piriz's absurd plan for world peace entitled "La luz de la paz del mundo." Another more apparent parallel to the dual structure of the novel is its physical setting: Paris and Buenos Aires.

Apart from the purely external considerations, one continues to find dual structures or groupings of two. The most obvious manifestation of this tendency is seen in *Rayuela*'s personages. The identification of Oliveira and Morelli with their creator is obvious. They are doubles of Cortázar. Perhaps a more accurate term would be halves, since Oliveira expresses Cortázar's metaphysical preoccupations while Morelli, the literary. I do not mean to suggest that they are mere symbols without human significance. It is true that the reader knows much more about Oliveira than about Morelli, but the latter is, nevertheless, a personage of the novel who is living out the rest of his life in a hospital in Paris. And even though they both represent different aspects of the same man, as personages Oliveira and Morelli maintain a certain amount of autonomy.[4] The fact remains, however, that they are two likenesses which reflect Cortázar's attempt to identify "el sentido de la condición humana con su sentido de la condición de artista." (539)

The important element to note is that the concept of sets or pairs of two (doubles, in the case of personages) forms a basic structural component of *Rayuela*.[5] The most evident set of doubles is Oliveira and Traveler. The reader will recall that Oliveira and Traveler are about the same age and are of similar background and physical appearance. Talita comments frequently on their similarity. They themselves recognize it plus the fact that one is the *Doppelgänger*, or second self, of the other, but Cortázar does not really make clear which self is the "original" and which the "second." What is perfectly clear, though, is the fact that Traveler is what Oliveira would have been had he not left Buenos Aires. Whereas Oliveira, dissatisfied with his situation in Buenos Aires, had left for Paris, "Traveler no le echaba la culpa a la vida o a la suerte por no haber podido viajar a gusto. Simplemente se bebía una ginebra de un trago, y se trataba a sí mismo de cretinacho." (257) So the personage Traveler is a characterization based upon Oliveira's (and, we may assume, Cortázar's) past. In a sense, this past is brought up to date in the person of Traveler. He represents the projection of an imagined future (Oliveira's, had he remained in Argentina).

This is also the case with the other set of doubles in the novel, La Maga and Talita, but in a slightly different sense. There is no striking physical resemblance shared by the two women, as is the case with their male counterparts. The women are also different in the sense that La Maga was without formal education and culturally ignorant; Talita, on the other hand, is a graduate pharmacist who expresses interest in "pueblos nómades" and "culturas trashumantes." (257) Nevertheless, even with these differences, as far as Oliveira is concerned La Maga and Talita become as if they were one person. From the moment he steps off the boat on his return to Buenos Aires, he begins to identify Talita with La Maga. This identification grows ever more intense till it becomes almost absolute in Chapter 56. On the brink of utter insanity and suicide, Oliveira refers to Talita in his conversation with Traveler and calls her La Maga. The following dialog ensues:

—¿Ahora es a propósito que le llamás la Maga? No mientas, Horacio.
—Yo sé que es Talita, pero hace un rato era la Maga. Es las dos, como nosotros.
—Eso se llama locura—dijo Traveler. (401)

The significant difference, then, between the two pairs of doubles—Oliveira and Traveler, La Maga and Talita—is that in the former case, the above mentioned projection is recognized both by the personages and by the reader. Oliveira and Traveler are recognized as doubles by each other, by Talita, and by the reader. This is not the case with the female doubles. Oliveira alone identifies Talita with La Maga.

The doubling of La Maga and Talita is also a projection of an imagined future, but in a different and more restricted sense. When Oliveira left Paris, he did not know what had become of La Maga. Either she had returned to Montevideo or had gone to Italy or had thrown herself into the Seine or was still living somewhere in Paris. Only when Oliveira returns to Argentina and begins to imagine that he sees La Maga (the woman on the boat, for example) does he realize that he is in love with her: "Saberse enamorado de la Maga no era un fracaso ni una fijación en un orden caduco. . ." (338). When he first sees Talita, the force of his desire to see La Maga again brings about the La Maga-Talita identification. He had previously concluded, while inquiring about La Maga in Montevideo, that his search for her had meaning: ". . .así la Maga dejaría de ser un objeto perdido para volverse la imagen de una posible reunión—pero no ya con ella sino más acá o más allá de ella; por ella, pero no ella—" (340). This "possibility" is realized when he meets Talita and projects the "image." Talita becomes La Maga while retaining her own identity. This constitutes the projection of imagination on a spatial level rather than a temporal one, as was the case with Traveler-Oliveira. The projection of the La Maga-Talita double is not based on Oliveira's past experience so much as it is based on a contemporary experience but in a different place—Paris.[6]

This aspect of doubles is but one side of the coin, of the characteristic groupings of two in the novel. The other side of the coin also deals with sets of two, those which exhibit dissimilarities, however, rather than likenesses.[7] These contrary concepts appear throughout and form an integral part of the novel. No classification is absolutely satisfactory, but since I referred above to doubles, it is fitting to refer to these paradoxes, contrasts, contradictions, and polarizations as *opposites*. A striking example of this characteristic is the essentially positive foundation beneath Morelli's proposals to destroy the novel, to destroy literature. And in a more explicit way, recall the narrator's comments on the basis of the difficulty with which Morelli writes:

> Ahora sólo podía escribir laboriosamente, examinando a cada paso *el posible contrario* (emphasis added), la escondida falacia. . ., sospechando que toda idea clara era siempre error o verdad a medias, desconfiando de las palabras que tendían a organizarse eufónica, rítmicamente, con el ronroneo feliz que hipnotiza al lector después de haber hecho su primera víctima en el escritor mismo. (502)

Oliveira himself expresses similar thoughts, though on a more vivential level, at the beginning of the novel. Thinking about his youth and his pontificating relatives, whose authoritarian "¡Se lo digo yo!" characterized their language, he reflects on how he later discovered this form of egocentrism to be widespread:

> Más tarde le hizo gracia comprobar como en las formas superiores de cultura el peso de las autoridades y las influencias, la confianza que dan las buenas lecturas y la inteligencia, producían también su "se lo digo yo" finamente disimulado, incluso para el que lo profería: ahora se sucedían los "siempre he creído," "si de algo estoy seguro," "es evidente que," *casi nunca compensado por una apreciación desapasionada del punto de vista opuesto* (emphasis added) (33).

In summary, the concept of "opposites"—the "punto de vista opuesto," the "posible contrario"—is roundly expressed both by Morelli and Oliveira. A close analysis of the text yields a greater variety of references, all of which may be classified as pairs of opposites. The significance of the above quotations is that they indicate Cortázar's *conscious* preoccupation with this sort of structure.

The pairs of opposites occur within three main frames of reference in the novel:[8] 1) characterization and interaction of personages,

2) sight and sound, 3) abstract notions dealing with truth and reality. Regarding the first category, Oliveira describes the life he and La Maga lead in Paris, saying that "El desorden en que vivíamos. . .me parecía una disciplina necesaria." (25) Along similar lines, Oliveira characterizes his past life as "una penosa estupidez porque se quedaba en mero movimiento dialéctico, en la elección de una inconducta en vez de una conducta. . ." (25). On the one hand, disorder as discipline and the selection of a non-conduct are not precisely opposites but rather parallel elements of a phrase which have basically conflicting connotations. It is not *usual* to associate discipline with disorder, behavioral choice with non-conduct (one seems to cancel out the other). On the other hand, these conflicting pairs stand out precisely because Cortázar has chosen to associate concepts that are the very opposite of those expected, anticipated by the reader! And he puts these contrasts and opposites into a context which makes the opposition not only reasonable and understandable but also necessary. The structural opposition of concepts in the above examples seems necessary to best illustrate one of the significant themes of *Rayuela*. In both examples, it is clear that Oliveira is referring to the positive act of escaping the mould, petrification, habit.

Other instances of Oliveira's self-characterization reveal a more direct pair of opposites. At one point, Oliveira reflects on his tendency to be not a man of action but an active spectator, incapable of action without previous reflection. Summing up this characteristic, Oliveira thinks: "Mi fuerza está en mi debilidad." (476)

At times Oliveira will allude to the concept of opposites in his self-characterization merely by using one word in place of the expected one. For example, when La Maga first tells Oliveira that it would be best if he were to leave her, he responds: "—Probablemente. Fíjate, de todas maneras, que si me voy ahora cometo algo que se parece casi al heroísmo, es decir que te dejo sola, sin plata y con tu hijo enfermo." (103) The pair of opposites here is encompassed in the word *heroism*. Why would his leaving her be almost as if it were an heroic act? Evidently, the projected act would be one of such extreme cowardice that it would resemble the opposite value—heroism. This particular example of opposites differs from the above-mentioned in that a noun (heroism) is contrasted with an entire act (the prospect of his leaving) rather than with another expressed noun (disorder/discipline).

Aside from characterization, a glance at the interaction of characters also reveals a structuring based on opposites. Perhaps the most patent example of this is seen in the relationship and interaction of Horatio and La Maga. He is troubled by his inability to shake off his all-pervasive intellectuality, and he stands as an opposite to La Maga who, with her spontaneous, intuitive nature, tries half heartedly to educate herself. Very early in the novel Horacio declares: ". . .yo me sentía antagónicamente cerca de la Maga, nos queríamos en una dialéctica de imán y limadura, de ataque y defensa, de pelota y pared." (26) And La Maga's relationship with the other Club members was on the same level. Soon after her disappearance, Etienne says: "La pobre entendía tan bien muchas cosas que ignorábamos a fuerza de saberlas." (606) This also expresses why the "ignorant" La Maga is able to give the "cultured" Horacio "lecciones sobre la manera de mirar y de ver." (37) This apparent contradiction, the peculiar situation of La Maga vis-à-vis the other characters in the novel could be classified as mere paradox were it not for the relationship it has as part of a recurrent ordering or pattern throughout the novel; this pattern consists of a separation into two contrasting units which I have called opposites. On the one hand, this very quality is what prevents the "normal" development of the love relationship between Horacio and La Maga. By normal I mean not bestial and primitivistic, as depicted in the sexual encouter in chapter 5. There the reader is told that Horacio and La Maga "casi nunca se alcanzaban porque en pleno diálogo eran tan distintos y andaban por tan opuestas cosas. . . ." (45). This contrastive nature of their relationship, on the other hand, is its very foundation and strength.

The pattern of opposites extends its frequent references to the auditory and visual senses. Cortázar's concept of silence is interesting. It may be the "silencio ensordecedor" (15) which Oliveira used to experience whenever he saw a woman who resembled La Maga. This is an active silence, a silence with the capacity to deafen, a characteristic usually attributed to loud noise, that is the opposite of silence. But silence may have other "opposite" concepts, music for instance. Here are two concepts—silence and music—which customarily are thought of as contrary, opposite, or at least extremely different categories. How can the polarity of silence on the one hand and music on the other possibly express any experience other than one of difference? In order to answer this question, it will be necessary to examine three significant references in *Rayuela* to the relationship between silence and music.

First, there is the moment when Horacio reflects on the love relationship, essentially unsatisfactory, between himself and La Maga:

"Tan triste oyendo al cínico Horacio que quiere un amor pasaporte, amor pasamontañas, amor llave, amor revólver, amor que le dé los mil ojos de Argos, la ubicuidad, *el silencio desde donde la música es posible* [emphasis added], la raíz desde donde se podría empezar a tejer una lengua." (483) In the above clause, Cortázar reduces the polarities of the silence-music relationship. Here the concept of silence is seen as a prerequisite in order that a musical experience may follow. And just as there must be a previous silence in order for music to be possible, so must there be a certain "root"-state, a certain purification of, in, and through literature in order that a genuine language may begin to be woven. Morelli and Cortázar strive toward that end.

Cortázar uses a similar image during one of the jazz sessions of the Club. After one of the records had ended, "la crepitación de la púa mientras el disco seguía girando y el silencio que había en toda música verdadera se desarrimaba lentamente de las paredes, salía de debajo del diván, se despegaba como labios o capullos." (68) But here the author refers to silence as a succession, displaced while the music was playing, only to return after the music had ended. Cortázar seems to speak of silence here as being *in* music in the sense that the quality of the music played will determine the intensity of the silence that follows. The better the music, the more intense the silence. In any case, this exemplifies another way in which Cortázar has reduced the polarization. He uses two inherently different categories—silence and sound (music)—in a way which associates and almost unites the two concepts in a single category.

In a reference to sound and silence later in the novel, both of the above interrelationships combine to enrich the metaphor used by the author. Commenting on the ambiguity of Morelli's work, the narrator writes of the fascinated consternation of the Club members. We read: "Si algún consuelo les quedaba era pensar que también Morelli se movía en esa misma ambigüedad, orquestando una obra cuya legítima primera audición debía ser quizá el más absoluto de los silencios ." (604-05) Here again are two linguistic elements, two nouns which, in a denotative sense, express extreme difference (almost opposition)—"audición" and "silencios". But instead of using them in this contrastive, customary manner, Cortázar employs them in an associative, complementary sense. The first "hearing" of Morelli's literary work clearly refers to the first stage of his goals—the "destructive" part, the anti-literature, the "unwriting"—in effect, what the Morelliana chapters express and what portions of Cortázar's narrative exemplify. This is mainly a purifying process which attempts to

119

break the habit of logically ordered literary categories in the search for authentic expression. Once accomplished, once "heard" (continuing the above metaphor), there would then exist "the silence whence music is possible, " the silence as prerequisite. Cortázar's metaphor also demands the other level of meaning—silence as succession. The excellence of Morelli's "legítima primera audición," then, determines "quizá el más absoluto de los silencios," which may well refer to the difficulty in understanding a literature such as that proposed by Morelli.

What is important to observe, however, is the noticeable structure, the pairs of opposites that Cortázar employs in both explicit and subtle manners in his novel. In addition to the auditory sense, the visual sense is also mined by the author and the opposites are extracted. In Chapter 1, Oliveira mentions a section of Paris where the Club members used to meet "para hablar con un vidente ciego, paradoja estimulante." (19) The tone of this reference to the "blind seer" here seems to be playful and without further transcendence. But Oliveira mentions how stimulating the paradox is. The reader is not surprised, then, when Oliveira uses an almost identical paradox in Chapter 98, when he begins to realize the true worth of La Maga. The chapter begins with the following statements:

> Y así es como los que nos iluminan son los ciegos.
> Así es como alguien, sin saberlo, llega a mostrarte irrefutablemente un camino que por su parte sería incapaz de seguir. (499)

The two above examples, though not especially daring in their execution, serve to show that Cortázar's tendency to reduce or approximate opposites remains a constant feature of the novel. This image of the "blind seer," "the blind who illuminates" is used in a rather impersonal, almost aphoristic manner in the above examples. Oliveira also uses a very similar image in a more personal way, referring to himself. In effect, this amounts to Oliveira's having to close his eyes in order to see better. First, with regard to La Maga, Oliveira relates that upon first meeting her, he realized that in order to enter into her world, he had to first close his eyes: ". . .para verte como yo quería era necesario empezar por cerrar los ojos. . . ." (18). Then, when first back in Buenos Aires, he finds himself not doing much of anything other than sleeping a great deal and occasionally glancing at a book he had discovered at the bottom of his suitcase. He explains his lethargy: "De esa fiaca tan metódica no podía resultar nada bueno, y él confiaba vagamente en eso, en que entre-cerrando los ojos se vieran algunas cosas mejor dibujadas, de que durmiendo se le aclararan las meninges. " (271) We should recall that "esa fiaca tan metódica" is a phrase borrowed from Traveler, who used it to characterize Oliveira's avoidance of political and occupational pursuits. In both examples, Oliveira seems to feel that he can obtain a more acute sense of a given reality (La Maga's world, the whole Buenos Aires experience) by first closing his eyes to it (literally, in the La Maga example) or by at least blurring his vision ("entrecerrando los ojos").

The same kinds of polarizations occur on all levels. In the realm of abstract concepts, for example, there exists throughout the novel a constant true/false displacement. At the beginning of the novel, Oliveira tells of the moment when La Maga first began to tell him about her rather sordid past. Oliveira reacts: "Como podía yo sospechar que aquello que parecía tan mentira era verdadero. . . ." (18). Then later, while observing La Maga as she is about to utter "alguna de sus burradas," Oliveira "Sintió una especie de ternura rencorosa, algo tan contradictorio que debía ser la verdad misma." (52) In the chapter dealing with the death of Rocamadour, Oliveira tries to verbalize his personal concept of absurdity, but Etienne complains that it lacks clarity. Oliveira replies: "No puede estar claro, sería científicamente verdadero quizá, pero falso como absoluto." (195) In the first instance, what appears to be a lie turns out to be true. Then Oliveira identifies an inner feeling that is so contradictory that it must be truth itself. Finally we see that a concept expressed with the greatest clarity may be scientifically true but still be basically false. In fact, the whole process of explanation, the attempt to shed light and truth in a rational, logical manner is, we are told, "un error bien vestido." (329)

This dual aspect is not the only structural arrangement to be emphasized in *Rayuela*. There also exists a pattern of triads or groupings of three.[9] Needless to say, the external design that introduces this characteristic is seen in the division of the novel into the sections "Del lado de allá," "Del lado de acá," and "De otros lados (*Capítulos prescindibles*)." But this division into triads also extends into more internal aspects of the novel. It is not a mere mechanical device such as that used by Carlos Fuentes in his *La muerte de Artemio Cruz*.[10]

Upon examining the personages, the human groups in the novel, the reader notices the same tendency of tripartite composition. In Paris, Horacio and La Maga become part of a love triangle when Gregorovius enters the scene and becomes interested in La Maga. The reader is reminded of this grouping into threes whenever Horacio expresses his jealousy to La Maga or to Gregorovius—a frequent occurrence. Thus, the triad exists not only when the three personages are physically present in a given situation in the novel. The figure of the triad or triangle, the tripartite situation, is strengthened and focussed whenever the reader encounters a human emotion resulting from the situation. This emotion usually consists of Oliveira's suspicion and accusatory comments directed both at La Maga and Gregorovius (e.g., p. 97). A similar situation may be seen when Pola appears to form the third element of the figure. The figure of the triangle or triad stands out in this case when La Maga senses Pola's presence, a presence which seems to cling to Horacio. La Maga tells Ossip: "Pola es muy hermosa, lo sé por los ojos con que me miraba Horacio cuando volvía de estar con ella. . ." (164). The third triangle—the one formed by Horacio, Talita and Traveler in Buenos Aires—presents the unusual structural circumstance of a triad of human triangles. These groupings of three, aside from their common characteristic as love triangles, have additional bonds of unity among them. First, Horacio figures in each of the triangles. Secondly, the common human emotion which emerges as a result of these triangles—jealousy— offers the reader further insight into the characters who display it. And just as we witnessed Cortázar's tendency to unite, reconcile, and bind concepts in the above discussion of opposites, so do we observe a like tendency in the case of the human triangles. In each of the three triangles mentioned, there is a different experience of jealousy by three different characters: Oliveira, La Maga, and Traveler. The ultimate result of this situation is that a new human triad is formed— Oliveira, La Maga, and Traveler—by virtue of the common bond (the experience of jealousy) which unites them. This seems to be an example of what Cortázar means when he refers to the secret, hidden correspondences among certain people and things.[11]

What is certain, though, is that Cortázar is conscious of this threeness of the human groups he creates. There are explicit references in the novel to support this belief. After La Maga's disappearance, it is suggested to Oliveira that she had moved in with Pola, acting as a nurse. Before deciding not to verify this clue to La Maga's whereabouts, Oliveira reflects: "—Yo en realidad tendría que ir—le dijo Oliveira a un gato negro de la rue Danton—. Una cierta obligación estética, completar la figura. El tres, la Cifra." (238) Most of the explicit references, however, deal with the Oliveira/Talita/Traveler triad. Regarding the relationship among these three personages, the reader is told: "Por debajo de los temas de discusión circulaba siempre un aire patafísico, la triple coincidencia en una histriónica bús-

queda de puntos de mira que excentraran al mirador o a lo mira-
do." (269) In this case, Alfred Jarry's word "pataphysical"[12] is used
to characterize the other reality sensed from the "triple coincidencia"
of the personages. Then there is the incident of the wooden board
scene, after which Talita recognizes herself as the fulcrum between
two scales (311)—in effect, another triad. Finally, there is the instance when Oliveira realizes the disconcerting effect he has on the
relationship between Talita and Traveler. In a conversation with
Traveler in which he offers to leave them in peace, as they were before
his arrival from Paris, Oliveira mentions Talita and the following
exchange occurs:

> —A Talita dejala afuera.
> —No—dijo Oliveira—Ni pienso dejarla afuera. Nosotros somos Tali-
> ta, vos y yo, un triángulo sumamente trismegístico. (328-29)

Here again he refers to the figure of the triangle and qualifies it with
the adjective trismegistic, referring to the mysterious, hermetic nature of the relationship among the three personages. This kind of
relationship is brought about, as we have already seen, by the doubling of different personages through time-space fusions and associations.

There are also individual scenes in the novel that suggest a preoccupation with threeness. In the Berthe Trépat concert, for example
(Chapter 23), there is an extraordinary threeness to the whole episode. There are three musical compositions on the program, each one
of which exhibits different tripartite characteristics. The first contains three movements ("Tres movimientos discontinuos"). The second piece, "Pavana para el General Leclerc," (129) has three themes.
In the third piece, the "Síntesis Délibes-Saint-Saëns," the threeness
is realized through the collaborative efforts of the music's three distinguished composers—Délibes, Saint-Saëns, and the inimitable
Berthe Trépat.

By far the most interesting chapter in *Rayuela*, for what it suggests regarding the novel's two and three-fold arrangement is Chapter 139. Before examining this chapter, let us consider for a moment
the entire section, "De otros lados (*Capítulos prescindibles*)." In his
review of *Hopscotch*, James Irby pays tribute to the importance of
the *Morelliana* chapters of this section, but he also accurately summarizes the general characteristics of all these "expendable" chapters
with the following description:

> Many of the additional chapters are only a few lines in length. Some
> explain certain gaps and allusions in the main narrative (mostly in

Paris), leaving others to be surmised. Some are quotations from books or newspapers which may serve as glosses or sources as one sees fit. Some are further notes and meditations by Oliveira.[13]

This is certainly the case. However, it seems that these comments stress the participatory role of this part of the novel insofar as it may shed light upon *another* part (either a specific incident, chapter, or group of chapters). I should like to suggest a possibility more comprehensive in scope. Indeed, these chapters act as "glosses or sources," but some refer or allude to the novel in its entirety. Certainly many of the *Morelliana* chapters serve in this capacity, almost as if they were keys for unlocking some of the mysteries of the narrative. And with respect to the subject under discussion, Chapter 139 exemplifies just such a key regarding the novel's structural composition. This chapter is situated toward the end of the novel and consists of a one-page anonymous commentary "lifted" by Cortázar from a recording of an Alban Berg Chamber Concerto. The anonymous commentator begins by pointing out the musical anagram of the piece; certain notes of the piano, violin, and horn represent the names of the composers Schoenberg, Webern, and Berg himself. Then the chapter comes to an end with the following remarks:

Otra analogía significativa con el futuro Concierto para violín consiste en la estricta simetría del conjunto. En el Concierto para violín el número clave es dos: dos movimientos separados, dividido cada uno de ellos en dos partes, además de la división violín-orquesta en el conjunto instrumental. En el "Kammer-konzert" se destaca, en cambio, el número tres: la dedicatoria representa al Maestro y a sus dos discípulos; los instrumentos están agrupados en tres categorías: piano, violín y una combinación de instrumentos de viento; su arquitectura es una construcción en tres movimientos encadenados, cada uno de los cuales revela en mayor o menor medida una composición tripartita. (599)

What I suggest, then, on the basis of the ubiquitous patterns of twos and threes I have indicated above, is that Chapter 139 reflects this arrangement as it exists throughout the whole novel.

What does all this mean? Are these twos and threes merely aesthetic decoration? I think not. In the course of his review of *Hopscotch*, John Wain states that the novel's essence has to do with the exploration of new modes of consciousness.[14] This is certainly so. But to say that Cortázar attempts to change the consciousness of the reader by expanding it requires some explanation. Chapter 116 is interesting for what it reveals about the concept of consciousness. Morelli cites the art critic Lionello Venturi regarding the singularity of Manet. Venturi said that at a time when the representation of reality was becoming more and more objective, that is, photographic and mechanical, Manet in his quest for realism came to understand art as a series of images, a tendency practiced in Medieval art. His concentration on the plastic image, then, implied a return of modern art to the Middle Ages. Manet's contribution was to "devolver el arte a su función de creador de imágenes. . ." (545). Morelli-Cortázar then proceeds to outline his concept of *figura*:[15]

> Acostumbrarse a emplear la expresión *figura* en vez de *imagen*, para evitar confusiones. Sí, todo coincide. Pero no se trata de una vuelta a la Edad Media ni cosa parecida. Error de postular un tiempo histórico absoluto: Hay tiempos diferentes *aunque* paralelos. En ese sentido, uno de los tiempos de la llamada Edad Media puede coincidir con uno de los tiempos de la Edad Moderna. Y ese tiempo es el percibido y habitado por pintores y escritores que rehusan apoyarse en la circunstancia, ser "modernos" en el sentido en que lo entienden los contemporáneos, lo que no significa que opten por ser anacrónicos; sencillamente están al margen del tiempo superficial de su época, y desde ese otro tiempo donde todo accede a la condición de *figura*, donde todo vale como signo y no como tema de descripción, intentan una obra que puede parecer ajena o antagónica a su tiempo y a su historia circundantes, y que sin embargo los incluye, los explica, y en último término los orienta hacia una trascendencia en cuyo término está esperando el hombre. (545)

This passage serves as an excellent starting point in our discussion of the expansion of consciousness. We see here a denial of linear, chronological time. Morelli proposes a parallelism of *different* times that may be perceived by those artists and writers who are capable of seeing beyond the superficial (e.g., historical time), those who can see the *figura* to be formed by the fusion of analogous concepts, persons, and acts existing in historically *different* temporal categories (Middle Ages, Modern Age).

This is precisely what the dynamics of the novel reveal through its patterns of twos and threes. The structures of both the doubles and the opposites adhere to this same concept. Certain characters (Oliveira/Morelli, Oliveira/Traveler, La Maga/Talita) are doubles in spite of their differences (metaphysical/literary and time/space differences). In the case of opposites, we have already seen how Cortázar tends to reconcile them, unite them, show their interdependency, and dissolve them. In short, he shows the oneness of opposites. [16] It is not by mere chance that the name Heraclitus appears with such frequency throughout the novel,[17] especially at the end of the first section.

The triple patterns contribute a certain cyclic rhythm to the novel. In light of the temporal fusions referred to above, the triad structures would seem to reflect the basic time divisions of past, present, and future. But the groupings of three also allude to a more transcendental concept. It is clear throughout the novel that Cortázar feels that we must recover the hidden dimensions of our nature, of reality itself. It is also clear that he considers the dualistic tradition of Western civilization to be a barrier to this achievement. A monistic consciousness is certainly not the answer, nor is dualism. Rather, a *third* way is called for, which may be perceived with the aid of an expanded consciousness.[18] Rather than a logical, binary form of reasoning, Cortázar suggests an "analogous consciousness,"[19] consciousness of the *figura* to be formed by the unity of like structures which logical thought consigns to different categories. Not **yes** or **no**, but rather **yesno**. This **yesno** is a *figura* which represents the harmony or unity of conflicting categories. There is nothing logical about it, but it is exceedingly human. The cipher three and its various patterns in *Rayuela* allude to this harmony, this third way, this expanded consciousness. It would be possible to point out the "openness" of *Rayuela* in many ways,[20] but this opening of consciousness sought by Cortázar is probably the most profound.

UNIVERSITY OF TEXAS AT AUSTIN

Notes

[1]For a comprehensive examination of the structure of *Rayuela*, see Ana María Barrenechea, "La estructura de *Rayuela*," in *Nueva novela latinoamericana*, ed. Jorge Lafforgue (Buenos Aires: Editorial Paidós, 1972), II, pp. 222-47. My analysis will concern itself with a *particular* feature of the novel's structure: the grouping of twos and threes. All references to *Rayuela* will be from the first edition (Buenos Aires: Editorial Sudamericana, 1963); page numbers will be cited in my text.

[2]It is interesting to note that in editions subsequent to the first, Cortázar adds a sentence to the "Tablero de dirección." In the first edition we read: "A su manera este libro es muchos libros, pero sobre todo es dos libros," after which follow the instructions for the two ways of reading. In the second and subsequent editions, one observes the additional: "El lector queda invitado *a elegir* una de las dos posibilidades siguientes." It is obvious that Cortázar added this comment in response to critical appraisal of *Rayuela* and for the purpose of clarifying, if not his intentions, at least his motives. It was thought that the two books suggested by Cortázar and the respectively different manners of reading them was a mere guise to fool the reader into reading Chapters 1-56 for a second time. By adding the new sentence, Cortázar implies that no such trick was intended and that he was sincere in suggesting two books or two different ways of

reading his book.

[3]"Aproximación a *Rayuela*," *Revista Iberoamericana*, 65 (enero-abril 1968), 85.

[4]See Chapter 99, especially pp. 504-05, where Oliveira seems to misunderstand Morelli when the former insists: "Pero el mismo Morelli no ve más que el lado negativo de su guerra. Siente que tiene que hacerle, como vos y como todos nosotros. ¿Y?" Cortázar employs Etienne to explain to Oliveira the goal of Morelli's work. Etienne indicates that "la lección de Morelli basta como primera etapa" and that what he really wants to do is "quebrar los hábitos mentales del lector" because Morelli "busca una interacción menos mecánica."

[5]See Marta Morello-Frosch, "El personaje y su doble en las ficciones de Cortázar," *Revista Iberoamericana*, 66 (julio-diciembre 1968), 323-30. Mrs. Frosch studies this concept of the double in Cortázar's short stories. She wisely avoids a strictly psychological interpretation of the double image as a reflection of schizophrenia on the part of the personage or novelist. Instead, she shows how Cortázar's utilization of the double contributes "posibilidades de enriquecimiento vital" to his stories. The same could be said with regard to *Rayuela*, but Mrs. Frosch's excellent analysis deals principally with a thematic concern. In my discussion I wish to point out the position of doubles within a structural, rather than thematic, framework of *Rayuela*.

[6]It could be argued that once in Buenos Aires, Oliveira's relationship with La Maga could literally be considered a *past* experience, thereby invalidating my temporal-spatial distinction between the male and female pairs of doubles. But considering that there is no spatial transference when Cortázar "imagines" Traveler as a double to Oliveira and that La Maga is part of Oliveira's *immediate*, rather than remote past, the distinction would hold true.

[7]Critics have noticed this tendency in Cortázar and have classified it in different ways. Some have merely mentioned it, while others have commented on it, though in summary fashion. Rodolfo Benasso, in his article "En torno a Julio Cortázar," *Bibliograma*, 35 (segundo semestre 1966), 14, sees in Cortázar's work "insatisfacción perpetua, resuelta en perpetua ironía, persecución constante del rostro oculto de lo evidente, el reverso de la fachada." Luis Gregorich, "Julio Cortázar y la posibilidad de la literatura," *Cuadernos de Crítica*, 3 (agosto 1966), 42, calls Cortázar's work "fronteriza por excelencia" because evading facile classifications, it is characterized by a "curiosa dialéctica en que los contrarios—tendencia fantástica y realismo, poesía y prosa, esencia y apariencia, gratuidad y compromiso—se reemplazan incesantemente los unos a los otros, esfumándose y reapareciendo sin pausa para que el propio lector elija aquel que mejor lo represente." James Irby, "Cortázar's *Hopscotch* and Other Games," *Novel: A Forum on Fiction*, 1 (Fall 1967), 65, refers to this same tendency as the "inside-out movement" in *Rayuela*.

[8]I use these three categories as a convenient scheme which will permit me to best illustrate the presence of opposites in the novel. I do not mean to suggest any notion of fixed categories. That is to say, it is conceivable that the reader may be able to find even more than the three basic groups I mention. Also, references to opposites in *Rayuela* occur on many levels—thematic, structural, stylistic—so I wish to point out that my rather arbitrary division is intended to be representative rather than exhaustive.

[9]I am not the only one to have noticed this tripartite arrangement, but to the best of my knowledge, it has not been examined closely. Juan Loveluck, in his previously cited article, points out two sets of triads in the novel (*op. cit.*, pp. 86-87). One consists of the formal division of the book into three parts and the other results from what Loveluck calls "el juego de tres capas geológicamente ordenadas" of the novel. First,

Twos and Threes

there is a "cuerpo fictivo," followed by two theoretical strata or levels which act as a key to the former: "La que explica cierta clase de lectores o *antilectores* y la que presenta una nueva teoría de la novela o *antinovela* en sí." The triad, then, would consist of: 1) the fictive body, 2) the theory of the reader, 3) and the theory of the novel. Another mode of threeness—present in Cortázar's stories—is suggested by Alfred J. Mac-Adam, *El individuo y el otro: crítica a los cuentos de Julio Cortázar* (New York: La Librería, 1971). Also, cf. René Girard, "'Triangular' Desire," in *Deceit, Desire, and the Novel: Self and Other in Literary Structure*, trans. Yvonne Freccero (Baltimore: John Hopkins Press, 1965), pp. 1-52. For Girard, triangular desire is that which is formed by a subject's imitation of a model (mediator) in order to reach his desired object. Don Quijote imitates Amadis in order to realize the chivalric life, for example. Girard uses this triangular arrangement of desire (subject-mediator-object) as a critical means of approach to the novels of Cervantes, Flaubert, Stendhal Dostoyevsky, and Proust.

10For a compact but valuable discussion of the "arquitecture" of *La muerte de Artemio Cruz*, see Enrique Anderson Imbert, *Historia de la literatura hispanoamericana*, 4th ed. (México: Fondo de Cultura Económica, 1964), II, 332-33.

11See Luis Harss, *Into the Mainstream: Conversations with Latin-American Writers* (New York: Harper & Row, 1966), pp. 227 ff.

12See Martin Esslin, *The Theatre of the Absurd* (Garden City, N.Y.: Doubleday, 1965), pp. 258-59. Here Esslin speaks of pataphysics as being originally a burlesque on science. Also, see *Selected Works of Alfred Jarry*, ed. Roger Shattuck and Simon Watson Taylor (New York: Grove Press, 1965). In "Exploits and Opinions of Doctor Faustroll, Pataphysician: A Neo-Scientific Novel," trans. Simon Watson Taylor, p. 192, Jarry himself explains pataphysics as the science of the particular and the exceptional that describes a world which can and should be envisaged in place of the traditional one. On the basis of this concept alone, it is not difficult to understand Cortázar's appreciation and admiration for the alleged grandfather of Surrealism.

13Irby, p. 69.

14John Wain, rev. of Julio Cortázar, *Hopscotch*, trans. Gregory Rabassa (New York: Pantheon, 1966), *New York Review of Books*, April 28, 1966, pp. 17-19. Since this review was one of the most unfavourable to appear, the reader may wish to consult another reviewer of *Hopscotch* who vehemently criticizes Wain's article. See Carlos Fuentes' review of *Hopscotch* in *Commentary*, October 1966, pp. 142-43.

15For a thorough treatment of both the etymology of the word *figura* and the historical development of figural interpretation from antiquity through the Middle Ages, see Erich Auerbach's essay entitled "Figura," trans. Ralph Manheim, in *Scenes from the Drama of European Literature* (New York: Meridian Books, 1959), pp. 11-76.

16In a book which originally appeared the same year as *Rayuela*, Alan W. Watts, in *The Two Hands of God: The Myths of Polarity* (Toronto: Macmillan, 1969), presents the thesis of "man's perennial intuition of the implicit concord and harmony which underlies the explicit discord and conflict of life as he finds it with the naked eye, at the 'normal' level of magnification" (p. 41). Watts traces the oneness of opposites from Eastern myths and images, in which the inner unity of opposites is explicitly recognized; he shows how this unity disappears in Christian mythology with its notions of the complete separation between good and evil. Cortázar's interest in Eastern literature and culture is undeniable. Many of the themes regarding opposites treated by Watts help clarify general notions of the unity of opposites as treated by Cortázar in *Rayuela*.

17The reader will recall that Heraclitus considered fire to be the fundamental substance (cf. the "first" chapter of *Rayuela*, Chapter 73) and saw the unity of the world to be formed by the combination of opposites. See *Heraclitus of Ephesus*, trans. and ed. G.T.W. Patrick (Chicago: Argonaut, 1969). This is the most recent critical edition in English of Heraclitus' fragments.

[18]Margarita García Flores quotes Cortázar in her interview, "Siete respuestas de Julio Cortázar," *Revista de la Universidad de México*, marzo 1967, p. 13: "Puede ser que algún día quebremos y modifiquemos las circunstancias del tiempo y del espacio y que nazca un nuevo hombre con ese tercer ojo, esa tercera mano de que hablan los tibetanos y a que yo aludo a veces en mis libros."

[19]See the entire passage by Pauwels and Bergier cited by Cortázar on pp. 466-67 of *Rayuela*, where a plea is made for "una conciencia análoga que asumiera las formas y asimilara los ritmos inconcebibles de esas estructuras profundas. . ."

[20]For the most comprehensive study of openness of form as a common characteristic of contemporary culture, see Umberto Eco, *Opera aperta: forma e indeterminazione nelle poetiche contemporanee* (Milano: Bompiani, 1962). On literary openness there are at least two relatively recent books: Robert M. Adams, *Strains of Discord: Studies in Literary Openness* (Ithaca, N.Y.: Cornell University Press, 1958); Alan Friedman, *The Turn of the Novel* (New York: Oxford University Press, 1966). While Adams deals with openness as unresolved meaning in texts and authors ranging from Greek tragedies to Cervantes to Kafka, Friedman studies the openness of ethical experience in early twentieth-century English fiction. Even more pertinent to the subject under discussion, however, is Luis Gregorich, "*Tres tristes tigres*, obra abierta," *Nueva novela lationamericana*, ed. Jorge Lafforgue (Buenos Aires: Editorial Paidós, 1969), I, pp. 241-61. Gregorich uses Eco's study as a foundation from which to evaluate Guillermo Cabrera Infante's novel as representing the entrance of the poetics of openness into the Hispanic novel. *Rayuela* is given perfunctory consideration and then abruptly dismissed by Gregorich as "un esfuerzo convergente aunque no tan lúcido ni extremo, y cuyos artificios retóricos todavía deben demasiado al pasado" (p. 252).

IV. Linguistics

TOWARD A STYLISTIC ANALYSIS
OF BILINGUAL TEXTS: FROM
ERNEST HEMINGWAY TO
CONTEMPORARY BORICUA AND
CHICANO LITERATURE

Gary D. Keller

Research in the area of bilingual literature has been almost totally limited to concerns other than those implicated in the literary analyses of texts. Most of the research conducted in this field has been of a philological nature, basically consisting of the scanning of texts in order to arrive at a list of foreign words or phrases. For example, classical philologists have been greatly concerned with the influence of Greek in the literature of Roman writers.[1] Other articles adressing themselves to bilingual literature are mere catalogues that note the existence of a given literature and survey its titles.[2] There are a few studies that deal with the sociology of bilingual literature—particularly with the evolution of value systems, mores, etc., of a minority literature over time.[3] Several treatises on "comparative stylistics" have been published, specifically between French and German and between French and English.[4] These works, although they do devote some attention to literary style, are more akin to contrastive analyses such as Stockwell, Bowen and Martin's *The Grammatical Structures of English and Spanish*.[5] Such books are useful in comparing structural differences between two languages, but they can not be applied to the specific literary analysis of bilingual texts. Finally, there are a few writers who abuse the existence of bilingual literature by attempting to show that such texts are indices of the pernicious effects of bilingualism.[6] Thus R. Sommerville Graham devotes himself to the thankless, misguided task of discerning a "heaviness" in the style of French Canadian writers that is "hard to explain except in the light of bilingual influences."[7] Graham is misguided on two counts. First, because he analyzes the examples that he has found as if they were the products of a writer totally unconscious of his selection of language —a writer who has made a mistake rather than a specific choice of diction. Instead of investigating the literary consequences of a group identification on the part of certain French Canadian writers committed to writing fiction for a bilingual readership, his attitude leads him to the conclusion that bilingualism is a "disease" of which "anglicisms are merely the symptoms."[8] Second, because his standard of literary correctness or excellence is lamentably purist:

> . . .the French Canadian creative writer has often to express concepts which his environment shares with Anglo-America but not with European France. Since he must use the literary language of France exclusively, his task can be a difficult one. . .The coining of words and the adaptation of foreign ones is an important part of the process. In the case of the French language, however, only France and Paris have the authority to accept into language newly-coined words and loans. Other French-speaking areas have not that right.[9]

Wherever this enterprise of moralizing from the existence of bilingual literature may lead us, it is certain that it will help us naught with the task of stylistically analyzing bilingual texts. After much laborious research I have been able to locate only one article that has anything significant to express about bilingual literary texts. It is a study by Edward Fenimore on English and Spanish in Hemingway's *For Whom the Bell Tolls*.[10] While the author is not a linguist, nor does he take any sort of methodological stance, the series of impressions that he offers are suggestive and enlightening. This find led me to search for other similar papers by scholars treating the specific works of other major writers who may properly be termed multilingual: Joyce, Eliot and Pound. While I claim no special expertise in the scholarship or critical bibliography that has been done in connection with the above authors, my search was unsuccessful. Thus, for example, with respect to Joyce, while scholars have commented on the French element in *Finnegan's Wake* or compiled lists of German and even Gaelic lexicon in Joyce, or have discussed the problems inherent in his translation into other languages, I have been unable to find any study that evaluates the dynamic, literary effect of linguistic intermeshing in these authors.[11]

The lacuna that is a consequence of this lack of scholarship relating to bilingual literature is a substantial one, particularly in light of the thriving bilingual literatures in the United States, Canada, Africa and elsewhere. Artists, writing in English-Spanish or French-English have been aware intuitively of the unique and fertile possibilities of bilingual literature for some time. It is now necessary for scholars to formally describe these literary outcomes—to begin the critical task of developing an esthetic explanation of bilingual literary techniques. This study, however modest, represents a step toward analyzing the linguistic-literary outcome of bilingual artistry.

The methodology used in this paper is primarily linguistic. The literary data that I shall analyze consists of brief, selected portions, first, of Ernest Hemingway's *For Whom the Bell Tolls,* subsequently, of a number of contemporary Boricua and Chicano poets and prose writers. While I shall treat only English-Spanish bilingual texts, I trust that some of the conclusions arrived at here will be applicable to other bilingual domains. To begin with Hemingway is a useful stratagem since his literary bilingualism is the subject of the only significant study in this mode. Moreover, relating Hemingway's bilingualism with that of contemporary United States Hispano writers proves fruitful for purposes of comparison and contrast. The reader of Hemingway is not normally a bilingual, nor did Hemingway expect him or her to be. The attitude of United States Hispano writers toward their readership is different. As Herminio Ríos observes as anthologizer of Chicano poetry, while specific poems may be written in "standard Spanish" or in "standard English," "to view Chicano poetry in its full diversity one must give it. . .a linguistic perspective. . . Chicano poetry is not. . .confined to one language. It is not a tenable position to present Chicano poetry in one language."[12] The differences between the readership of Hemingway and the contemporary United States Hispano writers are reflected in their respective literary works. Nevertheless, as we shall see, all bilingual texts have a great deal in common as a result of their bilingualism.

I take the purpose of stylistic analysis from a linguistic approach as involving an investigation of how the constituents of a language code are put to use in the production of actual messages. A linguistic-stylistic literary analysis is concerned with the patterns of use in given literary texts.

The general language user has two sorts of knowledge available to her or him: knowledge of the rules of the code and knowledge of the conventions that regulate the use of these rules in the production of messages. The first kind of knowledge insures the language user's grammaticality; the second his appropriateness. The concatenation of both types of knowledge provides for what in psycholinguistics is called novelty, and in literature, creativity. A theoretical problem of utmost concern (one which has fundamentally weakened the appeal of behavioristic linguistics) is accounting for the human's capacity to both continually generate and also to understand utterances that have never been spoken nor heard before. The reason why a language user is able to be creative is that while his utterances may be novel as manifestations of code, they are familiar as messages: the novel linguistic forms that he generates function as familiar units of communication. If they did not he would merely generate gibberish. Thus it is the task of stylistics both to analyze the types of constituents discovered in the code and to evaluate how the effects of different conventions reveal themselves in the way messages are organized in texts.

A general assumption in the linguistic approach to literature is that literary writing contains certain characteristics that do not conform with the normal conventions of communication. For example, all other uses of language are set within a general social matrix; they develop from antecedent events and presuppose consequent events; they are the products of a social continuum. To account for messages in a conventional text some cognizance must be made of their social environment.[13] Literary texts, however, while they may be related to contexts, are separate from them. They are complete in themselves, and their textual significance is accordingly enclosed within the limits of the form they take. Moreover, literary messages are not only notable for their autonomy from social context, but for their idiosyncratic deployment of the resources of the code. It has frequently been pointed out that literature contains a good deal of language that is grammatically and semantically deviant. Similarly, literary critics have been able to isolate poetic devices (e.g., the metrical line) or rhetorical figures that rarely if ever occur in other uses of language.

The questions arise: How do literary texts manage to convey any meaning at all? And what kind of meaning do they convey?[14] The two questions are closely related. Considering them in connection with bilingual literature leads to a glimpse of the fertile stylistic possibilities of the bilingual medium.

I. How do literary texts manage to convey meaning? Literary

133

messages convey meaning because they organize deviations from the code into patterns that are discernible in the texts themselves. While gibberish may be considered patternless, art consists of patterned departures from the code. What happens is that the writer in breaking the rules of the code diminishes the meaning of language and then proceeds to make up for the deficiency by placing the deviant item in a pattern whereby it acquires meaning by relation with other items within the internal context of the message. Thus the relations set up within a text constitute a secondary language system which combines, and so replaces, the separate functions of what would conventionally be distinguished as code and context.

The interpretation of any text involves the recognition of two sets of relations: extra-textual relations between language items and the code from which they derive and intra-textual relations between language items within the internal context of the literary work itself. What is unique about literary texts is that typically the two sets of relations do not converge to form one unit of meaning which represents a projection, as it were, from code into context. Instead, they overlap to create a unit of meaning which belongs to neither one nor the other: a hybrid unit which derives from both code and context and yet is a unit of neither of them. An illustration from a bilingual text will help clarify this. Fenimore has observed that Hemingway, in *For Whom the Bell Tolls* utilizes the terms "rare" and "much" idiosyncratically. Here are some examples:

1. the blond one with the rare name. . .
2. "Very rare, yes,"Pablo said. "Very rare and very drunk. . ."
   He's rare all right, R.J. thought, and smart and very complicated.
3. much horse. . .
4. thou art much woman. . .
5. He went much with gypsies. . .
6. Four Fingers, a cobbler, who was much with Pablo then. . .

The occurrence of "rare" and "much" in the contexts above can not be accounted for by referenc to normal conventions of the language code as recorded, say, in a dictionary of English. We are confronted with a deviation from the code of standard English. Yet the pattern of deviation, that is, the intra-textual relations set up between "rare" and "name," "much" and "horse" and so on throughout the book is able to acheive two literary goals of great consequence. First, a significance is created beyond that which the item carries in the standard code. "Rare name" in standard English is not quite intelligible, but it does evoke for the reader "weird name" or "strange name." "Much horse" makes no sense outside of the internal, literary context of *For Whom the Bell Tolls,* but the pattern of this and similar occurences causes us to realize that a quantitative estimate has been transferred to a qualitative plane, so that semantically, we take it to mean a "fine horse," a "grand horse," etc. The recognition by the reader of the contextual implications of the words "rare" and "much" involves a revision of their dictionary meanings, in this case, in the form of an extension. Second, an appeal is made to a new code: standard Spanish. "Rare" is a direct transfer[15] from the Spanish "raro." (Occasionally Hemingway will cue even the most ingenuous reader to this fact by including the standard Spanish sentences in the novel: "the deaf man nodded, 'Sí, algo raro, pero bueno.' ") The words "rare" and "much" have a certain echo value. Their English surface is readily recognizable but nonsensical, but since they are "bounced off" Spanish they become endowed with more than one meaning. Here again the reader's recognition of the contextual implications of the text causes him to realize that his decoding task has been extended, or rather, doubled, for the writer is expressing himself in a dual code.

Let us summarize what Hemingway has specifically achieved with such locutions.

1. Semantically, while he is able to *evoke* standard English, he presents the esthetic novelty of *expressing* himself in non-standard English filtered through a clarifying and resonating grid of underlying Spanish.

2. Semantically, he is able to evoke standard Spanish meanings without (in the specific locutions I have used as examples) once using a Spanish word. Note also that Hemingway is very discreet here; he merely limits himself to anomalous semantic usages, eschewing syntactic irregularities. He could have said "name rare," thereby reflecting directly, Spanish word order, but in this case it is not necessary nor esthetically sound. He is able to evoke Spanish less radically.

3. Syntactically, he is able to express himself in the esthetically novel medium of both English and Spanish: a medium which is *manifest* non-standard English and *latent* standard Spanish.

4. He is able to make personal metalinguistic observations and implications concerning certain semantico-syntactic relationships between Spanish and English. He puts such observations, comparisons, contrasts, etc., to the service of characterization, irony, and so on. Here not only bilingualism is involved but biculturalism and cross-cultural contrasts. Consider again the example given earlier: "Very rare, yes" Pablo said. "Very rare and very drunk..."/ He's rare

all right, R.J. thought, and smart and very complicated.

Pablo expresses his passage "straight," without ironic or reflexive implications of any kind. He's talking about a very rare (standard English=strange) person, himself.

Jordan's use of "rare" is not the non-standard English=latent standard Spanish usage of Pablo. He uses "rare" in a normal, albeit ironical and idiomatic English manner, thereby implicating his bilingualism and biculturalism and also setting himself apart from Pablo. Curiously enough this *idiomatic* usage of English is equivalent to the *standard* use of Spanish "raro." Jordan, who is engaged in a private joke based on the word rare is thinking something like, "Pablo is 'rare' all right, a 'rare' bird or s.o.b. and a dangerous one as well." (Of course, the equivalence is not "really" curious at all since it provides the psychological rationale for this particular stream of associations and private joke-making in the first place.) The whole passage becomes even more intriguing if we take a psychological approach, trying to create the situation as it "actually is," that is, if we reify the characters. Having performed this operation we realize that Pablo has never said "rare" at all, since he knows no English. He has said "raro" and Jordan has intentionally turned the word into a false cognate (equivalent to intentionally making *largo* mean large) in order to have his private joke. From this point of view it is only Jordan who thinks "rare." Truly bilingualism is a two way street. No matter which way we analyze the passage we have a pun and an irony. As we shall see in the analysis of subsequent examples, this is a frequent characteristic of bilingual literature: a bilingualism that is self-conscious, that is often bicultural and/or cross-cultural, that reflects upon itself in a metalinguistic way, and that is often used for ironic or satirical purposes.

It might be argued that all that I am illustrating here is the familiar distinction between connotation and denotation, and that the preceding discussion simply amounts to saying that literature is characteristically connotative. The point is, however, that literature characteristically effaces the distinction between these two different types of meaning. Connotative meaning is generally taken to be a matter of personal associations, essentially idiosyncratic and unsystematizable. But as we have seen, contextual meaning within literary texts is a result of the setting of linguistic items in a system of intra-textual relations. While one may regard it, therefore as connotative with reference to the code, one must regard it as denotative with reference to the secondary language system established by the regularities of the context. That is, literary meaning is both connotative and denotative in a sense, and in a sense, of course, neither. When Don Ricardo goes out to die at the hand of Pablo and his peasant band, he is asked if he is ready to die. He asserts, "Nor ever again as ready. You cabrón of the bad milk." The meaning of "bad milk" is connotative from the point of view of the standard code—from the point of view of the English language per se. From the point of view of the bilingual medium of the text however, these meanings may be claimed to be denotative. Yet in fact the distinction is effaced by the creation of hybrid meanings; the phrase "bad milk" is endowed with an additional significance derived entirely from the context in which it appears. This combines with the significance that it has as an item in the standard code to create a hybrid unit of meaning. Clearly this meaning is not recoverable from the code alone: no dictionary will include "bad milk" in the sense imputed by *For Whom the Bell Tolls* —a sense which semantically encompasses a blasphemous obscenity. Nor is "bad milk" recoverable from the context alone. The locution is not "mala leche" but "bad milk." If we did not know the established referent in standard English for "bad milk," the 1. novelty; 2. cross-cultural contrast between English and Spanish; and 3. ironic force of the locution would be lost to us. What we are confronted with is a compound meaning with manifold English and Spanish linguistic resonations at the service of characterization, thematic irony, stylistic novelty (humorous incongruity) and metalinguistic intimations concerning the relative semantic fields of the obscene in Spanish versus English.

Other examples of bilingual passages, when linguistically analyzed, lead us to a broader understanding of the relationships that are possible between the bilingual medium, and the codes, English and Spanish. Consider the following two sets of examples. The first is from Eduardo Rivera, a contemporary Boricua writer;[16] the second from El Huitlacoche, who writes of life in the environs of Ciudad Juárez on the Mexican-American border.[17]

I. Eduardo Rivera

    1. It was tough teta for any simple-minded jíbaro. . .

    2. Papi was one of those hard up jíbaros. . .

    3. "Eight worthless daughters and one half-ass son" was how he [Gigante] used to put it. . . .Even his offspring came out wrong: eight girls and one, just one lousy son. "Me cago en Dios!"

    4. This puro macho was an old-time patriarch who took no shit from either sex, in or out of the family. He was proud, stern, and excessively strict, a boondocks tyrant who'd had the cunning to marry a submis-

sive madonna. From his wicker rocking chair, El Sillón, he reared eight compliant daughters and one swaggering son. Hortensio more than any of his sisters, several of whom had the round pale face of their mother, was an A-l reproduction of his old man, except that he was not quite so sullen-looking; and he took after him. Whenever padrefamilias was dropping sweat in the fields or in his querida's bed after sunset, Hortensio was in the house keeping the girls in line.

II. El Huitlacoche

1. In some circles my father was considered a soft touch. The chicken farm went broke after my father hired an *holgazán* with no experience *"y unos huevos de plomo."*

2. I spent five years in college; for three of those I tried to be an engineer. Go be an engineer! Get thee to an engine! My father would pin my shoulders to the wall and lecture me with manic glee. Me and my younger brother would not only be engineers—but metallurgists! He feared for his poor Mexico-Americanized sons, alloys of detinned beer cans. Appreciable schizophrenes. Unable to speak a tongue of any convention, they gabbled to each other, the younger and the older in a papiamento of street *caliche* and devious calques. A tongue only Tex-Mexs, wetbacks, *tirilones, pachucos* and *pochos* could penetrate. Heat the capsule in the palm of your hand and the mercury begins seesawing and the capsule hops. Those were his sons, transplanted, technocratic, capsular Mexican jumping beans without the worm. He believed in education and a free press. Would society listen to reason?

Hemingway's *For Whom the Bell Tolls* has a basic esthetic premise: the evocation of Spanish by means of a fluted, fashioned and rendered English. The result is manifest, surface, deviant English that evokes latent, underlying Spanish. Hemingway's fancied readership is English monolingual. Hence, one of his prime concerns is to evoke Spanish by means of English. On the other hand, the examples from Rivera and El Huitlacoche combine English code and Spanish code in a somewhat different manner, the result of which is a secondary language system that contains revealing departures from the linguistic medium of Hemingway. One of the crucial differences is readership. Fenimore, in attempting to answer the question: To what extent knowledge of Spanish is necessary for a full reading of *For Whom the Bell Tolls,* observes that "in such cases as 'much horse' and in short, all phraseology which is not colloquial English and hence may be reflected Spanish, knowledge of that language is immaterial to the important thing—the tacit assumption that it *is* Spanish, and, based upon this assumption, our acceptance of a non-colloquial English."[18] Fenimore's observation is valid when associated with the readership that Hemingway had in mind: English monolinguals who would need to approach the uniqueness of the secondary language system by making certain general assumptions about its manifest and underlying nature. The relationship between Chicano or Boricua writers and their expected readerships is substantially different. The authors in question take for granted that at least a substantial portion of their readership is English-Spanish bilingual. They assume that their readers are actively involved (or at least are linguistically competent to be involved) in the fusion of English and Spanish in order to derive novel effects. Their style parallels certain aspects of the language production of the living bilingual community. Hence, the literary outcomes often combine English and Spanish directly, without explanation, circumlocution, compensation or any other form of linguistic allotment for the monolingual. "Tough teta" "simple-minded jíbaro" "hard up jíbaro" directly combine colloquial English and colloquial Spanish in a way that is not particulary revealing for either monolingual English or monolingual Spanish speakers.

In the first example from El Huitlacoche, the meaning "huevos de plomo," literally "leaden eggs" (*huevos* stand for testicles in colloquial Mexican usage) combines with the English portion referring to the administration of a chicken farm in order to arrive at a comic effect. The longer passages above give a fair idea of the widespread use of colloquial English sprinkled with colloquial Spanish lexicon or phrases. The outcome, in absolute terms, is just as novel, as "creative" as in Hemingway. The two codes, English and Spanish, are combined into a secondary language which is unique unto itself. However, one of the basic differences between Hemingway's bilingual medium and that of these two contemporary bilingual writers is that the former puts English in the superstratum and Spanish in the substratum, where the latter writers place Spanish and English side by side, occasionally fusing both languages in a single phrase or sentence. I should observe, however, that no bilingual text that I am acquainted with uses anywhere near the same proportion of English and Spanish. Some texts such as Emilio Díaz Valcárcel's *Figuraciones en el mes de marzo* are preponderantly Spanish with the inclusion of scattered English words and phrases. More frequent is the converse situation, as in the texts by Hemingway, Rivera and El Huitlacoche that I have cited. In all cases that I am aware of, the ratio of one language to another in the bilingual medium is at least 10 to 1, and usually more extreme. The point of bilingual literature is not to give equal representation to each language, nor to exercise code switching for its own sake; rather the bilingual medium can be effected with a minimum of second language evocation or direct expression. Almost always that second language usage will be pregnant with novel meaning.

There is another basic contrast to be made between Hemingway's style and that of contemporary Boricua and Chicano writers—one that points up another consistent feature of bilingual literature. Once the writer has consciously made the decision to express him- or herself in a bi- or multilingual medium, it is only natural for the writer to be sensitive to the levels of register within language. The interlinguistic mode leads naturally to a richer intralinguistic expressivity. This stylistic phenomenon in Hemingway's *For Whom the Bell Tolls* was well perceived by Fenimore who provides a wealth of examples from that novel which evoke an archaic English tone. For example, Hemingway's use of "nay" is independent of the Spanish. So is the following wholly English imperative in the grand manner: "Do you, Andrés, saddle and hold the horses in readiness." Fenimore observes that the English that is made to appear like Spanish serves also as a "justification for breaking down the forms of colloquial English, thus opening up the way for a kind of reconstruction in which, although the Spanish is never wholly forgotten, essential is the recapture of the varying tones inherent in a more or less unfamiliar, frequently artificial, but also vigorously poetic English."[19] Thus, in this novel, the novelty in Hemingway's style is a function not only of Spanish, but archaic, Elizabethan English as well. And this archaic, Elizabethan element reinforces the epic qualities of the novel. *For Whom the Bell Tolls* is an epic and the Elizabethan tone enhances the breadth of the epic language. The *thee, thou, thine* is not only English calculated to conjure up *te, tú, tuyo,* but the singular pronoun of John Donne, and of other classical English writers. Seen within this light, the epigraph from whence the title, takes on new dimensions, both linguistic and thematic. Both in the epigraph and in the actual usage of *thee, thou,* etc., is implied Spanish and also English in the grand, epic manner, with the consequent implication, thematically, of the novel's relevance across cultures and over time. All this is facilitated by a bilingual medium, one which permits the addition of an archaic, epic and biblical register within the portion of the novel alloted to English code.

The bilingual literature of Eduardo Rivera and El Huitlacoche provides parallel examples. These styles are mostly English with the strategic inclusion of Spanish. Most of the Spanish lexicon used is highly charged emotionally, either because of the social relationships that these items indicate, because of the inherent emotional connotations of the items themselves, as in the case of obscenities and blasphemies, or because they are cases of items that refer to objects of "nostalgia" value. Most of these nostalgic items are Hispanic in nature. Semantic areas which are represented in a substantial way in the work of these two writers are:

1. Kinship relations or language referring to customs and mores—*abuelo, cortejar, bochincherías, costumbre, florecitas* (oh *sí,* he's given her *las florecitas), gente, hidalgo, hijas, mami, papi, m'ija, padre, padrefamilias, viudo, compadre, amigazo, hijo mayor, esquintles, barrio chismes.*

2. Social statuses, professions and ethnic designations—*el pueblo, gringo, indio, jíbaro, patrón, subpatrón, peones, señor, gringada, vagabundo, holgazán, indígenas, pachucos, pochos, semi-retirado, tirilones, los ricos, los pobres, fulano, macho, hembra, varón.*

3. Foodstuffs, plants, currency and other objects, either autochthonous or typical of a Spanish-speaking region—*altiplano, frijoles pintos, centavos, molino de nixtamal, chicharronería, nieve, masa, huaraches, bohíos, chayote, coquí, cordillera, finca, hacienda, guava, jobos, maguey, maleza, Mar Caribe, pavas, quenepas, sancocho.*

4. In contrast to group 3. are the highly emotional words that Hispanicize a foreign reality—*Los Estados Unidos* and *Los Estados, Nueva Jersey, Nueva York, Tío Sam, dólares.*

5. Religious terms—*bendición, diablo, Dios, martirio, padre* (priest), *nuestro Señor, pecado, santa, santo, satanerías.*

6. Terms that are highly emotional, connotative rather than denotative, including obscenities, blasphemies, dysphemisms, interjections and the like—*¡asesino! cojones, fundillo, maricón, mierda, me cago en Dios, trapos* (even known *trapos,* hard-up sluts), *que se joda.*

Virtually without exception in the two contemporary Hispanic texts that I am exemplifying, the Spanish that is included is highly emotional, intimate, popular. The classic bilingual uses one language for commerce, education and public duties in general; the second language for falling in love, being angry, having a good time, family life, and so on. The Spanish in Eduardo Rivera and El Huitlacoche is almost exclusively of the latter domain. However, the English that is utilized runs the gamut from the most formal register to the most colloquial and popular. Here are some examples of formal speech:

1. . . . .poetaster. . .

2. . . .a tangle of tropical weeds, smooth and hilly, precipitous and sloped, the monotony of greens relieved only by bald patches of soft red clay. . .

3. . . .a large mural depicting angels in multicolored flowing gowns, puffed cheeks blowing celestial notes from golden horns and trumpets, pliant fingers plucking harps. . .

4. . . .If I did not forgive my father his naive belief in his omnipotence then I would have succumbed to his logic and in condemning him would validate his credo of an ultimate, personal accountability. The vicious circle; the double bind.

In some examples I have provided earlier one gets a clear sense of the colloquial English that abounds in such texts. Here are a few more notable examples: "good and bad-ass neighborhoods," "grimy-pawed tot," "Fwop! Like sugar cane." "Extreme Unction, that last-ditch sacrament," "sex-in-the-brain stares."

Perhaps the most outstanding feature of the style of Eduardo Rivera and El Huitlacoche is the amazing scope of lexicon as well as syntax that is incorporated from English. Formal English may be used in and for itself; as in Hemingway, it may be used to represent Spanish: "Chalito and I went to college where after many peripetieias (e.g. Spanish peripecias) I eventually majored in sociology." Colloquial English may be used in and for itself. It also may be used to stand for Spanish: "Papa Santos would give her a concoction of boiled milk with ginger and some wild herb called "good grass"[20] (e.g. Spanish, *yerba buena*) and soothe her with words while she drank it." Finally, it is very often used to combine directly with colloquial Spanish as a "tough teta" and other examples I have provided. The important point, however, is to recognize the virtuosity and ampleness of the bilingual language. The use of English in this English-Spanish medium encompasses a range of registers from the most formal and literary to the most intimate and popular.

The opposite is the case of Emilio Díaz Valcárcel's *Figuraciones en el mes de marzo*. This book, which has the structure of an album of documents and letters[21] is basically written in Spanish with the inclusion of a scattering of English. When English is used it is almost always directly combined with Spanish to produce hilarious effects as in these examples taken from a "speech" by a Puerto Rican poet:

1. ¿quál siendo la rola de la poetría? Questiona halto difísil a reportal, pero me adelando a sugestil que la labol del poheta eh la de reflectar asquitaradamanti la realití se su mah profoundo sel. ¿No lo habeís dicho ya crazymente el gran Hale? ¿And quáleh su palabrah para la hehtoria? Rememberlah, señoreh: Sel u no sel, that is el lío.

2. ¿Habéih pensado deepmente en el grasioso fruto del tamarindo,

sí u no? ¡Qué cosita agria y dulse a same tiempo, que pretóricamente llenita de poetría anchantadora mot propio y to! ¿Conocíaies la pohetrí of el poheta ofisial? ¿Tan fruitmante colorfula and fullita de tamarindous!

In another passage a protagonist claims: "Padecemos de pseudo-bilingüitis aguda, muy nice" and elsewhere a protagonist who is considering traveling from Puerto Rico to Spain queries:

¿Hay allá tiendas Woolworth y Sears? Nosotros tenemos cuenta en ambas, así que si las hubiera podríamos comprar a crédito lo necesario. ¿Es verdad que los gitanos se roban los niños? ¿Mi marido podría trabajar part time en un comercio llevando la contabilidad? ¿Son muy caros los carros? ¿Y la leche, los huevos, el agua de la pluma, la carne, son de buena calidad? ¿Hay Alka Seltzer, Coca Cola, Vicks Vaporbu, jabón Camay y Palmolive, Listerine, Cold Cream, Revlon, brassieres Maiden form, arroz Sello Rojo U.S. Number One, mantequilla Brookfield, Chesterfield, jugos Libbys, Kotex, Vanity Fair, supositorios Lasser, plumas Parker, Kellogs Corn Flakes, quesos Kraft, mayonesa Hellman, calzoncillos Fruit of the Loom, sopas Campbells, camisas Jason, productos Avon, Gilette azul? ¿No es mucho pedir? Quisiera que me contestaras lo antes posible, porque sólo así podemos hacer nuestros planes. ¿Contestarás rápido?

Saludos de tu amiga
Olga Vázquez

P.D. Saludos a tu esposo. ¿Hay helados Foremost?

So much for the English in *Figuraciones en el mes de marzo*. The Spanish, however, covers the whole set of registers from the oratorical (and pseudo-oratorical) to the semi-formal, colloquial, and regional. Indeed, the utilization of phonological, lexical and idiomatic features that are peculiar either to Madrid or to Puerto Rico is a significant element in the novel. These regionalisms are used often for humor—as in the Puerto Rican poet's combining of mangled English and mangled Spanish. Moreover, in order to achieve these humorous, burlesque effects, the author is want to exaggerate. No person in the Puerto Rican (or any other) community speaks like Valcárcel's poet-protagonist. Regionalisms are also used for cross-cultural contrasts in this novel: the Madrilenian way of expressing oneself in some respects is contrasted with the Puerto Rican custom.

With respect to an expanded usage of Spanish code in bilingual literature, I need to mention the incorporation of lexicon from the indigenous American tribes. Some of this is evident in Rivera (*Orocovix*) and El Huitlacoche (*esquintles, huaraches, Netzahualcoyotl*). The poetry and drama of the Chicano poet, Alurista,[22] provides further interesting examples:

> Pepsicóatl, Cocacóatl
> magicians of colored
> sugar water
>
> i bring light to the darkness
> mestizaje of bloods pounds
> in my veins
> i am the morning star
> and the navel of earth
> feathers and scales
> color my face, Quetzalcóatl
> i am Meshicano Mazateca
> Chicano, Chicano
> cheekbone to ankle
> bronze
> is
> my
> skin

Alurista includes in his language both "straight" lexicon from Nahuátl such as *Quetzalcóatl, Cehuacóatl, Tezcatlipoca,* and *Coatlicue* as well as comic compound structures fusing Nahuátl and English: *Pepsicóatl* and *Cocacóatl.* Once again the bilingual bicultural literary medium provides the sensitivity to and the occasions and opportunities for even further amplifications, here in the domain of pre-Columbian language.

In sum, literary messages are able to express meaning because they organize deviations from the code into patterns that are discernible in the literary texts themselves. When the secondary language system (the pattern of deviations) used by the author is bilingual, the relationship between the text and the code is complexified by at least a factor of two. Complexity in art signals opportunity, especially complexity of a semantic and syntactic sort. Bilingual media provide fertile possibilities for the creation of a secondary language system that is able to express psychological or social comparisons of a cross-cultural nature, to evoke the structural differences between standard language codes (e.g. English and Spanish), and to express metalinguistic observations concerning the nature of the bilingual medium itself. Moreover, the utilization of a bilingual medium appears to awaken a sensitivity toward the intralinguistic complexities of a given language code so that the different registers (oratorical, semi-formal, vernacular, regional, etc.) within a language are given play within the bilingual style.

II. What kind of meaning a literary message conveys? Language is essentially a social phenomenon. José Ortega y Gasset has likened it to the municipal transport system which the community is able to hop aboard at will. It is "the currency of the realm." Moreover, language serves a social purpose by codifying those aspects of reality that a society wishes to control.

Language can be regarded as a socially sanctioned representation of the external world. Without such a representation, the external world is a chaos beyond human control. In the beginning was the Word. The members of a society accept the codification which their language provides because it gives them a necessary sense of security. Reality is under control because they share a common attitude toward it by sharing a common means of communication. Communication can only take place if there are conventionally accepted ways of looking at the world.

Nevertheless, simply because we members of a society accept a conventional view of reality, it does not follow that as individuals we are not aware of a reality other than that represented by our language. Indeed, the existence of religion and art is evidence that we are very much aware of reality beyond the bounds of common communication and social sanction. Social conventions supply people's needs insofar as they are members of society, but they have needs as individuals which such conventions by their very nature are incapable of satisfying. Every society has some form of art and some form of religion, and these serve as a necessary outlet for individual attitudes whose expression would otherwise disrupt the ordered pattern of reality which society promotes and upon which its survival depends. Art and religion are a recognition that there is a reality apart from the one which is officially recommended. What then is the nature of this reality?

This other reality is related to that which is conventionally recognized in the same way as literary language is related to conventional code. What literature, and indeed all art, does is to create patterns out of deviations from normality and these patterns then represent a different reality from that represented by the conventional code. In so doing, literature gives formal expression to the individual's awareness of a world beyond the reach of communal communication.

The unique mode of language organization that is found in literary texts is indistinguishable from the significance these texts have as messages. Since the texts create their own systems of language they inevitably create a different reality, and our awareness of one necessarily entails our awareness of the other.

Acknowledging the separate reality of all literary texts carries with it a crucial complication for understanding bilingual literature. The bilingual language of literary texts is not the same as the language of a given bilingual community. To presume that bilingual literature directly corresponds to usage in a given bilingual community entails a total misapprehension about the relationship between literary language and communal language.

Certainly bilingual literature reflects bilingual communal usage, albeit in a complex manner. For example, bilingual literary usage, just as the bilingual communal language, respects the constituents of both the English and Spanish codes. Hence it is possible to say "tough teta," "hard up jíbaro," "sel u no sel, that is el lío," "muy nice" but not *teta tough; *hard jíbaro up; *sel u no sel, that lío es el or *nice muy. The former set respects the constituent phrase structures of both Spanish and Engligh—the boundaries so to speak—and combines them in a linguistically sound way. The latter set is gibberish found neither in society nor art.

Nevertheless, the esthetic concerns of the bilingual writer are reflected in a decidedly different language system with respect to that found in the community. For example, Emilio Díaz Valcárcel's penchant for irony and caricature leads him to the creation of a bilingual language whose burlesque qualities are beyond the mundane potential of even the most confused real-life code switcher; Eduardo Rivera writes in an expanded English code that is contrary to the normal communal bilingual pattern of official-public English and popular-intimate Spanish; Hemingway fashions an English which is clearly unspoken in society; the spiritual and satiric inclinations of Alurista lead him to fuse languages in such a way that has never been considered by United States Hispanic bilinguals.

It is folly to think that bilingual literature reflects the usage of the community slavishly. Quite to the contrary, bilingual art, no less than all other art forms, is the product of conscious language choices determined by the esthetic priorities of characterization, irony, satire, philosophic and spiritual import. Among its esthetic legitimate concerns, bilingual literature may aspire to reflect actual bilingual communal usage just as Benito Pérez Galdós aspired to record the language of 19th century Madrid. Here again, for both Galdós and for the contemporary bilingual writer, principles of selection, esthetic criteria of all sorts, will be applied in order to achieve the desired *effect*, the desired fiction of mimesis—the work of art as microcosm and mirror of the social macrocosm.

Communal language, mono- or bilingual may be likened to the municipal transport system.

The artist's language, whether it be composed in one or more than one code, is more akin to a subjective submarine, a one-person rocketship.

Ser or to be may be the *lío* of the bemused fictional poet pondering the value of the tamarind in Hispanic poetry.

Ser and to be are the godsends of the bilingual author who is engaged in the conscious, masterful configuration of language patterns that have no likeness in the social world and which therefore must be called literature.

YORK COLLEGE
OF THE CITY UNIVERSITY OF NEW YORK

Notes

[1]For access to the dozens of such articles in classical philology, see the subject heading, Literature, in William F. MacKey, *Bibliographie internationale sur le bilinguisme*. Quebec: Presses de l'Université Laval, 1972. The following also address themselves to the philology of bilingual literature: S.G. Morely, "Arabic Nomenclature in the Characters of Lope de Vega's Plays," in W.J. Feschel, ed., *Semitic and Oriental Studies* (Univ. of California Publications in Semitic Philology, Vol. XI) Berkeley, California: Univ. of California Press, 1951, 339-44; A. Malaret, "Los americanismos en el lenguaje literario," *Boletín de filología*, Instituto de Filología de la Universidad de Chile, VII (1952-3), 177-341; E.A. Horsman, "Dryden's French Borrowings," *Review of English Studies*, I (1950), 346-51.

[2]See: S. Melzenthin-Raisnick, "A Survey of German Literature in Texas," *Southwestern Quaterly*, XXXIII (1939), 134-59; S.J. Baker, "The Literature of Pidgin English," *American Speech*, XIX (1944), 271-5; E. Maphahlele, "The Language of African Literature," *Harvard Education Review*, XXXIV (1963), 298-305; D. Westermann, "A Report on the Linguistic Situation and Vernacular Literature in British West Africa," *Africa*, II (1929) 337-51.

[3]E.F. Robacker, *Pennsylvania German Literature, Changing Trends From 1683 to 1942*. Philadelphia: University of Pennsylvania Press, 1963; R.C. Wood and F. Braund, *Pennsilfaanischdeitch. Erzahlungen und Gedichte der Pennsylvania Deutschen*. Kaiserslaulern: Heisratstelle Pfalz, 1966; A.A. Mazrui, "Some Sociopolitical Functions of English Literature in Africa," in *Language Problems of Developing Nations*. Toronto: Wiley, 1968, 183-97.

[4]See: H. Galinsky, *Stylistic Aspects of Borrowing and Stylistic and Comparative View of American Elements in Modern German and British English*. Proceedings of

147

the 9th International Congress of Linguistics, Cambridge, 1962. Ed. H.G. Lunt (Den Hagg: Mouton, 1964); A. Malbaṇc, *Stylistique comparée du français et de l'allemand*. Paris, 1961; J.P. Vinay and J. Darbelnet, *Stylistique comparée du français et de l' anglais*. Montreal: Beauchemin, 1958.

⁵Robert P. Stockwell, J. Donald Bowen, and John W. Martin, *The Grammatical Structures of English and Spanish*. Chicago: The University of Chicago Press, 1965.

⁶R.S. Graham, "Widespread Bilingualism and the Creative Writer," *Word*, XII (1956), 369-81; R. Caillois, *Babel: Orquiel, Confusion et ruine de la littérature*. Paris: Gallimard, 1948; M.L. Sjoestedt-Jonval, "Bilinguisme Populaire et Bilinguisme Cultive," in *Actes du V Congrès International de Linguistes* (Brugge: Imprimerie St. Catherine, 1939), 12-13; Charles Bally, *La crise du français*. Paris: Neuchâtel, 1930.

⁷R.S. Graham, *op. cit.*, p. 378.

⁸*Ibid.*, p. 371. The sorts of phenomena that Graham condemns bear a remarkable resemblance to United States vernacular Spanish: *faire de l'argent* instead of *gagner de l'argent*; *les lots vacantes* instead of *les terrains vaques*; *il est supposé* instead of *il doit venir*, etc.

⁹*Ibid.*, pp. 373-74.

¹⁰Edward Fenimore, "English and Spanish in *For Whom the Bell Tolls*," in John K.M. McCaffery, *Ernest Hemingway: The Man and His Work*. New York: Cooper Square Publ., Inc. (Originally published in *A Journal of English Literary History*, Vol. X (June, 1943).)

¹¹Subsequent to the completion of this study, I have happened upon some additional useful studies: Leonard Forster, *The Poet's Tongues: Multilingualism in Literature*. Cambridge: Cambridge University Press, 1970. (A survey of bi- and multilingual poetry and, occasionally, prose, from classical writers through Joyce, the surrealists and others. While the approach of this book, originally a series of lectures, is very broad, anecdotal and unrigorous, there are occasional useful insights, particularly with respect to the multilingual pun in James Joyce's *Finnegan's Wake*.) Antonina Filonov Gove, "Multilingualism and Ranges of Tone in Nabokov's *Bend Sinister*," *Slavic Review*, Vol. 32 (1973), 79-90. (An interesting study illustrating Nabokov's code-switching in order to expand his range of expressive tone in narrative and dialogue.) See also: George Steiner, "Extraterritorial," *TriQuaterly*, 17 (Winter 1970) 123; V. Vinogradov, "O iazyke Tolstogo," *Literaturnoe nasledstvo*, 35-36 (1939), 117-120 (bilingualism in *War and Peace*); Paul Zumthor, "Un problème d'ésthétique médiévale: l'utilisation poétique de bilinguisme," *Le Moyen Âge*, LXVI (1960) p. 301 ff.; A.R. Nykl, *Hispano-Arabic Poetry and its Relations with the Old Provençal Troubadours*. Baltimore, 1946; S.M. Stern, *Les chansons mozarabes*, Palermo, 1953; Peter Dronke, *Medieval Latin and the Rise of European Love-Lyric*, Oxford, 1968; E. García Gómez, *Las jarchas romances*, Madrid, 1956; Immanuel Velikovsky, "Can a Newly Acquired Language Become the Speech of the Unconscious? Word-plays in the Dreams of Hebrew-thinking Persons," *Psychoanalytic Review*, XXI (1934), p. 329 ff.

¹²Herminio Ríos, "Introduction," *El Grito* (La voz poética del chicano), Book 3, Year VII, March-May 1974, p. 5.

¹³See: Ragnar Rommetveit, *Words, Meanings and Messages*. New York: Academic Press, 1968.

¹⁴The theoretical conceptions in this paper are greatly indebted to H.G. Widdowson. See especially: H.G. Widdowson, "Stylistic Analysis and Literary Interpretation," *The Use of English*, 1972, 24, No. 1, 28-33; H.G. Widdowson, "Stylistics," in J.P.B. Allen and S. Pit Corder, *Techniques in Applied Linguistics* (The Edinburgh

Gary D. Keller

Course in Applied Linguistics, Vol. III). London: Oxford University Press, 1974, 202-231.

By "direct transfer" I mean that the phonological substance is more or less borrowed from one langue to another, in contrast to a calque or other such semantic borrowing, where the phonological component is not transferred to the other language. *La hamburguesa* is an example of a direct transfer (fron English hamburger) whereas *el rascacielos* (from English skyscraper) is a calque.

[16]Eduardo Rivera, "Antecedentes," in *New American Review*, No. 13, 1972.

[17]El Huitlacoche, "The Man Who Invented the Automatic Jumping Bean," *The Bilingual Review/La revista bilingüe*, Vol. I, No. 2 (1974), 195-200.

[18]Edward Fenimore, *op. cit.*, pp. 210-211.

[19]*Ibid.*, pp. 216-217.

[20]Why on this occasion has the author used the calque, "good grass" rather than directly putting in *yerba buena*, the literal Spanish, which is his custom? No doubt because of the comic effect for a bilingual readership. Good grass: yerba buena in Spanish and good grass: marihuana in English. The direct use of *yerba buena* in this case would suppress the comic double meaning.

[21]See: Randolph D. Pope, "Dos novelas álbum: *Libro de Manuel* de Cortázar y *Figuraciones en el mes de marzo* de Díaz Valcárcel, *The Bilingual Review/La revista bilingüe*, Vol. II, No. 1 (May-August 1974), 170-184.

[22]Alurista, *Dawn* in *El Grito* (Chicano Drama) Book 4, Year VIII (1974).

TOWARD A NEW MODEL
OF NARRATIVE STRUCTURE

Floyd Merrell

In this paper a possible model for narrative exegesis will be proposed
and constructed for subsequent application to Juan Rulfo's short
story entitled "La Cuesta de las Comadres."[1] This approach stems
from the contention that abstractions arrived at by deductive principles must be subjected to the empirical analysis of concrete texts in
order to elucidate the interaction between universal narrative functions and the particular features of an individual text. The interaction
between individual texts and the whole of literature is an ongoing
process which is recreated by the critic, who, incessantly alternating
his own perspective from whole to parts and back again to whole,
never loses sight of the inherent function of the text's structural elements. Hence, the present study involves, strictly speaking, neither
pure theory divorced from the reality of complex modern prose nor
an unbridled eclecticism reducing the validity of literary analysis.
This methodological premise has evolved from a desire to resolve
some of the problems inherent in recent structuralist and linguistic
models adopted for prose analysis and, at the same time, from the
observed need for a valid analytical device constructed specifically
for the unique qualities of a literary text.

I

Speculation on the analysis of modern prose by the application of
linguistic methods has attracted attention for over fifty years. The
past decade, however, has seen a renewal of interest in narrative analysis, which was stimulated by Ferdinand de Saussure's theory of lan-

guage, by structural linguistics, by the rediscovery of V.A. Propp's study of Russian folktales, and more recently, by Noam Chomsky's generative-transformational grammar. Although critics have questioned the applicability to modern narrative of (1) a technique for analyzing relatively simple folktales in the oral tradition,[2] (2) a reduction of literature to the binary principles of structural linguistics,[3] and (3) a universal theory of grammar which at the outset made no pretensions of going beyond the sentence,[4] some remarkable analytical models have been proposed which deserve serious consideration.[5] Nevertheless, the student of modern narrative should view a potential model with a critical eye, aware that the object of study is highly sophisticated with respect to natural language, myth or oral folktale.

Anthropological studies such as those of Alan Dundes, Robert A. Georges, and Benjamin N. Colby, are based essentially on Propp's approach. Their inadaptability to modern "sophisticated" literature stems primarily from their submergence of the individuality of particular narrative texts.[6] It has also been argued that Claude Lévi-Strauss' model of myth analysis is not a viable approach to literature since it uses literature "more as a tool than as an end," and even though it offers powerful intuitions regarding fundamental human mental processes, it fails to provide a systematic device with which to study literature.[7] Furthermore, Claude Bremond's and A.J. Greimas' applications of Propp's theory to modern narrative tend to minimize complexity of character and the indeterminacy arising from twentieth century prose and to consider the characters as simple functions of plot.[8] Tzvetan Todorov's "transformational-generative model" for narrative analysis constructs the "laws" governing the life of a society (i.e., the characters in *Les liaisons dangereuses,* the novel he studies) while apparently ignoring the fact that this society consists of imaginary rather than real persons.[9] Finally, Roland Barthes not only risks annihilation of poetic subjectivity in his quest for scientific objectivity, but his treatment of literature as a system of hermetic signs (the "autonomous fallacy") tends to dissociate narrative structure from social context and human values.[10] If, after the structuralists have attained their goal, we know how all texts are alike but we still cannot state how they differ intrinsically from each other—without reintroducing all the particular instances of each narrative—we have ultimately lost the game.[11]

Some recent attempts to formulate a general theory of narrative "text grammar" have followed Chomsky's synthetic approach rather than the analytical (taxonomic) method most semioticians employ.[12]

Toward a New Model

This general movement has arisen from a renewed interest in linguistic semantics, especially since J.J. Katz and J.A. Fodor's article in 1964 on semantic theory.[13] However, since the mid-1960's, a group of linguists, attempting to establish a viable model of "generative semantics" in opposition to Katz and Fodor's theory, has seriously questioned the adequacy of many of Chomsky's assumptions. In the first place, the Chomskyan syntactic model and its semantic complement cannot account for ambiguity and literary metaphorization,[14] nor is it capable of describing idiomatic structures where semantic changes occur.[15] In the second place, although Chomsky himself has recently turned his attention to the semantic component of his model he still maintains that deep structure representations are syntactic rather than semantic, and semantics must respect those syntactic representations.[16] In opposition to this primacy of syntactic representations, James D. McCawley proposes that semantic and syntactic representations are of essentially the same formal nature and are hence inseparable, subject to the same fundamental transformations.[17] If this be the case, semantic and sentence distributional criteria converge, and meaning can only be derived in consideration with the total context of a given linguistic utterance. By the same token, a narrative text would be fully interpreted only by the analysis of both the syntactic and the semantic spheres of reference.

While the Chomskyan model may sufficiently describe the structure of one particular system—that is to say, the syntactic component of language—it is found lacking in its capacity to interpret the total cultural "system of systems" of which language is only one aspect. Whereas Chomsky's syntactic structures or the structuralist's semiotic taxonomies may be studied in isolation, a consideration of the semantic dimensions of a literary text inevitably involves other systems which are themselves homologous, but not subservient, to the linguistic system.[18]

Another development has followed the example set by Zellig Harris' article on "discourse analysis" in 1952, after which some linguists began to move beyond the sentence to consider textual, or intersentential relations.[19] This approach, if applied to literature, logically entails an often proposed analogy between a narrative text (macrocosm) and a sentence (microcosm).[20] According to this formulation, narrative structure would be coded by a secondary linguistic structure, and similar "transformation rules" would apply equally to both.[21] However, upon closer observation it is discovered that this sentence-text analogy is at most superficial and that there are basic underlying differences between a literary work and a linguistic utterance. Cognizant of these problems, William O. Hendricks calls for a radically new model which, though not necessarily replacing the Chomskyan model since the latter is adequate in its proper context, will account for the additional phenomena the analyst of literature inevitably confronts when approaching a higher, more complex system.[22]

In sum, the model constructed for this paper must (1) offer an interpretive device for the dynamic, "generative" aspect of the text rather than merely categorize the text into a static system of binary oppositions, (2) avoid the tendency to submerge individuality in the text or treat characters as mere functions of plot, (3) provide descriptive adequacy for textual complexity, indeterminacy, ambiguity, symbolism, idiomaticness, etc., and (4) prevent the narrative text's total dissociation from its context by an interpretation of the semantic component as a complement to the analysis of the syntactic order.

II

To propose a preliminary model of narrative analysis implies an act of faith. However, the initial schema, arrived at by introspection, purports to be more than simply an individual intuitive response based on personal taste and discrimination. While it cannot evolve from direct, a priori knowledge of the "rules" governing the generation of all narrative texts, it is nevertheless the product of an introspective process based on a detailed observation of literature, literary criticism, and all disciplines directly or indirectly related to the arts. The task is interminable, an ongoing process where introspection must be followed by concrete observation after which the introspective faculties of the analyst are once again called up to revaluate previous notions. In other words, a model arrived at deductively must be applied to a concrete text in order to verify or falsify the model, for when introspection and empirical evidence are contradictory, the latter must be decisive. Therefore, rather than dogmatically assume a privileged position where the model builder perceives that which to the uninitiated is not evident, I must present the results of my efforts with the expectation that the model I construct will be in the future subject to modification either by myself or by my critics.

The proposed model may be presented as an abstraction in the form of a flow chart (see Figure 1). The basic "axiological" component consists of the structures underlying, with minimal free play, all literary texts. It represents, on a primitive epistemological level, the

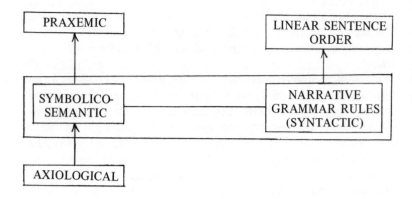

Figure 1.

synchronic dimension of the literary text wherein an episteme (i.e., a paradigmatic cognitive scheme) is established and remains until, during a period of restructuration of the text's underlying system, a new paradigmatic scheme replaces it.[23] This axiological component constitutes an abstract representation of the fundamental "existential" antinomies of human thought common to all peoples in all societies; and therein lies its universal nature. These antinomies are analogous to the basic antinomies of thought found in the structure of myths according to the theory of Claude Lévi-Strauss.[24] A system of primitive irreconcilable tensions struggling for resolution, they are manifested in a text in the form of binary oppositions such as life vs. death, individual vs. group, freedom vs. necessity, etc.

However, while these structures are easily extracted from the essentially static, bipolar character of traditional narrative (i.e., folktales, mythologies, didactic texts), the complexity of modern narrative calls for an explanation of textual dynamization. This dynamization can occur by means of a proces of destructuration-restructuration whereby one "invariant" structure is superseded by another structure which may or may not be homologous to the first.[25] Thus in the series S1 — S2 — S3. . .Sn, a progression ensues in which the relation between two adjacent structures can be described as a transformation from one proposition to another.[26] Moreover, the axiological structure ultimately discloses a world-image which may undergo a transformation from one text to a subsequent text by the same author, or, in special cases, the world-image may be subjected to a potential transformation within the same text. All the possible oppositions in the axiological component are reducible to a finite set. Hence, the notion of *narrative competence* (a counterpart to Chomsky's *linguistic competence*) would entail an ideal writer who knows the world perfectly and is free of constraints (i.e., world-view, limits of memory, perception and conception, background interference).[27] The equivalent of Borges' famed nominalist, Funes the Memorious, he would generate the infinite text from this finite set of axiological structures. But infinitude on this level presupposes the writer's own constraint-free immortality, an impossibility since the awareness of death inevitably intervenes and a constraint-ridden finitude sets in. Unable to create the ideal text, he must choose, and his finite narrative construct reflects the basic constraints limiting his choices. Thus in the individual text, as the axiological component is mapped onto the "symbolico-semantic" component, the resulting structures will be homologous with the writer's world-image, which ultimately governs cognition and which sets, to a certain degree, the limits of (conscious and non-conscious) memory.[28] To ferret out these structures and define existing homologies is the analyst's task.

In the symbolico-semantic component the primitive axiological structure is clothed in concrete linguistic images. Here basic universal narrative conflicts appear which strive for final resolution. However, since these "thematic" conflicts are in reality symbolic of underlying structural tensions, the analyst who goes no further than these conflicts in a "structural" analysis deals merely with surface signs. The surface conflict, then, is nothing more than a mask disguising the deeper "existential" conflict, and there may or may not be a readily apparent equivalence between them.[29]

Narrative performance (the counterpart to Chomskyan *linguistic performance*), occurs at the "praxemic" level. This component is so called because of the phenomenon of "semantic praxis" which is activated at this level. This phenomenon entails a temporary intersection of the paradigmatic-syntagmatic axis to obliterate the opposition between being and becoming, atemporality and time, and allow for fundamental semantic shifts and intersystemic mutations. The notion of semantic praxis evolves from Roman Jakobson's linguistic distinction between combination (association by contiguity, or metonymy) and selection (association by similarity, or metaphor).[30] The two operations, contiguity and similarity, provide a linguistic sign with two sets of interpretants. The first involves the context where meaning is determined by the connection of one sign with other signs in the same sequence (the syntagmatic dimension). The second involves the system where selection allows for substitution between terms in the same context (the paradigmatic dimension). According to the model proposed in this study, at the praxemic level Jakobson's intransigent dualism between paradigm and syntagma is temporarily obliterated, the synchronic becomes "diachronized," and the basic antinomies of thought emanating from the axiological component via the symbolico-semantic component are at this point subjected to attempted reconciliation through *mediating agents*.

Since the process of textual praxemics is more easily demonstrated than stated outright, I will hold further explanation of the phenomenon in abeyance until its elucidation during the analysis of "La Cuesta de las Comadres."

III

In Rulfo's short story, an anonymous peasant from the state of Jalisco, Mexico, gives account of his past relations with Remigio and Odilón Torricos, two thieves who periodically terrorized the inhabitants of la Cuesta de las Comadres. Due to adverse weather conditions and their suffering at the hands of the relentless persecutors, the villagers finally abandoned the small plots of land they received during the Mexican agrarian reform. The narrator, now the sole inhabitant of la Cuesta, was a "good friend" of the Torricos and once even collaborated with them in a robbery. This friendship is jeopardized when Remigio accuses him of having murdered Odilón. Threatened with a machete, the narrator kills Remigio with a harness needle, apparently in self defense, and later dumps his victim at the side of the road leading to Zapotlán, a provincial city which is periodically illuminated by the rockets from a fiesta.

Narrated in a matter-of-fact mode which tends to detract from the violence inevitably accompanying a killing, Rulfo's story foregrounds the starkness of death and its structural counterpart, alienation. Death and alienation oppose life and integration to become the story's "existential" antinomy. This conflict begins to emerge at the outset when the narrator refers to his friends who are no longer living: "Los difuntos Torricos siempre fueron buenos amigos míos. Tal vez en Zapotlán no los quisieran; pero, lo que es de mí, siempre fueron buenos amigos, hasta tantito antes de morirse" (21). Then as the story progresses, the reader discovers that la Cuesta is a dead village: "La Cuesta de las Comadres se había ido deshabitando. De tiempo en tiempo, alguien se iba; atravesaba el guardaganado donde está el palo alto, y desaparecía entre los encinos y no volvía a aparecer ya nunca. Se iban eso era todo" (21-22).

Later, the narrator's awareness of the inexorable approach of death, a complement of his increasing alienation, becomes apparent when he assists the Torricos in the robbery, and realizes that "ya no servía yo para mucho. Me di cuenta aquella noche. . .de que me faltaba algo" (24). In the final scenes the narrator's alienation is further heightened by his lack of verbal response to the accusation that he killed Odilón. He claims to know who the real murderer is, "y yo se lo hubiera dicho, aunque parecía que él (Remigio) no me dejaría lugar para platicarle cómo estaban las cosas" (27). Remigio offers, as evidence of the narrator's guilt, the allegation that he had bought a new blanket with the fourteen pesos he took from Odilón's dead body. However, rather than articulate his innocence, the narrator simply displays in mute rebuttal what he considers his own evidence:

> Y eso era cierto. Yo me había comprado una frazada. . . .Pero para eso había vendido el par de chivos que tenía, y no fue con los catorce pesos de Odilón con lo que la compré. *El podía ver* que si el costal se había llenado de agujeros se debió a que tuve que llevarme el chivito chiquito allí metido, porque todavía no podía caminar como yo quería (28). (italics mine).

Obviously Remigio did not "see" the bag the narrator was mending nor did he arrive at the desired conclusion.

Finally, the progressive sense of alienation is complete when the narrator, only after having killed Remigio, finally attempts to communicate verbally. At first this "communication" projects outward toward his victim, then it doubles back in the form of interior monologue to depict the conclusion of his progressive alienation and the hermetic enclosure of his own self. As the account draws to a close the protagonist is wrapped up in his memories of the past, a past which predominates over present and future, and he conjures up once again the final scene, inextricably omniscient in his mind, of Zapotlán and the fiesta: "Me acuerdo que eso pasó allá por octubre, a la altura de las fiestas de Zapotlán. Y digo que me acuerdo que fue por esos días, porque en Zapotlán estaban quemando cohetes" (30).

Consequently, the death of the Torricos, the "death" of the village, and the narrator's own fear of the onslaught of death underlie the theme of alineation. Life is conspicuously absent in a setting where the narrator does not identify himself, where there is relatively little action, and where the only persons mentioned by name are the "defunct Torricos." The abstract structural conflict, life/death, emanating from the axiological component of the narrative, can be presented in a schematic form which illustrates how the "deep" structure is "mapped" onto the symbolico-semantic representation of alienation (absence), by means of indexical symbols (see Figure 2).

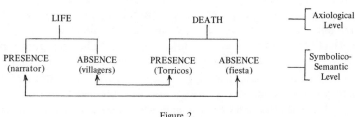

Figure 2.

According to this schema, in the past the villagers had feared the Torricos, a fear culminating in their absence from la Cuesta. Now, the narrator fears alienation; that is, the absence of the villagers. Correspondingly, the narrator's presence in a decaying world, isolated from his deceased "friends" and from the absent villagers, accompanies the absence in la Cuesta of a fiesta such as was being celebrated in Zapotlán. Hence the villagers (whose absence alienates) are to the defunct Torricos (the presence of whose death intensifies alienation) as the absence of the fiesta is to the narrator's presence. Whereas the relations between narrator, villagers, and the Torricos are explicit, the semantic function of the fiesta exists at a more complex level and comes to light only through analysis of the text's praxemic component.

An interpretation of the praxemic aspect of "La Cuesta de las Comadres" involves a concrete textual reading which will give support to the abstract underlying level of the narration. Life (integration)/

death (alienation), the basic antinomy subject to resolution at the praxemic level of the narrative structure, is revealed as a result of an abrupt shift occurring midway through the narration. While the first half of the story begins by implying amicability between narrator and Torricos ("Los difuntos Torricos siempre fueron buenos amigos míos."), the second half, where the killing is narrated, opens with a brusque statement which divulges animosity between them ("A Remigio Torricos yo lo maté."). On the other hand, in the first half the villagers' departure is generally described in the imperfect past ("se iban"), an implied state of progression, whereas in the latter half their abandonment is complete ("se fueron"), a state of being in the definite past. In addition, throughout the first half the narrator usually refers to the two brothers collectively and he addresses them in plural. For example, when accompanying them on their way to commit the robbery: "Los Torricos me dijeron que no estaba lejos el lugar donde íbamos. 'En cosa de un cuarto de hora estamos allá,' me dijeron" (25). It is significant to note that at one point the narrator addresses Remigio in singular form, but he quickly corrects his "error":

> Entonces *le dije* eso a los Torricos. *Les dije*:
> —Ese que está allí tirado parece estar muerto o algo por el estilo.
> —No, nada más ha de estar dormido—*me dijeron ellos*. . .
> Yo fui y le di una patada en las costillas para que despertara; pero el hombre siguió igual de tirante.
> —Está bien muerto—*les volví a decir*.
> —No, no te creas, nomás está tantito atarantado porque Odilón le dio con un leño en la cabeza, pero después se levantará. . .¡Agárrate ese tercio de allí y vámonos!—Fue todo lo que *me dijeron* (25). (italics mine).

In contrast, during the second half of the narration, where Remigio accuses the narrator of homicide, there exists for the first time an effort to establish a one-to-one, "personalized" dialogue. When Remigio arrives he begins his interrogation:

> —Ir ladeando no es bueno—*me dijo* después de mucho rato—A mí me gustan las cosas derechas, y si a ti no te gustan, ahi te lo haiga, porque yo he venido aquí a enderezarlas. . .
> —A ti *te estoy hablando*—me gritó, ahora sí ya corajudo—Buen sabes a lo que he venido.
> Me espanté un poco cuando *se me acercó y me gritó* aquello casi a boca de jarro (26-27). (italics mine).

However, the potential communication never materializes; the narrator cannot articulate a well-defined response, and the confrontation ends in the death of Remigio and the narrator's total alienation.

In contrast to the dichotomous relationship between the two halves of the narration, there is a gradual progression, from beginning to end, of the narrator's awareness concerning the Torrico's adverse function in the village, an awareness which also parallels the narrator's increasing state of alienation. A tension is created in the first two paragraphs, where the narrator proclaims his friendship with the two brothers and then admits that the relationship between the Torricos and the other villagers was not congenial. Subsequently the reader discovers that although the Torricos received a small, relatively worthless piece of land during the Mexican agrarian reform, they were nevertheless in effective control of all the land: "A pesar de eso, la Cuesta de las Comadres era de los Torricos. . .No había por qué averiguar nada. Todo mundo sabía que así era" (21). In addition, the narrator was apparently unaware that the Torricos customarily visited him not out of friendship but because from his house they could observe the coming and going of the muleskinners, the victims of their robberies, on the trail to Zapotlán. It was only later, when they invited him to help transport some sacks of sugar they were supposedly going to buy, that he became cognizant of their intentions. After concluding his account of the robbery, the narrator reveals that: "De ese modo fue como supe qué cosas iban a espiar todas las tardes los Torricos, sentados junto a mi casa de la Cuesta de las Comadres" (26). Significantly, this declaration ends the first half of the narration and is followed by the narrator's confession of having killed Remigio. It is also important that at this point the narrator becomes aware of the approach of death, that he is "no longer good for anything." The consciousness of time and death coupled with cognizance of the alienating effect of the Torricos gives rise to the abrupt shift from the first to the second half of the story.

Furthermore, the distinction between the narrator's past naiveté and his present awareness is sharply delineated by *antes-ahora* and *antes-después* oppositions.

> *Antes*, desde aquí, sentado donde *ahora* estoy, se veía claramente Zapotlán. . .
>
> Me acuerdo de *antes*, cuando los Torricos venían a sentarse aquí también y se estaban acuclillados horas y horas hasta el oscurecer, mirando para allá sin cansarse, como si el lugar este les sacudiera sus pensamientos o el mitote de ir a pasearse a Zapotlán. Sólo *después* supe que no pensaban en eso (23). (italics mine).

At this point we can tentatively conclude that the narrator's discovery of his "friends'" ulterior motives and the dramatic shift when the second half of the story begins represent the two focal points around which the underlying significance of the narration lies. The narrator's heightened state of awareness gives us insight into the story's thematic dimension. At the same time, the dramatic shift triggers a linguistic mechanism which releases, in the second half of the narration, a system of associations by means of which an attempted resolution of the basic textual antinomy emerging from the axiological component is disclosed. In order to clarify this "linguistic mechanism" it will be necessary to consider further Jakobson's distinction between metaphor and metonymy. To reiterate, all linguistic signs involve two modes of arrangement: combination through contiguity, or metonymy (which is analogous to Freud's displacement), and selection through similarity, or metaphor (which is analogous to Freud's condensation). Postulating a fundamental dichotomy between metaphor and metonymy, Jakobson claims that an incessant competition between both of these devices "is manifest in any symbolic process, whether intrapersonal or social."[31] The symbolic aspect of this theory is expanded by Jacques Lacan. The French psychoanalyst first takes up Saussure's distinction between signifier and signified, both of which compose a dyadic conception of the linguistic sign. Lacan then postulates that metaphoric activity (condensation) involves a substitution of signifiers in which process a new signifier dissolves the signifying potential of the original signifier, reducing it to a signified—and consequently repressing it. On the other hand, metonymy, a movement (displacement) along the horizontal plane of consciousness, illustrates the subject's desire to escape the "censor"—that is, inner constraints. Hence metaphor is linked with symptom ("vertical" repression through the paradigmatic system) while metonymy is motivated by desire ("horizontal" movement along the syntagmatic plane of succession).[32]

Metaphor, repression of the object of desire, and metonymy, dynamic movement motivated by desire, are intimately related in the literary text. Lacan's linking of desire and metonymy—part of his extrapolation of Freud's topology of the human mind—is genuinely creative, a masterful though sometimes overextended metaphor itself. He seeks to construct a theoretical model for the movement of discourse. Whereas structural linguistics usually views speech as essentially static, Lacan views speech as a movement toward something, an attempt to fill a vacuum without which speech cannot be articulated. Similarly, the function of desire in narrative, which may be compared to Lacan's speech, is dynamic: an effort to produce movement toward the void that rests on a metonymic rail of signifiers whose intimacy with concrete reality must be nonexistent, since literary fiction is only a mere semblance of reality. This emptiness consists of words without referents, the ideal, a utopia, which ultimately leads toward the zone of ineffability well-known to the writer—that is, the incapacity to depict faithfully either reality or inner thought. If metonymical movement is characterized by a lack of reference to reality, metaphorical condensation (the suppressed signifier from metonymy's syntagmatic chain) leads directly to concrete reality.[33] This is the intensified emotive (symbolic) expression which, on the one hand, sets up its defensive mechanism against the comparative meaninglessness of incessant sense perceptions,[34] and, on the other hand, represents cognitive form striving for a higher logical order.[35] Hence the following relationships are derived from Rulfo's short story (see Figure 3).

The metaphoric association between condemnation and la Cuesta is concatenated with the transgression-Torricos pair. On the other hand, alienated man and cause of alienation are the figurative representation—since the underlying meaning of the original signifiers has been repressed—of condemnation and transgression. Moreover, these two terms are contiguously related on one signifying plane as are la Cuesta and the Torricos on another signifying plane. Although ordinarily the two metaphoric associations are independent of one another, when they are connected through metonymic association, semantic praxis provides for a potential transmutation of these indexical symbols. As this semantic praxis is translated upward into material praxis (or action), the basic existential antinomy in the narrative is subjected to attempted mediation.

For example, events at la Cuesta figuratively alienate the narrator from the villagers; and the Torricos, as transgressors, are the presumed cause of the narrator's alienation. In contrast, events in Zapotlán provide the vision of a potential regeneration, for the inhabitants of Zapotlán had killed Odilón Torricos "at the height of the fiestas," a time when man enters into communion with himself and the paradigmatic model of creation is symbolically reenacted.[36] If, as was posited above, the "death" of la Cuesta is to the Torricos' presence as the death (absence) of one of the Torricos is to regeneration in Zapotlán, then, by analogy, for the narrator to "sacrifice" Remigio would demand a "regeneration," or re-creation, of la Cuesta. In this process of association, a transmutation of symbols is enacted by means of semantic praxis while the repressed signifiers (condemnation, transgression, and reintegration) emerge, and the narrator

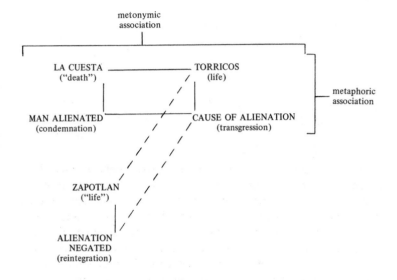

Figure 3.

nonconsciously strives to actualize his newly-acquired image of reality (see Figure 4).[37]

The mediatory instrument employed to carry out this symbolic act of homicide is the harness needle. While Remigio is threatening the narrator with a machete, believing he had killed Odilón, the narrator suddenly acquires a "great faith' in the needle he is using to sew up a burlap bag. He plunges it close to the navel of his victim, who then falls slowly to his knees and doubles up in a fetal-like position. The narrator continues to describe unemotionally how, feeling sorry for the suffering Remigio, he removes the needle and stabs him where he believes his heart is, killing him instantly.

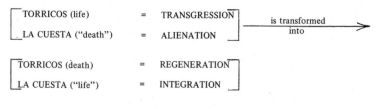

Figure 4.

The narrator, by use of his mediatory instrument, attempts symbolically to turn back time, an act which would simultaneously negate his alienation, since the communion he once enjoyed (or imagined he enjoyed) with the villagers would be restored. Like an ontological compass pointing out two key indexical symbols, the navel and the heart, the needle first reduces Remigio to his primordial state, then annihilates him. However, the unsuccessful mediation does not reproduce the circumstances at the beginning of the narrative; it is like a spiral, or helicoid, where the process of semantic praxis always results in a net gain or loss—the magnitude of which can vary considerably—and the previous conflict never reappears in its entirety.[38] In "La Cuesta de las Comadres," after indications of a potential gain, the narrator's integration remains unactualized and his demise becomes imminent.

Successful mediation is derived first from semantic praxis where one symbol is transmuted into another—the meaning consequently undergoing a change. Creating a new image of "reality," this linguistic transmutation predominates over human actions and results in a nonconscious effort to "transform the world" (the phenomenon of semantic praxis converted into material praxis).[39] This new mental image of "reality" arising out of semantic praxis involves, either directly or indirectly, all the characters and events in the narrative. The process of transmutation of mental images establishes a new symbolic meaning to reconcile the prevailing "existential" antinomy emerging from the axiological construct. Thus semantic praxis evolves from a finite set of transmutations since it is the attempted reconciliation of antinomies created through a limited number of possible axiological constructs. In the ideal text, semantic praxis would be continuously generated *ad infinitum*, a totally structureless mass, the equivalent of maximum entropy which threatens man and against which he incessantly struggles. Therefore, the real text, reflecting those constraints on the author who attempts to find order in an apparently chaotic universe, must be finite and structured.

IV

The postulated axiological component entails a finite set of universals existing in diverse combinations in all narrative texts. I have made no attempt to formulate a typology of possible axiological structures; such boldness would at this point be presumptuous. Nevertheless, it is reasonably safe to assume that basic mental schematizations common to all sciences, religions, philosophies, and cognitive and artistic constructs, are reducible to a relatively limited set.[40] As regards these schematizations, it seems appropriate to single out, given the result of this study, the notion of semantic praxis, which can be proposed as the principle instrument of linguistic—and hence of literary—dynamism. Semantic praxis also offers a meaningful interpretive device applicable to the thematic dimensions of narrative texts wherein the characters become real human types rather than mere functions of plot. Moreover, textual complexities, ambiguities, symbolisms, etc., are interpreted in terms of actual and potential mental images of reality which are subject to transmutations. The interaction between metaphor and metonymy constitutes only one aspect of semantic praxis; undoubtedly there are more which may come to light through further investigations.

Obviously the next step would involve a projection outward to prevent the text's dissociation from its context. If from the surface of the narrative the analyst is taken inward to the axiological component where fundamental anomalies strive for reconciliation, he is subsequently led toward other texts by the same author, other texts by contemporary authors, and the social referents common to all those texts. Intertextual axiological constructs may be homological; or if not, perhaps heterologies may be comprehended diachronically through semantic praxis and its transmuting effect on the axiological constructs. To totally explicate a given "system of systems" is admittedly beyond the realm of possibility at this stage.[41] However, if one postulates a limited set of axiological constructs and proceeds to analyse both literary and interrelated transliterary systems, he may be on the road to a potential solution.

PURDUE UNIVERSITY

Notes

[1] *El llano en llamas* (México: Fondo de Cultura Económica, 1953), pp. 21-30. Subsequent references to Rulfo's short story will be cited in the text.

[2] Seymour Chatman, "New Ways of Analyzing Narrative Structure, with an Example from Joyce's *Dubliners*," *Language and Style*, 2, No. 1 (1969), 3-36.

[3] Paul Ricoeur, "Structure, Word, Event," *Philosophy Today*, 12 (1968), 114-29.

[4] In 1957 Noam Chomsky proposed his phrase structure and transformational rules governing the process by which isolated sentences are constructed. Obviously, intratextual distribution of sentences falls outside the domain of his original conception of linguistics. *Syntactic Structures* (The Hague: Mouton, 1957).

[5] See the anthropological studies of Alan Dundes, *The Morphology of North American Indian Folktales* (Helinski: Suomalainen Tiedeakatonia, 1964); Robert A. Georges, "Structure in Folktales: A Generative-Transformational Approach," *The Conch*, 2 (1970), 4-17; Benjamin N. Colby, "The Description of Narrative Structures," in *Cognition: A Multiple View*, ed. Paul Garvin (New York: Spartan Books, 1970). The French structuralists were among the first to apply models of folktale to modern literature. See: Roland Barthes, "Introduction à l'analyse structurale des récits," *Communications*, 8 (1966), 1-27; Claude Bremond, "La logique des possibles narratifs," *Communications*, 8 (1966), 60-76; A.J. Greimas, "Elements pour une theorie de l'interpretation du récit mythique," *Communications*, 8 (1966), 28-59; Tzvetan Todorov, "Les catégories du récit littéraire," *Communications*, 8 (1966), 125-51.

[6] See, for example, William O. Hendricks, "Linguistic Contributions to Literary Science," *Poetics*, 7 (1973), 86-102.

[7] Eugenio Donato, "Of Structuralism and Literature," *Modern Language Notes*, 82, No. 5 (1967), 549-74. See also the criticism of James A. Boon, *From Symbolism to Structuralism* (New York: Harper and Row, 1972), pp. 139-208.

[8] See Chatman, "On the Formalist-Structuralist Theory of Character," *Journal of Literary Semantics*, 2 (1972), 57-79.

[9] *Ibid.*, p. 74.

[10] See Robert Weimann's criticism of both Barthes and Lucien Goldmann, "French Structuralism and Literary History: Some Critiques and Reconsiderations," *New Literary History*, 4, No. 3 (1973), 437-69.

[11] For example, the search of L.G. Heller and James Micric for "a reasonable degree of predictability" in literature implies an oversimplified synchronic view that disallows for diachrony, wherein literature takes on its creative dimension and distinctiveness. *Toward a Structural Theory of Literary Analysis: Prolegomena to*

Floyd Merrell

Evaluative Descriptivism (Worcester, Massachussetts: Institute for System Analysis, 1970).

[12]For one of the most extensive speculations on "text grammars," see Teun A. van Dijk, *Some Aspects of Text Grammars* (The Hague: Mouton, 1972).

[13]"The Structure of a Semantic Theory," in *The Structure of Language: Readings in the Philosophy of Language*, eds. Fodor and Katz (Englewood Cliffs, New Jersey: Prentice-Hall, 1964), pp. 479-518.

[14]Uriel Weinreich, "Explorations in Semantic Theory," in *Current Trends in Linguistics*, ed. T.A. Sebeok (The Hague: Mouton, 1966), III, pp. 395-477; James D. McCawley, "The Role of Semantics in a Grammar," in *Universals in Linguistic Theory*, eds. E. Bach and R.T. Harms (New York: Holt, 1968), pp. 125-70.

[15]Wallace L. Chafe, "Idiomaticity as an Anomaly in the Chomskyan Paradigm," *Foundations of Language*, 4 (1968), 109-27.

[16]"Deep Structure, Surface Structure, and Semantic Interpretation," in *Semantics: An Interdisciplinary Reader in Philosophy, Linguistics, and Psychology*, eds. Danny D. Steinberg and Leon A. Jakobovits (Cambridge: The University Press, 1971), pp. 183-216.

[17]"Meaning and the Description of Languages," in *Readings in the Philosophy of Language*, eds. Jay F. Rosenberg and Charles Travis (Englewood Cliffs, New Jersey: Prentice-Hall, 1971), pp. 514-33.

[18]See Ricoeur, "The Model of the Text: Meaningful Action Considered as Text," *New Literary History*, 5, No. 1 (1973), 91-117.

[19]"Discourse Analysis," *Language*, 28 (1952), 18-23, 474-94.

[20]Barthes, for instance, makes this assumption in "Introduction à l'analyse structurale des récits." See also Julia Kristeva, *Semeiotike. Recherches pour une sémanalyse* (Paris: Seuil, 1969), p. 422.

[21]Hendricks, "Three Models for the Description of Poetry," *Journal of Linguistics*, 5 (1969), 1-22.

[22]"Linguistic Contributions to Literary Science," p. 98.

[23]This replacement of one paradigmatic scheme for another in the underlying textual system can be considered analogous to the structural scheme of scientific revolutions formulated by Thomas S. Kuhn, which is becoming increasingly useful in the social sciences, and more recently, in history and literary history. According to Kuhn's hypothesis, a scientific theory embodies a particular *Weltanschauung*, a paradigm of thought containing within it an implicit conceptual apparatus setting the limits of human perception. Such a paradigm is replaced by another paradigm—and consequently by a new *Weltanschauung*—only after an increasing number of "anomalies" which cannot be explained away appear in the first conceptual apparatus. The new paradigm is finally adopted rather uncritically in an attempt to establish order from the chaos arising out of the "anomalies" inherent in the old paradigm. According to my formulation in this paper, the restructuration of a mental image of reality in a narrative text lies on an individual level rather than on the Kuhnian level of collective epistemological paradigms. Nevertheless, this restructuration represents a heightened state of awareness on the part of the individual, a response to the world of objects, and an attempt to come to grips more effectively with reality. *The Structure of Scientific Revolutions*, 2nd. ed., Foundations of the Unity of Science, No. 2 (Chicago: University of Chicago Press, 1962), pp. 52-91.

[24]*Structural Anthropology*, trans. Claire Jacobson and Brooke Grundfest Schoepf (Garden City, N.Y.: Doubleday and Company, 1967), pp. 202-28.

25With respect to the process of destructuration-restructuration of the underlying structures (or paradigms) of a narrative text, Lucien Goldmann maintains that "les réalites humaines se présentent-elles comme des processus à double face: *destructuration* de structurations anciennes et *structuration* de totalités nouvelles aptes à créer des équilibres qui sauraient satisfaire aux nouvelles exigences des groupes sociaux qui les élaborent." (*Pour une sociologie du roman* [Paris: Editions Gallimard, 1964]), p. 214). Although the terms of the model I have advanced are similar to Goldmann's thesis, it must be emphasized that I have made no attempt to extrapolate beyond the individual writer to consider social groups. This would involve additional, more complex ramifications which remain outside the scope of this paper.

26See Gérard Genot, "Elements toward a Literary Analytics," *Poetics*, 8 (1973), 31-62.

27Chomsky, *Aspects of a Theory of Syntax* (Cambridge: The M.I.T. Press, 1965), pp. 3-15.

28While Goldmann conceives of "world-visions" as intimately linked to social classes and predicated on the ultimate primacy of economic structures, in the context of this study the "world-image" itself is primary: it is an expression on religious, philosophical, scientific, or artistic planes by man—a being defined first as *Homo symbolicus* and only secondarily, through his actions, as *Homo economicus*. See *The Human Sciences and Philosophy*, trans. Hayden V. White and Robert Anchor (London: Jonathan Cape, 1969), pp. 85-124.

29The argument here is that "formal" or "structural" analyses of empirical surface phenomena, based on context-free presuppositions with no attempt to discover the underlying semantic base of a narrative text, cannot fully explicate literature. It is significant that Lévi-Strauss himself, although referring to the theories of structural linguistics in order to substantiate his model of analysis, goes beyond the deficient formalistic presuppositions in actual practice, a characteristic many of his followers have ignored. See Anthony Wilden, *System and Structure* (London: Tavistock Publications, 1972), pp. 230-73.

30R. Jakobson and Morris Halle, *Fundamentals of Language* (The Hague: Mouton, 1956), pp. 58-62.

31Jakobson, p. 80.

32*Ecrits 1* (Paris: Editions du Seuil, 1966), pp. 273-83.

33See Umberto Eco, *Le forme del contenuto* (Milano: Valentino Bompiani, 1971), p. 111.

34Alfred North Whitehead, *Symbolism, its Meaning and Effect* (New York: The MacMillan Company, 1927), pp. 47-49.

35This concept coincides with Suzanne Langer's notion that all symbolism has its inner form of logic which is incessantly striving for perfection. *Philosophy in a New Key* (New York: The New American Library, 1942), pp. 54-75.

36Mircea Eliade, *The Sacred and the Profane*, trans. W.R. Trask (New York: Harcourt, Brace and World, 1959), pp. 87-88.

37Rulfo's critics have often commented on the primitive mythical character of his prose. This observation appears to be substantiated at least in the case of "La Cuesta de las Comadres," where the indexical symbols are situated such that a reversion to primitivism on the part of the narrator constitutes the text's underlying dynamics.

38Lévi-Strauss proposes the helicoidal process in his theory of myth. *Structural Anthropology*, pp. 224-26.

39See Goldmann, *Pour*, pp. 213-14.

[40]For instance, Stephen C. Pepper reduces all epistemological constructs to four equally adequate "root metaphors" from which general "world hypotheses" are derived. (*World Hypotheses* [Berkeley, University of California Press, 1942]). Kuhn's hypothesis regarding the finite number of scientific models (paradigms) of natural phenomena has already been mentioned. Eliade, among numerous historians of religion, demonstrates how all peoples in all periods have been led by a small number of root "archetypes." (*The Myth of the Eternal Return*, trans. W.R. Trask, Bollingen Series XLVI [Princeton: Princeton University Press, 1954]). Goldmann maintains that artistic constructs may be reducible to a limited typology of "world-visions." (*Human Sciences*, pp. 85-124). And the neo-Kantian Ernst Cassirer develops the notion that space, time, number, and the I are the conditioning factors for a universal set of experiences which immediately reflect all basic human cognitive processes (i.e., language, myth, religion, art, science, etc.). *The Philosophy of Symbolic Forms*, trans. Ralph Manheim, 3 vols. (New Haven: Yale University Press, 1955).

[41]Goldmann, *Human Sciences*, pp. 42-43.

HACIA UN ANALISIS LINGUISTICO COMPARATIVO DEL ESTILO DE CLARIN EN *LA REGENTA*, JUAN RULFO EN *PEDRO PARAMO*, Y GABRIEL GARCIA MARQUEZ EN *CIEN AÑOS DE SOLEDAD*[1]

Nila Marrone

A continuación se citan unos cuantos de los muchos comentarios de tipo "impresionista" que se han hecho sobre el estilo de la prosa de de los tres escritores que nos ocupan, citas que servirán de punto de partida del presente ensayo.

Sobre un párrafo de *La Regenta:*

> Los rasgos poéticos que se pretenden lograr. . .escapan al lector por el *tono seco y frío* con que se reunen los elementos paisajistas. . .[2]

Sobre la obra de Clarín:

> . . .interesa estudiar en la obra de Alas esa abigarrada pugna de tendencias opuestas que constantemente se polarizan, llevando al lector de extremo a extremo a través de un estilo *profuso, reiterativo, desigual y sorprendente*, tal como lo fue también el hombre que vivió tras de esa peculiar manera de escribir.[3]

Sobre la prosa de Juan Rulfo:

> . . .un escritor en pleno dominio de su arte, dueño de una técnica eficacísima, una de cuyas notas más sobresalientes es la *parquedad* estilística. Esta *parquedad* se nos manifiesta ora como *economía de medios expresivos*. . .ora como un *laconismo* propio de us personajes.[4]

El estilo es tan *escueto* como sus paisajes. Lo marcan la *disciplina* y la *economía*.[5]

Sobre *Cien años de soledad:*

Porque la última paradoja que revela el análisis de ésta (la novela): *el humor y la felicidad del estilo, la vitalidad y rapidez* de la obra, su magia y su fábula. . .[6]

Sobre un párrafo de la obra de García Márquez:

La *sobriedad descriptiva* que denotan esos dos ejemplares trozos de prosa escogidos entre una plétora de otros igualmente característicos, *la parsimonia y sequedad del lenguaje*. . . .Sería difícil averiguar si acaso se manifieste en tales ejemplos una pasión innata por *la mesura, la observación exacta* y *la parquedad del léxico*. . .[7]

Es contra este tipo de crítica "impresionista" generalizada, imprecisa, que muchos críticos contemporáneos, que cuentan con una sólida formación en lingüística, han reaccionado en forma enérgica. Aunque no todos recomiendan el mismo método lingüístico descriptivo, todos ellos insisten en un mayor rigor analítico. Entre ellos están Richard Ohmann, Michael Riffaterre, Roman Jakobson, Louis T. Milic y muchos otros. Curtis W. Hayes, por ejemplo, rechaza descripciones tales como "grand", "majestic", "direct", similares a los términos subrayados por mí arriba, por considerarlos meras etiquetas subjetivas, que no dicen nada sobre el estilo de tal o cual autor, sino más bien describen la impresión que estos críticos han recibido de la lectura en cuestión. El análisis estilístico, afirma Hayes, debe ir mucho más allá de poner etiquetas.[8]

Debe anotarse que, al insistir en un mayor rigor analítico del estilo literario, no se intenta substituir la crítica más tradicional o la intuitiva[9] con el análisis lingüístico, sino más bien utilizar éste como un instrumento valioso que contribuya a iluminar o explicar aspectos no aclarados satisfactoriamente por otro tipo de crítica, o tal vez describirlos con mayor precisión. Por ejemplo, Walker Gibson empieza su ensayo sobre "Styles and Statistics" con la siguiente cita:

A recognition of the dual and complementary value of intuitive judgment of language use on the one hand, and the more objective techniques of description of language phenomena which modern linguistics makes available on the other, is necessary and indeed fundamental to this view of stylistic study.[10]

En este estudio, mediante el análisis lingüístico de trozos de la prosa de *La Regenta, Pedro Páramo* y *Cien años de soledad* se tratará de establecer en qué consiste la "profusidad" y "reiteración" del estilo de Alas, la "parquedad" y el "laconismo" de la prosa de Rulfo, y el "humor" y "vitalidad" del estilo de García Márquez, mientras se comparan y contrastan estos estilos.

Hacia un análisis lingüístico

El primer método de análisis lingüístico a utilizarse será el sintáctico, basado en la teoría de la gramática transformacional generativa[11] de Noam Chomsky. Se utilizará luego una breve información estadística con fines de establecer ciertas peculiaridades estilísticas, y finalmente se hará un examen más general de los trozos, utilizando terminología lingüística más tradicional, así como análisis de las figuras retóricas más prominentes. Richard Ohmann, uno de los críticos que con mayor entusiasmo y éxito ha adoptado el análisis lingüístico basado en la GTG, afirma que el análisis sintáctico, aunque básico en un análisis estilístico, no ofrece un cuadro total, y es muy importante un estudio de otros aspectos estilísticos, tales como imaginería, tropos, etc., que están fuera de la GTG.[12] Por otra parte, la GTG está todavía en un período de cambio y de momento no cubre aún todas aquellas áreas del estudio estilístico que pudiera hacerlo, principalmente porque los lingüistas se han ocupado relativamente poco del estilo literario.

Cabe aclarar aquí, que el término estilo, en literatura, puede abarcar muchos otros aspectos, además de los mencionados por Ohmann, que están fuera del alcance del análisis lingüístico (de la GTG o cualquier otro), tales como temas, argumento, estructura, tipos de personajes, género literario y otros más. Para este estudio, seguimos la definición de estilo de Richard Ohmann: "A style is a characteristic use of language."[13] Explica más adelante el profesor Ohmann:

> . . .the idea of style implies that words on a page might have been different, or differently arranged, without a corresponding difference in substance. Another writer might have said it another way.[14]

Nótese que Ohmann no alega que el significado queda intacto, al cambiarse la forma que lo contiene, pero la substancia sí.[15]

Antes de iniciar nuestro análisis sintáctico[16] se debe anotar que al aplicar la GTG al análisis de textos literarios en español se tropieza con una serie de dificultades. Por ejemplo, mientras abundan los textos de GTG aplicados al idioma inglés (varios de ellos a literatura), hay increíblemente poco aplicado al idioma español. Por este motivo, prácticamente no existen transformaciones que se hayan desarrollado para el idioma español desde el punto de vista del español y sus peculiaridades. El libro de Roger L. Hadlich[17], aunque bastante elemental, es una excepción en este campo. En cuanto a versiones españolas sobre la GTG, las traducciones hechas por Carlos P. Otero[18] y Heles Contreras[19] son pioneros en el mundo lingüístico hispánico. La mayoría del vocabulario descriptivo para el análisis sintáctico usado en este ensayo procede de estos dos libros.

Uno de los más importantes elementos de la GTG para el estudio del estilo es el hecho que cuenta con el llamado componente transformacional. Este componente consta de una serie de reglas que eliden, reemplazan, insertan o trasladan elementos sintácticos. El tipo de transformaciones que elige un escritor para expresarse, determinará, en gran medida, su estilo, la "sencillez" o "complejidad" de su prosa.[20]

Los tres trozos a analizarse desde el punto de vista sintáctico provienen de la primera página de cada una de las tres novelas que nos ocupan: *La Regenta*,[21] *Pedro Páramo*[22] y *Cien años de soledad*[23]. El primero de los textos es de Clarín:

> La heroica ciudad dormía la siesta. El viento sur, caliente y perezoso, empujaba las nubes blanquecinas que se rasgaban al correr hacia el norte. En las calles no había más ruido que el rumor estridente de los remolinos de polvo, trapos, pajas y papeles, que iban de arroyo en arroyo, de acera en acera, de esquina en esquina, revolando y persiguiéndose, como mariposas que se buscan y huyen y que el aire envuelve en sus pliegues invisibles. Cual turbas de pilluelos, aquellas migajas de la basura, aquellas sobras de todo, se juntaban en un montón, parábanse como dormidas un momento y brincaban de nuevo sobresaltadas, dispersándose, trepando unas por las paredes hasta los cristales temblorosos de los faroles, otras hasta los carteles de papel mal pegados a las esquinas, y había pluma que llegaba a un tercer piso, y arenilla que se incrustaba para días, o para años, en la vidriera de un escaparate, agarrada a un plomo. (pág. 7)

Si se reescribe este trozo, revirtiendo tres reglas transformacionales ampliamente usadas por Clarín (elisión de verbo copulativo[24], transformación de la cláusula relativa [25] y reducción por conjunción[26]), se verá claramente el importante papel que ellas desempeñan en la formación de la prosa de Leopoldo Alas:

> La ciudad dormía la siesta. La ciudad era heroica. El viento era sur. El viento era caliente. El viento era perezoso. El viento empujaba las nubes. Las nubes eran blanquecinas. Las nubes se rasgaban. Las nubes corrían hacia el norte. No había más ruido en las calles que el ruido del rumor de los remolinos. El rumor era estridente. Los remolinos eran de polvo. Los remolinos eran de trapos. Los remolinos eran de papeles. Los remolinos iban de arroyo en arroyo. Los remolinos iban de acera en acera. Los remolinos iban de esquina en esquina. Los remolinos iban revolando. Los remolinos iban persiguiéndose. Los remolinos eran como mariposas. Las mariposas se buscan. Las mariposas huyen. El aire envuelve a las mariposas en sus pliegues. Los pliegues del aire son invisibles. Aquellas migajas eran de basura. Las migajas eran sobras de todo. Las migajas eran como turbas de pilluelos. Las migajas estaban dispersándose. Las migajas estaban trepan-

do por unas paredes hasta los cristales. Los cristales eran de los faroles. Los cristales estaban temblorosos. Otras migajas llegaban hasta los carteles. Los carteles eran de papel. Los carteles estaban mal pegados a las esquinas. (Alguna) pluma llegaba a un tercer piso. (Alguna) arenilla se incrustaba para días. (Alguna) arenilla se incrustaba en la vidriera para años. La vidriera era de un escaparate. La arenilla se agarraba a un plomo.

Con la reversión de solamente tres reglas transformacionales, la prosa de Leopoldo Alas queda totalmente irreconocible. Las conjunciones y el relativo "que" han desaparecido, quedando en su lugar oraciones independientes. La formación copulativa adjetival ha reemplazado a la elidida. Muchas de las oraciones son ahora oraciones hormas, o están a un paso de serlo.

El uso constante de la conjunción y el relativo ayudan al rítmico fluir de la prosa de Clarín, imitando el movimiento que imparte el viento tanto en el cielo (las nubes) como en la tierra (remolinos de basura). El gran recargamiento adjetival, que en otras circunstancias podría haber creado una prosa pesada y lenta, se ve aquí contrarrestado por la construcción conjuntiva y relativa. Además, algunos de los adjetivos mismos son de movimiento (sobresaltadas, temblorosos). Esta ligereza que refleja el impulso que da el viento, se ve altamente realzada por el uso de verbos de acción en una efectiva combinación de tiempos verbales: imperfecto: empujaba, rasgaban, iban, brincaban, llegaban, juntaban, incrustaban; infinitivo: correr; gerundios: revolando, persiguiéndose, dispersándose, trepando; presente indicativo: buscan, huyen, envuelve. Las frases adverbiales: "de arroyo en arroyo, de acera en acera, de esquina en esquina", semejan los brincos que dan los remolinos propulsados por el viento.

Al desarmarse la estructura de las largas oraciones típicas de la prosa de Alas, es obvio que el escritor recurre mucho a la inserción de oraciones y frases. Las construcciones sintácticas de oraciones compuestas pueden formarse con inserciones laterales (a la derecha o izquierda) o con inserciones centrales.[27] Las inserciones a la derecha o izquierda son de mucho más fácil comprensión y retención y no cansan al oyente, aun cuando se añadan varias inserciones a ambos lados; sin embargo, las inserciones centrales tienden a depender demasiado de la memoria y cansarla. Aun relativamente poca inserción central tiende a retrasar la lectura considerablemente.[28] A pesar del largo de las oraciones en la prosa de Clarín y del considerable recargamiento del detallismo adjetival, ellas no son de difícil comprensión, porque el escritor distribuye sus inserciones entre laterales y

centrales. Las centrales y las izquierdas son generalmente frases adverbiales o adjetivales, mientras que las derechas son del tipo de la
cláusula relativa: remolinos que. . .mariposas que. . .pluma que. . .
arenilla que. . .

La marcada preferencia en la utilización de determinadas transformaciones, afirma Ohmann acertadamente, reflejan la orientación
conceptual del artista, su manera preferida de organizar la experiencia.[29] La prosa de Clarín refleja una visión coleccionadora y catalogadora de la realidad, donde el mundo material objetivo juega un
papel muy importante. De allí que la profusión de adjetivos y sustantivos, el uso de conjunciones y cláusulas relativas sean de primordial importancia para expresar esa realidad objetiva cuidadosamente
observada y catalogada. Por ejemplo, la cláusula principal de la segunda frase "el viento empujaba las nubes" se ve, diremos así, deli-
cadamente bordada con adjetivos y cláusulas relativas y frases adverbiales que indican precisamente de qué dirección procedía el viento (sur); sus características termales (caliente); su velocidad (lenta,
expresada en forma personificada: perezoso); de qué color eran las
nubes (blanquecinas); qué efecto causaba el empujón del viento en las
nubes (se rasgaban); hacia dónde corrían las nubes (norte). En la tercera oración, no sólo se cataloga los elementos de que estaba formada
la basura (polvo, trapos, paja, papeles; más adelante, arenilla, pluma); y a quienes se parecían esos elementos basurales (a pilluelos,
a mariposas, a migajas), sino que inclusive exactamente por donde
iban impulsadas por el viento (arroyos, aceras, esquinas, vidrieras).

Nuestro segundo trozo a analizar es de Juan Rulfo:

> Vine a Comala porque me dijeron que acá vivía mi padre, un tal Pedro
> Páramo. Mi madre me lo dijo. Y yo le prometí que vendría a verlo en
> cuanto ella muriera. Le apreté sus manos en señal de que lo haría;
> pues ella estaba por morirse y yo en un plan de prometerlo todo. "No
> dejes de ir a visitarlo—me recomendó—. Se llama de este modo y de
> este otro. Estoy segura de que le dará gusto conocerte." Entonces no
> pude hacer otra cosa sino decirle que así lo haría, y de tanto decírselo
> se lo seguí diciendo aún después que a mis manos les costó trabajo
> zafarse de sus manos muertas. (pág. 7)

La reescritura resulta así:

> Vine a Comala porque *me dijeron que mi padre vivía acá*. Mi padre
> era un tal Pedro Páramo. Mi madre me lo dijo. *Yo le prometí que ven-
> dría a verlo* en cuanto ella muriera. Le apreté sus manos en *señal de
> que lo haría*; pues ella estaba por morirse. Yo estaba en un plan de
> prometerlo todo. No dejes de ir a visitarlo—me recomendó—. Se lla-
> ma de este modo. Se llama de este otro. Estoy *segura de que le dará
> gusto* conocerte. Entonces no pude hacer otra cosa sino *decirle que*

175

así lo haría. De tanto decírselo se lo seguí diciendo aún *después que* a mis manos les costó trabajo zafarse de sus manos. Sus manos estaban muertas.

Como se ve, el revertir las reglas de reducción por conjunción y elisión de verbo copulativo no han hecho variar mucho la prosa de Rulfo. Todavía queda mucho del sabor rulfiano. Y esto es así básicamente porque Rulfo no depende mucho de esas dos reglas, sino de varias más. También se ha revertido aquí la regla de elisión de la frase nominal equivalente[30], pero ello tampoco ha producido un cambio dramático, porque se la usa una sola vez. Nótese además, que las oraciones resultantes en la reescritura siguen siendo complejas y están lejos de su forma horma. La explicación de la complejidad de la prosa de Rulfo radica en el uso de una gran variedad de elementos sintácticos, sin depender mucho de unos pocos. Tal vez la estructura más usada es la de subordinación nominal[31], que no ha sido revertida, sino que solamente aparece en letra cursiva en la reescritura. Esta construcción tiene la apariencia de la construcción relativa, porque se utiliza la palabra "que", pero es enteramente distinta. El "que" de la construcción relativa es un pronombre, mientras que el "que" de la subordinación nominal es una palabra vacía de significado, que actúa solamente de marcador de la inserción de otra oración.

Otro elemento digno de mención de la sintaxis de la prosa de Rulfo es el uso de las perífrasis verbales, que son muy comunes en el habla popular. Por medio de ellas, más el uso de varios otros recursos, Rulfo alcanza un alto grado de verosimilitud en sus personajes. En el trozo que estudiamos, hay las siguientes construcciones perifrásticas: "venir a ver", "estaba por morir", "estar en plan de prometer", "dejar de ir", "seguir diciendo", "costar zafarse".

Rulfo utiliza inserción de cláusulas y frases laterales casi exclusivamente, lo cual ayuda a producir la sensación de "sencillez" y "cortedad" de su prosa, aun cuando se trata a veces de oraciones bastante largas.[32] Otro aspecto en la prosa de Rulfo que produce el mismo efecto, es su escaso uso de adjetivos. Por otra parte, muchas de sus oraciones están conectadas por conjunciones y otros términos conjuntivos como "porque", "entonces", "sino", que dividen claramente una oración de otra, realzando su independencia y dándoles mayor claridad. Muchos de estos términos conjuntivos que establecen relaciones causales entre dos proposiciones ("Vine a Comala porque me dijeron"), contrastan con el mundo de la novela donde las leyes de causalidad no siempre funcionan. Este contraste es parte de la dualidad que existe a través de toda la novela (paraíso-infierno). La gran variedad de reglas transformacionales de las que depende la prosa de Rulfo hacen eco a la realidad cambiante e imprecisa de la novela, donde las fronteras de lo irreal y lo real han sido borradas.

Una de las importantes características de la prosa rulfiana, sobre la que se tratará más adelante, es la asombrosa capacidad de condensación expresiva que tiene su autor. Por ejemplo, una sencilla frase como "un tal", al referirse Juan Preciado a su padre, dice muchísimo más sobre la enajenada relación entre padre e hijo que la más larga y detallada descripción de la situación. En la prosa de Rulfo queda patente su visión altamente selectiva de la realidad. Rulfo somete el lenguaje de cada una de sus obras a un largo y cuidadoso proceso selectivo, o "poda", como él lo llama, hasta quedarse con aquellas frases que aprisionen un máximo de expresión con un mínimo de palabras.[33]

El último trozo para el análisis sintáctico pertenece a *Cien años de soledad*:

Muchos años después, frente al pelotón de fusilamiento, el coronel Aureliano Buendía había de recordar aquella tarde remota en que su padre lo llevó a conocer el hielo. Macondo era entonces una aldea de veinte casas de barro y cañabrava construidas a la orilla de un río de aguas diáfanas que se precipitaban por un lecho de piedras pulidas, blancas y enormes como huevos prehistóricos. El mundo era tan reciente, que muchas cosas carecían de nombre, y para mencionarlas había que señalarlas con el dedo. Todos los años, por el mes de marzo, una familia de gitanos desarrapados plantaba su carpa cerca de la aldea, y con un grande alboroto de pitos y timbales daba a conocer los nuevos inventos. Primero llevaron el imán. Un gitano corpulento, de barba montaraz y manos de gorrión, que se presentó con el nombre de Melquíades, hizo una truculenta demostración pública de lo que él mismo llamaba la octava maravilla de los sabios alquimistas de Macedonia. Fue de casa en casa arrastrando dos lingotes metálicos, y todo el mundo se espantó al ver que los calderos, las pailas, las tenazas y los anafes se caían de su sitio, y las maderas crujían por la desesperación de los clavos y los tornillos tratando de desenclavarse, y aun los objetos perdidos desde hacía mucho tiempo aparecían por donde más se les había buscado, y se arrastraban en desbandada turbulenta detrás de los fierros mágicos de Melquíades. "Las cosas tienen vida propia—pregonaba el gitano con áspero acento—, todo es cuestión de despertarles el ánima." (pág. 9)

La reescritura de un pequeño trozo resulta en:

Macondo entonces era una aldea de veinte casas. Las casas eran de barro. Las casas eran de cañabrava. Las casas estaban construidas a la orilla de un río. Las aguas del río eran diáfanas. Las aguas se precipitaban por un lecho. El lecho era de piedras. Las piedras eran pulidas. Las piedras eran blancas. Las piedras eran enormes. Las piedras eran como huevos prehistóricos.

Se ha reescrito sólo un pequeño trozo de la prosa arriba citada, porque es suficiente para ilustrar como la reversión de sólo dos reglas transformacionales (elisión de verbo copulativo y reducción por conjunción) cambian la apariencia de la prosa de García Márquez, como en el caso de la prosa de Clarín. Pero mientras que Clarín alterna construcciones conjuntivas con relativas, García Márquez utiliza, en este trozo, considerablemente más la primera. Este marcado uso de la construcción conjuntiva ayuda a la impresión de agilidad y fluidez que tiene la prosa de García Márquez; de ahí que se la haya comparado a un "chorro de palabras."[34] Igualmente, a ello se debe su sabor de narración tradicional, tipo cuento o fábula, donde el narrador va añadiendo con sencillez y en forma efectiva, nuevos sucesos que él conoce muy bien (. . .y las maderas crujían. . .y los tornillos. . .y los objetos. . .).

Las oraciones de la prosa de García Márquez son bastante largas, pero siempre muy claras, parte debido a su construcción conjuntiva, y también porque sus inserciones de frases y oraciones son casi siempre laterales. Aun en el caso de la hiperbólica oración que empieza en la página 273 de *Cien años de soledad* y termina en la página 276, la expresión es siempre perfectamente clara. Todo este trozo que consta de 992 palabras está formado por un gran número de oraciones conjuntivas (contiene 39 conjunciones y varios otros términos conjuntivos), y muchas oraciones de construcción relativa y de subordinación nominal, frases exclamativas y frases adverbiales. La larga estructura sintáctica, sin puntos, ayuda mucho a reforzar la idea de interminable cantaleta, como vuelo de moscardón, que da Fernanda a su marido. La hipérbole, utilizada aquí en la sintaxis, se discutirá más adelante por ser un recurso muy favorecido por García Márquez.

Otro recurso muy peculiar en la novela es el uso de la frase perifrástica "haber de", en su forma imperfecta ("había de"). Esta frase es una especie de leit-motif a través de la obra, con la que se introduce escenas del pasado. "Haber de" es una construcción de significación obligativa que ha caído en desuso en el lenguaje hablado, pero que nuestras abuelas la usaban mucho, de ahí que tiene un especial sabor a lo añejo. Su utilización como primer verbo de la novela recuerda la fórmula narrativa del comienzo de cuentos o fábulas "Dice que había una vez", y establece el mismo tono narrativo fabuloso que se irá confirmando a través de la obra. Gili Gaya indica que "haber de" es la perífrasis verbal obligativa más antigua.[35]

García Márquez muestra una marcada preferencia por una variedad de construcciones sintácticas prepositivas con "de". En el trozo aquí citado, la palabra "de", que aparece en letra cursiva se repite nada menos que veinticuatro veces. Si se cuenta además veinte palabras que contienen sílabas con "de" (también en letra cursiva), se tiene un total de 44 veces que se repite el sonido "de", además de las muchas palabras que contienen la consonante "de" ("Buendía", "recordar", "Macondo" y muchas más). Una de la funciones de esta repetición de "de" es aliterativa, pero también es una mofa del español, idioma recargado de preposiciones. Este es, en realidad, otro ejemplo de hipérbole sintáctica. García Márquez aprovecha también las construcciones adjetivales prepositivas ("lecho de piedras" en lugar de "pedregoso" y "[un gitano] de barba" en lugar de "barbudo") para intercalarlas con los adjetivos directos ("aguas diáfanas", "un gitano corpulento"), haciendo así su prosa más variada. Otras frases prepositivas usadas son: de procedencia ("Alquimistas de Macedonia"); de cantidad ("aldea de veinte casas"); de tiempo ("mes de marzo"); de modo ("desesperación de los clavos"); de propiedad ("fierros mágicos de Melquíades").

García Márquez tiene un dominio perfecto sobre el lenguaje y lo utiliza con gran soltura para expresar su fabulosa capacidad inventiva. Su prosa abunda en adjetivos y sustantivos, pero no al estilo catalogador de Clarín que desea reproducir con exactitud el mundo físico que lo rodea, sino con el fin de crear ese fantástico mundo que es Macondo; y fantástico lo es, pero encierra en sí la más pura esencia del mundo hispanoamericano en particular y de la existencia humana en general. La facilidad expresiva de este autor y su experta manipulación del lenguaje ha causado impresiones contradictorias sobre su prosa. Por un lado se ha hecho hincapié en su abundancia expresiva ("chorro de palabras") y por el otro se ha recalcado "su prodigiosa condensación."[36] Y la verdad es que el lenguaje de García Márquez tiene de ambas, comparte esa característica mágica del mundo que crea. Así, es un lenguaje muy fluido y copioso, pero a la vez denso. En menos de 350 páginas cubre cien años de la vida de la familia Buendía. A pesar de algunas similitudes entre la prosa de Clarín y García Márquez—largo de oraciones, abundante uso de sustantivos y adjetivos—la visión del mundo de este último es más bien selectiva (más cercana a la de Rulfo) que catalogadora como la de Clarín. En la tercera parte de este ensayo se tratará más sobre este punto.

En varias oportunidades en este ensayo se ha hablado del largo de las oraciones.[37] Para dar una idea algo más precisa de cuán largas en realidad son las oraciones que utilizan los autores que nos ocupan, se

179

ha hecho una breve investigación estadística. Por carecerse del tiempo y medios que se requeriría para una investigación estadística extensiva, se ha procedido de la siguiente manera: se ha tomado la primera oración completa de cada página y contado su número de palabras. Se ha sumado las palabras de todas esas oraciones y dividido por el número de páginas. No se ha separado el lenguaje descriptivo del dialogal, por no complicar la investigación y por considerarse que las tres novelas cuentan con ambos tipos de narración y por lo tanto los resultados no alteran el aspecto comparativo. El resultado fue el siguiente:

La Regenta

Número total de páginas	670
Número total de palabras (contando sólo la primera oración de cada página)	14,667
Promedio de palabras por oración	21.89

Pedro Páramo

Número total de páginas	123
Número total de palabras (contando sólo la primera oración de cada página)	1,265
Promedio de palabras por oración	10.28

Cien años de soledad

Número total de páginas	343
Número total de palabras (contando sólo la primera oración de cada página)	8,806
Promedio de palabras por oración	25.85

El promedio del largo de las oraciones de Juan Rulfo es, en efecto, mucho menor que el de los otros dos escritores: la mitad del promedio de las oraciones de Clarín y casi una tercera parte del de García Márquez. Pero este promedio de Rulfo sólo vale para su novela. Un estudio estadístico de la prosa de su cuento "Acuérdate", por ejemplo, daría un promedio de largo bastante mayor al obtenido aquí, ya que el tipo narrativo es distinto, aunque posiblemente nunca iguale al largo oracional de García Márquez. El promedio del largo de oraciones de Clarín es bastante menor al de García Márquez, pero las oraciones de Clarín dan la impresión de ser más largas que las del otro. Esto se debe básicamente al porcentaje de inserciones centrales que tiene la prosa de *La Regenta*. El resultado presente contradice las afirmaciones de Martín Alonso que alega que la literatura moderna se deshace de oraciones y párrafos largos.[38] García Márquez aventaja a Clarín tanto en el largo de sus oraciones como en el de sus párrafos. Aunque Rulfo y Clarín son muy distintos en estilo, ambos escritores favorecen la utilización del punto y coma, mientras que García Márquez, a pesar del largo de sus oraciones, utiliza ese tipo de puntuación extremadamente poco.

Un estudio estadístico más extenso de la prosa en estas tres novelas establecería con mayor precisión el tipo de estructuras sintácticas y de otros elementos lingüísticos predominantes.

Al hacerse un estudio estilístico es imperativo referirse, aunque sea brevemente, a ciertos elementos claves del estilo de los autores que nos ocupan, aspectos que están fuera del análisis sintáctico. En los trozos tomados de *La Regenta, Pedro Páramo* y *Cien años de soledad* se presentan tres ciudades (o pueblos), uno en cada uno: Vetusta, Comala y Macondo. Una comparación de la presentación de estos pueblos, así como de tres importantes personajes de estas novelas: Don Fermín, Pedro Páramo y Melquíades, pondrán en relieve algunos de los más importantes recursos estilísticos de estos autores.

Primero trataremos del punto de vista narrativo. La primera pregunta que se hace el lector es ¿quién es el que habla? En *La Regenta,* Clarín no ofrece complicaciones. El narrador omnisciente toma de la mano al lector para mostrarle, como si poseyera ojo mágico, el mayor número posible de los aspectos de la vida vetustense. El narrador no sólo posee la habilidad de una cámara fotográfica, que aprisiona hasta el último detalle de un determinado momento y lugar (Vetusta a la hora de la siesta y en un día ventoso), sino que también conoce otros detalles que están fuera de la observación de un lugar o momento en particular. Es decir, el narrador sabe también detalles íntimos de la vida de sus habitantes, como su tipo de comida: "Vetusta. . .hacía la digestión de cocido y olla podrida" (pág. 7). De la ciudad conoce no sólo su historia arquitectónica,

> La torre de la catedral. . .era obra del siglo dieciséis, aunque antes comenzada de estilo gótico. . . (pág. 7)

sino hasta el aspecto de su iglesia en distintos momentos del día y en diversas ocasiones. En la noche durante fiestas:

> Cuando en las grandes solemnidades el cabildo mandaba iluminar la torre con faroles de papel y vasos de colores, parecía bien, destacándose en las tinieblas, aquella romántica mole; pero perdía con estas galas la inefable elegancia de su perfil y tomaba los contornos de una enorme botella de champaña. (pág. 8)

en la noche, pero sin fiesta:

> Mejor era contemplarla en clara noche de luna, resaltando en un cielo puro, rodeada de estrellas que parecían su aureola, doblándose en pliegues de luz y sombra. . .(pág. 8)

Con la detallada presentación del ventarrón en Vestusta no sería difícil, para un pintor, hacer un cuadro. Ha sido por medio de estos detalles que muchos críticos han creído reconocer a Oviedo oculta bajo el nombre de Vetusta.

Tampoco escatima detalle Clarín al presentar al personaje Don Fermín. De éste nos ofrece una detalladísima descripción de casi centímetro por centímetro: cejas, ojos, nariz, pómulos, labios, mentón, tez, etc., así como los cambios de color en el rostro y ojos del magistral y las fuerzas interiores que producen estos cambios. También describe el efecto que las distintas expresiones del rostro de Don Fermín causan en otra gente. Inclusive, sabe el narrador exactamente como luciría el hombre si se pusiera tal o cual vestimenta. (Debido a la extensión de este trozo descriptivo sobre Don Fermín, se lo adjunta como apéndice al final de este ensayo).

No se puede dejar *La Regenta* sin mencionar el uso irónico de contrastes que Clarín introduce desde la primera línea de su novela. La ironía de que Vetusta, calificada de heroica, esté entretenida en una actividad totalmente anti-heroica (dormir la siesta) que sugiere flojera y dejadez, se ve reforzada inmediatamente con el hecho de que hasta sus nubes se mueven perezosamente, y luego por la detallada descripción de la basura dispersada por toda la ciudad. Como a Clarín le gusta machacar sus ideas, inmediatamente después nos bombardea con otro contraste irónico sobre la ciudad: Vetusta noble y leal versus Vetusta haciendo la digestión del cocido y la olla podrida.

La lectura de *Pedro Páramo* es totalmente opuesta a la de *La Regenta*. En la primera oración de la novela aparece el nombre del pueblo "Comala" y el lector sabe que ése es el escenario de acción de la obra porque el verbo "vine" que utiliza el narrador en primera persona implica que se encuentra todavía allí. Pero de momento no sabemos más nada sobre Comala. El narrador ha saltado al pasado para explicar que vino en busca de su padre. Mediante la narración de la escena Juan-madre, Rulfo va preparando al lector en forma casi imperceptible para la entrada al extraño mundo de Comala. Primero está la rara falta de emoción con que se narra la muerte de la madre, y luego, las promesas que el hijo sigue haciendo a la madre ya muerta. Esto nos anticipa las conversaciones de vivos con muertos y muertos entre sí que seguirán después. Hacia la mitad de la novela recién se entera el lector del nombre del narrador, y luego, lo que se creía que era una narración en primera persona, resulta ser parte de un diálogo entre dos muertos (Juan-Dorotea). Es decir, las cosas no son como parecen. Estamos frente a una realidad cambiante.

Con respecto a Comala, sabremos más sólo recogiendo retazos de información aquí y allá de varios de los personajes de la novela a través de su lectura total. Rulfo así obliga al lector a formar un cuadro completo de Comala como si formara un rombecabezas. Y al final, no se tiene una visión única y clara (como de Vetusta), sino que hay por lo menos dos visiones antitéticas del pueblo, como lo menciona Rodríguez Alcalá: infierno y paraíso.[39]

A través de las conversaciones Juan-Abundio y Juan-Dorotea se presenta la visión de la Comala infernal. Y son elementos impalpables o abstractos, en su mayoría, los que describen el pueblo: calor sofocante, los ruidos, las sombras, los murmullos; la tristeza, la soledad, el abandono y más que nada aquellos elementos que debería tener y no tiene:[40] ante todo la falta de aire, la bulla de niños que juegan, y los pájaros y árboles.

¿Y por qué se ve esto tan triste? (pág. 8)

Habíamos dejado el aire caliente allá arriba y nos íbamos hundiendo en el puro calor sin aire. (pág. 9)

. . .yo preguntaba por el pueblo que se ve tan solo, como si estuviera abandonado. (pág. 11)

Era la hora en que los niños juegan en las calles de todos los pueblos, llenando sus gritos la tarde. . . .también había visto (en Sayula) el vuelo de las palomas rompiendo el aire quieto, sacudiendo sus alas como si se desprendieran del día. . .Ahora estaba aquí, en este pueblo sin ruidos. (pág. 11)

La visión de Comala-paraíso se presenta a través de los recuerdos de Dolores Preciado y también cuando Pedro piensa en Susana. Pero en ambos casos, no se habla de Comala como pueblo, sino de los campos que la rodean. El cuadro que evoca Dolores también está expresado, en gran parte, por medio de elementos impalpables y pasajeros: olores, movimiento de espigas, rizos de lluvia, la temperatura:

Llanuras verdes. Ver subir y bajar el horizonte con el viento que mueve las espigas, el rizar de la tarde con una lluvia de triples rizos. El color de la tierra, el olor de la alfalfa y del pan. Un pueblo que huele a miel derramada. . . (pág. 22)

no sentir otro sabor sino el del azahar de los naranjos en la tibieza del tiempo. (pág. 23)

Aparte de estas visiones antitéticas, hay también cuadros intermedios de Comala, por ejemplo, las descripciones del pueblo en días de lluvia, que sirven como leit-motif para la introducción de Pedro

Páramo en su niñez, y días de cielo gris y amenazante, que aparecen asociados al anuncio de alguna muerte. Pero estos cuadros tampoco dicen más sobre el pueblo. La siguiente cita es una observación muy limitada de un personaje (Pedro de niño) en un momento de lluvia:

> El agua que goteaba de las tejas hacía un agujero en la arena del patio. Sonaba: plas plas y luego otra vez plas, en mitad de una hoja de laurel que daba vueltas y rebotes metida en la hendidura de los ladrillos. (pág. 15)

En cuanto a descripción de personajes, Rulfo exige del lector una estrecha colaboración. Mientras Clarín no deja en Don Fermín pelo ni recoveco de su mente sin describir, sobre Pedro Páramo no tenemos más que dos referencias a su estatura corpulenta: "allí estaba él, enorme, mirando la maniobra" (pág. 71) y "el cuerpo enorme de Pedro Páramo. . ." (págs. 109-110). El resto del aspecto físico del cacique lo tendrá que componer el lector. Al igual que sobre el pueblo, sabremos más sobre la personalidad de Pedro a través de la opinión de los demás, de sus actos y de sus evocaciones de Susana. Tal vez la mejor descripción que se tiene del hombre es la que da su hijo Abundio: "es un rencor vivo" (pág. 10). Esta sola metáfora, de increíble poder expresivo, parece mostrar al desnudo el alma frustrada y resentida del cacique. Y es a través de comparaciones que Rulfo aprisiona todo un mundo de significado y en ellas radica mucho de la fuerza poética de su prosa. Rulfo tiene demasiadas y bellísimas comparaciones como para discutirlas aquí, pero baste dar algunos ejemplos. Sobre Comala: "Un pueblo que huele a miel derramada" (pág. 22); sobre el espectro de Eduviges: "su voz estaba hecha de hebras humanas" (pág. 12); sobre la madre de Pedro después de asesinado el marido: "como si se le hubieran soltado los resortes de su pena, se dio vuelta sobre sí misma una y otra vez" (pág. 28); sobre Dorotea en el momento de su muerte: "Sentí cuando cayó en mis manos el hilito de sangre con que [mi alma] estaba amarrada a mi corazón" (pág. 70); sobre la mujer incestuosa: "El cuerpo de aquella mujer hecho de tierra, envuelto en costras de tierra, se desbarataba como si estuviera derritiéndose en un charco de lodo." (pág. 61)

Con García Márquez se vuelve hacia la narración de tipo clásico, pero su falta de dificultades es a veces engañosa. Al autor, de gran sentido de humor, le gusta jugar con el lector, destrozando recursos narrativos gastados. Por ejemplo, al comienzo de la novela, García Márquez parece utilizar el conocido recurso narrativo del "flash-back", de un hombre sentenciado a muerte (el coronel Aureliano

Buendía) que tiene ante sus ojos todo su pasado en el instante mismo de morir (recuérdese que está "frente al pelotón de fusilamiento"). Se espera que la novela termine, o por lo menos el trozo de "flash-back", con el fusilamiento del coronel, pero no es así. El coronel no solamente no muere fusilado ni tiene una muerte heroica, sino que se muere de puro viejo después de haber orinado.

Macondo empieza a ser descrita como si se tratara de un pueblo cualquiera y en el estilo de la novela realista ("aldea de veinte casas de barro y cañabrava"), pero muy poco después nos encontramos con un río cuyo lecho tiene "piedras pulidas, blancas y enormes como huevos prehistóricos". Con este símil, es claro que entramos en un mundo de total fantasía: en primer lugar, nadie ha visto nunca huevos prehistóricos para poder imaginarse el tamaño aproximado de las piedras, y en segundo lugar, las piedras de los ríos no suelen tener la forma de huevos. En la próxima oración, donde se nos informa que en el mundo tan nuevo de Macondo, las cosas no tenían nombre, caemos en cuenta que estamos frente a una parodia del génesis bíblico. Por otro lado, nos recuerda la confrontación del europeo con el nuevo mundo americano, donde en efecto las cosas—o al menos parte de la vegetación y fauna, por ejemplo—no tenían nombre (europeo) y había que señalarlas.

En la demostración maravillosa de Melquíades se puede observar uno de los recursos favoritos de García Márquez: la hipérbole. Como apunta Gullón, en *Cien años de soledad* hay "una sistemática distorsión por la hipérbole que casa bien con el ambicioso designio del autor: crear un mundo que sea el mundo novelesco por excelencia."[41] La exageración hiperbólica de los efectos del imán en otros objetos metálicos tiene resultados muy cómicos: "las maderas crujían por la desesperación de los clavos y los tornillos tratando de desenclavarse. . ." Melquíades con los lingotes metálicos recuerda al cuento de la "Flauta mágica", pero lo cómico y enrevesado del caso es que el efecto de los imanes en los objetos metálicos no es resultado de magia, pero en el mundo al revés que crea García Márquez, sí.

En el trozo citado, aparte de verse al gitano Melquíades en plena acción, hay una breve descripción de su físico, que resulta en un contraste harto cómico y grotesco: la gran estatura y barba desordenada de una figura imponente junto a "manos de gorrión" que sugieren pequeñez y delicadeza. Unas páginas después se completa la figura de Melquíades:

> . . .la muerte lo perseguía a todas partes, husmeándole los pantalones, pero sin decidirse a darle el zarpazo final. Era un fugitivo de cuantas

plagas y catástrofes habían flagelado al género humano. Sobrevivió a la pelagra en Persia, al escorbuto en el archipiélago de Malasia, a la lepra en Alejandría, al beriberi en el Japón, a la peste bubónica en Madagascar, al terremoto de Sicilia y a un naufragio multitudinario en el estrecho de Magallanes. Aquel ser prodigioso que decía poseer las claves de Nostradamus, era un hombre lúgubre, envuelto en un aura triste, con una mirada asiática que parecía conocer el otro lado de las cosas. Usaba un sombrero grande y negro, como las alas extendidas de un cuervo, y un chaleco de terciopelo patinado por el verdín de los siglos. Pero a pesar de su inmensa sabiduría y de un ámbito misterioso, tenía un peso humano, una condición terrestre que lo mantenía enredado en los minúsculos problemas de la vida cotidiana. Se quejaba de dolencias de viejo, sufría por los más insignificantes percances económicos y había dejado de reir desde hacía mucho tiempo, porque el escorbuto le había arrancado los dientes. (págs. 12 y 13)

Como se ve, la descripción de García Márquez, aunque amplia, es también altamente selectiva, como la de Rulfo. A los detalles físicos ya conocidos del gitano, en este largo párrafo se añaden sólo unos pocos más: su mirada, su falta de dientes y el tamaño y tipo de sombrero y chaleco. Con estos toques, deja García Márquez que el lector complete la figura. En lo que se explaya, utilizando la hipérbole, es en reforzar la idea de exotismo y el aura mágica del gitano: viajó por todos los rincones del mundo y la muerte le tenía especial zaña, a la que el gitano era casi inmune. Para terminar, se nos da el lado prosaicamente humano del gitano, que contrasta cómicamente con su superioridad sobrehumana ante la muerte: sus achaques de vejez, su tacañería y su vanidad. En efecto, es su vanidad la que contribuye al aire de tristeza y misterio del gitano, ya que éste no rie por no mostrar su boca sin dientes.

Para concluir, sólo queda anotar que los tres enfoques utilizados han servido para iluminar distintos aspectos de las obras de estos autores, haciendo posible reemplazar el uso de descripciones impresionistas con descripciones más precisas de diversos elementos estilísticos utilizados.

También ha sido posible, mediante la comparacción, hacer resaltar las diferencias y similitudes del estilo de estos autores. Se ha visto que una categorización de estilos sintácticos por época sería errónea, ya que García Márquez y Clarín comparten muchos elementos sintácticos y recursos retóricos, al igual que Rulfo con García Márquez.

Desde el punto de vista narrativo, hay marcada diferencia entre los autores contemporáneos y el escritor realista. En Clarín se evidencia el afán de mostrarlo y explicarlo todo, mientras que García Márquez y especialmente Rulfo, exigen una activa participación del lector.

UNIVERSITY OF CONNECTICUT

Notas

[1]Con el fin de obtener un contraste estilístico diacrónico y otro sincrónico, se han tomado trozos de la prosa de dos escritores contemporáneos: Juan Rulfo (1918-) y Gabriel García Márquez (1928-) exponentes óptimos del realismo mágico por un lado, y por otro un escritor del siglo XIX, Leopoldo Alas (1852-1901) sobresaliente miembro de la llamada segunda generación realista española.

[2]Juan Ventura Agudíez, *Inspiración y estética en La Regenta de Clarín.* Oviedo: Imprenta "La Cruz", 1970, págs. 152-3.

[3]Laura N. Villavicencio, "Reiteración y extremismo en el estilo creativo de Clarín", *Hispania*, Núm. 3, (Septiembre, 1971), Vol. 54, pág. 459. Vale anotar que en este caso, Laura Villavicencio ofrece un sólido análisis lingüístico de trozos de la prosa de Clarín, que substancian la afirmación aquí citada.

[4]Hugo Rodríguez Alcalá, *El arte de Juan Rulfo*, México: Instituto de Bellas Artes, 1965, pág. 207.

[5]Luis Harss, *Los nuestros*, Buenos Aires: Editorial Sudamericana, 1969, pág. 324.

[6]Emir Rodríguez Monegal, "Novedad y anacronismo de *Cien años de soledad*", *Homenaje a Gabriel García Márquez*, H.F. Giacoman, ed., New York: Las Américas Publishing Co., 1972, pág. 41.

[7]Ernesto Volkening, "Gabriel García Márquez o el trópico desembrujado", *Homenaje a Gabriel García Márquez*, H.F. Giacoman, ed., New York: Las Américas Publishing Co., 1972, pág. 78.

[8]Curtis W. Hayes, "A Study in Prose Styles: Edward Gibbon and Ernest Hemingway", *Linguistics and Literary Style*, Donald C. Freedman, ed., New York: Holt, Rinehart and Winston, Inc., 1970, pág. 280.

[9]Me refiero principalmente a la crítica de Leo Spitzer, que según este excelente crítico debe estar basada en el talento, la experiencia y la fe, y más que nada, perseverancia: leer y releer hasta que sobresalten aspectos peculiares del estilo. *Linguistics and Literary History: Essays in Stylistics*, Princeton: Princeton U. Press, 1948, pág. 27.

[10]Walker Gibson, "Styles and Stylistics: A Model T Style Machine", *Linguistics and Literary Style*, Donald E. Freedman, ed., New York: Holt, Rinehart and Winston, Inc., 1970, pág. 143. La cita pertenece a John Spencer y Michael Gregory.

[11]De ahora en adelante, para referirme a la gramática transformacional generativa, utilizaré las siglas GTG.

[12]Richard Ohmann, "Generative Grammars and the Concept of Literary Style", *Linguistics and Literary Style*, Donald E. Freeman, ed., New York: Holt, Rinehart and Winston, Inc., 1970, pág. 276.

[13]*Ibid.*, pág. 262.

[14]*Ibid.*, pág. 264.

[15]*Ibid.*, pág. 268. Ohman hace una diferencia entre el "contenido" de una oración

187

Hacia un análisis lingüístico

y su "contenido cognitivo", explicando que el segundo es aquel que se mantiene intacto al pasar de su estructura profunda a su estructura superficial, mientras el primero siempre cambia, aunque sea ligeramente, al sufrir una transformación, o pasar de una estructura a otra.

[16]En este análisis sintáctico se sigue básicamente el método utilizado por Richard Ohmann en "Generative Grammars and the Concept of Literary Style", incluyendo la arbitrariedad de selección de reglas transformacionales y reescritura de los textos. *Ibid.*, págs. 258-270.

[17]Roger Hadlich, *A Transformational Grammar of Spanish*, Englewood Cliffs, N.J.: Prentice-Hall, Inc., 1971.

[18]Noam Chomsky, *Aspectos de la teoría de la sintaxis*, Carlos P. Otero, traductor, Madrid: Aguilar, 1971.

[19]Heles Contreras, (Compilador), *Los fundamentos de la gramática transformacional*, México: Siglo Veintiuno Editores, S.A., 1973.

[20]Las reglas transformacionales de este ensayo han sido obtenidas de los siguientes libros:

Contreras, *Los fundamentos de la gramática transformacional*.

Chomsky, *Aspectos de la teoría de la sintaxis*.

Hadlich, *A Transformational Grammar of Spanish*.

Jacobs and Rosenbaum, *English Transformational Grammar*, Waltham, Mass.: Blaisdell Publishing Co., 1968.

Jacobs and Rosenbaum, *Transformations, Style and Meaning*, Waltham, Mass.: Xerox College Publishing, 1971.

[21]Leopoldo Alas, "Clarín", *La Regenta*, Madrid: Alianza Editorial, S.A., 1969. Todas las referencias de *La Regenta* usadas en este ensayo provienen de esta edición.

[22]Juan Rulfo, *Pedro Páramo*, México: Fondo de Cultura Económica, 1969. Todas las referencias de *Pedro Páramo* usadas en este ensayo provienen de esta edición.

[23]Gabriel García Márquez, *Cien años de soledad*, Buenos Aires: Editorial Sudamericana, 1967. Todas las referencias de *Cien años de soledad* en este ensayo provienen de esta edición.

[24]Elisión de verbo copulativo ser: Se considera que la horma "el estudiante inteligente" es "El estudiante es inteligente". La elisión del verbo copulativo "ser" la convierte en "el estudiante inteligente", sin cambiar en absoluto la calificación que efectúa el adjetivo sobre el sustantivo. (Hadlich, pág. 142).

[25]Transformación de la cláusula relativa: Esta regla permite la inserción de oraciones en las frases nominales. Por ejemplo, la oración "El argumento que presentó Pérez desconcertó a los oyentes", está compuesta de dos oraciones separadas: "Pérez presentó el argumento" y "el argumento desconcertó a los oyentes". Son varias las reglas que intervienen en este proceso transformativo, pero aquí solo mostramos el primer y último estado. Para mayor información, ver Jacobs & Rosenbaum, *English Transformational Grammar*, págs. 199-203.

[26]Reducción por conjunción: Cuando dos oraciones tienen la misma frase nominal o frase verbal en común, entonces éstas pueden transformarse en una sola oración con frase nominal o frase verbal doble. Ejemplo: "El acróbata bailó" y "El acróbata cantó" (estructuras subyacentes) se convierten en "El acróbata bailó y cantó" (estructura superficial). "El acróbata bailó" y "el payaso bailó (estructuras subyacentes) se convierten en "El acróbata y el payaso bailaron" (estructura superficial). Esta transformación, en los casos que acabamos de mencionar elimina la redundancia, pero este proceso también se puede aplicar a oraciones que no comparten contenido léxico o

Nila Marrone

semántico. Ejemplo: "Galileo miró al cielo" y "los niños comieron manzanas" se convierte en "Galileo miró al cielo y los niños comieron manzanas". (Jacobs and Rosenbaum, *English Transformational Grammar*, págs. 253-4)

[27]Por ejemplo, en la oración "Después de que Juan se fue, los invitados bailaron con mucho entusiasmo" hay inserción lateral izquierda. En "Los amigos bailaron con mucho entusiasmo, después de que Juan se fue" hay inserción derecha. En "Los amigos, después de que Juan se fue, bailaron con mucho entusiasmo", la inserción es central.

[28]Ohmann, "Generative Grammars and the Concept of Literary Style, *Linguistics and Literary Style*, págs. 273-274.

[29]*Ibid.*, pág. 271.

[30]Elisión de frase verbal equivalente: Cuando el sujeto de la matriz y el sujeto de la subordinada son idénticos, se elide el segundo. El verbo de la subordinada se transforma en un infinitivo, o se añade "que" + verbo. (Contreras, págs. 37 y 95).

[31]Subordinación pronominal: La construcción pronominal resulta de la inserción, dentro de una oración, de otra oración en lugar de una frase nominal. Estas oraciones insertadas, realizan una variedad de funciones, tales como: sujeto, complemento directo, predicado nominativo, complemento adverbial, etc. (Hadlich, págs. 155-159).

[32]Por ejemplo, la última oración del trozo de *Pedro Páramo* estudiado cuenta con 34 palabras, oración que de ninguna manera se podría llamar "corta".

[33]Arthur Ramirez, "Style and Technique in Juan Rulfo" (unpublished Ph. D. dissertation, Modern Languages and Literature, The University of Texas at Austin, 1973) pág. 17.

[34] Luis Harss, *Los nuestros*, pág. 416.

[35]Samuel Gili Gaya, *Curso superior de sintaxis española*, Barcelona: Biblograf, S.A., 1961, págs. 111-112.

[36]Ricardo Gullón, *García Márquez o el arte de contar*, Madrid: Taurus Ediciones, S.A. 1970, pág. 34.

[37]En este ensayo, el término "oración" se ha utilizado en dos niveles: 1) el equivalente de "sentence" en inglés, tal como la usa Noam Chomsky en *Aspects of the Theory of Syntax*, (Cambridge, Mass., The M.I.T. Press, 1970), y 2) La hilera de palabras que sigue un punto seguido o punto final (o comienza un párrafo de un libro) y que va hasta otro punto seguido o final. Para el análisis estadístico, es esta segunda definición la que se aplica.

[38]Martín Alonso, *Evolución sintáctica del español*, Madrid: Aguilar, 1972, pág. 17.

[39]Rodríguez Alcalá, *El arte de Juan Rulfo*, pág. 20.

[40]Un estudio más extenso de la sintaxis en la prosa de Rulfo debería incluir el repetido uso de oraciones en negativo.

[41]Gullón, *García Márquez o el arte de contar*, pág. 41.

Hacia un análisis lingüístico

Si los pilletes hubieran osado mirar cara a cara a don Fermín, le hubieran visto, al asomar en el campanario, serio, cejijunto, al notar la presencia de los campaneros, levemente turbado, y en seguida sonriente, con una suavidad resbaladiza en la mirada y una bondad estereotipada en los labios. Tenía razón el delantero: De Pas no se pintaba. Más bien parecía estucado. En efecto, su tez blanca tenía los reflejos del estuco. En los pómulos, un tanto avanzados, bastante para dar energía y expresión característica al rostro, sin afearlo, había un ligero encarnado que a veces tiraba al color del alzacuello y de las medias. No era pintura, ni el color de la salud, ni pregonero del alcohol; era el rojo que brota en las mejillas al calor de palabras de amor o de vergüenza que se pronuncian cerca de ellas, palabras que parecen imanes que atraen el hierro de la sangre. Esta especie de congestión también la causa el orgasmo de pensamientos del mismo estilo. En los ojos del Magistral, verdes, con pintas que parecían polvo de rapé, lo más notable era la suavidad de liquen; pero en ocasiones, de en medio de aquella crasitud pegajosa salía un resplandor punzante, que era una sorpresa desagradable, como una aguja en una almohada de plumas. Aquella mirada la resistían pocos; a unos les daba miedo, a otros asco; pero cuando algún audaz la sufría, el Magistral la humillaba cubriéndola con el telón carnoso de unos párpados anchos, gruesos, insignificantes, como es siempre la carne informe. La nariz larga, recta, sin corrección ni dignidad, también era sobrada de carne hacia el extremo y se inclinaba como árbol bajo el peso de excesivo fruto. Aquella nariz era la obra muerta de aquel rostro todo expresión, aunque escrito en griego, porque no era fácil leer y traducir lo que el Magistral sentía o pensaba. Los labios largos y delgados, finos, pálidos, parecían obligados a vivir comprimidos por la barba, que tendía a subir, amenazando para la vejez, aún lejana, entablar relaciones con la punta de la nariz claudicante. Por entonces no daba al rostro este defecto apariencia de vejez, sino expresión de prudencia de la que toca en cobarde hipocresía y anuncia frío y calculador egoísmo. Podía asegurarse que aquellos labios guardaban como un tesoro la mejor palabra, la que jamás se pronuncia. La barba, puntiaguda y levantisca, semejaba al candado de aquel tesoro. La cabeza, pequeña y bien formada, de espeso cabello negro muy recortado, descansaba sobre un robusto cuello, blanco, de recios músculos, un cuello de atleta, proporcionado al tronco y extremidades del fornido canónigo, que hubiera sido en su aldea el mejor jugador de bolos, el mozo de más partido, y a lucir entallada levita, el más apuesto azotacalles de Vetusta.

V. Marxism

CRITICA MARXISTA Y POESIA: LECTURA DE UN POEMA DE JULIAN DEL CASAL

Carlos Blanco Aguinaga

> Vivir en una sociedad y no depender de ella es im-
> posible. La libertad del escritor burgués, del artis-
> ta, de la actriz, sólo constituye una dependencia en-
> cubierta: dependencia del dinero, dependencia del
> corruptor, dependencia del sueldo.
> V. I. Lenin

Aunque a regañadientes no dejan de aceptarse ciertos "hallazgos" de la crítica marxista, en particular, tal vez por lo que se refiere a cuestiones de novela (Lukács, Goldmann) o cuando, de manera obviamente "sociológica", se aplican procedimientos marxistas de análisis a lo que suele calificarse de subliteratura. Parece ser, en cambio, que corre la sospecha de una cierta grave impotencia (o torpeza, que es peor) de la crítica marxista frente a la poesía (a pesar de Plejanov, de Caudwell, de Maiakovski, de Benjamin). De cuyas supuestas aplicabilidad y limitación pueden deducirse todas las demás limitaciones que suelen suponerse en la crítica marxista (y que no viene aquí al caso enumerar).

Con la intención de poner en duda tales supuestos (generalmente imprecisos) decidí aprovechar la oportunidad que ofrecía este coloquio para tratar, precisamente, de poesía. Más aún: de un solo poema, a la manera de la crítica más formalista. Para poner el método lo más seriamente posible a prueba decidí, además, escoger el poema al

Crítica marxista y poesía

azar de las lecturas y trabajos de clase del año en curso, pero excluyendo explícitamente todo poema que pudiese ser sospechoso de intenciones socio-políticas (Neruda, Vallejo, Alberti. . .). El poema escogido resultó ser "Neurosis", de Julián del Casal*: el texto que aquí estudiaremos se publicó por primera vez en *La Habana Elegante* el 5 de febrero de 1893, y en *Bustos y Rimas* algo más tarde el mismo año.

NEUROSIS

<blockquote>

Noemí, la pálida pecadora
de los cabellos color de aurora
y las pupilas de verde mar
entre cojines de raso lila,
5   con el espíritu de Dalila,
deshoja el cáliz de un azahar.

Arde a sus plantas la chimenea
donde la leña chisporrotea
lanzando en torno seco rumor,
10   y alzada tiene su tapa el piano
en que vagaba su blanca mano
cual mariposa de flor en flor.

Un biombo rojo de seda china
abre sus hojas en una esquina
15   con grullas de oro volando en cruz,
y en curva mesa de fina laca
ardiente lámpara se destaca
de la que surge rosada luz.

Blanco abanico y azul sombrilla,
20   con unos guantes de cabritilla
yacen encima del canapé,
mientras en taza de porcelana,
hecha con tintes de la mañana,
humea el alma verde del té.

</blockquote>

---

* La selección al "azar" se originó a partir de los comentarios orales que a "Neurosis" hicieron algunos alumnos de tercer año de Licenciatura, en un curso sobre poesía latinoamericana (otoño 1974). El fundamento de aquellos comentarios fue puesto a prueba en un seminario de graduados, durante el cual (invierno 1974-75) Mariana Marín y Francisco Romero escribieron juntos un agudo trabajo sobre nuestro poema, que fue discutido eficazmente por los demás miembros del seminario. Sin ese proceso no podrían haber existido en su forma actual estas páginas que aquí aparecen bajo mi firma.

25   Pero ¿qué piensa la hermosa dama?
¿Es que su príncipe ya no la ama
como en los días de amor feliz,
o que en los cofres del gabinete
ya no conserva ningún billete
30   de los que obtuvo por un desliz?

        ¿Es que la rinde cruel anemia?
¿Es que en sus búcaros de Bohemia
rayos de luna quiere encerrar,
o que, con suave mano de seda,
35   del blanco cisne que amaba Leda
ansía las plumas acariciar?

        ¡Ay!, es que en horas de desvarío
para consuelo del regio hastío
que en su alma esparce quietud mortal,
40   un sueño antiguo le ha aconsejado
beber en copa de ónix labrado
la roja sangre de un tigre real.

La neurosis del título puede ser del poeta o de algún personaje de su poema: la opción nos dura apenas el más breve de los instantes ya que la primera palabra del poema es su sujeto: *Noemí*. Es de notar que este nombre bíblico de mujer con que entramos al poema, nombre que desde sus alturas de primera palabra de la simétrica página la domina toda, no vuelve a repetirse en el poema. Fijémonos también en que no hemos de confundir a esta Noemí con la suegra de Ruth ya que si la Noemí del *Viejo Testamento* era mujer de altas virtudes familiares, es la del poema, inmediatamente, "pálida pecadora". Si acaso algo tienen en común las dos Noemís, ha de ser—según veremos—el encontrarse las dos "desamparadas" y, por lo tanto, poseídas tal vez las dos de la amargura que a la suegra de Ruth le hizo exclamar: "No me llaméis Noemí, sino llamadme Mara". Es de creer, sin embargo—tal es la diferencia entre las dos mujeres—que el poeta quiere distinguir bien a su Noemí de la del *Viejo Testamento*: frente al título genérico del poema ("Neurosis"), su sujeto no es, pues, nadie que debamos, por tradición, confundir con otra, sino una muy específica persona cuya existencia niega las virtudes de la Noemí que conocemos.

Sujeto, pues, específico; pero no muy activo: apenas si hundida entre cojines de raso alcanza la "pecadora" a ir deshojando lentamente una flor. No nos ha de extrañar, por lo tanto, que quien tan súbitamente nos ha sido presentada en aguda versión de nombre bíblico, se nos desaparezca enseguida: además de que hay una especie de traslado de su mínima actividad hacia la actividad de un muy distinto personaje legendario (Dalila), vemos que el poema de esta Noemí-otra-que Noemí empieza inmediatamente a llenarse de objetos, de mercancías que amueblan y adornan la habitación, durante tres estrofas a lo largo de las cuales olvidamos la presencia de quien, al parecer, iba a ser sujeto del poema:

> piano/biombo (de seda)/mesa (de laca)/lámpara/
> abanico/sombrilla/guantes (de cabritilla)/
> canapé/taza (de porcelana).

Como si nos hubiera guiado la vista una cámara de cine que se moviese frente a un interior cerrado y quieto (o frente a un cuadro; o un escenario), hemos ido del sujeto a los objetos que le rodean y en ellos—de uno a otro en ordenada enumeración—hemos quedado suspendidos durante tres estrofas, remota ya—y quizá olvidada—la "pálida pecadora". De ahí que cuando en la estrofa cinco volvemos por fin a ella resulte necesario un corte brusco en el proceso de la enumeración de objetos: el "Pero, ¿qué piensa. . .?", torpemente nos recuerda que nos habíamos olvidado de alguien. Por lo demás, a quien volvemos así tan bruscamente es a un sujeto pasivo e impenetrable a quien se le atribuyen pensamientos y dudas acerca de los cuales ella no se ha expresado en absoluto: ("¿es que su príncipe ya no la ama. . .?"; "¿o que en los cofres. . .?"; o "¿es que le rinde. . .?"; "¿es que en sus búcaros. . .?"). Y en la sexta estrofa se nos vuelve a dirigir la atención hacia las lujosas mercancías que llenan su casa (búcaros de Bohemia, ahora), en tanto que la séptima y última estrofa culmina en la ilusión de un fantasioso acto que, para poder llevarse a cabo, exigiría un exótico producto del lujo de antiguas civilizaciones: nada menos que una copa de ónix labrado.

¡Con qué satisfacción ha ido el poeta nombrando y mezclando las mercancías del lujo europeo—producto tanto de sus centros desarrollados (piano, sombrillas), como de su periferia subdesarrollada y dependiente (búcaros de Bohemia, abanicos)—con las de las zonas más remotas del imperio (biombo de seda, laca, té, ónix)! Se diría que nos invita a meditar, a una vez, acerca de la expansión del consumo lujoso de la sociedad capitalista en su fase imperialista y, muy específicamente, acerca del superior lugar que, frente al sujeto del poema, ocupan los objetos en esa sociedad. Se trata del mismo poeta que en su "Soneto Pompadour", escribe:

> Amo el bronce, el cristal, las porcelanas,
> las vidrieras de múltiples colores,

los tapices pintados de oro y flores
y las brillantes lunas venecianas.

Es también el mismo que, en prosa, en una crónica de 1890, hace la propaganda de un "lujoso establecimiento" llamado *El Fenix* con la descripción minuciosa y alucinada de los "innumerables objetos que figuraban en su interior", "mercancías", explica, que "se renuevan en poco tiempo con pasmosa facilidad" para satisfacer los "caprichos" más raros de la "fantasía" de las "damas de La Habana": "un faisán de oro, con buches de nácar y alas diamantinas que lleva un diamante en el pico"; "un brazalete de oro mate, primorosamente labrado, sosteniendo al frente un medallón, rodeado de zafiros y brillantes"; "una media luna de brillantes. . ."; "un tridente de oro. . .". *Etc.* Pero, además de joyas, cuenta el poeta que en *El Fenix* pueden encontrarse "tibores japoneses. . .lámparas de metal. . .relojes de mesa. . .vasos de Sevres. . .búcaros de barro húngaro y barro italiano. . . abanicos de carey. . .álbumes elegantes. . .rosarios de nácar. . .minúsculos fragmentos de obras de arte que, como observa Bourget, han transformado la decoración de todos los interiores".[1]

Ya Cintio Vitier ha destacado la importancia del "interior urbano" en la poesía de Julián del Casal.[2] El tema es inseparable de la historia del lujo de la urbanización burguesa del siglo XIX y de la aparición, por lo tanto, de la "multitud" de las ciudades contra la cual el "interior" es un refugio. En cuanto tal el tema ha sido ya tratado magistralmente por Benjamin a propósito de la poesía de Baudelaire[3] (cuya influencia sobre Casal es conocida.[4]) Así aparece varias veces en la obra de Casal: por ejemplo en su descripción (escrita para *El Fígaro* en 1889) de una dama que deshoja un ramillete de rosas en una habitación llena de objetos de esos que "la mente sueña, el arte ejecuta y la riqueza proporciona".[5]

Fetichismo de la mercancía en el sentido vulgar del término y en su sentido marxista: mercancías transformadas en símbolos mágicos (fetiches) de la prosperidad, y mercancías cuyo origen de valor en el trabajo humano queda tan olvidado que parecen relacionarse las unas con las otras independientemente, habiéndose excluido de este proceso toda relación directa entre personas. No es extraño, por lo tanto, que cuando el poeta vuelve al fin la mirada a la "pecadora" para preguntarse "¿qué piensa?", se le ocurra a él pensar que tal vez "su príncipe ya no la ama": a falta de amor, relación que debería ser real entre personas, sólo hemos encontrado en el poema, al igual que en un gran bazar, como corresponde a un interior de lujo, relaciones de decoración entre objetos: ni más ni menos que la casa bien puesta

195

para una "pecadora" que, siendo lo que es, ha de parecer sin embargo otra cosa: la "hermosa dama" del verso 25.

De ahí que la lista de mercancías, como la del artículo sobre *El Fénix*, parezca casi un reclamo. No puede sorprendernos, por lo tanto, que al suponerse, tras la enumeración de mercancías, que la hermosa carece tal vez de "amor" (o sea, en este caso: de amante comprador de objetos elegantes) se piense inmediatamente en la posibilidad de que ya no le quede ningún "billete" en sus "cofres"—donde la posible ambigüedad del término "billete" no basta para que dejemos de pensar que, al igual que las mercancías, Noemí tiene también su precio. Y no deja de ser fuerte ironía que la palabra "billete" ocupe el final del verso entre las rimas "feliz" y "desliz". En efecto, en un mundo dominado por el fetichismo de la mercancía, el sujeto que ofrece su cuerpo como objeto, no puede ser sino mercancía él o ella mismos. De ahí, por supuesto, la pasividad de nuestro personaje.

Tal pasividad es más que probable lleve a la persona neurótica al refugio de la fantasía: no es absurdo, por lo tanto, que el poeta imagine en su paciente sujeto el imposible "desvarío" que supone pretender alcanzar el amor natural (tigre libre, frente a interior cerrado) con la artificiosidad de la exótica imagen final (beber su sangre en copa de ónix). Pero en cuanto que la neurosis no es una psicosis, quien la padece no pierde nunca completamente el sentido de la realidad: la lucha entre ésta y el deseo (lo que "un sueño antiguo le ha aconsejado") está decidida para Noemí por el vacío que seguramente han dejado los billetes en sus "cofres": mujer-objeto sin remedio, mercancía tradicionalmente producto de un "desliz", sabemos que por más que sueñe tendrá que intentar volver a llenar esos "cofres". Si la "neurosis" del título se revela lógicamente en "anemia" (verso 31) y "hastío" (verso 38), no vemos, pues, como podrá la palidez del primer verso convertirse en la vital salud roja del último. El *desliz-feliz* lleva (muy selectivamente) a los "billetes" y a la casa puesta lujosamente para la mujer objeto; una vez así encerrada no puede ya sino aumentar su palidez y su fantasía impotente. Perdida entre lámparas, cojines, búcaros y sombrillas, la hermosa "pecadora" es incapaz de romper las relaciones impuestas por la sociedad burguesa de su tiempo.

Y al igual que Noemí, este poema lleno de objetos es él mismo un objeto elegante más, según corresponde, a fin de cuentas, a la teoría y práctica del *arte por el arte* (especialmente rigurosa en los parnasianos). Así, anticipándose muchos años a Archibald MacLeish, "Neurosis" claramente expone su voluntad de no "decir" nada, su no-intencionalidad: obra de orfebre entre otras obras de arte, su pura existencia es su mensaje. ¿Ha de tratarse, pues, un poema como cualquier otra mercancía? Así ocurre ya obviamente en el siglo XIX porque, según hacía notar Marx ya en 1848, la burguesía ha arrancado brutalmente los velos a todas las relaciones reduciéndolas "a meras relaciones de dinero"; dentro de este sistema de relaciones el poeta es un jornalero más y la poesía simplemente su producto.[6] Como consecuencia de este análisis se revela también que la noción de "público" se ha reducido a la realidad vulgar del "mercado".[7] Sólo que, paradójicamente, la poesía más pura llega a ser mercancía que no se vende, que nadie necesita comprar. De donde nace a la defensiva, como en neurótico "desvarío", la idea de la no-utilidad de la literatura: "No idiotas, no cretinos—dirá Théophile Gautier—no se puede hacer sopa de un libro o un par de botas de una novela".[8] En lo cual, claro está, se equivocaba Gautier ampliamente, ya que con novelas alcanzaron su sopa, y algo más, Sir Walter Scott, por ejemplo, y Eugene Sue, y Balzac y Galdós. Y cuando Gautier añade: "Yo soy uno de esos que consideran lo superfluo esencial", no hace sino querer consolarse a sí mismo en los inicios de una teoría solipsista de la literatura desde la cual se irán enrareciendo más y más los productos para una minoría que, o no compra lo que el poeta produce, o no logra mantener al poeta con lo que compra.

¿De qué, pues, a diferencia de ciertos novelistas, vivirá el poeta "puro"? Darío, no sin motivo, lo imaginaba muriendo de hambre y frío en los lujosos jardines del palacio del Rey Burgués. Si sobrevive será porque come de sus rentas o porque, de casualidad, es mantenido por ese mismo Rey; o sea: porque escribe para los más de los burgueses cosas muy lejanas de la selecta y cerrada poesía "pura". Así, cuando Julián del Casal se queja de que los "jóvenes literatos", "por librar míseramente la existencia", se "ven obligados a cultivar, desoyendo las voces de sagradas inspiraciones, un género bastardo de literatura",[9] o cuando, no sin orgullo, declara que renuncia a escribir para *El País* porque, afortunadamente, sus necesidades "son muy pocas",[10] revela tener clara conciencia del problema descrito por Marx como central a la actividad del poeta en la sociedad capitalista: ni voces de "sagradas inspiraciones", ni consejos de "sueños antiguos" bastan para enfrentarse a la realidad más vulgar del mercado.

En el caso de Julián del Casal mismo, su dependencia del público (mercado) que le mantiene se expresa tal vez muy especialmente en las muy selectas páginas de *La Habana Elegante*. Ahí firma sus prosas con seudónimo de aristócrata ("El Conde Camors") y a la vez que se deshace en elogios de la "antigua nobleza" cubana, ataca—¡cómo no!— a la "nueva nobleza formada de ricos burgueses, sin más títulos que su fortuna, salvo honrosas excepciones".[11] No es nuevo que un poeta de la descendencia de Baudelaire rechace la realidad vulgar que le permite vivir: vulgarísimo tópico que indefectiblemente lleva a oponer una mítica "nobleza", que se supone inmaculada en cuanto a cuestiones de dinero, a la burguesía que todo lo reduce a las "relaciones de dinero". "Desvarío" antihistoricista que, sin embargo, permite al poeta moderno entrever la relación existente entre el sistema capitalista y su propia condición. Así, el poeta moderno llega a intuir que del mismo modo en que, por ejemplo, las pinturas—que no los pintores—adornan los salones elegantes, en su caso es él, no sus obras, las que tales lugares adornan. . .pero a precio de tener que escribir, una y otra vez, reseñas como éstas:

> "La recepción más notable de la semana, ha sido la que se verificó. . . Entre la concurrencia descollaban las marquesas de Larrinaga, la condesa de Romero. . ."

> "Además de estos conciertos, varias damas se ocuparon de organizar, según anunciaron los periódicos, una gran fiesta de caridad. . ."

> En la noche del sábado último se verificó un gran baile en los salones de *La Caridad* del Cerro. . .Entre las personas reconocidas, recordamos a las señoras. . ."

> "Así es que a las once de la noche del lunes último, hora señalada en la invitación, los salones del Dr. Zayas. . .Allí estaban los señores de. . ."[12]

Noemí, hermosa y pálida pecadora; poeta, refinado adorno de lujo para usos por demás vulgares. Ya Walter Benjamin ha explicado la inevitabilidad de que el poeta de vanguardia se prostituya; añadiríamos solamente que al ser, como la pecadora y como su poema, mercancía él mismo, su humanidad también se refugia en "desvaríos" de la fantasía: si en el caso de Noemí son príncipes y tigres reales, serán marquesas de la "antigua nobleza" en el caso de nuestro poeta.

Pero hemos ya de recordar que lo más original de nuestro poema es el haber sido escrito en Cuba a fines de 1892 o principios de 1893; es decir: en plena época imperialista, en un país cuya participación dentro del sistema de la economía mundial consistía, tradicionalmente, en exportar productos agrícolas (azúcar, en este caso) y en importar todo lo demás (desde maquinaria hasta búcaros de Bohemia). No se vivía aún entonces en la época de la sustitución de importaciones. De ahí, por ejemplo, que en *El Fenix* todo sea importado y que, por lo tanto, Julián del Casal elogie el establecimiento declarando que está "a la altura de los mejores de Europa".[13] Sintomáticamente, ese notable artículo empieza con las siguientes palabras: "Huyendo del polvo que alfombra las calles; del viento cálido que sopla en todas direcciones; de las miasmas que ascienden del antro negro de las cloacas;. . .del vocerío de los vendedores que araña los nervios; de los empleados que corren a las oficinas. . .penetré ayer al mediodía en el lujoso establecimiento del Sr. Hierro. . .".[14] *Huida* de la circunstancia inmediata para intentar acercarse a la de los colonizadores por medio de la contemplación o el uso de las mercancías importadas; ilusión de *huir* de La Habana a lo más selecto y lujoso de Europa no por "alienación" o despego de "lo suyo"—según tantas veces de dice de las "fugas" de las élites colonizadas—, sino porque en las mercancías llegadas de la metrópolis (hablo de la Europa imperial del XIX, obviamente no sólo de España), se encuentra la verdadera realización de esa clase dominante colonizada (o dependiente), de cuya ideología participa el poeta. Así como la economía de las plantaciones estaba (y sigue estando) más unida a la economía de Occidente que a la de los países en que las plantaciones se encontraban (o encuentran)[15], las clases dominantes de las sociedades dependientes estaban (y están) necesariamente más cerca de la metrópolis que de su propia tierra, excepto, desde luego, en cuanto que en ésta se encuentra la gente que explotan directamente para su prosperidad. A través de las mercancías de lujo, de gastos de pretensiones tan suntuarias o más que las de las sociedades dominantes, creen alejarse del polvo local y acercarse al centro mismo del poder activo. Pero, en rigor, se acercan a él sólo de manera dependiente: por imitación.

Se imitan las modas, se imita la arquitectura[16], se imitan las costumbres. Hablo de una burguesía (seudo noble, en este caso) tan rica y vanidosa como para creerse capaz de competir por la imitación con las clases más altas de la metrópolis, confundiendo la apariencia con la realidad del poder. Así, en una de las crónicas de Casal dedicadas a la "antigua nobleza" cubana, leemos que "El Conde de Camors" pregunta: "¿Quién es la dama que acaba de entrar?"; y he aquí como le contesta su supuesto interlocutor:

> "Es la condesa Fernandida. Ha pasado la mayor parte de su vida en París, donde adquirió rápida celebridad. Se cuentan varias anécdotas de su estancia en las grandes capitales. Un día en Londres, gastó veinticinco mil pesos en una pareja de caballos, para rivalizar con el Príncipe de Gales. Otra vez, en memorable concierto, obsequió a la estudiantina húngara con mayor suma que el Barón de Rothchild".[17]

Y, sin embargo, esta riquísima y derrochadora "aristocracia" que no parece saber en qué estriba realmente el poder del Príncipe de

Crítica marxista y poesía

Gales o de la casa de Rothchild, no compra los poemas producidos en casa: dificultad general del poeta del siglo XIX que se multiplica en tierras de subdesarrollo y dependencia porque quienes ahí pueden pagar lo importan todo: tanto la literatura (de ser necesaria alguna vez) como las mercancías (objetos o mujeres objetos) del lujo o del uso más vulgar. Lo decía tristemente Rodó en su Prólogo a la Segunda Edición de *Prosas Profanas* (1899): ". . .creo pueril que nos obstinemos en fingir contentos de opulencia donde sólo puede vivirse intelectualmente de prestado. Confesémoslo: nuestra América actual es para el Arte un suelo bien poco generoso".

Es el poema modernista el producto americano más perfecto de fin de siglo; entre las pocas mercancías que se producen en 1893 para el uso de la élite dependiente, es ésta la más delicada. Pero son pocos los que la quieren o la necesitan: de donde su bajo precio. Se reproduce, multiplicado, el fenómeno de la sociedad capitalista europea porque una sociedad dependiente es, de necesidad, colonizada también culturalmente y si, por un lado, consume de preferencia lo importado, por otro produce cultura de imitación. No ha de chocarnos excesivamente la palabra "imitación" aplicada al producto de sensibilidades tan refinadas como la de Julián del Casal. A fin de cuentas, ¿por qué no va a considerar honrosa la imitación el poeta culto que, en cuanto periodista, no percibe el error en que cae la Condesa Fernandida cuando pretende competir en lo aparente con la nobleza y el capital europeos? Entre burlas y veras Casal y otros jóvenes escritores declaran en un periódico que escriben cierto género de novela por episiodios "a imitación de *Las Vírgenes Locas* del *Madrid Cómico,* que a su vez lo ha imitado de otros periódicos franceses";[18] pero muy en serio, y no sin calidad, en prosa y verso, del Casal ha escrito también varias "traducciones" e "imitaciones" de Baudelaire.[19]

No sabemos que "Neurosis" sea imitación de ningún poema en particular, aunque podría serlo. Lo que importa es que se trata obviamente de un poema "importado" en el sentido de que nada hay en él que en forma directa nos remita a Cuba, a la circunstancia cotidiana del poeta que lo ha escrito (a diferencia, para entendernos, de la relación existente entre Baudelaire y París); excepto, claro está, en cuanto que del mismo modo que la importación de mercancías, al negar la producción nacional nos revela la dependencia económica, la no-presencia de lo cubano en el poema revela la dependencia de la imaginación colonizada. Y así como el interior de la tienda *El Fenix* pretende aislar a su clientela del ruido y la suciedad de las calles de La Habana, el interior de la habitación de "Neurosis" es la negación última de la calle cubana, no sólo en su manera de ser cerrada (abierta sólo en neurótica fantasía), sino en su color: siendo Cuba una isla mulata y negra es "Neurosis", en cambio, un poema en el que, de principio a fin, dominan los colores claros. Directamente o por alusión encontramos siete veces el color blanco; tres el rosa; dos el verde; una cada una el azul, el oro y el lila. Contrastando armónicamente, el rojo aparece dos veces y otras dos el negro (pero sólo por alusión). La combinación de todos estos colores (que son de la palidez de Noemí, de los objetos, la luz, el humo del té) resulta notablemente clara y suave: el interior del poema (sin excluir a la hermosa pecadora) es acogedor no sólo por sensual, cómodo y elegante, al igual que los interiores de lujo literario, digamos, de París, sino, además, porque de él quedan excluidas las masas racialmente distintas de la "Antigua Nobleza" a cuyo servicio están tanto "la pecadora" como el poeta-periodista. Y en ese interior en que la realidad de la dependencia cubana finisecular se revela en la ausencia de lo que la clase dominante rechaza, la pálida mujer-objeto cuyo nombre domina el poema, bien podría ser una mercancía importada más. ¿No resultaría así el equivalente y contrario exacto del poeta que tiene que hacer elogios de Condesas y Marquesas para comer mientras sus sueños desembocan en impecables y elegantes poemas que sólo por "desvarío" podría creer suplirían ante esas mismas marquesas a los productos originales e importados?

No hay "método" en abstracto. Un método no puede ser sino nacer de, o estar inmerso en, una concepción del mundo. Como cualquier otro, por lo tanto, el "método" marxista ha de funcionar orgánicamente, no mecánicamente. Y, desde luego, nadie puede decidir de antemano dónde ha de encontrarse lo fundamental de un texto o por dónde ha de empezar un estudio crítico: como ante la realidad social en la cual se debe actuar políticamente, hay que someter el análisis a las realidades del texto en su concreción; es decir: hay que ir al texto como es. Así, en el caso de "Neurosis" es concebible que pudiésemos haber empezado por los colores para llegar a los mismos resultados; o con el "cisne de Leda", al cual ni siquiera hemos hecho aquí referencia; de cualquier modo hubiéramos tenido que atender a las mismas peculiaridades del poema. Se observa la realidad a estudiar (un poema, una novela, la obra de un autor, un grupo determinado de obras) y se trata de encontrar aquello que sea central a su significado (o funcionamiento). Y desde luego que lo que se encuentra como esencial para el análisis ha de depender de algún modo de la concepción del mundo con que nos acerquemos a la realidad que intentamos analizar: dialéctica de la teoría y la praxis sin la cual nada es posible, pero dentro de la cual hay que cuidarse contra la abstracción y el subjetivismo.

Aceptados estos principios generales, el punto de partida específico de la crítica literaria marxista ha de ser la noción de que la literatura es, en el más amplio sentido de la palabra, especial manera de reflejo de la realidad, donde al hablar de "realidad", desde luego, hablamos inclusive de la literatura misma. No ha de asustarnos, pues, la tan criticada y malinterpretada noción de "reflejo", ni hemos de suponer que su empleo obliga a reducir necesariamente a lo puramente mecánico las relaciones entre base y superestructura: por una parte, no olvidaremos nunca su interacción constante y cómo, incluso, cabe a corto plazo la posibilidad de que se inviertan las relaciones determinantes; por otra parte, hemos de entender esta relación diacrónicamente, en su dimensión histórica, no en la forma estática en que parecen concebirla, precisamente, quienes de una u otra manera la rechazan. Al así hacerlo cabe la posibilidad de concebir un modelo racional y coherente en el que, por una parte, la realidad socio-económica variante va originando y modelando la realidad literaria, a la vez que ésta funciona y se transforma con relación a la cultura que le precede y rodea, mientras toda esa cultura opera sobre la base socio-económica que, a su vez, la va transformando.

En nuestro estudio de "Neurosis" hemos establecido relaciones horizontales tanto a nivel de base como de superestructura. A nivel de base, por ejemplo: capitalismo—imperialismo: producción europea—consumo americano (y producción americana—consumo americano). A nivel de superestructura: Baudelaire—Casal; poetas de la segunda mitad del XIX en Europa—poetas modernistas; poema de Casal—prosa de Casal; Casal—Rubén Darío; etc. Las relaciones "verticales" han sido por demás convencionales e ineludibles: realidad socio-económica—poema (Cuba-Europa-Cuba—poema; clase dominante—poema; clases-razas—poema; etc.). Estas relaciones tuvieron que establecerse a consecuencia, por una parte, de la atención prestada a ciertos conceptos básicos a los cuales nos obligó a recurrir la lectura del poema (producción, mercancía, fetichismo, alienación del artista en la sociedad capitalista, dependencia; etc.); por otra, debido a la historicidad de esas categorías (teoría del imperialismo; poeta-jornalero en la sociedad capitalista; público-mercado).

Todo lo cual nos ha exigido un constante ir y venir del texto a la historia en que el texto se encuentra inserto (la historia de la cual es parte). No faltará quien opine que lo que hemos hecho es *salirnos* del texto para luego cargar sobre él materiales a él extraños. A tal objeción cabe responder primeramente que una lectura crítica marxista es, como debería ser toda lectura, siempre semántica, lo que, para entender un poema, obliga a entender el lenguaje como existente siempre simultáneamente dentro y fuera del poema. Por lo demás, lo que hemos "llevado" al poema para su lectura son conceptos, información histórica y lenguaje que no son ni más ni menos extraños al poema que los conceptos y lenguaje con que se acerca cualquier lector a cualquier poema. Suponer que, en primer lugar, no hay una relación dialéctica entre poema y no poema, y, en segundo lugar, que el lector no llega al poema siempre desde fuera, inevitablemente, es pretender, implícitamente, que el poema es y debe seguir siendo mudo.

En nuestra lectura hemos tratado también de cumplir con otro requisito de la crítica marxista: entender la "visión del mundo", que diría Goldmann, es decir, la ideología que refleja el poema y que, por supuesto, no es un hecho individual, sino social. Por "silencioso" que crea ser un poema, y en cierto sentido, en cuanto poema a la manera parnasiana, "Neurosis" es un poema muy silencioso, tal ideología ha de resultar evidente bajo escrutinio.

Para la crítica literaria marxista es también fundamental la generalización y es muy probable que hayamos pecado aquí de timidez con respecto a este requisito. A fin de cuentas "Neurosis" no es un gran poema, pero sí un interesante ejemplar de su época. Es incluso un poema bastante característico de la producción de Julián del Casal: su manera de ser como un retrato es peculiar a quien escribió un *Museo ideal.* ¿Y cómo evitaríamos encontrar relación entre "Neurosis" y cierta problemática clave del modernismo? Es fundamental para la crítica literaria marxista negarse a la atomización de la cultura y la literatura que preconizan todavía los formalismos del estilo del New Criticism; desde este punto de vista la crítica a este trabajo de estudio nuestro debería tal vez empezar por negar que se debe dedicar tanto esfuerzo y tiempo a un solo poema, por lo demás tan mediocre, sin pasar de manera más decisiva al estudio de la obra toda de Casal o de ciertas cuestiones básicas para la comprensión de la poesía hispanoamericana. La generalización exige, por una parte, e ineludiblemente, el conocimiento detallado de cada texto; pero ha de dirigirse, por lo menos, al conocimiento de la obra en general de un poeta. Ha de intentarse hacer siempre historia literaria, entre otras cosas porque la historia toda es el contexto semántico sin el cual no

Crítica marxista y poesía

hay texto comprensible.

Dicho todo lo cual hemos de terminar declarando, con la más absoluta seriedad, que si algo hemos aprendido de este análisis acerca de "Neurosis", o de Julián del Casal, o sobre el Modernismo, ello se debe a la concepción del mundo con la que nos hemos acercado al poema. Donde hayamos fallado, la responsabilidad ha de ser toda nuestra. No tenemos por qué confundir un método o sistema con el mal uso que de él pueda hacerse.

UNIVERSITY OF CALIFORNIA

Notas

[1]Cf. Julián del Casal, *Prosas*, Consejo Nacional de la Cultura, La Habana, Cuba, 1963 (3 vols.); Vol. II, p. 75-77.

[2]*Op. cit.*, I, 93.

[3]Cf. W. Benjamin, "Sobre algunos temas de Baudelaire" en *Ensayos escogidos*, SUR, Buenos Aires, 1967; pp. 7-41.

[4]Cf. en Julián del Casal, *op. cit.*, I, 69-111, los ensayos de J. Lezama Lima y Cintio Vitier.

[5]*Op. cit.*, I, 163-164.

[6]En *Manifiesto comunista*, Ed. Universitaria, Santiago de Chile, 1970-71; p. 10.

[7]Entre tantos otros trabajos que parten del análisis de Marx, cf. E. Sanguineti "La sociología de la Vanguardia", en *Sociology of Literature*, Penguin, 1973; pp. 392-397.

[8]Prólogo a *Mademoiselle de Maupin*.

[9]Julián del Casal, *op. cit.*, I, 252.

[10]*Op. cit.*, III, 85.

[11]*Op. cit.*, I, 145

[12]*Op. cit.*, III, 12; 14; 22; 28.

[13]*Op. cit.*, II, 75.

[14]*Loc. cit.*

[15]Cf., por ejemplo, el conocido análisis de G. Myrdal en *Asian Drama. An Inquiry into the Poverty of Nations*, New York, 1968; Vol. I, pp. 449-450.

[16]Cf. su entusiasta comentario acerca de la nueva arquitectura de El Vedado, que le encanta por su parecido con la de Niza, Cannes y San Sebastián; *op. cit.*, II, 32. (A. Carpentier ha comentado acerca de la carencia de "estilo" propio de las ciudades fin de siglo de la América Latina, dedicando muy especialmente un interesante párrafo al Vedado: cf. "Problemática de la actual novela latinoamericana", en *Literatura y conciencia política en América Latina*, Comunicación, Serie B, Madrid, 1969, pp. 17-19).

[17]En *op. cit.*, I, 135.

[18]*Op. cit.*, III, 126.

[19]Cf. Franklin W. Knight, *Slave Society in Cuba during the Nineteenth Century*, The University of Wisconsin Press, 1970.

MODERNISMO Y DECADENTISMO
EN LA NOVELA *DE SOBREMESA*
DE JOSE ASUNCION SILVA

Lisa E. Davis

Hacia finales del siglo XIX se puso de moda hablar de decadencia en Europa.[1] La sensación de pertenecer a una civilización que se extinguía dio lugar a profundas inquietudes entre intelectuales que profesaban una variedad de ideologías. Más que en otros países, en Francia—después de su derrota a manos de los prusianos seguida de la Comuna de París—imperaba el pesimismo. En los años ochenta el concepto de decadencia pasó definitivamente a la literatura cuando un grupo de jóvenes artistas franceses—Verlaine, Huysmans y Mallarmé entre ellos—empezaron a llamarse abiertamente decadentes.[2]

Sin preocuparse mucho por la precisión, la crítica anti-modernista en España y en la América Española se apoderó de las palabras "decadente" y "decadencia"—juntamente con términos parecidos como "degenerado" y "enfermo"—para caracterizar la nueva literatura de la Península y la de América.[3] Los anti-modernistas combatían el movimiento por encontrar en él una vil imitación de modelos extranjeros, sobre todo franceses. Cualquier relación con la literatura francesa contemporánea no sólo condenaba a los nuevos escritores por inmorales y depravados sino que les clasificaba de antipatrióticos, especialmente en las jóvenes repúblicas americanas donde se esperaba del artista un mensaje edificante.[4] El modernismo—con sus paisajes exóticos, sus héroes degenerados y sus historias basadas en la inmoralidad y el erotismo—no cumplía con su deber social. Todavía hoy la literatura modernista sigue interpretándose en términos algo anti-modernistas, como "la nombrada 'decadencia' america-na,"[5] una literatura aislada de la realidad y de lo que requería la colectividad.

Desde el principio los discípulos del modernismo protestaban contra su identificación con la decadencia, la debilidad y la inmoralidad. En cambio se consideraban innovadores confiados en el futuro del arte y de la sociedad. Según el joven venezolano Pedro Emilio Coll, un contemporáneo de los modernistas cuya obra defendía por medio de ensayos publicados en el *Mercure de France* parisiense y la revista *Cosmópolis* que él mismo redactaba en Caracas, la nueva literatura significaba salud y energía en vez de degeneración: "la infancia de un arte que no ha abusado del análisis, y que se complace en el color y en la novedad de las imágenes, en la gracia del ritmo, en la música de las frases, en el perfume de las palabras, y que, como los niños, ama las irisadas pompas de jabón" ("Decadentismo y Americanismo," p. 62). Por otra parte confiaba en el americanismo del movimiento modernista, un arte comprometido con "la cristalización estética del alma americana y su objetivación por medio del arte" (p. 67). El modernismo no era anti-realista, siendo hasta en sus manifestaciones más exóticas inexorablemente americano: "Pues hasta en los que suponemos que rinden un culto a las hegemonías extranjeras, obra la energía que brota de las entrañas de las razas y del medio" (p. 67). Mientras reconocía la deuda con Francia, Coll precisaba la índole de aquella influencia, repudiando las quejas de los llamados patriotas. A traves de un análisis de la tradición literaria de otros países, "nuestros ojos han aprendido a ver mejor, y nuestro intelecto a recoger las sensaciones fugaces. Son las literaturas extranjeras algo como un viaje ideal, que nos enseña a distinguir lo que hay de peculiar en las cosas que nos rodean" (p. 68).[6]

Pedro Emilio Coll, consciente de la influencia que la época y el lugar ejercían en la obra de arte, rechazó—en el ensayo "Decadentismo y Americanismo" citado aquí—el empleo de terminología europea en discusiones sobre la literatura americana. Entre sus contemporáneos, Coll contaba con un distinguido público para sus opiniones. El diplomático José Asunción Silva—Secretario de la Legación de Colombia en Caracas de 1894 a 1895—fue uno de sus lectores más entusiastas y un amigo íntimo. Coll siempre ensalzaba el talento de Silva, cuya obra recomendaba como ejemplo de la estética moderna en América. En el *Mercure de France* de octubre de 1897, Coll nombró a Martí, Nájera y Julián del Casal destacando sus contribuciones a la literatura americana y, al mismo tiempo, dio a conocer la obra de "un autre poète, non moins grand quoique moins connu que les autres, . . .José Asunción Silva, le grand admirateur de Tellier, de Laforgue, de Maurice Barrès."[7] A continuación Coll aclara su intento respecto al poeta, diciendo que no había conocido jamás "d'esprit plus clairvoyant que le sien, plus ouvert à toutes les manifestations de la vie. Maître de sa parole, psychologue capable de se mesurer avec les plus audacieux annalistes du *moi*, l'apparition de ses oeuvres aurait été. . .un événement littéraire dans l'Amérique espagnole" (p. 307). En cambio, en una carta a Pedro Emilio Coll escrita en septiembre de 1895, Silva le agradece un número de *Cosmópolis* que ha enviado desde Caracas y le advierte que "escriba, estudie mucho, viva con todo su espíritu la más amplia y profunda vida intelectual que pueda vivir."[8] La carta insistía en que el artista se dedicara a la higiene y al estudio, y sugería que "para hacer obra literaria perfecta es necesario que el organismo tenga la sensación normal y fisiológica de la vida; las neurosis no engendrarán sino hijos enclenques, y sin un estudio profundo, . . .la obra literaria no tendrá los cimientos necesarios para resistir el tiempo" (*Prosas*, p. 49). Tal insistencia contradice la imagen convencional del decadente. La amistad entre Silva y Coll pone en duda la representación del poeta como un dandy aficionado a los cigarrillos egipcios y a los perfumes raros, denunciado por una supuesta pasión incestuosa que le inspiraba su hermana, alma en pena que se suicidó a los treinta y un años, un degenerado como los que había mandado desterrar Max Nordau de su sociedad ideal.[9]

Tomando como punto de partida la amistad entre Silva y Pedro Emilio Coll, nos hemos propuesto re-examinar la obra del primero siguiendo un criterio estético que interpreta al modernismo como (1) innovador y no decadente, y como (2) la manifestación de un americanismo que intentaba un compromiso *sui generis* con la patria. Con este fin nos hemos centrado en la única novela que dejó Silva, *De sobremesa*, llamada por Juan Loveluck en 1965, "la novela desconocida del modernismo."[10] No se publicó hasta 1928, pero su composición pertenece a los últimos años de la vida de Silva, a la cual él mismo puso fin en 1896.[11]

La historia toma la forma de un diario que el protagonista lee ante un grupo de amigos después de la cena—de sobremesa. A través de su diario, Juan Fernández y Andrade recrea sus experiencias hace ocho años en París, Suiza y Londres. Cuenta la historia de un joven corrompido por vicios mundanos, drogas y aventuras amorosas sin ninguna significación espiritual. A través de la novela, Fernández va perdiendo fuerza y fe, hasta entregarse a una serie de tratamientos en

Londres y París que alivian las enfermedades nerviosas que se le han contagiado. Termina el diario el día que se marchó de París para siempre, dejando "el viejo continente...en el vapor que al romper el día comenzará a cruzar las olas verdosas del enorme Atlántico para ir a fondear en la rada donde se alza, con el eléctrico fanal en la mano, la estatua de la Libertad" (p. 204). Durante su estancia en Europa tenía veintiséis años. Lee su diario ocho años después, residente de nuevo en una república sudamericana cuyo nombre nunca se menciona, desengañado y despojado de todas sus ambiciones e ilusiones juveniles.[12]

De sobremesa recrea el optimismo que en un tiempo le animaba. Por su forma y contenido, la novela se presta al análisis de la postura original y profundamente americana que adoptó Silva ante la decadencia europea y su literatura. El joven protagonista Fernández se parece al mismo Silva: los dos son a la vez poetas y hombres de negocios que hacen su viaje a Europa. Pero como personaje Fernández representa mucho más que el *alter ego* de su creador. Nos parece un microcosmo del intelectual-artista hispanoamericano a finales del XIX: obligado al exilio en Europa por no caer víctima de un milieu embrutecedor, un ser fragmentado que debe parte de su psicología a los refinamientos de la alta civilización europea y otra parte de ella a la América bárbara—un mundo nuevo, aislado, violento, caótico, apenas consciente de los problemas a los cuales habría que buscar una solución en un futuro incierto.[13] A Silva, Europa le sirve más bien de contraste para poner de relieve la esencia de su héroe. Fernández sigue siendo americano, un ser cuyo temperamento se entiende estudiando la realidad que lo formó. En el último análisis, un objeto de la novela es dar a conocer ciertas facetas de la América contemporánea. Pero Silva no era poeta civil estilo romántico, ni realista de la escuela decimonona. No obstante, tenía una visión de América que intentaba proyectar. Incapaz de captar una realidad más comprensiva, Silva, como novelista modernista, crea un personaje complejo que vive sujeto a las presiones que influyen en toda una generación de escritores. Su idealismo y su incapacidad para enfrentar una realidad dura con soluciones concretas caracterizan a muchos intelectuales de la época, también víctimas de una profunda desorientación ideológica.[14]

De sobremesa recuerda en seguida dos modelos europeos que trazaron una semejante degeneración de parte del personaje principal: *El retrato de Dorian Gray* de Oscar Wilde y *A Rebours* de Huysmans, con su prototipo del héroe decadente Des Esseintes. Pero sería imposible que el lector viera en Fernández un decadente europeo. Su constitución física y psicológica, sus ambiciones y esperanzas, todo lo aparta de sus antecedentes en Europa.[16] Se plantea su historia en términos de una lucha interna entre dos polos opuestos, basada en una contradicción americana—la razón y la cultura contra la barbarie, el salvajismo: "Por el lado de los Fernández vienen la frialdad pensativa, el hábito del orden, la visión de la vida como desde una altura inaccesible a las tempestades de las pasiones; por el de los Andrades, los deseos intensos, el amor por la acción, el violento vigor físico, la tendencia a dominar los hombres, el sensualismo gozado" (p. 115). Hereda la civilización juntamente con la barbarie de los Andrades "salvajes, . . .nietos de los llaneros" (p. 117), a quienes Fernández recuerda luego como "sedientos de sangre, borrachos de alcohol y de sexo" con el grito "Dios es pa reírse dél, el aguardiente pa bebérselo, las hembras pa preñarlas, y los españoles pa descuartizarlos!" (p. 172). En contraste con el prototipo del decadente, Fernández parece "un hermoso animal" (p. 131), dotado de una notable resistencia para el placer.[17]

Silva señala la importancia de la historia de su protagonista mediante varios testigos de intachable reputación. Oscar Sáenz, médico y amigo de Fernández habla del "exceso de vigor físico y la superabundancia de vida de este hombrón" (p. 12) y de su "organización de hierro" que resiste a las pruebas a que le somete (p. 14). Estando en Europa, Fernández visita la consulta de dos médicos: en Londres, Sir John Rivington, "el gran médico que ha consagrado sus últimos años a la psicología experimental y a la psicofísica" (p. 101); y en París, el profesor Charvet, "el sabio que ha resumido en los seis volúmenes de sus admirables Lecciones sobre el sistema nervioso, lo que sabe la ciencia de hoy a ese respecto" (p. 131). Pese al estado de degeneración en que le ha dejado el vicio, ambos médicos reconocen en Fernández "una naturaleza de hierro," y lo que él mismo llama "mi juventud y el vigor de mi organización" (p. 203) que le permiten enfrentar semejante crisis.[18]

Esa energía, ese amor a la vida y una extraordinaria curiosidad por todas sus manifestaciones, lo empujan hacia la confrontación con un mundo más complejo que el suyo. El entusiasmo despertó en él "ambiciones que haciéndole encontrar estrecho el campo y vulgares las aventuras femeninas y mezquinos los negocios, lo forzaron a dejar la tierra, donde era quizás el momento de visar a la altura" (p. 43). Fernández comparte con Silva y otros modernistas la frustración que experimentaron al tratar de fabricarse una vida intelectual basada en principios estéticos dentro de una sociedad que apenas mantenía contacto con la civilización moderna europea. Silva puso de manifiesto su simpatía por el artista americano en una época cuando el mismo Bogotá "era en realidad una grande aldea de unos setenta mil habitantes, de calles rectas y estrechas, cubiertas casi todas de polvo insufrible en los meses de sequía y de lodo mal oliente en los de lluvias";[19] y donde "todo el mundo conoce a todo el mundo. . . y las preocupaciones principales son la religión, las flaquezas del prójimo y la llegada del correo de Europa."[20]

De sobremesa recoge aquel tema de la vacuidad de la sociedad fin-de-siglo americana, y lo desarrolla como el recuerdo de una realidad desagradable. Con un sentido de humor amargo, que ya se había manifestado en los poemas de la colección *Gotas amargas*,[21] Fernández lee su conversación con un paisano, una especie de noticiero sacado de una carta reciente: "una partida de noticias a cual más inesperadas; la primera, el matrimonio del calaverón de tu primo Heriberto Monteverde. . .;¿adivina con quién?. . .Con Inés Serrano. ¿No te sorprende?. . .Casarse Monteverde todo fuego con la Serrano, tan fría y tan boba y de posición social inferior" (p. 136). Siguen otros chismes de la misma índole hasta pasar a las noticias de la colonia hispanoamericana en París, y la llegada de otro señorito con más pretensiones que dinero para mantenerlas: "A ése habrá de hacerle suscripción para que vuelva a la tierra. . .El que dizque tampoco va muy bien de negocios es el paisano aquel casado con la chilena, que compró títulos de Conde y farolea tanto con su intimidad con los Orleáns y con los Duques de la Tremaouille. . ." (p. 137).[22] Basada su psicología en esas pretensiones, la juventud hispanoamericana se acostumbraba a una vida demasiado amena. Cuando Fernández se queja de su falta de voluntad, Oscar Sáenz, uno de los invitados a la cena, le contesta: "¿Quieres saber qué es lo que no te deja escribir? El lujo enervante, el *confort* refinado de esta casa" (p. 19). Otras ambiciones no las pudo realizar por "los pasteles trufados de hígado de ganso, el champaña seco, los tintos tibios, las mujeres ojiverdes" (p. 72).

Voluntariamente exiliado de su suelo nativo y aficionado al lujo que le brinda la civilización, Fernández, sin embargo, tiene que conformarse con ser forastero. Al escaparse de la América bárbara lo único que logra es convertirse "en el *rastoquoere* ridículo, en el *snob* grotesco que en algunos momentos" se siente (p. 44). Sigue su autocrítica: "Sí, ésa es la vida, cazar con los nobles, más brutos y más lerdos que los campesinos de mi tierra, galopando vestido con un casacón rojo, trás del alazán del Duque chocho y obtuso" (p. 44). Aunque le despiertan una variedad de sensaciones raras el arte, el lujo y la libertad sexual de la Europa fin-de-siglo, su origen americano se descubre a cada rato. La enajenación y la nostalgia que siente Fernández a causa de su americanismo aumentan a lo largo de la novela. Los primeros meses de su estancia en el extranjero los dedica a las cortesanas. Pero hacia el final de su diario, se renueva su pasión por Consuelo, amiga íntima suya desde la niñez cuyo marido la tiene abandonada por las "horizontales" de París (p. 191). Fernández recuerda el primer beso que le dio a Consuelo con un fondo de naturaleza tropical, trazada con delicadeza y nostalgia: "Nueve años antes, casi niños ella y yo, una tarde del trópico, de ésas que convidan a soñar y a amar con el aroma de las brisas tibias y la frescura que cae del cielo, sonrosado por el crepúsculo, volvíamos por un camino estrecho, sombreado de corpulentos árboles y encerrado por la maleza" (pp. 188-89). El cariño que siente Fernández por Consuelo pone de relieve el contraste entre ella y las mujeres que ha conocido en París: "Estas de aquí serán más lindas y más elegantes, dijo; pero no saben querer. Aquí nadie quiere a nadie. ¿Sabes tú lo que a mí me parecen las parisienses? Muñecas vivas. . ." (p. 197).

Esa imagen idílica que se acostumbraba proyectar de América oponía a los vicios de la gran ciudad europea la inocencia y la sinceridad del Nuevo Mundo. Silva nos recuerda aquella tradición romántica cuando describe al joven Fernández enamorado de Consuelo como "el Pablo de aquella Virginia vestida de muselina blanca" (p. 189). Luego surge la naturaleza americana como refugio de las almas sensibles que buscan aislarse de la sociedad moderna. Fernández le ofrece a Helena, la mujer idealizada, encarnación del Arte y de la Belleza, un tal retiro para "cuando la vida de Europa te canse y quieras pedir impresiones nuevas a los grandiosos horizontes de las llanuras y a las cordilleras de mi patria" (p. 161).[23] Otra realidad se impone cuando pasamos al Londres "fuliginoso y negro" que huele "a fábrica y a humo," y a París cuyo aire combina "olores de mujer y de polvos de arroz, de guiso y de peluquería!" (p. 128), todos los fuertes perfumes artificiales de la civilización. Por fin, era París la "cortesana" la ciudad que más fascinaba a Fernández. Igual que los decadentes europeos, la amaba despreciándola "como se adora a ciertas mujeres que nos seducen con el sortilegio de su belleza sensual" (p. 128).

Fernández no se limita a contrastar la naturaleza americana con una civilización en decadencia. Del mismo modo que no logra ser decadente europeo tampoco pasa por poeta de la generación romántica. De vez en cuando, se proyecta la verdadera imagen de la América fin-de-siglo, captando una faceta de aquella realidad caótica, del "angustioso momento histórico" al cual se refiere Pedro Emilio Coll en su "Decadentismo y Americanismo" (p. 62). Se señala el *favoritismo* que rige las relaciones sociales y el éxito en la política. Fernández aprende de su primo, miembro de la poderosa familia Monteverde, cómo portarse en la América bárbara: "El secreto es, con el menor esfuerzo posible, lograr el mayor resultado posible, sin moverse casi y a punta de imbecilidad de los otros y de las otras, de adulaciones de uno a los que no las esperan y de insolencia con los que las esperan. Así, comienza a lloverle a uno todo del cielo, amigos, fama, dinero y mujeres" (p. 199). Además Fernández nombra repetidas veces el mal político que debe de haberle preocupado más a Silva: el golpe de estado militar, y los generales que lo armaron. Una de las primeras conquistas de Fernández, la *demi-mondaine* Lelia Orloff, llegó a la cumbre de su profesión por su amistad con "un ex presidente de república sudamericana, que arrojado de su tierra por una de esas revoluciones que constituyen nuestro sport predilecto, llegó a París desbordante de oro y de color local" (p. 51). Silva pone de relieve la fama internacional que gozaba la América Española a causa de su continuo caos político cuando Fernández es presentado a un desconocido. El personaje supone que el poeta también es militar: "Pues es extraño—dice. Todos los paisanos de usted que yo he conocido. . . son generales" (p. 153).

Estas referencias representan algo más que una ligera sátira social.[24] Se aclara su significación al relacionarlas con uno de los temas principales de la novela: el plan que tiene formulado Fernández para una revolución social en su país. Sin rasgos de cinismo decadentista, en una temprana anotación en su diario traza un proyecto serio que apunta hacia la regeneración y el progreso. Allí afirma que muchos significativos problemas sociales se resolverían "al fundar un gobierno estable y darles ocupación a los vagos, al cultivar la tierra y al tender rieles que facilitaran el desarrollo del país" (p. 70). Después de acumular el capital necesario, Fernández piensa volver a su tierra, "no a la capital sino a los Estados, a las Provincias que recorreré una por una, indagando sus necesidades, estudiando los cultivos adecuados al suelo, las vías de comunicación posibles, las riquezas naturales, la índole de los habitantes," inclusive "las tribus salvajes. . .que me aparecen como un elemento aprovechable para la civilización" (p. 61). Una vez instalado en la capital, entrará "en la política para lograr un puestecillo cualquiera, de ésos que se consiguen en nuestras tierras sudamericanas por la amistad con el presidente" (p. 61). Apro-

213

vechando una larga historia de levantamientos "a la americana del sur" (p. 62), "trás de una guerra en que sucumban unos cuantos miles de indios infelices" (p. 62), fundará una tiranía, una dictadura eficiente y práctica. En los años que siguen tomará sabias medidas económicas y pondrá en marcha sus proyectos para acelerar el "lento aprendizaje de la civilización por un pueblo niño" (p. 69): ferrocarriles, fábricas, instrucción pública.[25] Hasta la propuesta dictadura como paso anterior a la realización del plan parece razonable cuando se toma en cuenta la realidad política de Colombia después de varias guerras civiles—la última en 1885, sangrienta y costosa, que destruyó el negocio de la familia Silva y por poco arruinó la economía de todo el país. Fernández nos recuerda el desastre engendrado por la supuesta democracia liberal, y la necesidad de alguna alternativa, diciendo que "está cansado el país de peroratas demagógicas y falsas libertades escritas en la carta constitucional y violadas todos los días en la práctica y ansía una fórmula política más clara, prefiere ya el grito de un dictador de quien sabe que procederá de acuerdo con sus amenazas, a las platónicas promesas de respeto por la ley burladas al día siguiente" (p. 68).

Una política radical concuerda con otros aspectos del pensamiento de Fernández, representativo de su época. Por lo general se oponía a todo gesto pragmático y a cualquier ideología del centro. En cuanto al amor se refiere, va de un extremo al otro: o se entrega a una cortesana o se enamora del fantasma Helena, mujer a quien ve una sola vez y luego identifica con un cuadro pre-rafaelista.[27] Ante la tumba de Helena, el modernista encuentra su ideal, una visión que lo lleva más allá de la realidad y que le sirve de consuelo: "¿Muerta tú, Helena?. . .No, tú no puedes morir. Tal vez no hayas existido nunca y seas sólo un sueño luminoso de mi espíritu; pero eres un sueño más real que eso que los hombres llaman la Realidad" (p. 206). Aunque el compromiso con la realidad le prometa la salvación, Fernández se niega. Los dos médicos que visita le recetan el casarse con Helena como único remedio a su mal. Fernández contesta señalando el desprecio que siente el modernista por la vida tranquila de la burguesía: "¿La realidad?—se pregunta. Llaman *la realidad* todo lo mediocre, todo lo trivial, todo lo insignificante, todo lo despreciable; un hombre práctico es el que poniendo una inteligencia escasa al servicio de pasiones mediocres, se constituye una renta vitalicia de impresiones que no valen la pena de sentirlas" (p. 123). Si le hiciera caso a su médico en Londres, Sir John Rivington—aquel "fisiólogo materialista" (p. 114) como lo llama Fernández—éste pondría sus talentos al servicio de asuntos más prácticos y razonables. El consejo de Rivington se basa en la diagnosis de América como continente enfermo donde a Fernández le será imposible realizar su plan: "En lugar de pensar en ir a civilizar un país rebelde al progreso por la debilidad de la raza que lo puebla y por la influencia de su clima, donde la carencia de estaciones no favorece el desarrollo de la planta humana, asóciese con alguna gran casa inglesa a cuya industria sea aplicable el arte. . . Abandone su sueño de regreso a la patria y establézcase aquí. Francamente, ¿no cree usted más cómodo y más práctico vivir dirigiendo una fábrica en Inglaterra que ir a hacer ese papel de Próspero de Shakespeare con que usted sueña, en un país de calibanes?" (pp. 109-10).[28] Pero su historia, su formación, su identidad americana le imponen a Fernández valores idealistas que no concuerdan con el practicismo. Meditando la significación de "ser práctico" (p. 124), recuerda a Bolívar: "Tú no fuiste práctico, sublime guerrero, poeta que soñaste y realizaste la independencia de cinco naciones semisalvajes" (p. 124).[29]

Fernández y los de su generación que entendían la precaria posición de la América Española, subdesarrollada y fragmentada por luchas políticas internas, no podían ni renunciar a sus ensueños ni enfrentar los problemas abrumadores que veían venir. De vez en cuando se le aparece a Fernández el fantasma del progreso norteamericano, al cual busca la clave. Como un paso hacia su ideal revolucionario, pensaba dedicarse "a recorrer los Estados Unidos, a estudiar el engranaje de la civilización norteamericana, a indagar los porqués del desarrollo fabuloso de aquella tierra de la energía y a ver qué puede aprovecharse, como lección, para ensayarlo luego" (p. 61).[30] Pese a su perspicacia, Fernández, Silva y los modernistas en general no encontraron un plan para la acción definitiva, creando una real falta de correspondencia entre lo que los pueblos hispanoamericanos necesitaban y lo que les entregaron efectivamente sus intelectuales.[31] La realidad histórica exigía una ideología y una extraordinaria fuerza de voluntad que pocos poseían. Decepcionados por los juegos políticos contemporáneos, modernistas como Silva se centraron en un esfuerzo estético que coronaría un futuro edificio social. En su plan Fernández contemplaba "como flor de esos progresos materiales, el desarrollo de un arte, de una ciencia, de una novela que tengan un sabor netamente nacional y de una poesía que cante las viejas leyendas aborígenes, la gloriosa epopeya de las guerras de emancipación, las bellezas naturales y el porvenir glorioso de la tierra regenerada" (p. 68). Los modernistas empezaron por el arte, campo que sugerimos nunca concibieron como evasión de la realidad sino como aliado del progreso.

En 1897 en el *Mercure de France*, Pedro Emilio Coll señaló la coincidencia entre el renacimiento literario en América y el levantamiento contra la España imperialista en Cuba, proponiendo como símbolo de la revolución total a Martí: "Il fut tout ensemble l'infatigable amant de la liberté de Cuba et le délicat artiste qui propagea une esthétique libre, secouant la poussière des dictionnaires et des grammaires, rompant avec les vieilles formules de rhétorique, donnant à la prose la clameur profonde de nos fleuves et faisant de vers radiants comme 'l'étoile solitaire' " ("Lettres latino-americaines," p. 305)." Según Coll, la literatura y el ambiente social que la produce están inextricablemente unidos. Un orden social entregado al caos— "guerres intestines, . . .la lutte des partis et. . .l'intrigue politique" (p. 308)—gastaba las fuerzas de la minoría culta, los únicos con "la culture nécessaire pour produire des ouvrages parfaits" (p. 309). Sin embargo, aquella minoría—los modernistas—había realizado un renacimiento literario en la América Española, y, gracias a su esfuerzo, la mayoría podría un día apreciar la belleza. Un futuro lejano encerraba la esperanza de una sociedad compuesta de ciudadanos sensibles y cultos: "Sans doute l'éducation esthétique que nous nous faisons—bien que désordonnée—aura une grande influence sur nos moeurs; plus raffinés, les esprits deviendront plus capables de s'adapter aux idées du Bien et du Beau et notre action sera sans doute plus uniforme et plus harmonieuse" (p. 309).

YORK COLLEGE
OF THE CITY UNIVERSITY OF NEW YORK

Notas

[1]Véanse los siguientes estudios de la época y su literatura: A.E. Carter, *The Idea of Decadence in French Literature, 1830-1900* (Toronto: University of Toronto Press, 1958); Renato Poggioli, *Qualis Artifex Pereo!* or Barbarism and Decadence," *Harvard Library Bulletin*, 13 (1959), 135-59; Mario Praz, *The Romantic Agony*, trans. Angus Davidson, 2nd ed. (1933; rpt. London: Oxford University Press, 1970); Clyde de L. Ryals, "Toward a Definition of *Decadent* as Applied to British Literature of the Nineteenth Century," *JAAC*, 17 (1958), 85-92; Arthur Symons, "The Decadent Movement in Literature," en *Dramatis Personae* (Indianapolis: Bobbs-Merrill, 1923); Gustave L.

Van Roosbroeck, *The Legend of the Decadents* (New York: Institut des Etudes françaises, Columbia University, 1927).

[2]Véanse A.E. Carter, *The Idea of Decadence*, p. 21, para la historia de la revista *Le Décadent*, de Anatole Baju, que empezó a publicarse en 1886; y Havelock Ellis, "Introduction," en *Against the Grain* (New York: Hartsdale House, 1931) para el papel que tuvo esta novela (*A Rebours*, 1884) de J.K. Huysmans en el desarrollo de la idea de decadencia.

[3]Afirma Rufino Blanco-Fombona en *El modernismo y los poetas modernistas* (Madrid: Editorial Mundo Latino, 1929) que "al modernismo—como al simbolismo en Francia—se le llamó también decadentismo" (p. 13). Otro estudiante del movimiento, Pedro Emilio Coll, comenta el fenómeno diciendo que a la nueva generación se le llamaba o "decadente" o "modernista," según el capricho del crítico ("Lettres Latino-Americaines," *Mercure de France*, mayo 1898, p. 637).

[4]Véase Yerko Moretić, "Acerca de las raíces ideológicas del modernismo hispanoamericano," *Philologica Pragensia*, 8 (1965), pp. 45-53, para el contraste entre el papel del poeta romántico y el del modernista en la sociedad.

[5]Cit. de Pedro Emilio Coll, "Decadentismo y Americanismo" en *El castillo de Elsinor* (1901, Caracas; rpt. Madrid: Editorial-América, 1916), p. 62.

[6]Este interés por la literatura extranjera recuerda semejante actitud en Martí, cuando escribió en 1882: "Vivimos, los que hablamos lengua castellana, llenos todos de Horacio y de Virgilio, y parece que las fronteras de nuestro espíritu son las de nuestro lenguaje. ¿Por qué nos han de ser fruta casi vedada las literaturas extranjeras, tan sobradas hoy de ese ambiente natural, fuerza sincera y espíritu actual que falta en la moderna literatura española? . . .Conocer diversas literaturas es el medio mejor de libertarse de la tiranía de algunas de ellas" ("Oscar Wilde," *OC*, 53, La Habana: Editorial Trópico, 1943, p. 19).

[7]Este mismo artículo aparece en castellano como parte del tomo 14 (pp. 48-50) de la "Colección Clásicos venezolanos" dedicado a Pedro Emilio Coll (Caracas, 1966). Otro ensayo titulado "La visita maravillosa" (Pedro Emilio Coll, *El paso errante*, Caracas: Ediciones del Ministerio de Educación Nacional, 1948, pp. 175-80) describe el primer encuentro entre Silva y la redacción de *Cosmópolis*. La influencia de Maurice Barrès en Silva que sugiere Coll no se ha investigado pese a algunos indicios claros, i.e., el ejemplar de *Trois Stations de psychothérapie* (1891) que se encontró en la mesa de noche al lado de la cama donde se suicidó el poeta. También se encontraron *El triunfo de la muerte* de D'Annunzio, y un número de *Cosmópolis* (Alberto Miramón, *José Asunción Silva*, Bogotá: Biblioteca de Autores colombianos, 1957, p. 264).

[8]"Carta a Pedro Emilio Coll," en *Prosas de José Asunción Silva* (Bogotá: Ediciones Colombia, 1926), p. 48.

[9]El famoso libro de Nordau, *Degeneración*, se publicó primero en alemán (*Entartung*, 1893) y se tradujo en 1894 al francés como *Dégénérescence*. Allí retrató a los artistas más ilustres de la época—Verlaine, Nietzsche, Wilde y Wagner, entre ellos—como enfermos mentales. Silva dedicó varias páginas al principio de su novela *De sobremesa* a Nordau y su *Degeneración*, pintando al médico alemán "como un esquimal miope" que se pasea "por un museo de mármoles griegos" (*OC*, II, Buenos Aires: Plus Ultra, 1968, p. 26). Todas las citas sacadas de la novela se refieren a esta edición.

[10]"*De sobremesa*, novela desconocida del Modernismo," *RI*, 31, (1965), pp. 17-32.

[11]Loveluck, p. 23.

[12]La siguiente cita pone de manifiesto su cinismo: "Hoy es diferente, respondió Fernández con cierta superioridad, he distribuido mis fuerzas entre el placer, el estudio

Modernismo y decadentismo

y la acción, los planes políticos de entonces los he convertido en un *sport* que me divierte, y no tengo violentas impresiones sentimentales porque desprecio a fondo a las mujeres y nunca tengo al tiempo menos de dos amorosas para que las impresiones de una y otra se contrarresten" (p. 113).

[13]También el novelista Martí señaló la enajenación del intelectual-artista dentro de la sociedad hispanoamericana en su *Lucía Jérez*, publicada primero en 1885 bajo el título de *Amistad funesta*: "Como con nuestras cabezas hispanoamericanas, cargadas de ideas de Europa y Norteamérica, somos en nuestros propios países a manera de frutos sin mercado, cual las excrecencias de la tierra, que le pesan y estorban, y no como su natural florecimiento" (*Lucía Jérez*, Madrid: Gredos, 1969, pp. 70-71).

[14]Véase Moretić, p. 47.

[15]*The Portrait of Dorian Gray*, 1891; *A Rebours*, 1884.

[16]Afirmamos el americanismo del personaje pese a opiniones como la de Rafael Maya: "Ese *José Fernández*, de la novela, no tiene de americano más que el haber nacido en Bogotá, pero es un europeo decadentista y anormal, lujurioso y ateo, medio filósofo, medio artista, . . .en fin, monstruosa mezcla sicológica, cuya fórmula derivó Silva de todos los novelistas a quienes había leido desaforadamente" (*Los orígenes del modernismo en Colombia*, Bogotá: Biblioteca de autores contemporáneos, 1961, p. 65). Véase también de Bernardo Gicovate, "José Asunción Silva y la Decadencia europea," en *Conceptos fundamentales de literatura comparada* (San Juan, Puerto Rico: Asomante, 1962.

[17]En efecto, la salud y la vitalidad de Fernández "formaban extraño contraste con la atonía meditabunda del semblante pálido y lo apagado de los ojos grises de Máximo Pérez, cuya flacura se adivinaba, mal disimulada por el vestido de cheviot claro que traía puesto, en las líneas del cuerpo tendido sobre el diván vecino, en una postura de enfermizo cansancio" (p. 24). Este Máximo Pérez, uno de los invitados en casa de Fernández se parece más al decadente abúlico típico.

[18]A través de estos episodios manifiesta Silva un conocimiento extraordinario respecto a las teorías psicológicas y fisiológicas de su época, sobre todo de las enfermedades nerviosas que afligían a muchos protagonistas de la literatura decadente. Esta faceta de su obra no se ha investigado aunque algunos críticos han señalado el interés de Silva por la medicina y los médicos. Véanse los estudios de Alberto Miramón, pp. 76-77, y de Rufino Blanco-Fombona, p. 133. El profesor Charvet en *De sobremesa* nos recuerda a Jean Martin Charcot (1825-93), famoso neurólogo francés. Queda por estudiar a fondo la influencia de Paul Bourget, sobre todo el autor de *Essais de psychologie contemporaine* (1883-85). Véanse los comentarios de Rafael Maya, pp. 69-79, acerca de Silva y Bourget.

[19]Carlos García Prada, "Introducción," en *José Asunción Silva. Prosas y Versos.* (México: Ed. Cultura, 1942), p. xxxi.

[20]Silva cit. en García Prada, "Introducción," p. xiv. Pedro Emilio Coll señala "la desproporción entre el hombre y el medio" al referir la historia de algunos modernistas "que vinieron demasiado pronto a un mundo demasiado nuevo. En las ciudades más o menos incipientes de América sufre más que en las de Europa quien se eduque en una dirección artística; muchos emigran hacia centros más civilizados, otros sucumben trágicamente como Julián del Casal y José Asunción Silva" ("Decadentismo y Americanismo," p. 63).

[21]*Notas amargas* parece formar un cuerpo aparte entre las poesías de Silva (véase, *OC*, I, Buenos Aires: Plus Ultra, p. 77, n. 5). Un tono irónico y satírico, raro en los versos de Silva, caracteriza los poemas de esta colección. Sin embargo, confiamos que no

218

hay dos Silva, el poeta y el prosista, como indica Rafael Maya (p. 60), sino que su prosa nos ofrece una clave para mejor interpretar su sensibilidad lírica. El poeta y el prosista José Asunción Silva son una misma personalidad cuya formación merece un nuevo análisis a fondo.

[22]Véanse pp. 182-84 de la novela para una fiesta que se celebra en la casa de Fernández en París donde aparece retratada toda la colonia hispanoamericana.

[23]Fernández le describe a Helena la naturaleza tropical en los siguientes términos: "Oye: en la tierra que me vio nacer hay un río caudaloso que se precipita en raudo salto desde las alturas de la altiplanicie fría hasta el fondo del cálido valle donde el sol calienta los follajes y dora los frutos de una flora para ti desconocida" (p. 160).

[24]No obstante, Silva tenía un talento extraordinario para la sátira, como indican algunas composiciones en verso, i.e., "Futura" y "Egalité" (*OC*, I, pp. 84-85, p. 92). Tiene también una sátira de pura inspiración literaria parodiando los versos de Darío—"Sinfonía color de fresa con leche" (*OC*, I, pp. 117-19).

[25]A lo largo de la novela sigue vigente el plan de Fernández. Al llegar a Londres visita una fábrica de fusiles y se entrega con furia a los estudios militares que requiere su plan (p. 96). Consagra los últimos días que le quedan en París a revisar su plan concebido en Suiza en el verano pasado (p. 198). El único estudio detallado que hemos visto dedicado a "La política en la poesía de Silva," por Juan de Garganta (*Revista de América*, Bogotá, 1948, pp. 118-34), reconoce la importancia de *De sobremesa* como documento. Sin embargo, encuentra pobre de contenido ideológico la actitud política de Silva. A continuación describe el plan de Fernández en términos negativos, i.e., "fantástico, aristocrático, paternalista, admirador de la fuerza bruta, ingenuamente confiado en la ciencia positiva y en la tecnocracia" (p. 133).

[26]Es de notar el homenaje que compone Silva al Doctor Rafael Núñez, muerto en septiembre de 1894 (*OC*, I. pp. 138-45). La carrera de Núñez forma parte de la sangrienta historia de Colombia en la segunda mitad del XIX. Consúltese *History of Colombia*, de Jesús María Henao y Gerardo Arrubia, traducida por J. Fred Rippy (Chapel Hill: University of North Carolina Press, 1938).

[27]Fernández describe a Helena diciendo: "Ciertas sílabas resuenan dentro de mí cuando interiormente percibo su imagen 'Manibus date lilia plenis'. . .dice una voz en el fondo de mi alma y se confunde en mi imaginación su figura que parece salida de un cuadro de Fra Angélico y las graves y musicales palabras del exámetro latino" (p. 97). El médico Rivington confirma el parentesco entre Helena y las mujeres de la escuela inglesa: "Me ha descrito usted a la señorita como una figura semejante a las de las vírgenes de Fra Angélico y este cuadro es obra de uno de los miembros de la cofradía prerafaelista" (p. 108). Véanse además el ensayo de Gicovate, "José Asunción Silva y la Decadencia europea;" John M. Dougherty, "José Asunción Silva's *De sobremesa*," Tesis University of Oregon 1952; y Jan B. Gordon, "The Imaginary Portrait: Fin-de-siècle Icon," *University of Windsor Review*, 5 (1969), 81-104, sobre el esfuerzo por combinar la vida y el arte que representaba el retrato en la literatura fin-de-siglo.

[28]Véase el capítulo 2, "The Sick Continent and its Diagnosticians," en Martin S. Stabb, *The Quest of Identity* (Chapel Hill: University of North Carolina Press, 1967), pp. 12-33.

[29]El poema de Silva, "Al pie de la estatua" (*OC*, I, pp. 35-44), dedicado a Bolívar, pone de manifiesto la diferencia entre la generación guerrera que conquistó la independencia y las "vidas triviales" (p. 43) de los miembros de su propia generación.

[30]Fernández se refiere a los Estados Unidos repetidas veces, casi siempre comentando la rapidez y la eficiencia que caracterizan aquella sociedad pragmática. Habla de

Modernismo y decadentismo

"dos yankees atléticos y sanguíneos" que "infectaban el aire con el humo de sus cigarillos de Virginia y se envenenaban sistemáticamente con Whisky" (p. 87). También señala el contraste entre la naturaleza de su tierra y "las cataratas del Niágara, profanadas por los ferrocarriles y por la canallería humana que va a divertirse en los hoteles que las rodean" (p. 160).

[31]Moretić, p. 47.

VI. Psychoanalysis

NADA DE CARMEN LAFORET:
LA INICIACION DE
UNA ADOLESCENTE

Carlos Feal Deibe

De modo general, *Nada* (1944) puede verse como una "historia de iniciación." Mordecai Marcus define así este tipo de obras: "An initiation story may be said to show its young protagonist a significant change of knowledge about the world or himself, or a change of character, or of both, and this change must point or lead him towards an adult world".[1] Desde el comienzo de la novela, su inclusión en el tipo citado se presiente ya. Una joven, Andrea, llega a Barcelona, donde va a empezar sus estudios universitarios, alojándose en casa de sus tíos y abuela. Tanto la edad de la protagonista—18 años—como el hecho de que vaya a iniciar una nueva vida en una ciudad desconocida son aquí significativos. Entendemos la sensación de libertad que experimenta Andrea al principio. Ha dado un primer paso en el camino de su independencia y madurez, o por lo menos así lo siente. Juan Villegas, en el mejor estudio sobre *Nada* que conozco, ha subrayado la importancia de que Andrea llegue precisamente por la noche: "Andrea llega a *medianoche* , instante mítico y legendario del cruce del umbral, indicio de la vida humana que se abandona y comienzo de una nueva etapa. La medianoche introduce en el reino de la noche, zona de peligros y temores para el iniciante."[2]

Tiene interés también, y es muy explicable en la estructura de la novela, que nadie haya ido a esperar a la joven. El encuentro de ésta con su familia se retrasa de tal modo. El retraso es necesario, a fin de advertir esa sensación de *libertad* y *expectación* por parte de Andrea,

Nada de Carmen Laforet

que se derrumbará en seguida al encontrarse con sus familiares. Al entrar en la casa de la calle Aribau, Andrea descubre un mundo lóbrego, sórdido; lejos de la liberación presentida, va a surgir un formidable obstáculo en los sueños de emancipación de la protagonista.

Por otra parte, Andrea tiene la impresión de llegar a un mundo fantasmal: "Luego me pareció todo una pesadilla" (I, 25).[3] Ve como a sombras o espectros los seres que la rodean. De su tío Juan, dice: "Tenía la cara llena de concavidades, como una calavera" (p. 26). Y algo más adelante: "Al levantar los ojos vi que habían aparecido varias mujeres fantasmales". Los límites entre realidad y sueño o fantasía no resultan claros; se confunden en la mente de la joven mujer. Los críticos de *Nada* han resaltado, tal vez excesivamente, el tono realista de la novela; pero no han prestado atención a lo que podríamos llamar su carácter visionario o surrealista. Lo que ocurre en este comienzo es representativo de lo que ocurrirá a lo largo de la obra: Andrea suele contemplar la realidad desde un ángulo indeciso, y aunque con los ojos bien abiertos presencia escenas que más parecen sueños o visiones. Escenas, además, que ella no sabe interpretar muy bien, tal como uno no sabe interpretar los sueños o los productos de su fantasía. Desde esta perspectiva, las experiencias de Andrea recuerdan o reproducen de algún modo las experiencias del niño que empieza a descubrir el mundo: el mundo de los adultos, cuyo sentido no acierta a comprender plenamente. La extrañeza será así, junto con la angustia, la curiosidad, la extraordinaria emoción, una de las notas dominantes de Andrea.

En la casa, Andrea se siente atraída por Gloria, mientras reacciona contra Angustias. Frente a ésta, que actúa como una carcelera de Andrea, cuyos movimientos trata en todo momento de controlar, Gloria personifica una suerte de liberación: esa liberación que busca la muchacha. Los nombres de las dos mujeres expresan muy bien la opuesta resonancia afectiva con que se le aparecen a Andrea. Angustias es una solterona, que reprime en sí misma los instintos sexuales y trata de reprimirlos en su sobrina. Quiere acompañar a ésta en sus salidas a la calle, y no acepta en absoluto que Andrea salga sola de paseo. Al principio de la novela la vemos ya escandalizada ante el hecho de que Andrea hizo sin compañía el camino desde la estación a la casa. Angustias funcionaría como una "madre mala", que se opone a los deseos de emancipación del hijo.

Gloria seduce a Andrea por representar el aspecto contrario. Andrea manifiesta que su simpatía por ella nació el día que la vio desnuda sirviendo de modelo a Juan, su marido. La desnudez de la mujer subraya su naturalidad o sensualidad; sus instintos se manifiestan a plena luz, no se reprimen como en el caso de Angustias. Gloria goza de su cuerpo; se considera bonita, atractiva. Angustias, en cambio, ve en el cuerpo el lugar del pecado, y lo castiga vistiéndose sin coquetería. Angustias, no olvidemos, acabará metiéndose monja.

Así pues, Gloria, aunque ignorante y en opinión de Andrea no muy inteligente, se aproxima en determinados aspectos al ideal de feminidad de la muchacha; ideal del que Angustias se aleja decididamente. En su estimación de Gloria, Andrea llega al punto de adjudicarle una inteligencia especial, una suerte de inteligencia instintiva o carnal, modificando así su primera opinión negativa: "Una inteligencia sutil y diluida en la cálida superficie de la piel perfecta. Algo que en sus ojos no lucía nunca. Esta llamarada del espíritu que atrae en las personas excepcionales, en las obras de arte" (III, 44). A Gloria ahora ya no le falta nada. La inteligencia que primero se le negó es algo que también acaba poseyendo. La inteligencia, el espíritu, en ella se concretan en forma carnal.

Se apunta, además, a un parecido entre Andrea y Gloria. En la escalera de la casa, al bajar de la buhardilla donde vive su tío Román, percibe a veces la joven el bulto de Gloria, que se dispone a salir. Gloria y Andrea coinciden en el movimiento que, en busca de la aventura, las dispara a ambas fuera del recinto oscuro de la casa donde se ahogan. No es éste el único momento en que una asociación entre las dos mujeres se produce. Nada más llegar Andrea a la casa, desde la estación, su abuela, que sale a abrirle, la confunde con Gloria. Gloria, quien, como Andrea en ese capítulo inicial, frecuentemente vuelve a casa en medio de la noche. Puesto que una novela es creación de la fantasía, y como tal regida por móviles profundos, importa ver esas coincidencias y equívocos, y señalar su sentido. Nada es, nada debe ser arbitrario!

Del ambiente opresor de la casa Andrea se evade estrechando lazos con sus compañeros de universidad. Interesa, sin embargo, que Andrea establece más fácilmente relaciones con mujeres que con hombres: "Comprendí en seguida que con los muchachos era imposible el tono misterioso y reticente de las confidencias, al que las chicas suelen ser aficionadas, el encanto de desmenuzar el alma, el roce de la sensibilidad almacenada durante años. . ." (V, 63). Diríamos así que, aun venciendo su anterior timidez, la apertura de Andrea no es total, pues viene afectada por una grave restricción. El otro sexo, sin el contacto con el cual la realidad humana no se constituye plena-

Nada de Carmen Laforet

mente, es objeto de reservas; posee, sin duda, para Andrea características que la desazonan, que le inspiran desconfianza.

Vemos, entonces, que la preferencia de Andrea va hacia una chica, Ena, no un chico. La apertura al *otro* (al mundo exterior) se realiza en principio, pues, a través de un representante del propio sexo, y no del sexo opuesto, todavía demasiado extraño o enemigo. El hecho se ajusta a la regla de la evolución femenina. El primer objeto amoroso, la madre, es de naturaleza homosexual en el caso de la niña. La niña, por tanto, debe realizar el tránsito—no siempre fácil—de la homosexualidad a la heterosexualidad, sustituyendo a la madre por el padre, y posteriormente el varón.[4]

Andrea piensa hacer de Ena su confidente; obviamente proyecta en su amiga un componente maternal. Luego veremos que Andrea conoce efectivamente a la propia madre de Ena, por la que sentirá gran simpatía. Frente a la "madre mala", Angustias, con la que toda confidencia es imposible, aparece, pues, en el libro la figura de la madre buena, que sabe comprender nuestros secretos. La abuelita, aunque responde también al modelo de la madre buena (especialmente en su aspecto proveedor o amamantador: es la única que se preocupa de que Andrea, en la casa, tenga algo que comer), vive demasiado enajenada para poder ayudar a la nieta cuando ésta quiere confesar algo. La comunicación con Román, el único de la familia cuyo nivel intelectual lo acerca a Andrea, fracasa también. Román es un ser egoísta, *cerrado* (V, 70), incapaz de sentir interés genuino por los demás. Vive solo, encerrado en su buhardilla, y sus contactos con los otros son de naturaleza predominantemente sádica.

Otras características de Ena merecen destacarse. La alusión a su "sensual cara" (V, 64) podría aplicarse a Andrea. Aunque ésta en su trato con los hombres se muestra más bien inhibida, sospechamos su sensualidad, visible en la atracción por Gloria ya comentada. Tras la admonición de su tía Angustias contra los peligros del barrio chino, donde "si una señorita se metiera alguna vez, perdería para siempre su reputación", Andrea comenta: "Y yo, en aquel momento, me imaginé el barrio chino iluminado por una chispa de belleza" (V, 62).

Leemos también acerca de Ena: "Su malicia y su inteligencia eran proverbiales" (V, 64). Si tenemos en cuenta que Andrea es no sólo protagonista, sino narradora (*Nada* está escrita en primera persona), no nos cuesta trabajo atribuirle a ella misma esas cualidades de la amiga. Sus descripciones son, en efecto, inteligentes y con frecuencia maliciosas. En Andrea existe una doble personalidad: con los demás se comporta tímidamente, pero cuando escribe lo hace sin tapujos;

se expresa de un modo audaz y desenvuelto. Ena representa algo así como el "ideal del yo" de Andrea: se comporta en público tal como Andrea se atreve sólo a hacerlo en su intimidad (en la intimidad de su oficio de escritora).

A este respecto hay que decir que, aparte de escribirse *Nada* en primera persona, existen puntos de contacto entre Andrea y Carmen Laforet. Aquélla tiene más o menos la edad de ésta cuando se trasladó a Barcelona para estudiar en la universidad. La redacción de la novela se produce, además, en esos tiempos de estudiante. Esto no quiere decir que *Nada* sea autobiográfica en el sentido tradicional del término. Así dice la autora: "No es (*Nada*)—como ninguna de mis novelas—autobiográfica, aunque el relato de una chica estudiante— como yo fui en Barcelona—e incluso la circunstancia de haberla colocado viviendo en una calle de esta ciudad donde yo misma he vivido, haya planteado esta cuestión más de una vez".[5] Lo que importa es que la novela—toda verdadera novela—es, a diferencia del mero reportaje, un relato de las fantasías centrales del autor, en gran parte inconscientes. Autobiografía, pues, de la vida secreta, profunda, no de las peripecias en el mundo visible. Andrea y Carmen Laforet coincidirían no tanto a través de circunstancias externas comunes cuanto en su modo de imaginar: de transformar el mundo en la fantasía.

Andrea se sorprende de que Ena le hable de Román: "me había preguntado que si yo era parienta de un violinista célebre" (V, 64). Cuando luego la amiga exprese deseos de conocer a Román personalmente, Andrea sufre una gran decepción. Ahora que empezaba a alejarse del mundo sórdido de la calle Aribau, le disgusta la posibilidad de ver contaminado por él el encanto de su nuevo mundo. Quisiera mantener a ambos separados. El mundo de la calle Aribau sólo le parece aceptable como tema de una novela o cuento. Nótese que Andrea no es sólo novelista (al narrar en primera persona), sino que, en cuanto personaje, es lo que llamaríamos un ser novelero. Así lo entiende Román, su sagaz tío: "Por lo demás, no te forjes novelas (. . .) Ya sé que estás siempre soñando cuentos con nuestros caracteres" (III, 46).

Descubriría Andrea ahora, ante el interés por Román de Ena, que uno no se zafa tan fácilmente de la familia. De algún modo los nuevos personajes que se encuentra en la vida, en la novela de la vida, remiten al núcleo familiar originario; son objeto de proyecciones. Así Ena y su madre como figuras hermanales o maternas, según dijimos. O Angustias como "madre mala". Cabe también que formen relaciones con figuras familiares. Andrea quería hablar a Ena de sus parien-

225

tes, pero antes de hacerlo Ena muestra ya conocer a uno de ellos. Andrea se disgusta porque la novela toma un curso distinto del que ella quería darle. Ena no se contenta con el papel pasivo de espectadora de los relatos de Andrea. Ena es también un ser novelesco que quiere escrutar mundos misteriosos, atraída por el enigma de la vida. En otros términos, a Andrea le molesta ver que no es dueña de sus fantasías. Echadas éstas a volar, otras fantasías, indeseables, vienen a perturbarla, como Augusto Pérez perburbaba a Unamuno en su gabinete de escritor salmantino.

La calidad de "novelista" en Andrea se muestra muy bien en el papel que adopta en el libro, consistente en observar a los demás. Aunque se ve, desde luego, implicada en la historia, su actitud típica es la del espía, del debelador de secretos. Esta función de espía—o mejor, de *voyeur*—es la básica en Andrea. Pero el *voyeur* no sólo ve, sino que—como el novelista—, a través de lo visto, o entrevisto, se pone a fantasear. O bien busca en lo visto una corroboración de sus fantasías previas. En términos de técnica novelesca, lo interesante es que la situación del protagonista se transmite al lector, quien, como Andrea, sólo posee datos fragmentarios, estando así obligado también a imaginar o anticipar acontecimientos. A novelar, diríamos. Como Andrea, el lector vive en estado de constante expectación y sorpresa, y avanza interesado en la lectura en espera de luz. La razón principal del éxito de *Nada* radica, para mí, en esa absoluta maestría con que la autora convierte a sus lectores en *voyeurs*, seres de la casta de Andrea. Somos, al leer *Nada*, de nuevo niños o adolescentes llenos de curiosidad ante un mundo enigmático y esquivo: el de las relaciones sexuales entre adultos. Espiar es lo único que podemos, pues es sabido que los adultos cierran las puertas de ese mundo a los menores.

Intriga a Andrea especialmente la vida de Gloria y su relación con Román. ¿Sube ella a su buhardilla a verlo en secreto? Trasladada al cuarto de Angustias, que acaba de dejar la casa, la muchacha escribe:

> El cuarto de Angustias recibía directamente los ruidos de la escalera. Era como una gran oreja en la casa. . .Cuchicheos, portazos, voces, todo resonaba allí. Impresionada como estaba me había puesto a escuchar. Había cerrado los ojos para oír mejor; me parecía ver a Gloria, con su cara blanca y triangular, rondando por el descansillo sin decidirse. Dio unos cuantos pasos y se detuvo luego vacilante, otra vez comenzó a pasear y detenerse. Me empezó a latir el corazón de excitación porque estaba segura de que ella no podría resistir el deseo

de subir los peldaños que separaban nuestra casa del cuarto de Román. Tal vez no podía resistir la tentación de espiarle. . .Sin embargo, los pasos de Gloria se decidieron, bruscamente, a lanzarse escaleras abajo hacia la calle. Todo esto resultaba tan asombroso que contribuyó a que yo lo achacara a trastornos de mi imaginación medio dormida (VII, 86).

El tono dominante en *Nada* está bien reflejado en esas líneas. Andrea atribuye a Gloria sus propios deseos de espiar a los otros. Será ella, no Gloria, quien suba finalmente a la buhardilla de Román, que a la vez la atrae y repele. Román se confiesa a Andrea; le revela su sadismo. Constituye el sadismo su modo de relacionarse con el mundo. Nadie puede vivir solo, y por más que se aparte de los demás y se retire a su buhardilla, Román necesita volver al piso—imagen del mundo que odia—a indagar los secretos de los seres que allí viven, abriendo cajones, registrando maletas. No le falta alguna razón al decirle a Andrea que se parecen; ambos son escrutadores de vidas ajenas. Además Román es músico, pinta, hay en él un fondo de artista. El artista es como un dios en la medida en que da forma a figuras humanas, en que las maneja. Román querría ser también como un dios: "¿Tú no te has dado cuenta de que yo los manejo a todos, de que dispongo de sus nervios, de sus pensamientos. . .?" (VII, 89). Se complace en el dominio que ejerce sobre la voluntad de su hermano Juan, a a quien es capaz de irritar cuando le place. Hostiga a Juan, lo enfurece, a fin de que éste pegue a Gloria, su mujer. Juan es como el brazo de Román, que realiza lo que Román—el cerebro de éste—le dicta. Así, vicariamente, satisface Román su sadismo respecto a aquellos seres, como Gloria, a los que no puede directamente alcanzar. Pero esto prueba también las diferencias que existen entre Román y Andrea. Román confiesa que no tiene amigos y atribuye las amistades— y el gusto de las amistades—de Andrea a "romanticismo de colegiala" (p. 87). Sólo se emociona cuando ve sufrir a otros. Su fracaso como artista, pese a sus dotes, puede entenderse como consecuencia de su fracaso humano, de su cerrarse al mundo, su falta de interés por las pasiones humanas: otras pasiones que no sean las que él desencadena. Román es un ser profundamente narcisista, que no renuncia a la *omnipotencia* infantil. Es un eterno niño (la buhardilla donde vive es un símbolo del seno materno que no puede abandonar), un ser que no ha madurado, y en este sentido constituye un ejemplo negativo para Andrea en el camino de su madurez: como ser humano y como artista.

Andrea acaba teniendo miedo y siente ganas de escapar. Hay en él algo que indudablemente la atrae, pero adivina muy bien los riesgos de esa atracción. Andrea sólo podría ser una víctima más de Román; debe alejarse de él a fin de vivir su vida. Es interesante que, hacia el final del libro, Ena, la amiga íntima de Andrea, tendrá con Román una escena que recuerda mucho a ésta. Ena, sobre quien recae la sospecha de haberla seducido Román, lo afronta para salir victoriosa de la prueba. No sucumbe frente a Román, puede resistir el hechizo de él y escapar. Ena actúa así como la vengadora de su madre, enamorada en su juventud de Román, respecto a quien él fue capaz de ejercer su sadismo. Le pidió cortarse la trenza para él, aceptó ella y Román dijo: "Tengo lo mejor de ti en casa. Te he robado tu encanto (. . .) ¿Por qué has hecho esta estupidez, mujer? ¿Por qué eres como un perro para mí?" (XIX, 209). Ahora diríamos que Román es símbolo del hombre—el padre—visto como un ser brutal, dominante; brutalidad que se manifiesta también en las palizas de Juan, hermano y doble de Román, a su mujer. De este modo la victoria sobre Román constituye una suerte de victoria arquetípica de la mujer sobre el hombre.

El tema del hombre cruel y posesivo se muestra en otras obras de Carmen Laforet. En *La isla y los demonios* (1952) leemos: "Pensaba (José) que las mujeres se doblegan con facilidad si se las trata con mano dura y se las satisface sexualmente" (XVIII, 612). Pero hay mujeres que se rebelan. Así, en *La isla y los demonios*, Matilde piensa de su marido: "Nunca más podría tener él poder para desconcertarla o o anularla. Había recobrado una absoluta confianza en sí misma" (XVII, 596). Una de las mejores narraciones laforetianas, la titulada *Un noviazgo*, muestra el caso de una mujer, Alicia, durante muchos años enamorada de su jefe, hombre casado, marqués y riquísimo. Pero cuando éste, ya viudo, le propone el matrimonio, Alicia lo rechaza. El pretexto es que el hombre desea casarse en secreto, lo que Alicia interpreta como una humillación: "Me ha humillado usted demasiado, De Arco, para soportar una humillación más, la peor de todas" (VI, 784). Así la mujer invierte su situación respecto al hombre; de rechazada por él pasa a rechazarlo. Alicia, en este instante, experimenta una gran felicidad: "Fue una felicidad muy corta, pero espléndida. De Arco, desde su estatura, parecía más bajo que ella. Era como si le estuviese abofeteando" (p. 786).

Desde esta perspectiva, *Nada* puede entenderse como la descripción de un combate entre dos fuerzas adversas: ¿quién saldrá victorioso? Dada, por otra parte, la importancia que en la novela tiene el tema que llamaríamos del espionaje (espionaje que es, básicamente, el de las relaciones sexuales entre adultos: lo que Freud llama la "escena primitiva"), podría pensarse que ese otro tema de la lucha entre ambos sexos nace del impacto causado al niño por la visión de la "escena primitiva", escena que no sabe interpretar y tiene generalmente para él características de un verdadero combate.[6] Hombre y mujer serían entonces, en las relaciones de uno con otro, como los partícipes de una "escena primitiva" (escena violenta a los ojos del niño) que se repite incansablemente.

La isla y los demonios permite una interpretación semejante. A manos de Marta, la protagonista, va a parar un cuadernillo con dibujos de Pablo. Uno de ellos ("unas líneas embrujadas, llenas de movimiento") es interpretado por Marta como representación de "José en ademán de golpear la espalda de una mujer desnuda, que era Pino" (V, 429). Se pregunta Marta por qué Pablo imaginó a José de este modo. Pero no es seguro que se trate de una imaginación de él; tal vez Marta le atribuye su propia fantasía: la que consiste en ver los esposos, más exactamente, el encuentro sexual entre ellos (Pino está desnuda) como una escena sádica.

Un hombre—en *Nada*—escapa, sin embargo, a esta visión negativa. Se trata de Jaime, el novio de Ena. ¿Por qué constituye una excepción? En primer lugar, podría interpretarse como una prueba de que el rencor frente al hombre no impide, algunas veces, la estimación valiosa de él por parte de la mujer. Pero, además, hay una circunstancia específica que permite entender que el hombre, en el caso de Jaime, aparezca despojado de sus habituales signos amenazadores. No vemos a Ena con Jaime a solas, sino que, aunque Jaime sea novio de Ena, ésta de algún modo lo comparte con su amiga. Le habla constantemente de él, y salen los tres juntos de excursión. De modo que el amor de Ena por Jaime se confunde con el que siente por Andrea. El hombre aquí es más bien un compañero y la relación entre los tres una gozosa relación de amistad y compañerismo. Como, además, Andrea no pretende en ningún momento disputarle el novio a su amiga, la relación a tres resulta paradójicamente más feliz que la relación a dos. Nadie se siente excluido: "A veces Ena dejaba a Jaime y saltaba a mi lado para mirar también, para comentar conmigo aquella dicha" (XII, 129). O: "A veces llovía. Entonces Ena y yo nos refugiábamos bajo el impermeable de Jaime, quien se mojaba tranquilamente. . ." (p. 129). El hombre aquí no es obstáculo a la unión entre las dos mujeres; unión que hace pensar en la que existe entre la hija y la madre, que el padre viene a destruir. Sin duda esa interposición paterna es otra de las razones básicas que hacen del hombre (sobre quien la figura del padre se proyecta) un ser indeseable. Pero, en el texto citado, Jaime más bien se comporta como una madre que abriga en su seno (su impermeable) a las dos mujeres, convertidas en hermanitas. El macho brutal, fomentador de discordia, no altera la armonía del orbe femenino.

Ese momento de las dos amigas refugiadas en un mismo impermeable recuerda otro, en el capítulo anterior, cuando Andrea se mete en la cama con Gloria, la cual huye de la brutalidad de su marido, que acaba de azotarla. Allí (XI, 123) Andrea siente ganas de morder a Gloria, lo que podríamos interpretar como una fantasía oral; es decir, en términos del deseo que acomete al niño de morder el pecho de la madre, fundiéndose así con ella. Cierto, en el pasaje aludido, la explicación *racional* del deseo de Andrea es el hambre que ésta pasa. Pero esa misma hambre crónica de la protagonista, aparte de como reflejo de la situación de la posguerra española, puede verse como índice del anhelo por el seno materno, a que nos referimos. O sea, anhelo de protección, de paz, en medio de un mundo hostil. Significativamente, C. Laforet ha hecho de su protagonista una huérfana, condición que sirve para expresar muy bien su desamparo y su ansia de amor maternal: ese amor que, por fortuna, encuentra en Ena, en la madre de ésta, y de algún modo también en su abuelita.

El capítulo XII termina exponiendo una nueva relación hombre-mujer. Andrea decide salir con Gerardo, un muchacho de su edad. La relación, no mediada por ninguna otra presencia femenina, resulta un fracaso. Sobre el hombre de nuevo se acumula una serie de rasgos negativos. Gerardo, ante Andrea, adopta la actitud del macho dominante, que ve sólo en la mujer un objeto apetitoso, una presa:

> Resultaba alto y robusto y su cabello se parecía al de los negros.
> —¡Hola, bonita!
> Me dijo. Y luego, con un movimiento de cabeza como si yo fuera un perro:
> —¡Vamos! (p. 132).

Sentimos, aunque no llegue a formularse, la indignación de la autora. Ahí están, en la conducta de Gerardo, presentados los hechos que originan modernas reivindicaciones femeninas. Gerardo es un perfecto ejemplo de *male chauvinism*.

Un detalle, no obstante, hace simpático a Gerardo a los ojos de Andrea. Paseando descubren una estatua de Venus a quien "alguien le había pintado los labios de rojo groseramente" (p. 132). Gerardo es simpático porque se indigna y frota con un pañuelo "los labios de mármol hasta que quedaron limpios". En el detalle aparentemente nimio que aquí se expresa, me parece ver una indicación de una actitud fundamental por parte de la escritora. Gerardo libra a Venus de las notas sensuales—pecaminosas—que *groseramente* alguien le adjudicó. La acción de él coincide entonces con el deseo obsesivo en el libro de salvar a la mujer de la sospecha de sensualidad indómita, que constantemente se cierne sobre ella. La historia de Gloria (de que hablaremos) responde ejemplarmente a esa visión de la mujer pura o fiel en el fondo y aparentemente manchada, culpable, adúltera.

Pero la simpatía por Gerardo dura sólo un instante. Vuelve a resultar fastidioso a Andrea cuando le pregunta: "Conque solita, ¿eh? ¿De modo que no tienes padres?" (p. 132). Gerardo, al apiadarse de Andrea, muestra realmente su actitud posesiva en el deseo de ser respecto de ella un padre—el padre que la joven no tiene—, adornándose así de un prestigio que le permita controlarla y dominarla mejor. Gerardo, es entonces, una amenaza a la libertad tan deseada por Andrea.

Habla luego, efectivamente, ella de los "paternales consejos" que él le da, exhortándola "sobre la conveniencia de no andar suelta y loca y de no salir sola con muchachos" (p. 135). Gerardo habla ya con mentalidad de padre o marido. En el hecho señalado de limpiar los labios de la Venus, podríamos ver por tanto el cumplimiento de un deseo profundo no sólo por parte de Andrea (o la escritora), sino también del hombre. Es él quien limpia los labios de la estatua. Es el hombre, tanto o más que la mujer, quien tiene la necesidad de ver a ésta—a Venus, a la madre, y a todas las mujeres asimiladas posteriormente a ella—como un ser puro, borrando las muestras de toda excesiva carnalidad o sensualidad femenina. No es por complacer un deseo de Andrea sino un deseo propio, por lo que Gerardo obra de tal modo.

Con ocasión de seguir a su tío Juan, quien va en busca de su mujer, tendrá Andrea oportunidad de enterarse de lo que pasa. Andrea, y el lector con ella, podrán salir de dudas, saber cuál es el sentido de esas misteriosas salidas de Gloria por la noche. ¿Adónde va? ¿Qué busca?

Las sospechas de Juan parecen fundadas. El hijo de él y Gloria está ahora muy enfermo; que ella lo abandone, en tales circunstancias, indigna a Juan; por eso sale tras Gloria. La abuela piensa que la va a matar, y pide a Andrea que lo siga. Así llegan los dos al barrio chino, donde Juan finalmente descubre a Gloria en casa de la herma-

Nada de Carmen Laforet

na de ésta, jugando a las cartas. Junto a esto se revela que Gloria vende los cuadros de Juan a traperos, pues no encuentra a ningún otro que se los compre. Juan Luis Alborg no encuentra esto convincente: "Hay ingenuidades, sin embargo, como la ocupación de Gloria para traer dinero a casa, que representan un verdadero fallo en la novela".[7] Desde los supuestos de la novela realista, objetiva, no faltaría razón para pensar así. El lector no acaba de creer en la inocencia de Gloria, como parece creer aquí su pobre marido, abrumado por los reproches que la cuñada le hace: "De modo que ya es hora de que te vayas enterando de tus asuntos, Juan. Ya es hora de que sepas que Gloria te mantiene. . ." (XV, 163). Antes de salir de casa esa noche, vimos a Gloria pintarse y vestirse de lo mejor (p. 154), lo cual no es necesario para ir a jugar a las cartas, y se justifica tanto menos cuanto que su hijo está muy enfermo y a ella normalmente debería faltarle humor para arreglarse como lo hace. Es por otra parte muy significativo el hecho de que la casa de su hermana, adonde Gloria va, se encuentre situada precisamente en el barrio chino. Hasta la supuesta manera de ganar dinero—vendiendo cuadros que la representan a ella desnuda—es susceptible de interpretarse como símbolo de un comercio carnal. Gloria se vende a sí misma, vende su cuerpo desnudo. Un lector sensible no puede dejar de percibir todas esas alusiones. Y frente a ellos, a tal cúmulo de sugerencias que apuntan en el mismo sentido, la revelación final es pasmosa: Gloria simplemente busca un poco de solaz y distracción jugando a las cartas en casa de su hermana, y aprovecha además sus salidas para ganar dinero honradamente. La escritora está haciendo aquí un doble juego, que da pie a críticas como la de Alborg. Pero si dejamos de ver *Nada* como una obra de *realismo objetivo*, lo que ocurre nos parece justificado; encaja perfectamente en el contexto de la novela. La protagonista-autora, a cuya mente vienen sin cesar fantasías de la mujer como un ser sensual o lascivo (hasta la misma Angustias no está libre de esta acusación: se rumorea que ande con su jefe), siente al mismo tiempo la necesidad de borrar esas fantasías y describe un cuadro donde la mujer resulta inocente. Así, en la novela, no llega a probarse la infidelidad o conducta deshonesta de ninguna mujer. Todas aparecen salvadas. Angustias se va monja, Gloria no engaña a su marido. Borremos el carmín de los labios de Venus. Es interesante advertir, a este respecto, que Andrea no se pinta (XIII, 140). Y, en otro pasaje, a la calumnia de Gloria refiriéndose a Ena: "Tu amiga es la amante de Román", responde Andrea enfurecida: "Eres como un animal (. . .). Tú y Juan sois como bestias. ¿Es que no cabe otra cosa entre un hombre y una mujer? ¿Es

232

que no concibes nada más en el amor? ¡Oh! ¡Sucia!" (XX, 224). Registremos, en fin, el hecho de que esa chica aparentemente descreída, o que no da en todo caso nunca pruebas de sensibilidad religiosa, encuentra bellas las palabras del Avemaría (XV, 155), o sea, el rezo o alabanza a la madre pura.

Como obra de *realismo íntimo*,[8] no hay nada aquí de que extrañarse, pues es lo propio de la intimidad que en ella lidien fantasías contrarias. El lector, que percibe ambas fantasías, podrá pensar lo que quiera: tiene datos en apoyo de una u otra conclusión. Que Juan se convenza ante las palabras de su cuñada no tiene por qué convencer al lector. Sólo aparentemente el misterio se revela, en el fondo la duda persiste.

La *pureza* o fidelidad de los personajes femeninos, frente a las sospechas o acusaciones de que son objeto, puede entenderse también como un deseo de defender la protagonista, en cuanto personaje femenino, su propia pureza. Pues ella también es acusada por Juan: "¡La sobrina! ¡Valiente ejemplo! . . .Cargada de amantes, suelta por Barcelona como un perro. . .La conozco bien" (XVII, 180). Diríamos que Juan desplaza sobre la sobrina las faltas imputadas a su propia mujer. Sobre la asimilación entre Gloria y Andrea hemos hablado ya. Juan, por supuesto, se equivoca; así también podrían equivocarse quienes—personajes o lectores—atribuyen a Gloria una conducta deshonesta. Es interesante, sin embargo, que Andrea sienta la necesidad de lavarse y piense, a la vez, que el agua no la limpia completamente. Aunque, desde luego, se refiere aquí a suciedad física, nos parece que el pasaje, en el contexto donde se produce (inmediatamente después de las acusaciones de Juan), abarca también notas de tipo moral: "El agua que se volcaba a chorros sobre mi cuerpo me parecía tibia, incapaz de refrescar mi carne ni de limpiarla" (p. 180). Andrea se ve como una mujer manchada, sensual.

Una escena semejante a la del barrio chino se produce poco después. Andrea, alucinada, espiará el encuentro de Gloria y Román, quien trata de seducirla. La escena se sitúa en una frontera indecisa entre sueño y realidad: "Los sentí dirigirse al balcón y cerrar los cristales detrás de ellos. Para mí lo que sucedía era tan incomprensible como si lo estuviera soñando" (XVII, 185). Esto permite relacionar lo que ocurre con un sueño anterior de Andrea (IV, 61), donde Román abraza a Gloria en un campo con lirios morados. La base real del sueño es que, en un fondo idéntico, Román pintó a Gloria desnuda, antes de haberse ésta casado. De nuevo, pues, Gloria aparece en un marco de lujuria. Román la acusa ahora de haber ido hasta su puerta, de oírla llorar en los escalones. Gloria rechaza esta acusación, y no llega desde luego a probarse que fuera en su busca. Es cierto que Andrea la sorprendió también varias veces en el hueco de la escalera, pero nunca—salvo en sueños—la vio con Román. Y la escena actual constituye un mentís a la lascivia de Gloria, quien se defiende valientemente del asedio de Román. Lo único que llega a probarse es que Gloria, antes de casarse con Juan, estuvo enamorada de Román y dispuesta a entregarse a él. Este, entonces, la echó a patadas. Román, una vez más, se manifiesta como el hombre sádico que conocemos; su atracción actual por Gloria es claramente la del sádico por alguien que al mismo tiempo desprecia. Pero su sadismo se estrella contra un muro. Repitamos: la mujer sale victoriosa. Ese es el sentido profundo de la escena.

Algo diferente ocurre en *La isla y los demonios*. Allí Marta, desde una ventana, sorprende en el jardín a Pablo y a su tía Honesta acariciándose, ella en las rodillas de él. La niña experimenta una conmoción: "Empezó a sufrir de asco. Empezó a sentirse tan enferma, que tuvo ganas de vomitar" (XIX, 621-622). El artista sublime, amor platónico de Marta, y la *honesta* tía revelan una faz que la deja anonadada. La "escena primitiva" se presenta aquí casi sin disfraz, dada la previa asociación de los amantes con los padres de Marta. Honesta, en efecto, ha sido confundida con su madre (IX, 469), y de Pablo se dice (XVIII, 600) que se parecía a su padre. La edad de Marta, unos años menor que Andrea, facilita también la interpretación que hacemos.

La invitación de Pons a Andrea para que vaya a un baile en su casa y pase el verano con él y su familia, la recibe ella como una posibilidad de liberación. Son, sin embargo, visibles las reticencias de Andrea: "Pero aún estaba detenida por la sensación molesta que el enamoramiento de Pons me producía" (XVII, 182). La apertura al mundo de los hombres, aunque deseada, continúa siendo difícil. Pensemos que, hasta ahora, se vio siempre con Pons en la universidad o el estudio de su amigo Guíxols, donde ella estaba rodeada de chicos. El sentido de compañerismo diluía la específica relación entre los dos sexos. Y si los amigos de Pons la aceptan, es precisamente en virtud del hecho de que Andrea no es como las demás mujeres: "Hasta ahora no ha ido ninguna muchacha allí [al estudio]. Tiene miedo [Guíxols] a que se asusten del polvo y que digan tonterías de esas que suelen decir todas. Pero les llamó la atención lo que yo les dije de que tú no te pintabas en absoluto y que tienes la tez muy oscura y los ojos claros"

(XIII, 140). Andrea, desprovista de coquetería, no resulta temible a los chicos, tal como éstos tampoco le resultan temibles a ella: se reúnen para hablar de arte, y la atracción de Pons por Andrea se muestra de un modo muy contenido. Pero ahora, con la invitación, es distinto. La protagonista se siente agitada: "porque yo, que sabía dejarme envolver por la música y deslizarme a sus compases y de hecho lo había realizado sola muchas veces, no había bailado 'de verdad' con un hombre, nunca" (p. 183). La sensualidad de Andrea y, al mismo tiempo, sus inhibiciones están bien reflejadas en esa frase.

Su agitación es comprensible. No se trata sólo del baile y de pasar el verano con Pons, sino de que él esté enamorado y ella, a su vez, pueda enamorarse. Sería eso la verdadera liberación. Pues ésta no consiste simplemente en dejar la casa de la calle Aribau—dejar el reducto familiar—, sino en dejarlo para hacerse mujer a través de la relación armoniosa con el hombre. Andrea entiende esto muy bien cuando escribe: "El sentimiento de ser esperada y querida me hacía despertar mil instintos de mujer" (XVIII, 193). Andrea, sin embargo, no dará el paso decisivo. Sigue asustada y retrocede ante el amor del hombre.

El complejo de fealdad de Andrea parece ser debido a sus inhibiciones. Ninguna indicación en el libro permite suponer que es fea; más de un hombre la encuentra atractiva. Ella misma ahora sólo es capaz de decir que de niña era "cetrina y delgaducha" (p. 193), lo cual no nos parece muy grave. Es más bien el temor al hombre—al amor— el que la hace imaginarse a sí misma como poco atractiva, poniendo de este modo una distancia entre ella y el otro sexo.[9] Su sueño es revelador en este sentido. No es tanto que se sueñe hermosa cuanto rompiendo una crisálida una mariposa. Con lo que sueña, pues, es con hacerse mujer, con el estallido del ser pleno. Al ser mujer, o sea, al abandonar sus inhibiciones y temores infantiles o adolescentes, será atractiva; no es precisa mayor transformación, ninguna suerte de cosmética. De modo interesante, se ve a sí misma convertida en una "rubia princesa" (p. 193). Rubia como Ena, que encarna para Andrea, según dijimos, su ideal del yo. Y Ena, no se olvide, ha sido descrita como rodeada siempre por los chicos y teniendo gran éxito con ellos.

Andrea, en fin, percibe muy bien ahora que, para hacerse mujer, debe abandonar su tradicional actitud de espectadora de las vidas y sentimientos de otros, y vivir su propia vida, atreverse a sentir sus propios sentimientos: "'Tal vez el sentido de la vida para una mujer consiste únicamente en ser descubierta así, mirada de manera que ella

misma se sienta irradiante de luz'. No en mirar, no en escuchar venenos y torpezas de los otros, sino en vivir plenamente el propio goce de
los sentimientos y las sensaciones, la propia desesperación y alegría,
La propia maldad o bondad. . ." (p. 194). Debe entonces, como dijimos, alejarse del modelo propuesto por Román, el otro gran escruta-
dor de vidas ajenas, incapaz de amar, de abrirse a los demás para que
penetren en su vida. Eso probablemente está en la cabeza de Andrea
(o de la novelista) al escribir el párrafo siguiente: "De modo que me
escapé de la casa de la calle de Aribau y casi tuve que taparme los oídos para no escuchar el piano al que atormentaba Román" (p. 194).
Román aquí ni siquiera es capaz de producir bella música. Su sadismo, diríamos, se ejerce también contra el piano, al que aporrea. Fracasa como artista en la misma medida en que fracasa como hombre.

El esperado baile resulta, sin embargo, un desastre para Andrea.
Injustamente hace a Pons responsable del mal trato que pasa en la
fiesta: "Mi amigo (. . .) aquella tarde, sin duda, se sentía avergonzado
de mí. . ." (XVIII, 198). Pero es ella la responsable principal. Es ella
la que tiene dificultad en establecer contactos con otros, la que se excluye a sí misma de participar en la alegría de los demás. Nunca se sintió profundamente atraída por Pons, ni hizo nada por ayudarlo a manifestar el amor que sentía por ella. Ahora echa la culpa a sus zapatos
viejos. Villegas ve en esto una Cenicienta al revés: "El zapatito de cris-
tal que sirve para reconocer a la hermosa y misteriosa joven y luego
casarla con el príncipe se transforma aquí en el zapato que destruye
la ilusión, ya que es lo primero que mira la madre de Pons, que hace
las veces de hada maligna: 'La mirada suya, indefinible, dirigida a mis
viejos zapatos' ".[10] Todo el baile, en efecto, puede interpretarse como
la historia de la Cenicienta al revés. La pobre muchacha no llega a
casarse con el príncipe, sus sueños se vienen abajo. El zapato es la supuesta causa de la desgracia—no de la fortuna—de esta nueva Cenicienta. Pero habría que decir que, aunque se haya esforzado, Andrea
jamás llegó a ver a Pons como un príncipe radiante. Y mal puede casarse con el príncipe quien no lo ama o admira. Si ella anhela su amor
es para demostrarse que es capaz de inspirar amor, que es atractiva.
El amor le hace falta para alimentar su narcisismo. Y, aunque esto es
algo que se da en todo amor, en Andrea se produce en mayor medida,
de manera dominante y casi excluyente.

Por lo que toca a los zapatos, Andrea, aunque pobre, hubiera podido comprar unos nuevos. La vimos gastar dinero en regalos a Ena y
su madre. Si ahora no es capaz de hacer una inversión semejante, es
probablemente porque en el fondo Pons le interesa menos que las dos

mujeres anteriores. Cuando Andrea quiere a alguien sabe ser espléndida. En fin, ella misma intuye, entre subterfugios, su propia responsabilidad: "Quizá lo había estropeado todo la mirada primera que dirigió su madre a mis zapatos. . .O era quizá culpa mía" (pp. 198-199).

Luego Andrea rechaza la invitación a bailar que Pons le hace. Pons se siente abrumado. Exclama: "No sé qué te pasa hoy, Andrea, no sé qué tienes que no eres como siempre" (p. 200). No se trata, en realidad, de que no sea como siempre, sino que lo excepcional de la circunstancia sirve para revelar las inhibiciones de Andrea, ocultas en el trato diario con Pons y sus amigos. Sólo a los ojos de Pons Andrea no es como siempre, pero no podemos decir que su personalidad profunda haya cambiado; se revela, al contrario, según es. Insiste luego ella, presa de un verdadero masoquismo, en el motivo de los zapatos. Hace que Pons se fije en ellos. Pons no se había dado cuenta. Esto prueba lo que decíamos: en el fondo Andrea se complace en presentarse tal como lo ha hecho. Hizo un esfuerzo para venir a la fiesta, pero no es capaz de aplicar el mismo esfuerzo a todos los detalles.

La conclusión no puede ser más desolada. Andrea advierte el fracaso de sus deseos por salir de sí misma, y piensa si ha de contentarse para siempre con el triste papel de espectadora: "Yo tenía un pequeño y ruin papel de espectadora. Imposible salirme de él. Imposible libertarme" (p. 201).

Tras el suicidio de Román, Andrea siente remordimientos. Román ya no le parece tan malo. Hay que decir, no obstante, que una visión más piadosa de él por parte de la protagonista se mostró ya antes de su muerte. Así, tras la confesión de la madre de Ena, que muestra a viva luz toda la maldad y sadismo de Román, Andrea tiene una reacción inesperada: "—y no sé por qué, Román me daba cierta pena, me pareció un pobre hombre—a quien ella había acosado con sus pensamientos años atrás" (XIX, 216). La mujer, supuesta víctima, es aquí, en la imaginación de Andrea, un ser acosador, que hostiga al hombre. Hay una total inversión de perspectivas respecto a la actitud mantenida hasta ahora en el libro. Y lo interesante es que Andrea percibe la culpa de la mujer y la debilidad del hombre a propósito de una historia cuyo sentido aparente es el contrario.

En el encuentro entre Román y Ena, en cambio, es ya Román claramente la víctima, incluso en el plano aparente. Advertimos, además, que Ena actúa no sólo como vengadora de la madre, sino que al margen de ello encuentra placer en humillar al hombre:

> Pero no me creas mejor de lo que soy, Andrea. . .No vayas a buscarme disculpas. . .No era sólo por esta causa por lo que yo quería humillar a Román. . .¿cómo te voy a explicar el juego apasionante en que se convertía aquello para mí?. . .Era una lucha más enconada cada vez. Una lucha a muerte. . .(. . .) yo estaba absorbida enteramente en este duelo entre la frialdad y el dominio de los nervios de Román y mi propia malicia y seguridad. . .Andrea, el día en que por fin pude reírme de él, el día en que me escapé de sus manos cuando ya creía tenerme segura, fue algo espléndido (XXI, 236-237).

Aquí es la mujer, no el hombre, quien se comporta de un modo sádico. Andrea llega así a una visión más justa de la realidad, donde el sadismo o la culpa no es patrimonio exclusivo de ninguno de los dos sexos. Andrea comprende que hombre y mujer se hacen sufrir mutuamente el uno al otro. Ambos son culpables, ambos son responsables.

Cuando posteriormente lleguen sus otras tías a la casa, tras la muerte de Román, y acusen a la abuela de haber preferido a ellas los hijos varones, Andrea no asentirá a ese coro de voces femeninas contra los hombres. Espera que Juan estalle contra sus hermanas: "Yo estaba mirando a Juan. Deseando una de las cóleras de Juan" (XXIII, 251). Luego calificará las voces de esas mujeres de "graznidos" y "chillidos histéricos".

Así diríamos que, desde el comienzo de la tercera parte, o sea, desde el momento de la confesión que le hace la madre de Ena, Andrea avanza decisivamente en el camino de su madurez; madurez basada en una mayor, y más generosa, comprensión de la vida. Ya en aquel momento, que en líneas generales es una exposición de los sufrimientos anejos al destino femenino—la madre de Ena no habla sólo de su relación con Román, sino también de su primer parto y la crisis que ello le ocasiona—, Andrea pronuncia palabras que la revelan como una verdadera mujer: "No había más que decir al llegar a este punto, puesto que era fácil para mí entender este idioma de sangre, dolor y creación que empieza con la misma sustancia física cuando se es mujer. Era fácil entenderlo sabiendo mi propio cuerpo preparado—como cargado de semillas—para esta labor de continuación de la vida. Aunque todo en mí era entonces ácido e incompleto como la esperanza, yo lo entendía" (XIX, 214).

Muerto Román, Andrea experimenta aún la necesidad de subir a la buhardilla, ese lugar donde últimamente ya no entraba. Donde entró, por vez final, para interrumpir el encuentro entre él y Ena. Se diría que Andrea quiere ahora reanudar un diálogo roto. Tal vez se siente responsable en parte de la muerte de Román. No olvidemos que Andrea fue capaz de devolver cierta ilusión al alma casi muerta del hombre. Pero, decepcionada por él, pronto le volvió la espalda.

Una mujer, en todo caso, se considera responsable de la muerte de Román: Gloria: "Yo fui quien hizo que Román se matara. Yo le denuncié a la policía y él se suicidó por eso...Aquella mañana tenían que venir a buscarle..." (XXIII, 248). Se alude aquí al contrabando de Román. Gloria, que lo denuncia, repetiría su conducta anterior, cuando en guerra, dolida por el rechazo de él, lo delató a los rojos. La mujer, pues, causa la ruina del hombre. En punto a sadismo y maldad, la mujer no tiene nada que envidiarle. Por otra parte, esa misma Gloria, que aguanta las palizas de su marido, reconoce ahora la debilidad de éste: "...Y si siempre fuera malo, chica, yo le podría aborrecer y sería mejor. Pero a veces me acaricia, me pide perdón y se pone a llorar como un niño pequeño..." (XXIV, 257). Se subraya aquí una básica dimensión de la relación hombre-mujer, presidida no ya por la violencia del macho frente al representante del sexo llamado débil. Es el hombre el débil, al contrario, y la mujer es en el fondo una madre. Así, aunque en la novela parezca a veces que la violencia de la mujer con respecto al hombre es de carácter defensivo, la verdad podría ser muy bien la contraria, tal como aquí se insinúa.[11]

La aparición de la abuela pone muy justamente fin a la conversación entre Gloria y Andrea. Acierta aquélla a oir cómo Gloria habla de meter a Juan en un manicomio. La abuela, ese ser dulce y desvaído, tiene entonces su primer, único estallido de cólera: "¿Qué estáis tramando ahí, pequeñas malvadas? ¡El manicomio!...¡Para un hombre bueno, que viste y que da de comer a su niño y que por las noches le pasea para que su mujer duerma tranquila!...¡Locas! ¡A vosotras, a vosotras dos y a mí nos encerrarían juntas antes de que tocaran un pelo de su cabeza!" (XXIV, 257). La madre—la mujer verdadera—da así rienda suelta a una indignación dirigida no contra el hombre, sino a favor del hombre. Del hijo.

La novela concluye presentando a la protagonista en una situación similar a la del principio. Ella misma se encarga de establecer la correspondencia. Va a dejar a su familia barcelonesa e iniciar una nueva vida en Madrid, primero con su familia adoptiva (la de Ena), luego sola. Su ilusión es menor que la que sentía al llegar a Barcelona, sin desaparecer por completo: "No tenía ahora las mismas ilusiones, pero aquella partida me emocionaba como una liberación" (XXV, 259). Justamente ese poso de escepticismo, fruto de una visión más realista de la vida, unido a la considerable experiencia de su año en Barcelona, pensamos que la sitúan en mejores condiciones de enfrentarse con el mundo.

Nada de Carmen Laforet

Es significativo que sea el padre de Ena quien se encargue de llevar a Andrea en automóvil a Madrid. Es la figura paterna—no la madre—el ser benévolo ahora. Además, el padre de Ena promete que se detendrán a comer en Zaragoza, y, dada la importancia del tema del hambre y la comida en el libro, hay que destacar estas palabras. El padre aquí se comporta como una madre amamantadora, tal como a su modo lo hacía Juan con el hijo. Padre y madre—hombre y mujer—no son vistos ya como rivales, sino en lo que los une: su amor por el hijo (por Ena y por esa hija adoptiva que es Andrea), así como su amor uno por otro (Ena y Jaime—que la sigue también a Madrid—o los padres de Ena). Y la relación armoniosa con el padre figurado presagia, sin duda, la relación feliz con el hombre; es decir, lo que Andrea no encontró en Barcelona, esa ciudad que, al cerrarse el libro, vemos ya rebasada: "Unos momentos después, la calle Aribau y Barcelona entera quedaban detrás de mí" (XXV, 260).[12]

STATE UNIVERSITY OF NEW YORK
AT BUFFALO

Notas

[1]"What is an initiation story?", en *Critical Approaches to Fiction*, ed. Shiv K. Kumar y Keith McKean (New York, 1968), p. 204.

[2]"*Nada* de Carmen Laforet, o la infantilización de la aventura legendaria", en *La estructura mítica del héroe en la novela del siglo XX* (Barcelona, 1973), p. 179.

Aunque estoy en todo de acuerdo con Villegas, mi artículo, dentro de la consideración de *Nada* como "historia de iniciación", se centra en motivos que Villegas no analiza. Pretendo complementarlo, no corregirlo.

[3]Cito esta y otras obras de Carmen Laforet por la edición de sus *Novelas* (Barcelona, 1957), I. Las referencias aluden al capítulo y página del libro.

[4]"It is evident that the sexual development of the woman in contrast to that of the man is complicated by the fact that the woman must give up her first love object, the mother, and transfer her libido to the father, whereas the boy, in passing from the preoedipal to the oedipal stage, makes no change of object". Ruth Mack Brunswick, "The Preoedipal Phase of the Libido Development". en *The Psychoanalytic Reader*, ed. Robert Fliess (New York, 1969), p. 233.

[5]*Op. cit.*, p. 17.

[6]J. Laplanche y J.-B. Pontalis definen así la "escena primitiva": "Scène de rapport sexuel entre les parents, observée ou supposée d'après certains indices et fantasmée par l'enfant. Elle este généralement interprétée par celui-ci comme un acte de violence de la part du père". *Vocabulaire de la psychanalyse* (París, 1967), p. 432.

[7]*Hora actual de la novela española* (Madrid, 1958), p. 135.

[8]Tomo esta expresión de Antonio Iglesias Laguna: "*Nada*, pese a algún crítico, no es novela objetiva, sino radicalmente subjetiva por su realismo intimista". *Treinta años de novela española (1938-1968)* (Madrid, 1969), p. 264.

[9]De la Marta de *La isla*. . .—hermana espiritual de Andrea—se dice: "¡Ah!. . ., sí, tienes poco atractivo, pero es porque no quieres tenerlo; hay que cuidarse más. . ." (III, 393).

[10]*Op. cit.*, p. 196.

[11]Unas palabras de Martin Grotjahn resultan aclaradoras en este punto: "A man has a much more difficult time in the development of his identity. He does not necessarily identify in the same way with his father as a woman does with her mother. The man identifies mainly with the image of the son, while the woman is inclined to identify with the image of the mother. A woman naturally grows to become a mother, man naturally has the tendency to remain a son. He needs the guidance of woman to grow up and become a man. When the young man becomes older he has to change from being a son to being a man. In order to do that he has to destroy his mother. At least he has to destroy the image of his mother in his unconscious and that is probably the source of all aggression, hostility and violence in him" *The Voice of the Symbol* (New York, 1973), p. 193.

[12]Villegas, además, ha dado importancia a que esa salida ocurra al amanecer: "Es el comienzo de un nuevo viaje. Pero ahora es un viaje aureolado de buenos augurios: amanecer—símbolo de comienzos auspiciosos del renacer—, el sol con sus primeros rayos. Andrea ha recorrido el camino de las pruebas, ha llevado a cabo el proceso de iniciación y ahora está en condiciones de integrarse al mundo de los adultos y de las responsabilidades. La aventura juvenil ha concluido". *Op. cit.*, p. 199.

VII. Rhetoric

PAINTING IN POETRY: GONGORA'S EKPHRASIS

Emilie Bergmann

My approach to the interrelationship of the arts of poetry and painting is through the analysis of a poetic genre, ekphrasis, which takes for its basic premise the link between these arts. The meaning of the term ekphrasis can fluctuate between the most general definition, which identifies it as any kind of description,[1] and the narrowest etymological definition, which is based upon the meaning in Greek, "to speak out,"[2] in other words, poetry which gives a voice to a mute work of art. The latter definition, in its strictest sense, applies only to certain kinds of inscription on works of art, called "prosopopeia" in rhetorical terms, in which inanimate objects or dead persons speak via the poetic voice. But, viewed metaphorically, this etymology can apply to a description of or a poetic response to a visual work of art, a painting, a work of sculpture, or a work of architecture. This is the definition which is most commonly used,[3] and the one which I will apply to the poem by Luis de Góngora on a portrait of the Marquesa de Ayamonte.

One of the most significant comments made with regard to the relationship between the arts is one which Plutarch attributes to Simonides of Ceos, that painting is mute poetry and poetry a speaking picture.[4] This concept became a rule for all description in Classical literature and in the Renaissance: poetic description should attempt to be as vivid as painting. The quality of *enargeia,* the illusion of life in art, is most important in ekphrasis. The devices which Classical rhetoricians like Quintillian advise for use by orators to achieve the illusion of bringing an object or event into the presence of the audience, and thus to be more persuasive, are also found in ekphrastic poetry: such devices as the use of verbs of perception, the present tense, vivid color imagery, detailed description, apostrophe, and prosopopeia.[5]

Reinforcing Simonides' comment that painting is mute poetry and poetry a speaking painting is the phrase from Horace's *Ars poetica*: "ut pictura poesis."[6] This became a motto for poets as well as painters in the sixteenth and seventeenth centuries. In subject matter and structure the two arts borrowed from each other. Painters chose a static moment which would suggest an entire narrative sequence from Biblical, Classical or Renaissance texts.[7] Botticelli's painting "Calumny of Apelles" completes a full circle in the inter-art borrowing cycle: it is based upon a Classical ekphrasis—Lucian's description of a lost painting by the Greek painter Apelles.[8]

Renaissance theory of painting was based upon Aristotelian and Horatian poetics, since no comparable treatise on the visual arts had been handed down from Classical antiquity.[9]

It would seem that the complexities of artistic imitation would be further confused by the idea of one art imitating another. Yet the allegory of the arts as sister muses, all daughters of Memory, has some clarifying truth to it. Besides having the intention of imitating nature, and having their source in the artist's, and their effect in the beholder's, memory and imagination, the processes of creation of form and the forms themselves as they are related to nature, are similar in the various arts. Suzanne Langer explains,

> "if you trace the differences among the arts as far and as minutely as possible, there comes a point beyond which no more distinctions can be made. It is the point where the deeper structural devices—ambivalent images, intersecting forces, great rhythms and their analogues in detail, variations, congruences in short: all the organizing devices— reveal the principles of dynamic form that we learn from nature as spontanesouly as we learn language from our elders."[10]

There are, then, basic analogies between the imitation of nature's forms and the imitation of another art. Góngora's décimas illustrate the analogies of rhythms, of symmetries crossing the boundaries between the arts. Langer also points out that the primary illusion of painting is spatial, and that of poetry is temporal, but painting can suggest motion, and poetry can convey an illusion of spatial form. This is the function of ekphrastic poetry.[11]

There are two traditions which can be found separately or intermingled in ekphrasis. The first is the description of the work of art and the second, the sort of poetry originating in tomb inscriptions and collected as epigrams in the Greek Anthology. These poems are linked with Classical rhetorical devices. They give a "voice" to the mute work of art. As the Anthology grew, poets began to imitate the inscriptions and invent appropriate epigrams which were never carved in stone, and, eventually, to invent the monuments or statues to which the epigrams refer.[12]

The prototype of the first kind of ekphrasis is Homer's description of the shield of Achilles in the thirteenth book of the *Iliad*. (There are several other important ekphrases in Classical epic, e.g., in Hesiod and Virgil).[13] The quality which is remarkable about the description of the shield, and which pervades the entire ekphrastic tradition in literature, is the presentation of temporal phenomena through the verbal description of the static object: Homer tells us how Vulcan's art depicted not only spatial phenomena and human figures, but dynamic scenes of cities and fields, people working and conversing over business, quarreling and dancing. The shield is a microcosm. What Jean Hagstrum says in *The Sister Arts* about the shield is applicable to Homer's successors as well:

> "The verses are essentially, though indirectly, a celebration of the divine craftsman and the miracle of his art. . .such was the meaning of Homer's icon—for both the poetic and the critical tradition that followed him: art can achieve lifelike vividness. Art may achieve form. . . In his use of poetry to describe, to celebrate, and perhaps even to vie with a work of graphic art Homer has created precisely the aesthetic situation that most frequently prevailed in antiquity when the verbal and the graphic arts collaborated. . ."[14]

The concept of "vying with" the object imitated is crucial to Renaissance aesthetics. Whether he is imitating nature, or an ancient or contemporary model, or another art, the artist is "emulating" this example, in the sense of following its process and forms of creation, but he is also trying to surpass it.[15] Ekphrasis is praise of the vividness of the painter's depiction as well as an attempt to use the resources of verbal art to make the depiction even more vivid. The poet has the ability to convey invisible and temporal phenomena that are only implicit in the painted image. This can be seen in Homer's ekphrasis, in which the motion and sound are attributed to the skill of the divine craftsman Vulcan, although their source is in the poetic imagination.

In Spanish Renaissance poetry, two excellent examples of ekphrasis are Garcilaso's descriptions of the urn in the second eclogue and the tapestries in the third.[16] In the second eclogue, the pictorial history of the house of Alba engraved on the urn by the river god of the Tormes is an ekphrastic frame for the narrative. In the third eclogue, the tapestries are a disguise for the poet, and a metaphor for the poetic process. Garcilaso's nymphs fabricate the poem and the arts are woven together in a work structured by perspectives differentiated in space and time. The tapestries are emblematic allusions to other texts, Ovidian myths, and finally to an event in the poet's own life, disguised in a pastoral mask. The historical aspect is the subject of the fourth tapestry, in which the epitaph inscribed upon a tree is the only part of the imaginary tapestries that Garcilaso can truly duplicate. Here, again, we find the two kinds of ekphrasis: the description of the work of art, and the voice resonating within the work itself, the mask of the poet and of his grief for the death of "Elisa." The traditional ekphrastic praise of illusionism in the visual arts[17] is found in both eclogues, much as Homer praises the lifelike quality of Vulcan's art. In the second, "con tal arteficio la pintura/mostraba su figura que dijeras,/si pintado lo vieras, que hablaba. . ." (l. 1229-1231) and in the third,

> "Destas historias tales variadas
> eran las telas de las cuatro hermanas,
> las cuales con colores matizadas,
> claras las luces, de las sombras vanas
> mostraban a los ojos relevadas
> las cosas y figuras que eran llanas,
> tanto que al parecer el cuerpo vano
> pudiera ser tomado con la mano." (st. 34, ll. 265-272)

In Garcilaso's eclogues, the two arts seem engaged in a cooperative endeavor. But in prose treatises, such as Castiglione's *Courtier*[18] and Leonardo's *Paragone*,[19] another aspect of the relationship of the sister arts is manifested: their rivalry. Comparisons and rivalries between occupations, cities, ancients and moderns, arms and letters, (cf. Don Quijote), art and nature, painting and poetry, and painting and sculpture were a *topos* of sixteenth and seventeenth-century prose and poetry. Paradoxically, poets (e.g. Calderón and Lope)[20] defended and praised the visual arts, yet they wrote poetry intended to challenge or surpass the vividness of painting.

Whether a poet is describing an image in his mind's eye, or one he actually perceived, he can respond in various ways: he can try to enumerate the details, which generally demonstrate literature's inferiority to the graphic arts. He may, like Homer, praise the painter or sculptor; he may interpret or "read" the work as Nicolas Poussin instructed his patron to read the painting of the Israelites gathering the manna in the desert (l-r, top-bottom, reading iconography like a text);[21] or he may make the painting an occasion for a panegyric of the subject. The latter two options, interpretation and praise of the sitter, are the ones taken by Góngora in the décimas on the portrait of the wife of his patron, the Marqués de Ayamonte.

The shifting identity or interpretation of an object is one key aspect of Góngora's use of metaphor—nothing is what it seems, everything points beyond itself to one or more other aspects of the universe, all of which are related in a network of similarities and differences.

These décimas offer an interpretation of the visual image in metaphorical terms; it seems almost fortunate that the painting itself has disappeared, so that Góngora's skill in the creation of an illusory lifelike image in a verbal composition is more clearly manifested. As ekphrasis, the poem can be further categorized in terms of the kind of painting it describes: an allegorical portrait which lends itself to verbal interpretations. The interaction of the poet's metaphorical treatment of his world (including both nature and art) and the symbolic mode of signification in the painting interact to set into motion an image whose identity undergoes unexpected changes. Allegorical portraiture is in a sense the creation of a hieroglyph, which in the ancient Egyptian form was fascinating to Renaissance mythographers and theorists of language, and inspired several new genres.[22]

In an allegorical portrait, the symbolic attributes or the disguise of the sitter as a mythological deity or as a saint were simultaneously a frame in which the face was inscribed, a mask, and a key to the invisible character, real or idealized, of the sitter.[23]

We can gather from the décimas that the Marquesa is portrayed in hunting dress, with bow and arrow, taking on the persona of Diana.[24] Through the poem, Góngora moves from the static portrait of the Marquesa, inscribed in the petrified "hunting scene," conventionally portrayed as a mythological goddess; to the memory of a hunt in which he participated. In 1606 and 1607, Góngora wrote a series of poems, mostly sonnets, dedicated to the family of the Marqués de Ayamonte, giving testimony to their genuine fondness for life in the country. Góngora's intention was not merely to flatter the noble family in pastoral terms. The sojourn at their estate at Lepe can be considered a source for the pastoral episodes in the *Soledades*: the activities of the people observed by the *peregrino*, and the key metaphors, are echoes of the sonnets written about the visit to Lepe.[25]

In these décimas, Góngora verbalizes what E.H. Gombrich calls "the beholder's share"[26] of a painting the reader cannot observe for himself. He exploits the polysemia of words and pictorial signs to convey his own imaginative experience with regard to the painting:

De un retrato de la Marquesa de Ayamonte
<pre>
        Pintado he visto al Amor
     y aunque le he visto pintado
     está vivo y aun armado
     de dulcísimo rigor;
  5 no es ciego, aunque flechador,
     porque sus divinos ojos
     ni yerran ni dan enojos;
     que en solo un casto querer
     se dilata su poder
 10 y se abrevian sus despojos.
        No con otro lazo engaña,
     ni a otras prisiones condena,
     que a la gloriosa cadena,
     de los Zúñigas de España;
 15 ella, pues, donde el mar baña
     las murallas de Ayamonte
     (Sol de todo su horizonte),
     duras redes manda armar,
     como Tetis en el mar,
 20 como Diana en el monte.
        El arco en su mano bella,
     su esposo la dura lanza,
     él con el caballo alcanza
     al que con las flechas ella:
 25 al venado, que de aquella
     montaña tantos inviernos
     a los robres casi eternos
     les juró la antigüedad
     con los años de su edad,
 30 con las puntas de sus cuernos.
        Al jabalí en cuyos cerros
     se levanta un escuadrón
     de cerdas, si ya no son
     caladas picas sin hierros;
 35 de armas, voces, y de perros
     seguido, mas no alcanzado,
     muere al fin atravesado,
     y no sé de cual primero,
     o del rejón que es ligero,
 40 o del arpón que es alado.[27]
</pre>

From the evidence of the poem itself, Robert Jammes postulates the existence of a pendant portrait of the Marqués or a double portrait of the two together.[28] While the focus is upon the Marquesa, this hypothesis is harmonious with the emphatic dual rhythm of the last two lines of each stanza. This rhythm runs counter to the rhyme scheme A BB AA CC DD C, which would tend to isolate the first and the last line. The dual rhythm is a structural counterpart to the conceptual dualities at play throughout the poem.[29]

The first eight lines establish a problem of identity: this is a picture of Cupid, and yet there are certain differences. The ninth and tenth lines summarize that difference: "se dilata su poder / y se abrevian sus despojos." The parallel antithesis within these two lines describing the same benevolent being is repeated in the last two lines of each stanza.

In lines 19 and 20, "Como Tetis en el mar, / como Diana en el monte," there is a tension between analogy and opposition, between sea and land deities. The third stanza displays parallel syntax and a relationship of signification between one line and the next: "con los años de su edad / con las puntas de sus cuernos." The points on the deer's antlers are an index of his age. In the final stanza, the opposition is between the Marqués and Marquesa acting together in an alternating dancelike rhythm, "o del rejón que es ligero, / o del arpón que es alado." The man on horseback with his spear, his wife with bow and arrows, constitute an ambiguity for the observer, who leaves the reader with this dynamic, oscillating image.

In the first line the statement "Pintado he visto. . ." recalls the device prescribed by Quintillian and later rhetoricians for the purpose of achieving *enargeia,* the verbs of perception which give the illusion of an eyewitness account.[30]

In the décimas to Doña Catalina, Marquesa de Ayamonte, Góngora gives another aspect to the verb of perception. He first asserts that he only saw an image "pintado," but elaborates a complex of meanings for that "he visto"—the processes of his imagination upon seeing a painted image. The painting becomes an appropriate vehicle for Góngora's poetics of periphrasis; with each stanza he offers two or more alternatives but leaves the composition open.

Through language Góngora is able to elaborate upon the possible ambiguities of the visual image as a symbol. There is no one-to-one relationship of symbols and their meanings. As Góngora states that he has seen a painting, he begins his journey along the bifurcating paths of interpretation. Instead of saying "He visto una pintura de la Marquesa de Ayamonte" or "He visto pintada a la Marquesa," he says "Pintado he visto al Amor." We only know from the title that "Amor=la Marquesa." Hyperbolically, this means that the depiction of the Marquesa as Amor is so convincing that the poet can say that he has seen a painting of the god of love and mean at the same time that he has seen a portrait of his patron's wife. The poem first identifies Cupid with Doña Catalina—to say one name is to say the other.

The first three lines, however, center around another paradox—that of the figure which is both "pintado" and "vivo." The second line reverses the order of the first: "Aunque le he visto pintado, / está vivo y aun armado. . ." The painting that seems alive is a common element in ekphrasis.[31] This living quality is used by Góngora as an element in his complex network of dualitites. The painting is Cupid, Cupid is the painting, and the painting is the Marquesa. Thus Cupid, though painted, is "vivo" in the form of the Marquesa, and the poem proceeds to bring the visual image of Cupid-Diana-Marquesa to narrative life.

Playing on the opposition inherent in metaphor, Góngora elaborates upon the similarities and differences between the Marquesa and Cupid. The iconography of the painting, it may be assumed, primarily suggests an identification of Doña Catalina with Diana. Yet the poem opens by evading the obvious. The poet arrives at the persona of Diana by a series of oppositions, first naming her in line 20. The two mythological figures, Cupid and Diana, share the accoutrements of the hunt but are opposed in their functions with regard to human society.

The oxymoron "dulcísimo rigor" can apply to Cupid's mischievous power, the sufferings of love celebrated by courtly poets, or the Marquesa herself. In the following line, the distinction between the mythical and the historical being is established: Góngora breaks up the familiar pair of attributes: Cupid's arrows and his blindness, which is responsible for the capriciousness, and sometimes cruelty, of love. The Marquesa "no es ciego, aunque es flechador, / porque sus divinos ojos / ni yerran ni dan enojos. . ." The Marquesa is wise and benevolent, and she is associated only with "un casto querer." She does not, as Cupid does, delight in collecting unhappy lovers as the spoils of "war": "se dilata su poder / y se abrevian sus despojos." Increase of power and decrease in destructive malice are in apparent opposition but ultimately prove part of the same process. This tension generates the energy that sets the poem into motion.

As a historical figure, the identity of the subject of the painting is established in the second stanza by the allusion to her family emblem, the "cadena" on the coat-of-arms of the Zúñiga family. The chain is integrated into the hunting scene: "No con otro lazo engaña, / ni a otras prisiones condena, / que a la gloriosa cadena, / de los Zúñigas de España. . ." The "cadena" is the "lazo" with which the huntress snares unsuspecting human prey, and the "prisiones" to which the victim, once caught, is condemned. But, as in the "Dedicatoria" to the *Soledades,* in which the poet refers to the "real cadena de tu escudo,"[32] all this is ironic since the chain is a golden one, and the quarry is the poet who seeks the patronage of the hunters: it is a "suave, generoso nudo,"[33] and to be ensnared is an honor that can only benefit the poet. The chain and imprisonment are traditionally metaphors of courtly love, but here they are symbols of the freedom and tranquility the poet enjoyed away from the court under the protection of the Marqués and Marquesa. Yet Góngora, constantly aware of the ambiguity of language and visual images, exploits the opposition between these varying possibilities.

The mythological reference shifts in the second stanza, in lines 15-20, as Cupid's annoying game is exchanged for the hunting and fishing that make the Marquesa similar to other mythical figures, Thetis and Diana:

> ella, pues, donde el mar baña
> las murallas de Ayamonte
> (Sol de todo su horizonte),
> duras redes manda armar,
> como Tetis en el mar,
> como Diana en el monte.

A subtle differentiation between the figure in Góngora's panegyric and the mythical figure of Diana is the identification with the sun rather than the moon in line 17.

Throughout the first stanza the ostensible subject must be Amor, since the masculine "armado" and "ciego" are used as modifiers. No opposition of gender is evident between the male Cupid and the female subject of the painting. However, with the first negative term ("no es ciego") it is clear that this is no common Cupid, but an invention of the poet to modify a mythological being along the lines of an historical one. With the mention of genealogy (the "cadena") and the identification of "ella" in line 15, the nature of the subject is made manifest.

In the third stanza, the single subject which vacillated between the male and female identities of Cupid, Diana, Thetis and the human Marquesa, splits into the Marquesa and her husband, both earthly hunters and fishermen. Still, the poem sustains the system of oppositions. In the painting, the Marquesa stands with her bows and arrows, the Marqués, presumably, next to a horse, holding a spear. The poet sends them off into action in the four lines 30-34; the Marqués on his horse catches up with what she hits with her arrows: a rhythm of alternation is sustained: arco/lanza, caballo/flechas, Marquesa/Marqués, Marqués/Marquesa. With these lines the attention is turned to an actual hunt instead of the oppositions between the Marquesa and her mythological counterparts.

Typical of Góngora, the object of the chase is named only after it has been periphrastically located by means of its pursuers. The deer is first fixed by the spear and arrows of the Marqués and Marquesa, and then named. A free creature until this final moment, the deer could "swear" the great age of the venerable oaks with the authority of his own years, which can be counted in the number of points on his antlers, so many winters has he spent on these mountains. The oaks are "*casi* eternos," and so was the deer, suddenly felled by the hunters.

The familiar symmetrical dualisms, which in the first stanzas occupied a pair of lines or were condensed in an oxymoron, are expanded in the naming of the two objects of the hunt, first the deer in line 25, then the boar in line 30. Within this expanded space, the hunt is recounted and the still figures of the painting, arranged to present their allegorical meaning to the contemplative eye, become dynamic and virtually disappear in the rush of "armas, voces, y...perros." The inanimate painting is brought to life. The figures are metonymically present as motion and sound, pursuing the "escuadrón de cerdas," which gives the impression of great confusion, of multitudes of animals and men. The "escuadrón de cerdas" is a pun on the name of the Marquesa's family, Cerda, but actually refers to the boar himself. Multitudes of tiny bristles in a frantic attempt to flee are magnified and viewed independently of the back of the animal which carries them, to create an illusion of macrocosmic chaos: the boar's back is pictured as "cerros" populated by the paranomasia "cerdas," seeming duplications in miniature of the sharp-tusked animal, "cerdo." Góngora offers an alternative image of the boar's bristles—"caladas picas sin hierros"—viewed in terms of the weapons turned against him. He eludes human weapons until, in line 37, "muere, al fin atravesado." Chaos is generated and sustained until the last possible moment, then the air is cleared and returned to the human, ordered cosmos. The parallel symmetry of the last two lines imitates that order, but with a final ambiguity: "y no sé de cual primero,/ o del rejón que es ligero,/ o del arpón que es alado." The poet, who introduced himself as an observer with "he visto," faces the reader once again, humorously abandoning hope of judging the outcome of the hunt. The portrait has been virtually forgotten in the action of the hunt, and the poem closes on a lively personal tone that perpetuates the poet's memory of the sitter more vividly than any monument.[34]

In his décimas on the portrait of the Marquesa de Ayamonte, Góngora surpasses the spatial limits of the static portrait and its ostensible symbolism by reading it in its temporal context and its open-ended ambiguity. Thus, he demonstrates the possibilities of ekphrastic poetry to imitate life by imitating another art and by exploiting its own linguistic resources.

HARVARD UNIVERSITY

Footnotes

[1]"Ekphrasis is an account with detail, it is visible, so to speak, and brings before the eyes that which is to be shown. Ekphrases are of people, actions, times, places, seasons and many other things. . .The special virtues of ekphrasis are clarity and visibility; the style must contrive to bring about seeing through hearing. . ." Hermogenes of Tarsus, *Progymnasmata* (2nd century, A.D.; known in the West through the *Praeexercitamenta* of Priscian), quoted in Michaël Baxandall, *Giotto and the Orators: Humanist Observers of Painting in Italy and the Discovery of Pictorial Composition, 1350-1450* (Oxford: Clarendon Press, 1971), p. 85. The doctoral thesis of Eva Clara Harlan, *The Description of Paintings as a Literary Device and its Application in Achilles Tatius* (Classics, Columbia University, 1965), is a study of the meanings of the term ekphrasis in Classical rhetorical and literary theory. It is shown that the original use of the term was for description other than that of painting, and that painting description has a separate tradition up to the fourth century, A.D. After the fourth century, however, "the devices of ekphrasis and painting description have become merged," and the present usage includes rhetorical and literary descriptions of works of art. (p. 6)

[2]Jean Hagstrum, *The Sister Arts* (Chicago: University of Chicago Press, 1958), p. 18, n. 34. Hagstrum uses the term "iconic" to refer to literary descriptions of works of graphic art, and "ekphrasis" or "ekphrastic" "in a more limited sense to refer to that special quality of giving voice and language to the otherwise mute art object," acknowledging that this is a more limited usage than the usual one. (This is not the same distinction as the one made in Harlan's dissertation.)

[3]The *Oxford Classical Dictionary* defines ekphrasis as "the rhetorical description of a work of art." With respect to this usage of the term with reference to Spanish Renaissance literature, see Elias L. Rivers, "The Pastoral Paradox of Natural Art," *MLN* 77 (1962), p. 140 f. note 9, and Karl-Ludwig Selig, "Garcilaso and the Visual Arts," in *Interpretation und Vergleich. Festschrift für Walter Pabst* (Erich Schmidt Verlag, 1972), p. 305, n. 8.

[4]Hagstrum, p. 10, quoting Plutarch, *Moralia*, 346 f.

[5]*Ibid.*, p. 11 f. and Heinrich Lausberg, *Manual de retórica literaria* (Madrid: Gredos, 1966), t. II, p. 224, par. 810, citing Quintilian, *Institutio Oratoria*, 6, 2, 32. Quintilian supplies the Latin terms *evidentia and illustratio* as equivalents for the Greek *enargeia*.

[6]Hagstrum, p. 9 f.

[7]Rensselaer W. Lee, *Ut Pictura Poesis: The Humanistic Theory of Painting* (New York: W.W. Norton, 1967), pp. 16-23, 48-56.

[8]Hagstrum, p. 57 f.

[9]Lee, p. 6 f.

[10]Suzanne K. Langer, *Problems of Art: Ten Philosophical Lectures* (New York: Charles Scribner's Sons, 1957), p. 79.

[11]Suzanne K. Langer, *Feeling and Form* (New York: Charles Scribner's Sons, 1953), p. 211.

[12]Hagstrum, p. 22 f. See also the Preface to the *Greek Anthology* trans. W.R. Paton (Loeb Classical Library) (London, 1927) and Paul Vitry, "Etude sur les épigrammes de l'anthologie palatine qui contiennent la description d'une oeuvre d'art," *Revue archéologique* XXIV (January-June, 1894), pp. 315-364), both mentioned by Hagstrum.

[13]Cr. Hesiod's description of the shield of Herakles (11. 130 ff.) and Virgil's descriptions of the shield of Aeneas (vii, 608-731) and the bas-reliefs on the temple of Carthage (i, 441-493). Hagstrum lists other Homeric ekphrases. This kind of literary ekphrasis generally has a symbolic function within the narrative, prophetic or retrospective.

[14]Hagstrum, p. 21.

[15]This is exemplified in Pietro Bembo's epitaph for Raphael, quoted in Giorgio Vasari, *The Lives of the Artists* (Baltimore: Penguin Books, 1965), p. 323. (transl. George Bull)

> In memory of Raphael son of Giovanni Santi Urbino: The great painter and rival of the ancients: Whose almost-breathing likenesses if thou beholdest, thou shalt straightway see Nature and Art in league. . .
>
> This is that Raphael, by whom in life
> Our mighty mother Nature fear'd defeat;
> And in whose death did fear herself to die.

[16]Rivers, *op. cit.*, and Selig, *op. cit.* All references to Garcilaso's works are to the edition of the *Poesías Castellanas Completas*, ed. Elias L. Rivers (Madrid: Castalia, 1969).

[17]Cf. Pliny the Elder, *Natural History*, Book 35, and the *Greek Anthology*, Book xvi. See also Leo Spitzer, "Garcilaso, Third Eclogue, Lines 265-271," *Hispanic Review* 20 (1952), pp. 243-248. Fernando de Herrera's commentary on these lines (1580) cites the treatise on painting by Leon Battista Alberti, *Della pittura* (1436), on the subject of the illusion of three-dimensional space on a two-dimensional surface. (Antonio Gallego Morell, *Garcilaso de la Vega y sus Comentaristas* [Granada, 1966], p. 568 f.) Spitzer, Rivers and Selig all cite passages from Alberti, in particular, "Il lume e l'ombra fanno parere le cose rilevate." (Spitzer, 244).

[18]*The Book of the Courtier*, trans. Charles S. Singleton (New York: Doubleday, 1959), pp. 77-83 (on the relative merits of painting and sculpture, and the defense of painting as a liberal art). See also p. 98.

[19]Leonardo da Vinci, *Literary Works*, ed. Jean Paul Richter (London: Phaidon,

1970), vol. I, pp. 8-54.

[20]Elizabeth G. Holt, *A Documentary History of Painting* (New York: Doubleday, 1958), vol. II, p. 225, note 2; Pedro Calderón de la Barca, *Deposición. . .en favor de los profesores de la pintura* (1677), reprinted in Ernst R. Curtius, "Calderón und die Malerei," *Romanische Forschungen* 50 (1936), 89-136; Lope de Vega Carpio, *Dicho y deposición. . .sobre la exempción del arte de la pintura* (protesting a tax levied on the painters' works), *Obras sueltas* (Madrid: Sancha, 1776), XVII, p. 310; and Francisco Pacheco, *Arte de la pintura*, ed. Francisco Javier Sánchez Cantón, from *MS*, 1638 (Madrid: Instituto de Valencia de D. Juan, 1956). Pacheco reproduces Pablo de Céspedes' *Poema de la pintura*, a defense of the nobility of painting and a treatise on its practice, throughout the text of his own treatise.

[21]Holt, II, pp. 146 ff. (Poussin's letter to Chantelou concerning his painting the *Manna in the Desert*).

[22]Cf. Mario Praz, *Studies in Sixteenth and Seventeenth Century Imagery* (Rome: Edizioni di Storia e letteratura, 1964). Some of these genres were the emblem, an enigmatic engraving with a motto and an epigram elaborating upon the relationship of word and picture; the impresa or insignia with or without a motto, used as a personal coat-of-arms, a printer's mark or part of a portrait medal; and poems entitled "enigma" or "hieroglyph" describing imaginary visual configurations and explicating them. See also Michel Foucault, *Les Mots et les Choses* (Paris: Gallimard, 1966) Chapter 2.

[23]Edgar Wind, "Studies in Allegorical Portraiture, I," *Journal of the Warburg and Courtauld Institute* I (1937), 138-162; John Pope-Hennessy, *The Portrait in the Renaissance* (New York: Pantheon Books, 1963) Chapter 5; and Emilio Orozco Díaz, *Amor, poesía y pintura en Carrillo de Sotomayor* (Granada: Universidad de Granada, 1967). See also Frances Yates, "Queen Elizabeth as Astraea," *JWCI* 10 (1947), 27-82; Roy Strong, *The English Icon: Elizabethan and Jacobean Portraiture* (London: Routledge and Kegan Paul, 1969); and S. Reinach, "Diane de Poitiers et Gabrielle d' Estrées," *Gazette des Beaux-Arts* 5e. periode, vol. 12 (1920), 157-180, 249-260 (on the perpetuation of an allegorical formula in portraiture in the French court).

[24]Robert Jammes, *Etudes sur l'oeuvre poétique de Góngora* (Paris: Féret et Fils, 1967), p. 429.

[25]*Ibid.*, p. 291. Jammes includes in the "cycle de Lepe" the two *décimas*, Mille 126 and 127; *canción* 392; *romance* 57; and *sonetos* 283-290 and 293.

[26]Ernst H. Gombrich, *Art and Illusion* (Princeton: Princeton University Press, 1969), p. 181, Chapter 3 *passim*.

[27]Luis de Góngora y Argote, *Obras completas*, ed. Juan e Isabel Millé y Giménez (Madrid: Aguilar, 1972), no. 127, p. 335 f.

[28]Jammes, p. 429.

[29]This syntactical pattern can be contrasted with the preceding *décimas*, Millé 126, in which the first and last line of each stanza are isolated, and the verbal portrait of Doña Brianda de la Cerda is rendered as a static image, although the poet was not referring to an actual painting as in the *décimas* on the Marquesa. The devices which connect the last two lines of each stanza can also be observed in the first two lines: 11. 1 and 2 are essentially the same statement, reversing the order of the words; 11. 11 and 12 employ the formula "no. . .ni" for parallel structure, and there is an illusory rhyme via the suggested alliteration in "engaña/condena;" 11. 21 and 22 are in mirror symmetry and their parallelism is echoed in 11. 23 and 24; and the first two lines of the last stanza are connected by *enjambement*.

[30]Garcilaso uses a verb of perception to create a curious effect of eyewitness testi-

254

mony in Sonnet XIII, "A Dafne ya los brazos le crecían," l. 3: "en verdes hojas vi que se tornaban/los cabellos qu'el oro escurecían." By the unusual use of a common device, a new immediacy is given to the account of a familiar Ovidian metamorphosis.

[31]Hagstrum, p. 21.

[32]Ed. Millé, no. 417, l. 32.

[33]*Ibid.*, l. 33.

[34]Horace, Carmina III, xxx: "Exegi monumentum aere perennius." The poet claims that his work is more enduring than stone or bronze; the concept became a Renaissance commonplace related to the convention of immortality conferred by a poet upon his patron.

UNAMUNO'S MYSTICAL RHETORIC

Thomas Mermall

Although Unamuno's theory of language has received some critical attention, the nature and function of his rhetoric has been practically ignored.[1] In the following pages I will attempt to explain the richness, complexity, and, ultimately, the rhetorical efficacy of a brief allegory in the fifth chapter of *La agonía del cristianismo*. The analysis will deal not only with traditional tropes, or figures of thought, but also with the rhetorical function of smaller linguistic units. I will first address myself very briefly to the biographical context and the theoretical import of the essay and then proceed to analyze Unamuno's mystical rhetoric.

Unamuno wrote *La agonía del cristianismo (AC)* in 1925, while an exile in Paris, during his so-called second spiritual crisis. The anguished and desolate tone of the essay is redolent of his more pessimistic works, such as *El Cristo yacente de Santa Clara*. It also reveals an ever-hardening, militant social conservatism, which will find a clear and vigorous expression in *San Manuel Bueno, mártir*.

In *AC* Unamuno concentrates and intensifies the religious tenor of *El sentimiento trágico de la vida* with a passionate commentary on the radical opposition, yet inevitable interdependence, of such notions as word-letter, spirit-flesh, individual-society, Christianity-culture. He concludes that although the very existence of Christianity depends on its own inherent contradictions and is nourished by its struggle with humanistic culture, it is destined to disintegrate under the impact of secularization. Science, particularly positivism, and the politics of the modern State, will absorb and bastardize faith and ultimately put an end to the "agony of Christianity." With the sorrowful yet defiant voice of the prophet, Unamuno announces the death of

God and the end of the Christian era. The theme of *A C* is that it has become impossible for the genuine Christian to know God in a time when the secular state and the culture of modernism have destroyed religious values.

Throughout the essay Unamuno relies on very much the same expository and argumentative techniques that we find in *Sentimiento trágico* and many other essays: a binary conceptual structure built on antithesis—an opposition and interdependence of contraries; paradox; etymological games; ad-hominem arguments; and the embodiment of "agonic" concepts in such alter-ego figures as St. Paul, Pascal and the little known Padre Jacinto, a priest who left the Church to marry and "propagate the spirit through the flesh." But the most important rhetorical figure, the root metaphor of the essay, appears in chapter five, entitled "Abisag, la sunamita." Here Unamuno expands the biblical episode of the death of King David and the rise of King Solomon and converts it into an allegory of the death of God and the triumph of secularism. As in *Abel Sánchez*, Unamuno exploits the symbolic possibilities of a biblical scene. We shall see that the language of the allegory determines the theme of the essay and generates some of its subsequent motifs; but first, let us examine the basic structure and the more obvious function of the allegory.

The allegory of *A C* is an interpolation of a brief narrative into a discursive form we have come to know as the essay. Whereas in previous and subsequent chapters the principal figures are paradox, antithesis, definition through etymology, etc., we now get, in chapter five, a dramatization of ideas in the form of symbolic personification. The function of the allegory is rhetorical, much in the same way as traditional myths served as rhetorical devices employed in philosophical dialogues. In the *Phaedrus*, for example, Socrates reaches an impasse with the dialectical (rational) method of explaining the nature of love and therefore resorts to the myth of the winged chariot, which now becomes the implicit form of the argument. Likewise, Unamuno's allegory assumes the burden of proof, so to speak, of the death of God in the form of literary dramatization. The interpolation, which at first appears as an interruption and which may even be perceived as an obstruction in the conceptual evolution of the essay, actually serves to enhance Unamuno's thesis.

The brief narrative is an extrapolation of the third book of Kings, chapter I, which tells of the last days of King David, of the futile attempts to prolong his life with the warmth of a young virgin, Abisag, and of the political intrigues between Solomon and Adonias, who covet the throne of their dying father. The biblical text notes that Abisag "was very fair, slept with the King and ministered to him; but the King knew her not."

Unamuno reconstructs the episode with the following *dramatis personae*. King David is God: "David ha sido para los cristianos uno de los símbolos, una de las prefiguraciones del Dios-Hombre, del Cristo."[2] Abisag is the soul of man in love with God, and Unamuno describes her as "el alma enamorada que trata de calentarlo (a Dios) en la agonía de su vejez, con besos y abrazos de encendido amor. Y como no puede conocer al amado, y, lo que es más terrible, el amado no puede ya conocerla, se desespera de amor."[3] Solomon is David's "child of sin," and although he is the king of wisdom, he is also the king of voluptuosity (*lujuria*), of shrewd politics and of great culture. While Abisag was languishing with love for David, says Unamuno, Solomon reigned and kept a harem. Although the relationship between Abisag and David is not consummated, it remains for Unamuno symbolic of the genuine (and ingenuous) Christian's potential to *engendrar* spiritual life. Abisag, even as a virgin, is a mother figure; "alma hambrienta y sedienta de maternidad espiritual, locamente enamorada del gran rey. . .trataba de mantenerle, de engendrarle."[4] The author goes on to say that there is a "virginidad maternal o maternidad virginal." Solomon, on the other hand, "born of sin," dedicated to the pursuit of wisdom and pleasure for its own sake, perverts and ultimately dissipates the power to "engender" true knowledge. His preference for a harem represents sterility of the spirit and, by implication, an estheticist disposition which Unamuno detested. Consequently, as the direct heir of David, Solomon is symbolic of the Church's compromise with secularization and modernism. Adonias, Solomon's rival, is the embodiment of the secular totalitarian state. He can also be identified in the allegory as the symbol of Science, particularly positivism. In the biblical text, Adonias, disappointed by his political defeat, asks for the hand of Abisag; and Unamuno meditates on the sad possibility that Abisag, impervious to politics and always in love with David, may be forced to marry Adonias.

How does this allegory enhance Unamuno's argument that we are witnessing the end of the Christian era? In the first place, the rhetorical efficacy of the brief narrative rests on the fact that symbolic personification carries the possibility of emotive identification whereas recourse to mere concepts invites only intellectual assent. King David's death scene is what Kenneth Burke would call the "imaginal equivalent of ideas" that carries implications beyond the means of rational analysis.[5] In a way, the function of concepts is to define, to limit a particular idea or notion, but the dramatic presentation of an image breaks the bounds of ideological language, invites identification and enhances an idea.

If symbolic personification transcends the idea, the total impact of the allegory points beyond history; in other words, its implications are mythical. David, Solomon and Abisag are paradigmatic figures used by Unamuno to reveal a hidden meaning in history and to predict its course. This is precisely the traditional function of what we know as mystical allegory: to express insight and foresight symbolically. Thus, the Pseudo-Dionysius defined it in a manner which clearly indicates a rhetorical function. Mystical allegory, he writes, "no demuestra la verdad, sino que la hace ver al desnudo bajo símbolos, a la vez que hace penetrar en ella sin razonamientos, conmovida el alma por la santidad y la iluminación."[6] As a vehicle for prophecy, mystical allegory had been defined by Armando Palacio Valdés as "razones del corazón, intuiciones, presentimientos. . ." In a little known essay, "Yo, individuo, poeta, profeta y mito," Unamuno himself makes these revealing comments: "El profeta es el que revela lo oculto en las honduras del presente, el poeta en fin, el que con la palabra crea. . .El que crea un mito crea una fuente de realidades futuras."[7] This is exactly what Unamuno achieves with the allegory of the death of God, which in the context of the essay functions as a myth.

In a passage which reminds one of Dostoyevsky's Grand Inquisitor, Unamuno predicts in *AC* the gradual loss of freedom and spiritual autonomy in the West, and the advent of a secular-authoritarian figure, the embodiment of the Anti-Christ, who will subvert the miracle of science and material well-being. Unamuno warns against an impending, pernicious pact between positivism and the Church to insure the "political authority of God," and he speaks scornfully of scientific socialism and of the Jesuits' attempt to implement "the social kingdom of Christ." The allegory ends with the question "Los abrazos y besos de Abisag ¿cumplirán el milagro de resucitar a David?"[8] The implied answer is no, since under the impact of politics and science the nature of the miracle has been degraded.

So far my discussion has centered on the more fundamental and obvious functions of Unamuno's allegory, which for my present purpose is only a prelude to a second and more fruitful stage of interpretation: the analysis of mystical language. The allegory of the death of God is sustained by the erotic language of mysticism, which also determines the subsequent themes of the essay. The basic lexicon consists of a cluster, or series, of erotic words related to the idea of procreation (*engendrar*) and bound to the notion of spiritual marriage. These words are *besos y abrazos de encendido amor, penetrar, conocer, engendrar, virilidad, virginidad, maternidad, paternidad.* The most important of these is *engendrar*, whose various connotations and contexts dominate the ideological tenor of the essay.

This kind of language is, of course, common to traditional mysticism and its function is strictly symbolic. San Juan de la Cruz never intended such words as *amado, la noche, la escalera* to have a literal meaning. Like the mystics, Unamuno too is fond of allegory, paradox, etc. At times he seems to be paying them an obvious tribute, as when he says "y sufren su gozo gozando su sufrimiento." But when Unamuno's mystical language refers to the interrelationship between the spirit and the flesh the meaning is often both symbolic *and literal.* We know that Unamuno wants not only to spiritualize the flesh through works of the spirit (self-deification), but also to preserve and perpetuate the state of spirituality through the flesh. This spiritual condition made flesh is not the transfigured, glorious, resurrected body of St. Paul, which enjoys a heavenly bliss, but a spirit made actual and substantial in the flesh and experienced in time and space. It has been shown that Unamuno's metaphors of the concept of spirit are almost invariably conveyed through an image of substance, e.g., "las entrañas del espíritu."[9] But this in itself could still be only a symbolic expression: it could mean, for example, "the very depths of the soul." But when Unamuno's alter-ego, Padre Jacinto, leaves the Church to marry because he wants to pass on to his son a monastic vocation and thereby satisfy his unfulfilled paternity, we can see that Unamuno wants the spirit-flesh relation both ways. This, of course, is typical of Unamuno. One is reminded how in *Sentimiento trágico* he would like to experience fully the ecstasy of a mystical trance and at the same time have the privilege of self-awareness. To sum up, then, Unamuno's spirit-flesh dialectic, we can conclude that he 1) negates any spirit-flesh notion in which the terms are mutually exclusive and 2) affirms the relationship only when the terms are in contradiction. This position implies an affirmation of the flesh to perpetuate the spirit and a negation of the flesh when it excludes the spirit.

In *AC* the word *engendrar* carries Unamuno's peculiar mystical significance of the spirit-flesh relationship and is linked to the idea of original sin. Unamuno accepts the popular belief that carnal knowledge and the experience of sin are related. A carnal act inspired by love and the desire to engender is sound knowledge, but when it springs from lust it becomes a vitiated form of knowledge. Unamuno then expands this idea to explain the degeneration of Christian civilization. Abisag and her spiritual heir and historical incarnation Padre Jacinto are virginal, ingenuous and willing to engender the spirit through the flesh. Their carnal intentions are impervious to sin. Hence, in chapter ten, which is devoted to Padre Jacinto, the author can say, "Y el pobre Padre, en su segunda infancia, en su segunda virginidad, a sus ochenta y tres años, trataba a la vez, nueva Abisag la sunamita, de resucitar a David."[10] But the soul that hungers for mystical knowledge must also renounce the world, which is the enemy of the spirit, yet which paradoxically is also a source of spiritual strength:

> El alma entregada a su agonía de amor y de conocimiento, apenas si se entera de lo que hace Salomón, de su obra política, de la historia, de la civilización. . .Todo lo cual tendrá que ver con el reino de Salomón y con las disenciones entre éste y Adonias, tendrá que ver con el catolicismo, pero nada tiene que ver con el reino de David.[11]

Further on in the text Unamuno mentions Padre Jacinto explicitly:

> . . .y el Padre aborrecía la política, que es cosa del reino de este mundo. . .Y a la vez aborreciendo la política, tenía que mezclarse en ella. A la vez que quería calentar la agonía de David, servía a Salomón.[12]

The heirs of Abisag are the generations of the spirit and represent the Christian impulse to engender by faith and perpetuate the spirit through the flesh. The heirs of Solomon represent the usurpation of religion by politics, or the degeneration of the spirit and the flesh. Unamuno extends the meaning of Solomon's so-called voluptuosity, practical wisdom, and spiritual sterility to modern times:

> Pero la carne no se cuidó ya luego de resucitar, no se movió por hambre y sed de paternidad y maternidad, sino por puro goce, por mera lujuria. La fuente de la vida se envenenó, y con la fuente de la vida se envenenó la fuente del conocimiento.[13]

Now this poisoned stream of life appears, according to Unamuno, in concrete historical manifestations of spiritual degeneracy, of which the Jesuits are a prime example. Continuing the play on the word *engendrar*, Unamuno refers to them as "los degenerados hijos de Iñigo de Loyola que nos vienen con la cantinela del reinado social de Jesucristo, y con ese criterio político quieren tratar los problemas políticos y económico-sociales."[14] Likewise, Unamuno labels contemporary dictators, swept by "el huracán de locura que está barriendo la civilización en una gran parte de Europa,"[15] as the poisoned fruits of Solomonic politics. He writes: "muchos de los agitadores, de

261

los dictadores. . .son preparalíticos progresivos. Es el suicidio de la carne."[16] This idea of spiritual degeneracy, which Unamuno calls "the suicide of the flesh," is but another variant of the allegory of the death of God. Reason, the politics of the State, Esthetics—in short, the culture of modernism—have sterilized the spirit of Western culture. Unamuno's mystical quest in *AC* is a frustrated *via negativa* in which Reason, Science and Politics can no longer function as mediating (dialectical) agents toward spiritual perfection, but become ends in themselves. As a result, without the necessary tensions and contradictions there can be no genuine knowledge and the agony of Christianity comes to an end.

The thesis of *AC* is conveyed in a meta-erotic, or mystical, language: specifically, through the interplay or opposition of the concepts of generation-degeneration, procreation-sterility. But this is not all. The verb *engendrar* has further and highly significant implications, not only in this essay, but in regard to Unamuno's life-long efforts to create a new language, or what one critic has called a "rhetoric of existence."[17]

One of Unamuno's most obvious traits as a thinker was his war against what he called anti-vital language: rationalistic, abstract, impersonal forms of discourse built on a strict and narrow logic of causality, necessity, literalism and univocity. His purpose was to create a language of his own world of experience, a language that would break the confines of convention and systematization, yet speak an inner truth, both personal and universal. No wonder then that he found so much inspiration in the mystics. To re-create language, he believed, is to recreate the spirit. Indeed, Unamuno's logic of existence consisted of a continuous process of creation and re-creation of words, self, reality and God, for it was Don Miguel's mission to engender a new consciousness with a language radical enough to shatter the conventional notions of religious experience. Perhaps his most important contribution in this respect was the rejection of traditional dualisms such as man-God, transcendence-immanence and spirit-flesh.

Of all the rhetorical figures Unamuno used to revitalize language there is a unique and highly effective form of antithesis which for want of a better term we could call the *interpenetration of opposites* —a kind of dialectic without synthesis, i.e., without the negation of the negative. It is probably the most frequent trope in the Unamuno corpus of essays. Some examples would be "virginidad maternal y maternidad virginal," "la paz en la guerra y la guerra en la paz," "paternidad filial y filialidad paternal," and "ultramontanismo revolucionario y revolución ultramontana." *In* AC, *this interpenetration of opposites not only generates a new concept but is also symbolic in its very form as a linguistic unit of the idea of spiritual generation. In other words, the syntax itself is symbolic of the concept* engendrar *and functions contextually and rhetorically.*

The intellectual and literary merit of *AC* rests on the fact that its thesis is conveyed 1) explicitly, by exposition of argument, 2) implicitly, by the use of allegory, and 3) subliminally, by the symbolic value of syntactical structures. These levels are interdependent and constitute Unamuno's mystical rhetoric. The *AC* reveals only one aspect of Unamuno's mystical disposition. A study similar to the present article could be profitably made of *Nicodemo, el fariseo, Vida de Don Quijote y Sancho, El sentimiento trágico de la vida, El Cristo de Velázquez*. In each case, an analysis of mystical language would reveal a different Unamuno. Let us not forget that *AC* shows a benign Unamuno, seized by a nostalgia for God. He also used the language of mysticism for bolder, more unorthodox purposes. In *Vida de Don Quijote y Sancho* he shouts "Dios sufre en nosotros por sentirse preso en nuestra finitud y temporalidad."[18] God needs man, God suffers in man; we see here a total inversion of the traditional mystical categories. Likewise, in *El Cristo de Velázquez* ("Puerta" xxv) we find a plea for the rehabilitation of Lucifer, a prayer that he be reinstated as the "star of the morning"—a title usually associated with Christ. Then there is the Unamuno of *Sentimiento trágico*, who uses mystical language to convey his belief in the expanding consciousness of the cosmos. But Unamuno's atheism, when he does play the atheist, is of a romantic pedigree. His inversion of sacred and profane concepts is alien to materialism, scientism and dialectical materialism. Don Miguel has been consistently Hegelian, and his atheism is a mystical will to be God.

BROOKLYN COLLEGE
OF THE CITY UNIVERSITY OF NEW YORK

Unamuno's Mystical Rhetoric

Footnotes

[1]To my knowledge, the only work which deals directly with Unamuno's rhetoric is Allen Lacy's *Miguel de Unamuno: The Rhetoric of Existence* (The Hague: Mouton, 1967).

[2]*La agonía del cristianismo, Ensayos* I (Madrid: Aguilar, 1970), p. 972.

[3]*Ibid.*

[4]*Ibid.*, p. 973.

[5]Kenneth Burke, *A Rhetoric of Motives* (New York, 1955), p. 87.

[6]Argimiro Ruano, "Origen y evolución del misticismo literario," *Revista de letras* (Universidad de Puerto Rico en Mayagüez), tomo IV (junio, 1972), p. 200.

[7]*Obras completas* VIII (Madrid: Escellicer, 1966), pp. 477-78.

[8]*AC*, p. 975.

[9]R.L. Predmore, "Flesh and Spirit in the Works of Unamuno," *PMLA*, LXX (Sept., 1955), pp. 587-605.

[10]*AC*, p. 1026.

[11]*Ibid.*, p. 976.

[12]*Ibid.*, p. 1022.

[13]*Ibid.*, p. 1031.

[14]*Ibid.*, p. 991.

[15]*Ibid.*, p. 1031.

[16]*Ibid.*

[17]Lacy, *op. cit.*

[18]On this point, see Juan David García Bacca, "Unamuno místico energúmeno," *Primer cuaderno de la Plata*, Ediciones Argentinas de Venezuela (Octubre, 1968), pp. 34-42.

VIII. Sociological Criticism

DRAMATIC THEORY AND TECHNIQUE IN THE WORKS OF EDUARDO QUILES

George E. Wellwarth

The writers of Spanish underground drama present the literary critic with a unique problem since they are themselves unique. That problem is to justify and explicate the artistic validity of a body of dramatic work that is suppressed in its own country—hopefully only temporarily—and that is known only in isolated examples abroad. Despite the fact that the major part of Spanish underground drama still exists only in manuscript form and remains unproduced—except in occasional clandestine productions in Spain and in even more occasional productions in the notoriously non-innovative American university theatres—those few critics who have had the opportunity (and even more to the point, who have taken the trouble) to study the bulk of the available works of this theatrical movement are unanimously agreed on their high literary value. No competent critic who has studied Spanish underground drama would dispute the proposition that it far surpasses in literary and theatrical worth the Spanish drama that is currently being openly published and produced—which, to be sure, would not be saying much. More to the point is the fact that no critic would dispute the proposition that these works will survive the fatuous puerilities of the present regime's censors and will eventually take their place in the continuum of Spanish literature as representative examples of the great Spanish literary tradition, while the plays currently taken as representative of Spanish theatre will be forgotten except by those who specialize in grubbing in the rotted lees and dregs of literature like scavengers raking through the detritus of a society that has putrefied and decomposed.

An enquiry into what exactly it is that makes Spanish underground drama artistically worthwhile and what aspects of it justify the prediction that it will last and assume its rightful place in the Spanish literary tradition should provide some insight into the elements that separate dramatic literature from the routine ephemeral dross of popular theatre. There are three elements that are particularly important in this respect: attitude, subject matter, and characterization.

The author's attitude may be dealt with briefly since it has been dealt with frequently before and has become a commonplace of literary criticism. The author must be a critic of society. This does not mean, as it is so often taken to mean, that the author must be a savior bearing solutions that will assuage the suffering of humanity. Such an attitude produces a pseudo-savior, not a critic; it is evangelistic rather than meditative. Criticism that presents solutions is visionary and thus wishful and unrealistic. Before one can indicate what is right, one must point out what is wrong; before one can commit oneself to what should be, one must establish and define what should not be. Constructive criticism, which nearsighted reformers are so fond of urging, is almost a contradiction in terms. As Jarry says in one of his Ubu passages, one must destroy before one can build: "even the ruins must be razed." Patchwork jobs to shore up the crumbling edifices of the existing order are wasted and misdirected effort. Only destructive criticism is valid, for one cannot demonstrate the need to construct unless one has first demonstrated the inherent fallaciousness of the existing order. The dramatist who would outlast his time must, then, *always* be in opposition. He must testify to what is wrong rather than celebrate what is right. Docility becomes the lackey but not the thinker.

I have pointed out elsewhere that the conditions of censorship in Spain have forced the authors of Spanish underground drama into the modes of allegory and symbolism.[1] They cannot set their plays in Spain, so they set them in imaginary countries that are as sadly universal as they are Spanish. They cannot write about the specifics of the Spanish condition of their time, so they write about the Aristotelian universals to which those conditions refer: tyranny, dehumanization, greed, class conflict suffocating personal values. They cannot write about recognizably Spanish characters, so they write about type characters that are at once rootless and yet uneasily at home in every society on earth. Perversely, these strictures have constrained the Spanish underground dramatists to write *Welttheater,* thus assuring themselves of fame outside their own country if not inside it. For few has the proverb about prophets being without honor in their own countries been so apt as for the Spanish underground dramatists. In this connection, the Swiss playwright Friedrich Dürrenmatt made a shrewd critical distinction in a lecture he gave in New York in 1960 entitled "Amerikanisches und Europaisches Drama." Dürrenmatt divided dramatic literature into *Grossmacht* or "Great Power" literature and *Kleinstaat* or "Small State" literature. His point was that the political status of a country must determine the nature of that country's drama if its drama is to have any significance beyond its own borders. In the present-day world there are only two power states: the United States and Russia. The latter has given up all pretension to the production of literary work as a result of the application, in even more intensified form, of the same principles of censorship practiced in Spain. Consequently, only American writers can practice "Great Power" literature, which is the realistic depiction of current society in that country.

The political prominence of a country forces the rest of the world to take an interest in its everyday affairs. The Willy Lomans and Stanley Kowalskis, nullities though they may be on a scale of abstract human values, become persons of moment and concern to the citizens of all other nations since they feel themselves potentially affected by the manners and mores of the Lomans and Kowalskis and the people who have made them what they are. Lomans and Kowalskis exist in Switzerland too, of course, and in Finland, Uruguay, and Bulgaria—or, to take Dürrenmatt's own extreme example, in Liechtenstein. But no one cares about Finnish Lomans, Bulgarian Kowalskis, or, as Dürrenmatt puts it, Vaduz bus-conductors. Not because they are less humanly significant, but because what happens in Liechtenstein, Andorra, San Marino and Spain cannot possibly affect the rest of the world. Changes in society that affect the lives of the ordinary Spanish burgher do not forebode any changes west of Vigo or east of Barcelona. A "Small State" writer, as Dürrenmatt shrewdly points out, justifying the method that has made him world famous, must take his own society as a model for the world as a whole. He must enlarge it and "poetize" it. If he is a Swiss or Liechtensteinian writer he must forget about yodelling and celebratory remarks about cheese production and create stage worlds that, while remaining recognizably national to his own compatriots, will become meaningful to the world as a whole. He must, in other words, write symbolically, not realistically.

The symbolism of the setting must also carry over into the characterization. In the ordinary popular drama, characterization is specific and psychological. The character is a manufactured object which the author has put together, fitting in place a number of easily perceived qualities as if they were pieces of a jigsaw puzzle in order to give the appearance of a whole man. Such a character is merely a frame on which the author hangs recognizable psychological traits with which the audience can identify and thus be fooled into supposing that the character it sees is a thing-in-itself rather than an artfully constructed bundle of perceived qualities. Furthermore, since psychological qualities are apprehended in a manner relative to oneself by each perceiver, no meaning accessible to a common interpretation can be transmitted in this way. Nor is such transmission ever intended: the psychologically oriented author aims to stimulate emotion rather than thought. Artistically speaking, the analysis of individual psychology is a dead-end. The human being portrayed as a singular individual with a psychology peculiar to him or herself can logically be of interest only to those members of the audience whose psychological makeup is in some way similar to the character's. The rest are bored with problems with which they have no empathy.

The alternative way in which this method is employed is to give the character an individual psychology so weird and outlandish, so distorted and perverted, as to exercise an almost universally felt but rapidly dissipated prurient fascination on the audience. Again the character is manufactured for the purposes of the plot, and his or her attributes are thus accidental and not necessary. The *Welttheater* dramatist, on the other hand, ignores the creation of individual psychological traits, since these only serve to specify the characters and limit them to everyday realistic situations. The author makes the characters representative of attitudes, states of mind, ideas. Conceptual reality is concretized on the stage in the characters, who thus embody facets of the matrix of archetypal ideas. The characters are embodiments of ideas rather than the shadows of realities that populate the so-called "realistic" drama with their specifically individualized psychologies.

A critical attitude combined with a symbolic setting for the conflicts of ideational *personae* is characteristic of the whole *corpus* of Spanish underground drama. A typical example is the work of the Valencian playwright Eduardo Quiles, who now lives in exile in Mexico where he works as a newspaper, radio, and television writer, and where some of his principal plays are scheduled for production.

On its surface, Quiles' *El asalariado* is a conventional story of a worker manipulated and crushed by his mind-deadening job, by his subservience to his boss, and by the permanent and unremitting necessity of earning his bread. The play is about an office clerk but might just as well be about an assembly-line worker. Man on a treadmill: eat and sleep to have the strength to work so as to have the money needed to eat and sleep for the purpose of gathering strength to work in order to. . .and so on *ad infinitum*. The theme is common and has been used many times. Underneath it, however, Quiles constructs an elaborately interlocking dance of eternal ideas. What seems to be a play about the stultifying life of the ordinary worker in the "Age of Big Business" is really an allegorical morality play. The two principal characters are the Company Director and the Employee, supported by the Secretary, the Robot, and the gangster-like Apparitions that take over at the end of the play. The Director and the employee represent the eternal human dichotomy of the domineering and the domineered: they are the idea of Master and the idea of Slave. But Quiles portrays the Employee as completely colorless, deprived of all distinguishing personal characteristics, eagerly subservient beyond the necessities of the situation. The Employee, in other words, is not merely the Slave Enslaved, but the Slave Self-enslaved. Self- enslavement occurs when human beings permit their existence to be defined by essences imposed on them from outside instead of formulated by themselves. This *may* be laid to genetic disability, but more usually it is the result of failure to develop an ego, thus exposing the primal existential id to the control of a superego. A superego (a function performed in Quiles' play by the Director) may be defined in this context as an ego that feels insufficient unto itself and so turns outward to impose itself on others in an attempt at self-assurance of its validity and rectitude. The idea of the Master, embodied in the Director, is thus seen as the obverse of the idea of the Slave. Only the method is different: the impulse is the same. The relationship between the two is similar to that between Nebuchadnezzar and his "footstool" Nimrod in Dürrenmatt's *Ein Engel kommt nach Babylon*. Every millenium or so there is a reversal of the roles as revolutions occur, but the symbiotic relationship continues. The Secretary is the sycophantic attribute that all power figures require to bolster their sense of their own identity, for if the Master is not constantly reminded of his status, he may relapse into his natural condition of subservience. Haughtiness is only cringing that has been stiffened. The Robot is the machine created by people to perform the necessary functions while they rehearse the motions of their eternal game of ego-balancing; the faceless gangster types who enter at the end and worship the Robot close the circle at last. With the creation of the machine began the process that led to its eventual deification. The Master and the Slave no longer count, the delicate see-saw and balancing act of the ego no longer matters, for the Machine and the creatures formed in its image have taken over.

The play *El Hombre-Bebé* virtually dispenses with conventional plot structure altogether in favor of the efflorescence of the nuclear image. Composed of a series of fleeting episodic scenes that show the highlights of a typical contemporary middle-class life, the play presents a panoramic chart of modern society, with man crawling up and down a curve on the unyielding grid of a predestined graph, his life consisting of and defined by the reference points through which it passes. The title, of course, implies that man never grows up, that the transition from four-legged to two-legged to three-legged stances is merely a change in outward trappings. Quiles sees society as superior to the individual, who really exists only in fancy. For Quiles man is no Leibnizian discrete monad; he remains always a part of the great mass and is absorbed into it before he has a chance to break off and assume his own form. The nuclear image figured by the vignettes of the play is the equation of the structure of society with the structure of the body, for just as the form of the grown man's body is predestined from birth and just as he will in turn pass that body's characteristics on, so the form of his mind is predestined and will be passed on to fit the mold in which he was raised and into which he was fused. That mold grew by accretion over the ages into a set of values founded on tradition but not on will and reason. To be poured into a mold and then cast out is, possibly, to be liberated, but to become the mold itself is to be lost forever.

The third of Quiles' triad of significant plays that display a critical attitude toward modern society through the use of symbolic setting and ideational characters is *¿Quién es Romo?* This is a cleverly disguised morality play in which Natural Man tries to save Riches from perdition and, of course, fails. A prim, prissy man, Pliston, finds Romo, a tramp, sleeping on a park bench one fine morning. Romo seems to be interested in nothing but the songs of the birds and the feeling of things growing around him, thus instantly arousing the reforming instinct in Pliston.

According to his own description, Pliston is a specialist in human problems, a reformer of character, who cannot abide any sloppiness in the world around him. Romo's way of living outrages him since Romo is an excrescence who does not fit into the neat scheme of society that Pliston worships. His talk with Romo is interrupted by an agitated friend of his, Classo, a man married to an enormously rich wife who is now threatening to divorce him if he does not come back with the household's butler, who has disappeared. As a specialist in the solution of human problems, Pliston is put on his mettle by this situation and solves it brilliantly by transforming Romo into a butler.

In the next scene Romo wins the spoiled and self-indulgent wife over with outrageous flattery and persuades her to get out of her mephitic bedroom and embark on a course of cultural study. Fascinated by the novelty of this approach, the wife is soon completely under Romo's thumb and begins distributing her colossal wealth to various worthy causes in accordance with his instructions. Classo, who began by hugging himself with glee at his wife's pleasure in the new butler, is now panic-stricken at seeing her money frittered away in this manner, and he calls in Pliston to set the matter right again. Pliston hauls up the standard arsenal of arguments about the disruption of society, the ludicrousness of one person attempting to remedy all the evils of the world, the necessity of doing everything in a well-ordered manner through proper channels, and the inevitability of class distinctions. Romo gives up to return to the natural life, the wife slips easily back into the irresponsible lassitude from which she was momentarily drawn by the attraction of novelty, Classo is once more in full possession of the unearned money that enables him to indulge in his stock market games and luxuries, and Pliston preens himself on the success of "reason," which he fancies he represents.

What Quiles shows in this play is the interaction of determining forces in our society rather than the interaction of isolated individuals wrapped up in their own atypical psychologies. Pliston, Classo, Romo, and Ada are *symbols* of types of people found in our society. The bulk of Quiles' acute yet subtle satire falls on Pliston, who also fills the role of narrator, a technical device derived from Brecht's alienation theories. Pliston represents the false rationalist who believes that all psychological problems are social and that all social problems can be solved by having recourse to textbook solutions. He is the modern, automated man of science who has become emasculated by his second-hand knowledge. Quiles presents modern scientific knowledge in the person of Pliston as a paradoxical retreat from the empiricism that has underlain all true knowledge since the thinking processes that were characteristic of the mediaeval scholastics. When his plans fail, Pliston, interpreted from another viewpoint, is like a computer that has been clogged with the wrong information and has ground to a standstill, helplessly digesting and re-digesting its programmed input and spewing out the same inadequate formulae. Romo represents natural, chthonic man at one with himself and with nature, the antithesis of Pliston; and it is the contrast between him and Pliston, between nature and robot, that is the central conflict of the play. This conflict clearly works on both the allegorical and human levels. Ada and Classo represent the battlefield, the raw material, for the Pliston-Romo conflict. They have become dehumanized by the lust for money and cannot be saved, for they are overpowered by greed in the case of Classo and by lassitude in the case of Ada.

Quiles has written many other plays (over fifty at last count), and most of them show some trait of imaginative theatrical originality; but the three I have dealt with here are undoubtedly his most significant, since they point, as I have tried to show, in the direction that the Spanish—or any "Small State" theatre—must go if it is to become *Welttheater*.

STATE UNIVERSITY OF NEW YORK
AT BINGHAMTON

Note
[1]Cf. *Spanish Underground Drama* (University Park: Pennsylvania State University Press, 1972).

IX. Structuralism

ALGUNOS ASPECTOS
DE LA COHERENCIA DEL
DISCURSO (LITERARIO)

Walter Mignolo

I.- *Introducción*

El "hecho literario", como todo proceso de comunicación humana, es complejo. Articular un discurso (teórico y/o crítico) a partir de él es reducirlo a las premisas que soportan (sobre las cuales se erige) tal discurso. Dado que tales premisas no son verdades ni naturales ni trascendentales, asumirlas es una elección epistemológica que implica—a la vez—una posición ideológica. Dado—además—que la objetividad no es posible, la explicitación de las premisas es la exigencia mínima que el discurso teórico y/o crítico debe cumplir para que el "efecto ideológico" que subyace a su producción se presente como un proceso de decisión que implica una praxis y no como la revelación de una verdad.[1] Mi discusión, en torno a la noción de coherencia, será una "imposición" (históricamente marcada) sobre el "hecho literario". A partir de tal noción, mi propósito será no el de apuntar hacia posibles hipótesis en torno a la "estructura de la obra literaria" sino hacia niveles de conocimiento implícitos en la "teoría del discurso literario" que es—a mi entender—el problema relevante en el campo de producción de conocimientos que aceptamos como estudios literarios.

Me explico. El procesamiento (producción y recepción) de un discurso (literario) presupone la capacidad de conectar frases y/o estructuras temáticas a fin de otorgar un sentido. Tal sentido no implica

Algunos aspectos de la coherencia

una paráfrasis del significado sino también una articulación del significante y depende no sólo de factores lingüístico-discursivos sino también de factores culturales. En el caso de los discursos reconocidos como literarios, el sentido no sólo es posible de atribuirse a base de la información semántica (novela realista, por ejemplo), sino también a base de la información estructural (poesía concreta). Estas premisas suponen dos órdenes de consideraciones: aquellas que corresponden a la descripción de la capacidad para producir y entender discursos; y aquellas que corresponden a la descripción de la capacidad de quien tiene internalizada ciertas reglas (normas)[2] culturales-literarias para clasificar, dentro del conjunto total de discursos producidos en una sociedad, un subconjunto específico al cual atribuye el calificativo de literario.

No me ocuparé del segundo problema, el cual implica consideraciones de orden tipológico. Sin embargo, dado que estoy asumiendo la existencia de discursos literarios, es necesario tener en cuenta que la capacidad que permite su clasificación no se basa (no depende de) enteramente en la internalización de procedimientos lingüísticos, sino también (y quizás más de lo que suponemos) en factores culturales. Un argumento en favor de esta hipótesis es que algunos procedimientos típicamente literarios, no se los encuentra sólo en discursos reconocidos como tales sino también en aquellos que son clasificados (reconocidos) como folklóricos.[3] Con respecto al primer problema, el de la capacidad para procesar discursos conectados y estructurados (coherentes), mi comunicación será un intento de plantear el problema en relación a los discursos literarios.[4] Mi objetivo no será la discusión (análisis) de un discurso concreto (aunque especial atención será prestada a "Barcarola", P. Neruda, *Residencia en la tierra*), sino que intentaré apuntar hacia ciertas condiciones generales que creo relevantes para el tratamiento del problema. Mi aproximación será empírica dado que, con respecto al discurso literario, todavía no vemos con suficiente claridad los límites entre la generación abstracta de textos y la ocurrencia concreta de discursos.

II.- *Marco de referencia.*
II.1.- Los estudios literarios, como es sabido, recibieron—en el presente siglo—un fuerte influjo de la lingüística general. Hasta finales de la década del sesenta fue la lingüística estructural la que ofreció los mayores aportes. A partir de esa fecha, la lingüística generativo-transformacional. Del modelo lingüístico y sus derivaciones en los es-

tudios literarios, dos aspectos son a retener:

a) la lingüística ofreció, en primer lugar, los instrumentos necesarios—dado que la literatura es un hecho de lenguaje—para analizar (describir) sus componentes lingüísticos.[5]

b) la lingüística sirvió de modelo para re-formular la estructura de la teoría del discurso literario. Se pensó, en un primer momento, que la literatura podía ser concebida como *sistema,* en forma análoga a la *lengua.*[6] Con el auge de la gramática generativo-transformacional se concibió el objeto de la teoría del discurso literario—no como el estudio del sistema—como el estudio de a) la capacidad que permite a un hablante nativo producir y entender sucesiones de frases (discursos) y b) la capacidad que permite, también, clasificar determinados discursos como literarios.[7]

En relación a b) las primeras formulaciones pusieron de manifiesto que el tratamiento de los discursos literarios requería establecer una distinción entre dos tipos de gramáticas: la gramática de la lengua natural (G_n) y una gramática específica que daría cuenta de estructuras específicamente lingüístico-literarias (G_l). Los límites de este planteo residen en el hecho que hay estructuras lingüístico-literarias que no dependen enteramente de factores sintáctico-semánticos sino también de codificaciones culturales ("noche" o "luna" categorizados como generadores literarios)[8]: factores que requieren la sistematización de normas en diversos períodos así como la consideración de condiciones pragmáticas.[9]

En relación a a) las derivaciones de la gramática generativo-transformacional que más interesan a los estudios literarios, son aquellas que consideran que el "dominio natural" de la gramática no es el de la frase sino el del discurso,[10] y que autorizan la extensión de una gramática frástica a una gramática textual. Es a este nivel donde cabe la transposición de "competencia frástica" a "competencia textual", y en donde la pregunta a responder es sobre la capacidad de un emisor-receptor ideal para *conectar* frases. Así en

i) Juan llegó ayer. Hizo todo lo necesario para instalarse.

la conexión entre las dos frases se establece, primero, en base al pronombre (eliminado de la estructura de superficie) y a los rasgos semánticos entre el verbo (*llegar*) y el sustantivo (*instalarse*). Si en cambio digo,

    ii) Juan llegó ayer. El no supo qué hacer.

la presencia, en la estructura de superficie, del pronombre indica que no es *Juan* quien *no supo qué hacer*. En inglés o francés, donde la presencia del pronombre es obligatoria, sería el contexto lo que permitiría decidir si el pronombre refiere a *Juan* o a otra persona. Además, las conexiones semánticas entre *llegar* y *no saber qué hacer* requieren informaciones contextuales para estructurar la conexión y atribuirle un sentido. Con respecto a éstas últimas no sólo son importantes aquellas informaciones relativas al momento (situación) en el cual un acto de habla se pronuncia, sino también aquellas ya codificadas en una comunidad de hablantes:

    iii) Murió el presidente. El tráfico se detuvo durante una hora.

    iv) María es rubia, pero inteligente.

    v) María es rubia, pero mortal.

En iii) no hay ninguna información ni sintáctica ni semántica que permita conectar los dos enunciados. Sin embargo, cualquier hablante de español, sin conocer la situación en la cual el acto de habla se pronuncia, es capaz de atribuir a ella el sentido:

    iii′) Murió el presidente (y a causa de su muerte) el tráfico se detuvo durante una hora.

La información que permite atribuir tal sentido no necesita de un contexto especial puesto que está ya codificada (presupuesta) en el contexto cultural. En iv) la información que permite atribuir un sentido está también codificada: se supone, en nuestra cultura, que las rubias no son inteligentes. En cambio en v) la frase no tiene sentido, fuera de un contexto específico, puesto que no está codificada la inmortalidad de las rubias.

II.2.- Estas breves consideraciones permiten entrever el orden de problemas que se presentan en el procesamiento conectivo entre frases. Sería posible extender esta problemática de la micro-estructura a la macro-estructura.[11] En su aspecto general, la red conectiva que establece un discurso, había sido ya entrevista por K. Bühler.[12] En primer lugar, Bühler destaca la raíz griega de la palabra *texto* : "Los creadores de la palabra *texto* pensaban en tejido. . .la metáfora de las *articulaciones* del discurso (. . .) está implicada en el nombre griego (. . .), artículos. Artículos se llamaban originariamente todos los signos mostrativos lingüísticos en el modo de la anáfora" (p. 562).

En la tradición del concepto "articulación discursiva", Bühler enfa-

tiza el paso decisivo—para la lingüística—que da Jean Paul al poner
de relieve que el demostrativo no refiere a algo presente en la intuición sino que el demostrativo refiere *a algo que se acaba de decir*.
Jean Paul señala ya un hecho que será enfatizado en la lingüística generativo-transformacional: el demostrativo puede referirse tanto a
un miembro de la frase anterior como a una frase entera. A partir de
Jean Paul, Bühler acentúa el análisis de la anáfora y de los deíticos;
su análisis desplaza el contexto referencial por el co-texto discursivo.
Si digo "esto es verdad", observa Bühler, una cosa verdadera o falsa
no existe ni en el cielo ni en el infierno. Aquello a lo cual me refiero
con la frase "esto es verdad" no es una *cosa* sino algo que acaba de
pronunciarse en la cadena discursiva. En la situación de un acto de
habla, una frase como "esto es verdad"—para que sea aceptada como
correcta—necesita de una proposición que la anteceda y que esa proposición sea una afirmación. Tal enunciado no se aceptaría como comienzo de diálogo o como respuesta a una interrogación.[13]

Tales observaciones permiten, dentro de la complejidad del problema, ir despejando el campo y acercándonos a los fenómenos conectivos que se encuentran en los discursos reconocidos como literarios.
En primer lugar, las observaciones de Bühler que apuntan hacia las
articulaciones discursivas serán tratadas en el párrafo siguiente. En
cuanto a las condiciones pragmáticas que presentan las exigencias
apuntadas para la inserción de un enunciado como "esto es verdad",
es importante señalar que éstas son válidas para G_n pero no necesariamente para los discursos que se aceptan como literarios. En estos
es aceptable un comienzo de discurso sin la presencia de un enunciado precedente que implique el siguiente:

> vi) Es cierto, el viajero que saliendo de Región pretende llegar a su sie-
> rra siguiendo el antiguo camino. . . (comienzo de *Volverás a Región*,
> J. Benet)

La afirmación de un supuesto interlocutor que justifique el "Es cierto" está ausente, no obstante lo aceptamos en discursos literarios. De
la misma manera aceptamos el nombre después del pronombre,

> vii) Los encerraba en hormas desde que amanecía, les aplicaba com-
> presas de alumbre, los castigaba. . . (comienzo de *Cobra*, S. Sarduy)

Será recién en el segundo párrafo que *los pies* pueden ser identificados como *substituendum* del *substituens: los*. Estos ejemplos, si bien
sugieren ciertas formas de articulación que se encuentran en discursos literarios y que difieren de otros tipos de discurso, apuntan también a problemas pragmáticos tanto como al *sistema del hablante* cu-

ya importancia es considerable en la coherencia de discursos literarios (volveré sobre este punto en IV).

III.- *Inferencias lingüísticas y coherencia.*
III.1.- La noción de coherencia, intuída por Bühler, adquiere una nueva dimensión en el tratamiento que se deriva de la gramática textual y de la lógica simbólica. Este tratamiento permite—en relación a los estudios literarios—formular nuevos problemas a la vez que reconsiderar otros que habían adquirido cierta relevancia en los estudios estilísticos.

El primer intento sistemático, desde una base lógico-lingüística, de plantear el problema de la coherencia fue realizado por I. Bellert (1970).[14] En la formulación de Bellert una condición necesaria, aunque no suficiente, de la coherencia es la repetición. En forma general, si se asume que un discurso es una sucesión de frases $S_1 ... S_n$, conectadas y estructuradas, su estructura lógico-semántica puede formularse como sigue:

i) una proposición S_i (de la cadena $S_1 ... S_n$) establece algún tipo de conexión con un enunciado precedente S_{i-1}.

En el ejemplo siguiente,
> ii) Tocó con el mango del chicote la puerta de la casa de Pedro Páramo. Pensó en la primera vez que lo había hecho, dos semanas atrás.
> (*Pedro Páramo,* J. Rulfo)

La semi-frase "pensó en la primera vez que lo había hecho" (S_i) supone el conocimiento, en la ocurrencia, de la frase precedente "Tocó con el mango del chicote. . ." (S_{i-1}), en el interior de la totalidad discursiva que es la novela *Pedro Páramo* ($S_1 ... S_n$).

No voy a perseguir aquí un desarrollo formal del concepto de coherencia (ver la nota 14). Me interesa más enfatizar su dimensión empírica y señalar algunos ejemplos en ocurrencias concretas (discursos literarios) con el fin de rescatar aquellas particularidades que todavía no tienen solución en una gramática textual abstracta, si bien ésta es el marco de referencia que guía mis observaciones. En la escuela funcionalista inglesa, más específicamente después de los trabajos de M.A.K. Halliday, el problema de la coherencia (cohesión) es tratado en el marco de una teoría lingüística general.[15] Halliday sostiene, como hipótesis de base, que toda lengua despliega ciertos rasgos que pueden ser considerados como elementos de cohesión. En las lenguas occidentales, tal elemento lo constituyen las estructuras temporales.[16] Además, las lenguas indoeuropeas (entre ellas el español) poseen morfemas conectivos del tipo: *en consecuencia, por lo tanto, sin embargo, además*, etc.[17] En la novela del siglo XIX, estructuras temporales y morfemas conectivos no plantean problemas específicos fuera de los que son tratados en G_n. Por el contrario, en la narrativa del XX, ambos adquieren dimensiones particulares en los discursos literarios. En cuanto a las estructuras temporales quiero sólo recordar el ejemplo de *Pedro Páramo* (Rulfo) sobre el cual la crítica ha insistido ya lo suficiente. Su tratamiento, en relación a la noción de coherencia, me llevaría a tratar estructuras narrativas que dejaré aquí de lado. Los morfemas conectivos, en la narrativa reciente, son eliminados en la estructura de superficie y reemplazados por la *repetición*. Volviendo sobre el ejemplo i),

i') Tocó con el mango del chicote la puerta de la casa de Pedro Páramo. Pensó en la primera vez que lo había hecho, dos semanas atrás.

Es el primer momento, en el discurso, que se menciona este hecho. La "primera vez" no había sido todavía incorporada en la superficie del discurso. De modo que éste se continúa en la comparación entre el *momento actual* y *dos semanas atrás* hasta que en un momento se abandona la comparación y se relata lo acontecido "la primera vez". Seis páginas más adelante se vuelve de improviso al momento presente y el discurso continúa:

iii) Tocó nuevamente con el mango del chicote, nada más que por insistir, ya que sabía que no abrirían hasta que se le antojara a Pedro Páramo.

Nuevamente puede ser considerado un morfema conectivo. Su efectividad se pierde si la repetición se produce cuando otros niveles han sido incorporados entre la primera aparición de un elemento y su repetición. Todo el enunciado repite, por lo demás, informaciones que ya habían sido suministradas en las páginas precedentes. Sin duda que aquí la repetición opera sobre la memoria que permite relacionar, seis páginas de por medio, el relato de un mismo hecho. En la novela del siglo XIX el narrador evita estos vacíos introduciendo frases conectivas, del tipo "como recordará el lector. . ."; "en el momento en que x hizo tal cosa. . ." etc. Ahora bien, además de operar sobre la memoria, la repetición asegura la coherencia en la medida en que se repiten rasgos semántico-temáticos como las categorías que describen una acción (A hace y). Si esta es una observación obvia, es necesario agregar—para complicar la obviedad—que la sola repetición no asegura la coherencia si otras condiciones no se cumplen. Veamos un ejemplo:[18]

    iv)   María compró un automóvil.
    v)   Los automóviles son muy necesarios en la vida moderna.
    vi)   La vida moderna está llena de complicaciones.
    vii)   Las complicaciones hacen insoportable a Pedro.

Cualquiera que conozca el español sabe que, aunque haya un léxico repetido entre pares de frases, esta repetición no asegura la coherencia. De la misma manera, si en vez de iii) el lector se encuentra con,

    viii) Tocó nuevamente con el mango del chicote y se encontró con una bella dama que bailaba la danza de los siete velos.

ya no es suficiente la repetición para asegurar la coherencia entre iv) y i') y nuevas variables entrarían en consideración. En cambio, en el ejemplo siguiente[19],

    ix)   La plaza tiene una torre.
           La torre tiene un balcón
           El balcón tiene una dama
           La dama una blanca flor

no es necesario continuar el poema para obtener la información sintáctico-semántica necesaria que permita conectar y estructurar el discurso. Las repeticiones léxicas por pares de enunciados se estructuran porque a) el verbo liga dos argumentos (plaza/torre; torre/balcón; balcón/dama) y b) hay una secuencia léxica de inclusión (torre incluída en plaza; plaza en balcón, etc.)

Estos ejemplos no difieren sensiblemente en relación a los mecanismos cohesivos en discursos naturales y la prueba es que se los encuentra también en discursos folklóricos.[20] Pero, en la medida en que la práctica literaria adquiere cierto nivel de artificialidad al indagar en las posibilidades del lenguaje, hay casos en que la coherencia exige nuevas reglas en relación a aquellas formuladas para los discursos naturales. Tomaré algunos ejemplos de *Les corps conducteurs* (C. Simon) debido a su particularidad.

    x) Entre le lapin couché sur le flanc et la main de l'enfant la ficelle détendue serpente sur le trottoir en courbes molles. Le serpent est une constellation équatoriale dont le tracé est dessiné par de belles étoiles distribuées sur une large étendue du ciel. Surgissant tout à coup des nuages, l'arête enneigée d'une montagne s'élève au-dessous de l'avion . . .(Ed. Minuit, 1971, p. 29)

El segundo enunciado se conecta con el primero por repetición del significante (*serpente, serpent*). Este tipo de conexión está regulada en la programación del discurso y, en consecuencia, genera otras estructuras semejantes:

> xi) Sous l'image est écrit le mot *serpent*, en caractères gras, et, au-
> dessous, en lettres baton plus minces, *boa constricteur*. L'ordre de
> serpents, ou *ophidiens*, comprend 2.300 espèces des régions chaudes
> ou tempérées." (p. 19)

Las conexiones son aquí más complejas que en x), dejando de lado la
que se repite (*serpent, serpents*). Hay además la similaridad de otro
significante (*boa constricteur, ophidiens*) que permiten a la vez una
conexión al nivel del significado de *serpent*. Además, el hecho de que
serpent sea masculino en francés, permite conexiones a nivel del pronombre. En el libro de Simon, xi) se continúa con una descripción de
serpent que es la entrada que éste tiene en el diccionario:

> xii) (. . .) Il est caractérisé par ses très longues pattes recouvertes d'une
> peau cornée jaune et terminées par des serres aiguës et recourbées. Il
> s'avance d'une démarche de héron parmi les hautes herbes. En échar-
> pes d'abord, fuyant rapidement, puis en paquets grisâtres s'aggluti-
> nat, laissant encore voir des marceaux du marécage par leurs déchi-
> rures (. . .) les nuages s'interpossent dévant du paysage. L'ombre de
> l'avion court maintenant sur la surface éblouissante, auréolée d'un
> cercles aux pâles couleurs irisées, s'affaissant et remontant sur le mou-
> tonnement des bosses" (p. 20)

El tercer enunciado (*En écharpes d'abord. . .*) es una continuación
de la acción indicada por el verbo (*Il s'avance. . .*) que refiere a *serpent*
pero que el tercer enunciado, conectado en la acción con el segundo,
desplaza hacia un nuevo sujeto: *les nuages* y ya no *le serpent*. A su
vez, el cuarto enunciado (*L'ombre de l'avion. . .*) puede ser considerado como una conexión de significado (un campo culturalmente iso-
tópico: *nuages/ombre*); como también una conexión a nivel de la
acción verbal (*s'avance/court*).[21] Además, la acción del verbo marca
serpent, nuages y *avion* que al ser todos masculinos pueden ser pro-
nominalizados por *il*. Estos ejemplos nos permiten volver sobre iv-
vii). Allí la conexión no se establecía porque el elemento léxico repetido en pares de frases y—en consecuencia—el *comentario* del primer
enunciado como *tema* del segundo no son suficientes para establecer
la coherencia. En xii) hay un constante cambio de *tema* (*serpent,
nuages, avion*) pero se conecta el *comentario* (*s'avance, en écharpes
court*). Una regla general podría sugerirse a partir de estos ejemplos:

xiii) Para que un enunciado *a* pueda ser seguido de un enunciado *b*,
siendo que el *tema* de *a* es distinto de *b*, que se den algunas de las condiciones siguientes: 1) que los temas admitan una misma pronominali-
zación; 2) que la acción de los diversos temas sean análogas; 3) que

281

la repetición del significante, que es también un desplazamiento del tema, cumpla con las condiciones 2) y 4); 4) que haya una isotopía de significado entre el *tema* del primer enunciado y el *comentario* del segundo o viceversa.

Esta regla es tentativa e informal pero sugiere un nivel de coherencia que escapa a la gramática normativa. Es posible ver, además, que es la expansión de esta regla lo que permite explicar la coherencia de un discurso como *Le corps conducteurs* que a primera vista escapa a las reglas conocidas tanto de descripción como de generación textual.

III.2.- La expansión del enunciado es otra posibilidad de asegurar la coherencia del discurso. Este fenómeno está ya contemplado en la lingüística generativo-trasnformacional. No obstante, en la poesía moderna aparecen ciertos fenómenos de "anomalías" semánticas que no son estrictamente contemplados en una gramática formal. "Barcarola" (*Residencia en la tierra*, Pablo Neruda) permitirá ilustrar este fenómeno que se encuentra también en la prosa actual.[22]

El primer enunciado de "Barcarola" (grafemáticamente hasta el punto final del primer período estrófico), es un enunciado del tipo

xiv) Si *p*, entonces *q*.

Estructura que, al menos en español, puede ser interpretada de dos maneras posibles:

  xiva) Si lo encuentra lo tirará.
  xivb) Si lo encontrara lo tiraría.

En xiva) la construcción "si. . .entonces" articula el presente y el futuro. En xivb) el subjuntivo y el condicional. En ambos casos la diferencia de sentido reside en la presuposición[23]: en el primer caso la presuposición es indefinida; en el segundo es negativa. En "Barcarola" es predominante la construcción subjuntivo-condicional, excepto en los períodos estróficos 2, 3, 8. Es decir que xiv) puede especificarse,

xv) Si (VERB$_{sub\text{-}pas}$), entonces (VERB$_{cond}$).

A partir de tal fórmula de base, que es ya un elemento cohesivo y estructurador, la expansión es posible de proseguirse al infinito insertando en ella frases subordinadas. Tal inserción es posible a dos niveles:

xva) Por la repetición (indefinida) de un verbo en subjuntivo subordinada a *si*

Si
- (me) tocaras
- pusieras
- soplaras
- etc.

Estructura que permite, para cada inserción léxica (verbo), la expansión antes de llegar a *entonces*,

Si pusieras
- tu boca en mi corazón
- tu fina boca
- tus dientes
- tu lengua
- etc.

xvb) Es posible, de la misma manera, expandir el segundo miembro del enunciado, a la derecha de *entonces*, subordinando a éste la inserción de verbos en condicional

Entonces
- sonarían
- crecerían
- sonaría
- etc.

Lo cual permite, a su vez, la expansión después del verbo mediante la introducción de frases preposicionales o comparativas

Sonaría
- con un ruido oscuro
- con sonido de ruedas de tren con sueño
- con un ruido de llamas húmedas quemando el cielo

Sonaría
- como aguas vacilantes
- como el otoño en hojas
- como sangre

De modo que xv) admite una expansión por inserción que es posible de ser representada:

xvi) *Si* ((VERB$_{sub-pas}$) (F$_{ins}$))^n, *entonces* ((VERB$_{cond}$) (F$_{ins}$))^n.

donde (F$_{ins}$) vale por "frase insertada" y *n* por el número indefinido de veces que puede repetirse la operación, siendo *n* igual o mayor que l.

El esquema anterior presenta un problema interesante. El símil (incorporado a una estructura abstracta, como en xvb, "como aguas vacilantes", etc.), presenta un problema interesante en poesía moderna. Tal problema aparece con mayor claridad si se piensa que la abundancia de símiles en novelas como *Sonatas* (Valle-Inclán) o *Don Segundo Sombra* (Güiraldes) responden, intuitivamente, a un mismo campo semántico producido por las estructuras temáticas del texto. En cambio, en la poesía moderna, no siempre es el caso. En la construcción del símil (*a* es como *b*) no hay por cierto una transferencia total de semas y en la comparación se ignoran muchos de los rasgos transferidos dado que—de otra manera—se caería en interpretaciones desmesuradas. En

xvii) Mi corazón sonaría $\begin{cases} \text{como aguas vacilantes} \\ \text{como el otoño en hojas} \\ \text{como sangre} \end{cases}$

el símil está dominado por el verbo y por lo tanto es éste quien orienta la selección de rasgos semánticos comparables: la "sonoridad" del corazón es como la "sonoridad" de aguas vacilantes, etc. Uno podría imaginarse o no el sonido de "aguas vacilantes" (sobre todo por el modificador "vacilantes") o de "sangre", pero esto sería ya otro problema: la comparación *impone* el rasgo semántico en el segundo miembro. Si bien en este caso no es de inmediato evidente (como en el caso de *Don Segundo Sombra*) el tipo de conexión que se establece a partir del símil, hay informaciones co-textuales que permiten inferirla,

xviii)   sonarían sus negras sílabas de sangre
crecerían sus incesantes aguas rojas

La sonoridad de *sangre* es aquí especificada mediante la sonoridad de *sílabas*; además, *sangre* es analogada con *agua* mediante el sema común *liqüidad*. Tales transferencias permiten comprobar que, conjugando pares de versos en diversos momentos del discurso, éste produce su propio sistema de correspondencias, no necesariamente ligado al referente o a estructuras temáticas mayores (*Don Segundo Sombra*).

Indagando un poco más en las conexiones comparativas aparentemente anómalas, es posible tener en cuenta—tanto en la construcción del símil como de la metáfora—la distinción entre rasgos formales y contextuales (referidos más adelante como "conocimiento del mundo"). Los rasgos formales refieren a categorías discretas (animado/inanimado) y a una clasificación en escala (de la luz a la oscuridad). En los rasgos formales *verbos, adjetivos, sustantivos,* son rasgos categóricos; en tanto que *animado, contable, humano,* etc., son rasgos subcategóricos. Además, algunos rasgos dominan a otros: así *humano* domina a *femenino* y *masculino.* De acuerdo a estas especificaciones, una semi-frase como

xix) con sonido de ruedas de tren con sueño,

viola el sistema taxonómico de la gramática en tanto *ruedas de tren con sueño (sustantivo, inanimado)* no puede ser seguido por una frase preposicional (*con*) y un sustantivo (*sueño*) que requiere ser aplicado a una frase sustantivo con el rasgo *animado.* Algo semejante sucede con *ruido oscuro* que—sin entrar en el problema de la sinestesia—inserta un adjetivo (*oscuro*) que requiere ser aplicado a un sustantivo que acepta subcategoría escalares *luz a oscuridad* y no a un dominio escalar como *silencio a ruido.* Ahora bien, no obstante las violaciones del sistema taxonómico, tanto del símil como de las construcciones preposicionales—la coherencia se establece en la expansión isotópica del sema *sonoridad*; sema que—por otra parte—está ya contenido en el título.[24]

IV.- *Sistema del hablante y coherencia.*

El sistema del hablante tiene una larga tradición, sobre todo en el género novelesco, en la que fundamentalmente se intenta una clasificación basada en el "punto de vista"[25]. Dentro de esta tradición, es hoy más o menos aceptado que "autor" y "narrador" (o hablante) no deben ser confundidos y que, por lo tanto, ponen en juego diferentes niveles de análisis. No obstante, todavía no se ha insistido demasiado en la misma diferenciación en la otra punta del espectro: la estructura queda desiquilibrada puesto que "lector" refiere, comúnmente, al lector real y el hablante no tiene correlato. G. Genette ha propuesto el término *narratario*[26] como el destinatario no de la conducta verbal del autor sino de la conducta verbal del narrador. En el sistema ficticio de la comunicación literaria, el esquema sería aproximadamente el siguiente:

$$\text{Autor} \left\{ \begin{array}{c} \text{mensaje} \\ \text{narrador} \qquad\qquad \text{narratario} \end{array} \right\} \text{Lector}$$

en el cual narrador y narratario, como lo veremos, pueden tener más de una dimensión. Vale decir entonces que la producción de un mensaje literario es la producción de una situación ficticia de comunicación y la lectura la decodificación de esta misma situación ficticia en la cual, obviamente, el lector no puede ser confundido con el narratario. El nivel que corresponde a la estructura del acto de habla en el interior del mensaje, Genette lo propone como el nivel de la *voz*: citando a Vendryes agrega que la voz es el aspecto de la acción verbal considerada en relación al sujeto, siendo este sujeto no sólo quien narra una acción sino también quien la recepta: es decir, todos los participantes del acto narrativo, así sean estos pasivos. Es posible entonces sostener, como hipótesis, que la coherencia de un discurso literario se estructura no sólo a nivel de micro y macro-estructuras lógico semánticas y/o temáticas sino en el *volumen* que articulan las distintas *voces*.

En "Barcarola" hay una doble voz, lo cual quiere decir que el sistema del hablante se estructura a dos niveles diferentes: en los períodos estróficos 1, 4, 5, 6 (los que corresponden a los enunciados en subjuntivo) el hablante es un *yo* que se dirige explícitamente a un *tú*. En el período estrófico 7, cambia la modalidad del subjuntivo al indicativo (*sopla*). Por otra parte, en los períodos estróficos 2, 3 y 8 (en indicativo) el narrador se desplaza para narrar lo que el *tú* en 1, 4, 5 y 6 invoca. Este narrador informa sobre los hechos ocurridos ("el mar reparte el sonido del corazón", ". . .suena el corazón como un caracol agrio", etc.). Como analogía, tal organización puede verse como las descripciones que acompañan (interrumpen, amplían) el diálogo o el monólogo en discursos narrativos. En el caso del diálogo, éste organiza su propia coherencia. En el caso de las descripciones éstas, como acto de habla, suministran informaciones con respecto a la situación (ficticia) del diálogo. Las dos modalidades (dialógica e informativo/descriptiva) articulan (coheren) el discurso a nivel de las modalidades del acto de habla: la complicación de la relación narrador-narratario que se multiplica en narradores-narratarios: el narrador y el narratario difieren en la estrofa 1 y en la estrofa 2, por ejemplo. Estas modalidades pueden ser sugeridas, para el caso de "Barcarola":

a) A emite un acto ilocutorio ("illocutionary act")[27] de deseo ("si soplaras. . .") dirigido a B.

b)   A emite un acto ilocutorio de orden ("sopla con furia...") dirigido a B.

c)   C emite un acto ilocutorio asertivo ("El mar reparte..." "su
caracol de sombra circula...") dirigido a D.

En ciertas novelas narradas en tercera persona es posible que el narrador suponga como narratario al lector: "como recordará el lector..." son muletillas que indican este tipo de estructura. Sin duda
que este "lector" es una semantización del narratario y no ciertamen-
te el lector real. La importancia de este hecho es que, en la producción
del discurso, suponer un lector es suponer que el destinatario (narratario) no conoce la situación/acontecimientos que se están narran-
do y—en consecuencia—permite la inserción de información redundante para que "la acción se entienda". En la literatura contemporánea esta situación cambia: la importancia de un comienzo de novela
como el de *Volverás a Región* ("Es cierto, el viajero que saliendo de
Región...") presupone un narratario, al cual se dirige la aserción "es
cierto", que tiene más informaciones que el lector: el narrador, al dirigirse a tal destinatario omite una serie de informaciones que el lector no conoce y que debe inferir a medida que la lectura progresa. Lo
mismo es válido, en *Volverás...* cuando, en la segunda parte de la novela, dialogan la mujer y el doctor: la situación de narrador y narratario cambia del uno al otro; la situación ficticia es que tanto el uno
como el otro tienen un pasado en común al cual se refieren sin demasiadas explicaciones informativas. La coherencia, tanto en la producción del discurso (por parte del autor) como en la decodificación (por
parte del lector), juega en relación a las diferencias en el sistema del
hablante de la situación ficticia que es la comunicación literaria.

Supongamos, con la intención de aclarar el párrafo precedente, un
acto de narración simple:

d)   A (narrador) narra un conjunto de acontecimientos E (e_1...
e_n)

e)   B (narratario) percibe tal conjunto E (e'_1...e'_n)

A partir de estos elementos varias posibilidades aparecen:

f)   que el narratario no se explicite en la narración y el lector su-

287

ponga que alguien recibe el conjunto de acontecimientos E, narrados por A, (primera parte de *Volverás*. . .por ejemplo; la mayoría de las novelas narradas en tercera persona; primer período estrófico de "Barcarola");

g) que el narratario sea textualizado (aparezca en la superficie del discurso) y manifieste sus reacciones ante los acontecimientos narrados por A (segunda parte de *Volverás*. . .); con la posibilidad de que B asuma el rol de A (en *Volverás*. . .la alternancia de narrador y narratario que asumen la mujer y el doctor).

Dado que los agentes de una narración no son "personas", a las cuales el lector pueda pensar "emotivamente" como el observador externo de una situación real, la coherencia del discurso será posible de establecer en la medida en que el procesamiento de información suministrado por el discurso sea articulado en las diversas posibilidades de articulación del sistema del hablante. En la otra punta del espectro, el de la producción del discurso, el sistema del hablante guiará en gran medida el tipo de información y las modalidades en la inserción de enunciados. Un ejemplo claro de esta hipótesis son las dos modalidades apuntadas en "Barcarola": a) - c). De esta manera cuando resumimos, de manera intuitiva, el sistema de ideas (o de temas) de una obra literaria, estamos hablando de una estructura abstracta de composición (sistema del hablante) que organiza y cohere la distribución de enunciados en la superficie del discurso (B. Uspensky, 1973:8)

V.- *Inferencias pragmático-contextuales y coherencia.*
En el nivel de las inferencias pragmático-contextuales hay obviamente un emisor (autor) y un receptor (lector). Aunque ambos no corresponden en una misma situación de comunicación, como en la comunicación oral, el emisor opera asumiendo una serie de presupuestos como: a) que el lector conoce la lengua en la cual está escribiendo; b) el lector conoce un sistema de normas sobre el cual opera la comunicación literaria; c) el lector tiene algún "conocimiento del mundo" (así, por ejemplo, gran parte de la construcción de "Biografía de Tadeo Isidoro Cruz"—J.L. Borges—presupone conocimientos de la historia argentina). El problema se complica a este nivel puesto que el establecimiento de lazos conectivos (y cohesivos) de un discurso pueden operar al nivel connotativo (en relación al "conocimiento del

mundo") y diferir sensiblemente entre el autor y el lector. Problema que se plantea de manera totalmente distinta al de las inferencias lingüísticas y literarias basadas sobre las posibilidades de una lengua (sistema del hablante) y que son comunes al narrador y al narratario. Mis observaciones, en este último párrafo, estarán centradas en el proceso de la lectura tratando de poner de relieve algunos de los aspectos que juegan en la atribución de coherencia a nivel de las inferencias pragmático-contextuales.

En la lectura que A. Alonso (1940) hace de "Barcarola" observa lo siguiente:

> "Hay que percibir el papel estructural que tiene en esta serie de imágenes la comparación austera del verso 40, "sonaría como la muerte", verso que se desentiende de los elementos imaginativos de la serie, pero en el que todas ellas hacen resonar fortíssimo y desnudamente su significación sentimental" (p. 155)

El "papel estructural" alude, a mi entender, a la conexión de este verso con la totalidad del poema; a pesar de que el verso se desentienda "de los elementos imaginativos de la serie". Es decir, en apariencia desconectado, desconexión que sugeriría un problema de incoherencia. Tal apariencia es sólo apariencia y—para Alonso—el verso se conecta no a nivel semántico sino a nivel de la "significación sentimental". Y Alonso concluye:

> "Los elementos imaginativos de todas ellas (series) se juntan y refuerzan genialmente en la escalofriante imagen final: el movimiento intermitente del ígneo aleteo y las negras sílabas del pulso, las incesantes aguas rojas y el lamento del tubo en donde llama el llanto de la muerte, han dado conjuntamente el desangrarse a borbotones en medio del mayor espanto" (p. 155)

La primera constatación de Alonso (el verso se desentiende de los elementos de la serie) es una inferencia de orden lingüístico-semántico. La segunda (los elementos imaginativos se juntan y refuerzan en la escalofriante imagen final) es una inferencia que deriva del "conocimiento del mundo" (pragmático-contextual). Esta se manifiesta en la paráfrasis de los versos, articulada en la adjetivación desmesurada: "genialmente", "escalofriante", "mayor espanto", etc. Alonso pasa por alto que la conexión de los versos que él parafrasea se conectan a nivel fonético, formando una isotopía de sonidos:

    i) sonaría como la muer*t*e
        llamaría como un tubo lleno de vien*t*o o llan*t*o,
        o una botella echando espanto a borbo*t*ones.

Sobre la realización del fonema / *t* / se articula la conexión que se desliza, en los dos últimos versos, sobre la realización del fonema /ll/ (*ll*amaría, *ll*eno, *ll*anto, bote*ll*a) y sobre el fonema /b/ (tu*b*o, *v*iento, *b*otella, *b*orbotones). Alonso pasa por alto esta articulación puesto que, según su hipótesis estilística[28], las manifestaciones discursivas son manifestaciones o indicios de la estructura afectiva. En la medida en que tal estructura afectiva no está articulada teóricamente, queda a nivel de una hipótesis intuitiva que permite inferencias en relación al conocimiento del mundo del investigador. En el análisis de "Arte Poética" (*Residencia en la tierra*, P. Neruda), Alonso explica la coherencia en relación al "foco de erupción":

> A este punto queríamos llegar: las imágenes del camarero humillado, de la campana un poco ronca, del espejo viejo y del olor de casa sola, que en este poema forman serie, son *objetivamente inconexas*; pero tienen en la raíz de cada construcción—en el intencional maridaje de cada sustantivo con su adjetivo orientador—el punto de convergencia: el estado emocional que busca expresarse y de cuyo seno saltan eruptivamente las imágenes: *sólo hay coherencia entre ellas si nos situamos en el foco de erupción* (p. 56-57, cursiva agregada).

Nuevamente, la hipótesis de la coherencia emotiva no le permite ver que "objetivamente" tales imágenes no son inconexas:

ii)   y en una cáscara de extensión fija y profunda
      como un camarero humillado, como una campana ronca,
      como un espejo viejo, como un olor de casa sola.

a) se conectan por la isotopía de sonidos: /k/ (*c*áscara, *c*amarero, ron*c*a, *c*asa; /f/ (*f*ija) que se conecta con los versos anteriores (*f*unesto, *f*rente, *f*iebre, *f*ría) y que al incorporar en una misma palabra /f/ y /j/, permite la articulación de la primera parte del poema con la segunda (espe*j*o, vie*j*o).

b) además de las conexiones fonéticas, que cuestionan la hipótesis de Alonso, lo "objetivamente inconexo" podría también plantearse mediante un tratamiento sistemático de la connotación[29].

Consideremos aún dos ejemplos:

iii) los relámpagos cubrirían tus trenzas
iv) la lluvia entraría por tus ojos.

Aunque ambos enunciados sean difíciles de imaginar en un "mundo actual", son aceptados como "mundo posible literario". Ambos no violan extremadamente (graduación) el sistema taxonómico de la lengua: "la luz cubriría tus trenzas" sería un enunciado inmediatamente aceptable; de igual manera "la lluvia entraría por la ventana".

No es mi intención proseguir aquí este tipo de análisis. Lo que quiero señalar es que este tipo de inferencias son de tipo lingüístico-discursivo. Ahora bien, qué es lo que autoriza a inferir que en estos versos ·(período estrófico 5 de "Barcarola"), la "mujer es contemplada en un escenario grandioso de tormentosa naturaleza" (Alonso, 1940:159). Tales inferencias son contextuales y provienen de un "conocimiento del mundo": *relámpago* y *lluvia* interpretados como *tormentosa naturaleza.*

Estas informaciones contextuales constituyen una gran parte de las inferencias que sostienen la interpretación literaria. Aunque no toda información esté al "alcance de la mano" como aquella que permite derivar *tormentosa naturaleza* de *relámpago* y *lluvia* y *mujer* de *trenza* y *ojos* (lo cual podría ser visto también en relación a las figuras del discurso), la interpretación mediante el conocimiento del mundo no se detiene aquí y tiene recurso al almacenaje (*storage*) de información en la memoria colectiva (bibliotecas). Así, por ejemplo, para interpretar de manera coherente los versos siguientes:

v) El jaguar tocaba las hojas
   con su ausencia fosforecente
   el puma corre en el ramaje
   como el fuego devorador
           (*Canto General,* I, Pablo Neruda)

es posible buscar la información necesaria en los estudios "mitológicos" y especificar cuál es la función del jaguar en las diversas mitologías y elegir de entre ellas la más adecuada en función del verso (J. Villegas, 1971; 145). La intuición de una simbiosis entre mujer y naturaleza, señalada más arriba, en una ocurrencia concreta ("Barcarola") puede, además, ser vista no sólo en relación a una codificación cultural al alcance de la mano, sino reforzada por la constatación (estadísticamente cuantitativa) de ocurrencias semejantes en otras obras del mismo autor. Así es posible comprobar, por ejemplo, que en la poesía de Neruda "la mujer se inviste de todas las propiedades telúricas, depara los mismos gozos que los frutos terrestres. . .su cuerpo tiene colinas como la geología. . ." (S. Yurkievich, 1973: 183-4).

Como ya dije antes, en el nivel de las informaciones pragmático-contextuales que permiten inferir momentos de coherencia, hay obviamente un emisor (autor) y un receptor (lector) y un mensaje. Esta analogía con la estructura de la comunicación oral difiere sensible-

Algunos aspectos de la coherencia

mente del hecho literario: los receptores no son uno sino varios, autor y lector no están involucrados en un mismo contexto situacional (un enunciado como "Esto que ves aquí" tendría sentido en la comunicación narrador-narratario pero no en la comunicación autor-lector). Lo que se sigue de este hecho es que en las inferencias interpretativas que derivan de un conocimiento del mundo, varias posibilidades existen:

a)   que la lectura no se corresponda con las "intenciones" del autor debido a mundos distintos;

b)   que el lector no tenga suficiente información contextual y no pueda atribuir un sentido al discurso. En este caso el discurso le resultará incoherente;

c)   que el lector tenga mayor conocimiento que el autor y atribuya al texto una serie de sentidos que no fueron intentados por el autor [lo cual es una variante de a)].

Estas observaciones nos permiten ya sugerir una posible vía de elaboración del problema:

d)   La percepción de un mensaje M provoca, en el lector L, un determinado estado E_i en tanto que L asume que M pertenece a un conjunto determinado de mensajes M' (literarios, por ejemplo). La descripción estructural de M (asignación de niveles de coherencia) operará asumiendo que sólo aquellos sistemas que siguen ciertas reglas R producirán mensajes del tipo M y M'.

En la especificación de R es donde se pueden localizar los diversos niveles en la atribución de la coherencia. El estado E_i puede ser descompuesto en dos instancias: en primer lugar por la aceptación de un tipo de mensajes M' como literarios al cual pertenece un mensaje específico M. M debe estar articulado de tal manera que E_i pueda ser provocado en L. En el caso que interesa en este párrafo, L apelará al conocimiento del mundo para atribuir coherencia al mensaje M de acuerdo a su "vivencia" del estado E_i. Las interpretaciones (y el modo en el cual se reconstruye la coherencia del discurso) variarán según la racionalización de tales "vivencias": así para A. Alonso, que asume las reglas R como la fuerza emotiva del mensaje poético, encuentra que en "El fantasma del buque de carga" (*Residencia en la tierra,* P.

Neruda), "el sentimiento provoca la actividad de la fantasía y la fantasía estructura al sentimiento" (1940:58). Para F. Schopf que adopta una posición marxista, "la experiencia contenida en el poema expresa así, en varios niveles, una serie de contradicciones no resueltas. . ."; la explicación de estas contradicciones deben ser puestas en relación con la totalidad del libro y "con el complejo de relaciones históricas, ideológicas, políticas y económicas en que este poema surge y se constituye en un producto cuyo sentido tiene un origen y un propósito extraliterario" (1971:127).[30]

VI.- *Conclusión*

En el procesamiento de un discurso (producción y recepción) el sistema de la lengua impone sus exigencias en ambos lados del espectro: emisión-recepción. Además de estas inferencias, en la recepción es posible establecer conclusiones, derivadas de un "conocimiento del mundo" con el fin de establecer las conexiones no expresadas explícitamente (Bellert, 1970:361). Es la hipótesis que articula tales inferencias la que impone las marcas de la praxis teórica, aludidas en la introducción de este artículo. Mi hipótesis asume la utilidad, en la teoría del discurso literario, del concepto de coherencia. Para explicitar la dimensión de su inscripción epistemológica quiero terminar resumiendo algunas de las consecuencias que se derivan de mi análisis anterior, así como aquellos presupuestos que lo guiaron:

a) mis observaciones sobre el concepto de coherencia apuntaron a dos niveles: 1) los recursos lingüísticos-discursivos sobre los cuales se articula todo discurso literario; y 2) las condiciones bajo las cuales es posible realizar inferencias a partir de un conocimiento del mundo y de presupuestos, implícitos o explícitos, que rigen la interpretación. Este segundo aspecto conduce a una discusión de los presupuestos epistemológicos de las condiciones de lectura, que no proseguiré aquí;

b) con respecto a a1), los recursos lingüístico-discursivos requieren también ciertas condiciones apropiadas para la emisión de determinados tipos discursivos. Los mecanismos conectivos analizados con anterioridad presuponen un contexto de aceptación y de reconocimiento: una novela como *Volverás. . .* queda fuera de las condiciones existentes, por ejemplo, en 1890. Lo cual se manifiesta en la no existencia de tal tipo de discurso en esa fecha o, la posibilidad, de haber existido, no hubiera podido ser procesado (no formar parte de la historia literaria, por ejemplo). Estas condiciones pueden resumirse como sigue:

b$_1$) El emisor (autor) al proponer tales o cuales tipos de articulaciones discursivas sabe (cree, conoce) que el receptor sabe (cree, conoce) que en un *posible contexto literario*$_i$ es *apropiado* establecer un tipo de conexiones lingüístico-discursivas que no serían apropiadas en un *posible texto literario*$_{i-1}$.[31]

c)   de a$_2$) se deriva que la aceptación de un discurso como coherente depende, en gran medida, de *estructuras cognitivas*.[32] La percepción discursiva no se basa sólo en lo que vemos (leemos) sino en un marco de referencia que, en tanto proceso re-cognitivo del discurso, depende de la memoria. La elección—en la producción—de un tipo x o de un tipo y de estructura discursiva opera en relación a la acumulación de información relativa a un "contexto posible". Es conveniente entonces pensar en una extensión b$_1$) y considerar en el tratamiento del problema, que

c$_1$) En un *posible contexto literario*$_i$ el tipo de articulaciones discursivas en un mensaje será percibido (y aceptado como coherente) en relación a un *posible contexto literario*$_{i-1}$ en el cual han sido ya codificadas (y acumuladas) determinadas reglas de articulación discursiva (la novela moderna en relación a la novela del XIX, por ejemplo).

De esta manera, el concepto de coherencia me parece útil para focalizar una serie de problemas en la estructura de la teoría literaria. Este no presupone categorías evaluativas (una obra es "mejor" que otra porque es "más" coherente) sino el lugar de localización de indicios que dan paso a la descripción—y eventualmente explicación—de la competencia gramatical (discursiva) y comunicativa (pragmática) del emisor-receptor. En este sentido, lo que focaliza el concepto de coherencia no es la estructura de tal o cual texto, sino aspectos de orden general que conciernen al procesamiento de textos. De ahí su relevancia en la teoría del discurso literario. Como tal, el concepto puede ser tratado de manera estrictamente formal (J.M. Lipski, 1974; Z. Saloni and A. Trybulec, 1974). El alcance empírico del concepto de coherencia en relación a discursos reconocidos como literarios, requiere (si aceptamos que el calificativo literario es de orden cultural y no estrictamente lingüístico) un corpus de observaciones en base al cual modelos de un alcance más general puedan ser descritos. Con respecto a este punto, la semiología sigue ofreciendo modelos constitutivos que pueden ser precisados mediante los lenguajes formales.

UNIVERSITY OF MICHIGAN

Notas

[1]Lo cual sugiere que la ideología no es un discurso (o no se manifiesta como discurso) distinto al discurso científico, sino que es un *programa:* un sistema de reglas semánticas para generar mensajes: E. Verón (1971); W. Mignolo (1975a).

[2]El estudio de las reglas normativas en la actividad lingüística, ofrece un modelo serio para reformular el concepto de "normas de un período", por ejemplo, planteado en los estudios literarios tradicionales de manera intuitiva. Es posible suponer que las "normas literarias" y el concepto mismo de literatura son problemas de socialización de normas. Algunas sugerencias para el problema en lingüística: A. Cicourel (1974), B. Bernstein (1972).

[3]R. Jakobson (1966); R. Th. Christiansen (1958).

[4]Para un tratamiento formal en la gramática textual, ver el volumen recopilado por J. Pëtofi and H. Reiser (ed) (1973); también T. van Dijk (1973).

[5]Algunos ejemplos, entre muchos, R. Jakobson et C. Lévi -Strauss (1962); J. McH. Sinclair (1966).

[6]Tal transposición se realiza ya en el formalismo ruso, J. Tynianov, R. Jakobson (1928) en T. Todorov (ed) (1966); es retomada en R. Jakobson (1960) y también por R. Barthes (1967) y T. Todorov (1973).

[7]Uno de los primeros trabajos que intenta derivar una poética a partir de N. Chomsky (1965) se lo encuentra en M. Bierwisch (1965). Una derivación de la poética a partir de las aperturas ofrecidas por la semántica generativa (Steinberg and Jakobovitz, 1971) y de la gramática textual, en T. van Dijk (1972).

[8]Desarrollado en W. Mignolo (1973).

[9]Con respecto al primer punto, ver nota 2. Con respecto al segundo, es necesario considerar qué tipo de acto de habla es el discurso literario. Algunas sugerencias en R. Ohmann (1969, 1971) a partir de las propuestas de J.L. Austin (1969) y J. Searle (1969).

[10]Una fundamentación lógica en G.A. Sanders (1969).

[11]No consideraré aquí este aspecto, ya tratado en otra parte (Mignolo, 1974).

[12]K. Bühler (1934).

[13]Ver, sobre las condiciones del comienzo del discurso, G.L. Delisle (1973); problemas semejantes con respecto a la estructura del diálogo Th.P. Klammer (1973).

[14]Además del trabajo de Bellert, otras propuestas para formalizar diversos aspectos de las conexiones y la coherencia en H. Hiz (1969); J.M. Lipski (1974); Z. Saloni

Algunos aspectos de la coherencia

and A. Trybulec (1974).

[15]M.A.K. Halliday (1962, 1970); Th.H. Crowell (1973); J. Whetley (1973).

[16]Sobre las estructuras temporales en lengua y literatura H. Weinrich (1964); W.J. M. Bronzwaer (1970); una discusión epistemológica en W.K. Köch (1973).

[17]Un extenso resumen de las relaciones entre conectivas gramaticales y lógicas en T. van Dijk (1973).

[18]Un desarrollo interesante de este ejemplo en T.G. Bever and R. Ross (1967).

[19]El ejemplo es extraído de D. Alonso y C. Bousoño (1970:233) y pertenece al *Cancionero Apócrifo* de A. Machado.

[20]R. Jakobson (1966); F. Kramer (1970) ofrecen algunos buenos ejemplos.

[21]T. Todorov (1971) ofrece un resumen de las posibles articulaciones entre significante y significado que bien pueden ser extendidos en el análisis de la coherencia. Sugiere cuatro posibilidades: a) similaridad de sentido (significado); b) similaridad de palabras (significante); c) contigüidad de palabras (significante) y d) contigüidad de sentido. En cuanto a las nociones de *tema* y *comentario*, lo tomo en un sentido general e intuitivo: el tema siendo el tópico del enunciado precedente y comentario lo dicho sobre el tópico. Un tratamiento más específico de la noción de *tema* en G. Lakoff (1971).

[22]Por ejemplo *Paradiso* de Lezama Lima o *Histoire* de Claude Simon.

[23]Sigo a grandes rasgos el análisis presuposicional del subjuntivo en español en M. Goldin (1974) y M.L. Rivero (1971).

[24]Esta conclusión está ya contenida, básicamente, en A. Alonso (1940:150ss). La diferencia reside en el tratamiento "emotivo" que da Alonso a la isotopía.

[25]El tema es conocido y la bibliografía vasta. Valga recordar el trabajo-resumen de N. Friedman (1955) y, más recientemente, G. Genette (1972) y B. Uspensky (1973).

[26]Introducido en G. Genette (1972). Ver también G. Prince (1973).

[27]Una misma proposición puede ser manifestada de diferentes maneras. Así "¿Juan quitará el cuarto?"; "Juan quitará el cuarto"; "¡Juan quitará el cuarto!", son diversos actos ilocutorios: el primero es una pregunta, el segundo una aserción; el tercero una orden. J.R. Searle (1971:42).

[28]Expresada especialmente en A. Alonso (1965a y 1965b) y derivada de su concepción de la ciencia del lenguaje (1963).

[29]Examinada críticamente en U. Eco (1974), a partir de la semántica interpretativa de J. Katz (1972).

[30]Algunas sugerencias para precisar esta formulación pueden encontrarse en L. Apostel (1971) y, para el caso de los estudios literarios, en T. van Dijk (1975).

[31]Este aspecto, que toca a los cambios literarios, es más desarrollado en W. Mignolo (1975b).

[32]Pienso, específicamente, en el planteo de la psicología cognitiva en U. Neisser (1967).

Bibliografía

Alonso, A.
1940   *Poesía y estilo de Pablo Neruda*, Buenos Aires: Losada.

Walter Mignolo

1963   "Introducción" a K. Vossler, *Filosofía del lenguaje*, Buenos Aires: Losada.
1965a   "La interpretación estilística de los textos literarios", en *Materia y forma en poesía*, Madrid: Gredos, 87-107.
1965b   "Carta a Alfonso Reyes sobre la estilística" en *Materia y forma. . .*, 78-86.
Alonso, D. y Bousoño, C.
1970   *Seis calas en la expresión poética española*, Madrid: Gredos.
Apostel, L.
1971   "Further Remarks on the Pragmatics of Natural Languages" in Y. Bar-Hillel (ed.), *Pragmatics of Natural Languages*, Holland: Reidel, 1-34.
Austin, J.L.
1969   *How to do Things with Words*, Oxford: Oxford University Press.
Barthes, R.
1967   *Critique et vérité*, Paris: Editions du Seuil.
Bellert, I.
1970   "On the Conditions of the Coherence of Texts", *Semiotica*, II/4, 335-363.
Bernstein, B.
1972   "Social Class, Language and Socialization", in P.P. Giglioli (ed.), *Language and Social Context*, Baltimore: Penguin Books Ltd., 157-178.
Bever, T.G. and Ross, R.
1967   "Underlying Structures in Discourse", Indiana Linguistic Club, (mimeo).
Bierwisch, M.
1965   "Poetics and Linguistics", in R. Freeman (ed.), *Linguistics and Literary Style*, New York: Holt, Rinehart and Winston, 1970.
Bronzwaer, W.J.M.
1970   *Tense in the Novel*, The Netherlands: Wolters-Noordhoff.
Bühler, K.
1934   *Filosofía del lenguaje* (tr. española de J. Marías) Madrid: Gredos, 1951.
Chomsky, N.
1965   *Aspects of the Theory of Syntax*, Cambridge: M.I.T.
Christiansen, R.Th.
1958   "Myth, Metaphor and Simile" in Th. A. Sebeok (ed.), *Myth: A Symposium*, Bloomington: Indiana University Press, 64-80.
Cicourel, A.
1974   "Generative Semantics and the Structure of Social Interaction", in *Cognitive Sociology*, New York: The Free Press, 74-98.
Crowell, Th.H.
1973   "Cohesion in Bororo Discourse", *Linguistics* 104, 15-27.
Delisle, G.L.
1973   "Discourse and Backward Pronominalization", Bloomington: Indiana Linguistic Club (mimeo).
Dijk, T. van
1972   *Some Aspects of Text Grammars*, Holland: Mouton.
1973   "Connectives in Text Grammar and Text Logic", University of Amsterdam (mimeo).
1975   "Pragmatics and Poetics" (por aparecer), *Poetics*.
Eco, U.
1974   "Is the Present King of France a Bachelor," *Versus*, 7, 1-53.

Algunos aspectos de la coherencia

Friedman, N.
1955   "Point of View in Fiction, The Development of a Critical Concept", *PMLA*
         70: 1160-1184.
Genette, G.
1972   *Figures III*, Paris: Editions du Seuil.
Goldin, M.
1974   "A Psychological Perspective of the Spanish Subjunctive", *Hispania*, Vol.
         57, 295-301.
Halliday, M.A.K.
1962   "Descriptive Linguistics in Literary Studies", in *Patterns of Language*,
         London: Longmans.
1970   "Language Structure and Language Function", in J. Lyons (ed.) *New Hori-
         zons in Linguistics*, Baltimore: Penguin, 140-165.
Hiz, H.
1969   "Referentials", *Semiotica*, 1/2, 136-166.
Jakobson, R.
1960   "Linguistics and Poetics", in Th.A. Sebeok (ed.), *Style in Language*, Cam-
         bridge: M.I.T., 350-377.
1966   "Grammatical Parallelism and its Russian Facets", *Language*, XLII, 2,
         399-429.
Jakobson, R. et J. Tynianov
1928   "Les problèmes des études littéraires et linguistiques", en T. Todorov (ed.),
         Théorie de la littérature, Paris: Editions du Seuil (1966), 138-142.
Jakobson, R. et Lévi-Strauss, C.
1962   *"Les Chats* de Charles Baudelaire", *L'Homme*, II, 5-21.
Katz, J.
1972   *Semantic Theory*, New York: Harper and Row.
Klammer, Th.P.
1973   "Foundations for a Theory of Dialogue Structure", *Poetics*, 27-64.
Kramer, F.
1970   *Literature among the Cuna Indians*, Goteborgs: Etnografiska Museum.
Köch, W.K.
1973   "Time and Text: Towards an Adequate Heuristic Theory", in J. Pětofi and
         H. Rieser (véase Pětofi, J.), 113-204.
Lakoff, G.
1971   "On Generative Semantics", in Steinberg, D.D. and Jakobovitz, L.A. (eds.),
         Semantics, New York: Columbia University Press, 232-296.
Lipski, J.M.
1974   "A Topology of Semantic Dependence", *Semiotica,* 12/2, 144-170.
Mignolo, W.
1973   "La noción de competencia en poética", *Cuadernos Hispanoamericanos*,
         (por aparecer).
1974   "Sobre la ambigüedad y la coherencia del texto literario: *Todos los fuegos
         el fuego*" (por aparecer).
1975a   "Who/killed, assassinated, murdered/Rosendo?: Ideology in the Organiza-
         tion of the Message", ponencia presentada en el coloquio *Literatura y Re-
         volución (Literature and Revolution)* organizado por The University of
         Louisville, Feb-March 1975.
1975b   "La poétique et les changements littéraries" en *Etudes Littéraires,* Université

de Laval, Août.

Neisser, U.
1967   *Cognitive Psychology*, New York: Appleton-Century-Crofts.

Ohmann, R.
1969   "Speech, Action and Style", in S. Chatman (ed.), *Literary Styles: A Symposium*, London: Oxford University Press, 1971, 241-259.
1971   "Speech Acts and the Definition of Literature", *Philosophy and Rhetoric*, Winter, 1, 1-19.

Pëtoffi, J. and Rieser, H. (eds.)
1973   *Studies in Text Grammar*, Holland: Reidel.

Prince, G.
1973   "Introduction à l'étude du narrataire", *Poétique*, 14, 178-196.

Rivero, A.M.
1971   "Mood and Presupposition in Spanish", *Foundations of Language*, 7, 305-336.

Saloni, Z. and Trybulec, A.
1974   "Coherence of a Text and its Topology", *Semiotica*, 11/2, 101-108.

Sanders, G.A.
1969   "On the Natural Domain of Grammar", Indiana Linguistic Club (mimeo).

Searle, J.
1969   *Speech Acts*, Cambridge: Cambridge University Press.
1971   "What is a Speech Act" in J. Searle (ed.), *The Philosophy of Language*, Oxford: Oxford University Press, 39-53.

Schopf, F.
1971   "Análisis de *El Fantasma del Buque de Carga*", *Anales de la Universidad de Chile*, No. 157-160, 117-127.

Steinberg, D.D. and Jakobovits, L.A.
1971   *Semantics: An Interdisciplinary Reader*, New York: Cambridge University Press.

Todorov, T.
1971   "Meaning in Literature", *Poetics*, 1, 8-15.
1973   *Poétique*, Paris: Editions du Seuil.

Uspensky, B.
1973   *A Poetics of Composition* (translated from the Russian by V. Zavarin and S. Wittig), Berkeley: The University of California Press.

Veron, E.
1971   "Ideology and Social Sciences: A Communicational Approach", *Semiotica*, III, 1, 59-76.

Villegas, J.
1971   "Héroes y antihéroes en el *Canto General*", *Anales de la Universidad de Chile*, No. 157-160; p. 139-152.

Weinrich, H.
1964   *"Tempus"*, Stuttgart: Verlag (traducción española en editorial Gredos).

Wheatley, J.
1973   "Pronouns and Nominal Elements in Bacairi Discourse", *Linguistics*, 104, 105-115.

Yurkievich, S.
1973   *Fundadores de la nueva poesía latinoamericana*, Barcelona: Barral.

NARRATIVA ESPAÑOLA:
PARA UNA CRITICA
INTER-ESTRUCTURAL

Ramón Buckley

> Como consecuencia natural de la dualidad onda-partícula
> en un electrón, existe siempre una incertidumbre en la espe-
> cificación simultánea de su posición y de su velocidad.
> (Mecánica Cuántica, Principio de Heisemberg)

Si tuviera que resumir brevemente la trayectoria de la crítica literaria española en los últimos veinticinco años, me limitaría a señalar
dos corrientes de opinión. En una de ellas incluiría a aquellos escritores que estudian el fenómeno literario a partir del fenómeno social.
Situaría en esta línea tanto a aquellos que parten (o partían) de posiciones marxistas (José María Castellet, *Veinte años de poesía española*, 1960; Alfonso Sastre, *Anatomía del realismo*, 1965), como a los
que parten de posiciones liberales (Andrés Amorós, *Vida y literatura*,
1973; José-Carlos Mainer, *Falange y literatura*, 1971); tanto a los que
contemplan la realidad española con cierta perspectiva desde allende
nuestras fronteras (Gonzalo Sobejano, *Novela española de nuestro
tiempo,* 1970; Pablo Gil Casado, *La novela social en España,* 1968),
como a los que la contemplan con la inmediatez de una óptica socio-
política (Fernando Morán, *Novela y semi-desarrollo,* 1971; Valeria-
no Bozal, *El realismo entre el desarrollo y el sub-desarrollo*, 1966).
La disparidad de nombres e incluso de tendencias es sólo aparente.
Todos ellos presuponen que la literatura, y concretamente la novela,
está en función de una dinámica histórico-social y que la única forma
de acceder a ella es a partir del conocimiento de la sociedad que la

concibe. De la vieja teoría de la obra literaria entendida como obra personal gestada por una conciencia individual, se pasa a la concepción de la literatura como fenómeno social. El autor pierde su protagonismo y pasa a ser mero intérprete de la sociedad en la que vive. Nace así, como digo, una manera de entender el fenómeno literario que perdura hasta nuestros días.

Paralelamente a esta tendencia surge en España otra corriente que ha ocupado (o quizás sería mejor decir, que ha copado) la atención de los jóvenes críticos en los últimos años. De la mano de Roland Barthes, de Tzvetan Todorov o del mismísimo Lévi-Strauss, estos críticos han adoptado métodos totalmente estructuralistas. Entienden ellos que la literatura ha de considerarse como fenómeno autosuficiente, desligado tanto de su autor como de la sociedad en que se concibe. Para llegar a su conocimiento no hace falta, por tanto, recurrir a factores extra-literarios: ella misma proporciona las claves para su conocimiento: ". . .la literatura. . ." nos dice Todorov, "nos descubre así su secreto, que es su ley primera: este secreto es que ella es su propio objeto esencial: la literatura *es* la literatura".[1] Me atrevería a decir que buena parte de la crítica española actual aprobaría este purismo a ultranza que supone el estructuralismo de Todorov. De cualquier modo, es innegable la desbordante actividad de los investigadores estructuralistas españoles en los últimos cuatro o cinco años. Véase si no la enciclopédica actividad desplegada por algunos de estos críticos en torno a la novela; especialmente Francisco Ayala, *Estructuras de la novela* (1970), Cándido Pérez Gallego, *Morfonovelística* (1973), Antonio Prieto, *Morfología de la novela* (1975), Baquero Goyanes, *Estructuras de la novela* (1970). O la aplicación del método estructuralista a nuestro pasado literario, como hacen Armando Durán *Estructuras y técnicas de la novela caballeresca y sentimental* (1973), o Benito Varela, *Estructuras novelísticas del siglo XIX* (1974). Curiosamente, la preocupación formalista en España arranca de mucho antes y es de todo punto imprescindible recordar la magistral obra de Carlos Bousoño *Teoría de la expresión poética* publicada en 1952. Desgraciadamente, la preocupación formalista de Bousoño no tuvo eco entre nuestros investigadores, que también por aquel entonces descuidaban el magisterio de críticos anglosajones como I.A. Richards o Northrop Frye. Y así nos cogió totalmente desprovistos de cualquier preparación, así como de cualquier defensa, el sarampión estructuralista procedente de Francia que arribó a nuestras tierras al finalizar la última década. No es de extrañar, por tanto, la virulencia de la epidemia en España como tampoco la intransigencia de las posturas adoptadas. Entre nosotros, desde luego, el estructuralismo no ha conseguido librarse de sus ya proverbiales limitaciones, que Marcello Pagnini resume de la siguiente forma: . . . "se entiende por estructuralismo el estudio sincrónico de una composición literaria en sí misma, o a lo sumo, dentro del sistema literario de su autor".[2]

La crítica literaria española actual, en sus dos corrientes más vigorosas que he apuntado, se encuentra, por tanto, en un callejón sin salida. Los críticos histórico-sociales, porque no han sabido evolucionar con los tiempos, más allá de soluciones contextuales, hacia soluciones formales. Los críticos estructuralistas, porque no han sabido superar las limitaciones de su propio método, entregándose a un narcisismo estilístico. De esta forma, nuestra crítica se halla en una situación de incertidumbre que recuerda al célebre principio establecido por Heisemberg en el campo de la física: "Cuando se conoce la velocidad de un electrón, no se conoce su posición; cuando se conoce su posición, no se conoce su velocidad".[3] Traducido a términos literarios, se enunciaría así: "Cuando se conoce una estructura, no se conoce el proceso de su formación. Cuando se conoce dicho proceso, se desconoce la estructura". En este dilema se halla la crítica española actual, y parece que no haya el más mínimo deseo, por parte de los que se han encasillado en tan irreductibles posturas, de buscar una solución.

Y, sin embargo, la solución existe. O, por lo menos, una de las posibles soluciones a tan difícil "impasse". Al hablar antes de un "sarampión estructuralista" en España, decía que este movimiento nos había tomado un poco por sorpresa, sin darnos tiempo a una meditación seria sobre el tema. El estructuralismo vino a cubrir un vacío en la interpretación formal del texto, y los críticos que nos formamos en la década de los sesenta nos lanzamos alegremente a su aventura. Creo que ha llegado el momento de revisar esta aventura, no tanto con el propósito de renunciar a ella sino con el fin de averiguar si, de todos los caminos, de todas las interpretaciones que nos ofrecía la teoría estructuralista, escojimos la mejor. Pienso que, a menudo, nos han deslumbrado soluciones radicales, como la propuesta por Todorov, y, en cambio, hemos descuidado visiones más integradoras, más comprensivas, como la que en su día nos propuso Lucien Goldmann. Quizás sea este un buen momento para recordar las enseñanzas del que fue gran humanista. Decía Goldmann que la obra literaria es la encarnación, en un todo coherente, de una serie de tendencias hacia las que se orienta, sin llegar nunca a alcanzar, un grupo social determinado. Es falso, por tanto, el planteamiento de los críticos marxistas, o incluso históricos, que suponen que la obra literaria es el simple reflejo de una conciencia colectiva. La clave de la obra literaria no reside en su contenido, como piensan estos críticos, sino en su estructura. Es preciso, por tanto, el análisis estructural de la obra literaria. Pero este análisis no puede constituir un fin en sí mismo, como parecen creer los estructuralistas a la moda. Goldmann nos recuerda que este análisis perderá su razón de ser si no se coteja con otros análisis de otras estructuras. La literatura no puede considerarse como fenómeno aislado. Su estudio debe integrarse en el estudio de las otras actividades humanas, de forma que una determinada estructura literaria sea comparable, sea homologable, para usar la terminología goldmanniana, a una determinada estructura social, económica, o política. "El realismo. . .en la novela actual. . .consiste en la creación de un mundo cuya estructura sea análoga a la estructura de la realidad social en el seno de la cual ha sido escrita".[4] De esta forma, Goldmann nos orienta hacia una crítica inter-estructural o "genética". Sin desdeñar en absoluto las teorías estructuralistas, antes bien, partiendo de ellas, Goldmann se empeña en restituir el quehacer del investigador literario a una actividad auténticamente humanística. Contempla la disciplina literaria como una actividad incorporada, e íntimamente relacionada, a un amplio espectro compuesto por las llamadas ciencias humanas. "La literatura es la literatura", reza la ya famosa tautología de Todorov. Cierto, pero de nada nos sirve su conocimiento interno si no es para contemplarlo a la luz de las otras disciplinas que tratan de la naturaleza y del quehacer del hombre.

Contemplada bajo este prisma, la actividad del investigador literario, lejos de reducirse y de ensimismarse, como parece ocurrir ahora, se ensancha y amplía hasta límites insospechados. Una vez aprendido lo que Todorov llama la "gramática de la narración", una vez conjugada una determinada estructura literaria, es preciso rescatar la obra de ese aséptico laboratorio creado por mentes estructuralistas y devolverla a su "ethos" natural. En el caso de la crítica española actual, este rescate ha de realizarse con toda urgencia. Los críticos estructuralistas nos hemos convertido en grandes especialistas de la "ciencia literaria". Hemos aprendido a reducir complejas estructuras literarias a simples fórmulas algebraicas. Hemos diseccionado la composición literaria, escrutando sus últimos secretos, pero olvidando el más elemental de todos: su cualidad vital. Si antes se necesitaba al especialista, se necesita ahora al humanista para devolver la obra al mundo al que pertenece. Este proceso de reintegración, sin embargo, es más complejo de lo que parece. Las llamadas "ciencias humanas" han alcanzado un desarrollo tal en los últimos años, que el humanista de ahora en nada se puede parecer al humanista de antes. Las líneas que siguen pretenden esquematizar las direcciones por las que podría discurrir este nuevo humanismo, ateniéndose específicamente al caso de la narrativa española contemporánea.

1. *Antropología:* ". . .el antropólogo. . .pretende ver el mundo a través de los ojos de los habitantes de un determinado lugar. . .para verlo. . .tal como lo ven ellos y saber qué significan los sucesos, fenómenos y comportamientos para ese grupo social". El antropólogo es, o puede ser, novelista de ciertas sociedades primitivas. Y es, o puede ser, también su crítico. . .". . .el análisis en profundidad de una institución, creencia, danza o ritual nos revelará el principio estructural subyacente". Este desdoblamiento de antropólogo, en narrador y crítico, de una sociedad determinada nos revela un evidente paralelismo con el fenómeno literario. ¿No existe este paralelismo entre la mitología gallega y *La saga-fuga de J.B.* (Torrente Ballester, 1972)? ¿O entre ciertos mitos vascos y *Seno* (Ramiro Pinilla, 1971)? Si el antropólogo es narrador y crítico de una sociedad primitiva, ¿no sería labor del crítico regresar a las raíces antropológicas de la obra literaria?

2. *Dialectología:* Según Manuel Alvar, un dialecto ". . .supone la plena inteligibilidad entre los individuos de una misma comunidad. . . sea cual fuere la extensión de ésta. . ."[5] ¿De qué forma se expresan nuestros narradores actuales? ¿Emplean la norma (lengua española) o los diferentes usos que de esta norma se hacen en las diferentes comunidades del país (dialectos)? Y si lo que emplean es una forma de expresión propia (ideolecto según la terminología de Alvar), ¿de qué forma se relaciona su "ideolecto" con el habla o dialecto de una determinada región? ¿No es esta relación estrechísima, en el caso concreto de Miguel Delibes, por ejemplo? Va siendo hora de que estudios como el de Badía Margarit sobre el habla de los barceloneses se relacionen directamente con el idioma empleado por los narradores catalanes que, en muchos casos, no es ni catalán ni castellano. De nuevo, se hace imprescindible la "homologación" de las estructuras lingüísticas empleadas por nuestros autores con las estructuras propias del habla popular en las diferentes regiones de España.

3. *Sociología:* Al aparecer en el panorama de la narrativa actual la novela "behaviorista" o conductista, en la que se describen los comportamientos de diversos grupos sociales, se hacía inesquivable la comparación con ciertos "patterns" o esquemas estudiados por los sociólogos en la actualidad. En el caso concreto de *El Jarama* (Sán-

chez Ferlosio, 1955) es preciso relacionar el comportamiento de la pandilla de jóvenes con el proceso denominado "dinámica de grupo".

Así, escarbando por debajo de la personalidad anodina de los diferentes miembros del grupo, que tantos críticos han censurado, hallaremos una gran riqueza de relaciones y variedad de "roles" que cada uno desempeña dentro del grupo, como pueden ser "el jefe", "el clown", "la vampiresa", "la víctima", etc. . . .Sólo a la luz de esta estructuración social adquiere la novela su verdadera dimensión trágica.

4. *Economía:* El propio Goldmann ha estudiado la relación que existe entre el proceso de "reification" o cosificación, que tan a menudo se da en el "nouveau roman" francés y la estructura económica neocapitalista: ". . .la supresión de todos aquellos rasgos que conferían importancia al individuo. . .convierten a éste en una mercancía más. . .de forma que, para un comprador o un vendedor, un hombre es un objeto más, semejante a los otros objetos. . .[6] En el caso de nuestra narrativa actual, la relación del fenómeno literario con el económico es, quizás, menos explícita, pero desde luego localizable en determinados pasajes. Recuérdese, por ejemplo, la descripción de la hija del Muecas en *Tiempo de silencio* (Martín Santos, 1962). Con refinada crueldad, el autor convierte el Cementerio del Este madrileño en una gran fábrica donde se alcanzan los límites máximos de producción "según las normas del taylorismo bedoismo. . ." y donde la seriación es tan perfecta que se dispone incluso de ". . .un coeficiente corrector basado en el respeto al dolor humano de los deudos".[7]

5. *Ciencias Políticas:* Para un estudio comparativo de estructuras políticas y literarias, hay que acudir, desde luego, a la epopeya suramericana trazada por narradores de todas las épocas. Nuestros propios narradores han contribuído a esta epopeya, desde Valle-Inclán (*Tirano Banderas,* 1926) a Francisco Ayala (*Muertes de perro,* 1958), circunscribiéndonos a épocas recientes. Un atento análisis del reciente Premio Nadal, *Culminacion de Montoya* (Gasulla, 1975), nos revelaría hasta qué punto se relaciona la estructura literaria con la estructura política, al configurar ésta (negativamente, por cierto) la evolución del protagonista.

Insisto en lo que ya he dicho con anterioridad. No se trata de que el crítico literario se convierta en antropólogo, en sociólogo o en economista. Se trata de que una estructura narrativa sea comparable, cotejable u homologable a una estructura antropológica, social o económica. La labor del crítico-humanista consistirá, por tanto, en tener un acceso directo al trabajo efectuado en estas y otras disciplinas para incorporarlas a su investigación literaria. La crítica estructural empobrece, al encerrar al investigador en un solo campo, al dirigirle hacia una única meta; la crítica inter-estructural enriquece al abrirse ante nosotros un abanico de posibilidades—y de esta forma nuestro quehacer se humaniza.

MADRID, ESPAÑA

Notas

[1]Tzvetan Todorov, *Littérature et signification*, Paris, 1967.
[2]Marcello Pagnini, *Estructura literaria y método crítico*, Madrid, 1975.
[3]Véase Jean Marie Auzias, *Estructuralismo*, Madrid, 1969.
[4]Lucien Goldmann, *Pour une sociologie du roman*, Paris, 1964.
[5]Manuel Alvar, *Estructuralismo y dialectología*, Madrid, 1970.
[6]Lucien Goldmann, *op. cit.*, pp. 288-289.
[7]Luis Martín Santos, *Tiempo de silencio*, Madrid, 1962.

APLICACION DEL ESTRUCTURALISMO GENETICO AL TEATRO DE JUAN RUIZ DE ALARCON: *LA VERDAD SOSPECHOSA* Y *EL EXAMEN DE MARIDOS*

Victorio G. Agüera

La aplicación del estructuralismo genético al teatro de Alarcón nos da unos resultados sumamente sorprendentes. Esta afirmación es cierta en relación a *La verdad sospechosa* en cuanto que descubre una interpretación de la obra que está en desacuerdo y abierta contradicción con los estudios críticos hasta ahora existentes. Con respecto a *El examen de maridos,* de la que todavía no existe ningún trabajo de interpretación, lleva a unos resultados igualmente reveladores.

El método de Lucien Goldmann se explicará en la medida y momento que se haga necesario a lo largo de esta investigación. Aunque este trabajo representa una aplicación práctica, habrá que alterar el orden deseado por Goldmann en favor de la descripción del método.[1] Conviene aquí, sin embargo, apuntar brevemente la idea central del estructuralismo genético para una sociología de la obra literaria. Dicha sociología está orientada a la comprensión del sentido de una obra. "Se trata de esclarecer la red global de las significaciones que el análisis interno pone en evidencia de la obra mediante una explicación, es decir, mediante la inserción de esta red en un conjunto significativo más amplio: el grupo social."[2] Pues bien, el grupo social en este caso no es otro que el de los hispano-hebreos en un momento histórico que se caracteriza con el término ya acuñado por Américo Castro de "edad conflictiva."

La verdad sospechosa

Para Goldmann la comprensión de una obra literaria es la puesta en claro de su estructura significativa inmanente.[3] Si la crítica sobre *La verdad sospechosa* se ha repetido en los últimos años tratando de probar la justicia poética en el castigo de don García se debe a la falta de comprensión de la estructura significativa inmanente de la obra. Así por ejemplo, John Brooks ve en *La verdad* una intención didáctica educativa y afirma que aquellos que creen que don García es castigado con excesiva severidad no comprenden que una concepción errónea de la vida tiene que ser corregida mediante amargas experiencias.[4] Más recientemente aparece un estudio de Fothergill-Payne, "La justicia poética de *La verdad sospechosa*," donde la autora afirma que la obra "como una inventiva contra los mentirosos, se nos hace difícil aceptar este desnlace trágico; cobramos cada vez más simpatía por el joven estudiante." La obra de Alarcón ni es una *comedy of errors* ni una grave condenación del vicio. "Según nosotros, —continúa Fothergill-Payne—, la obra, sin dejar de tener un propósito didáctico, contiene unas verdades más profundas, aunque encubiertas, de las que admite la interpretación tradicional. Y es que el joven e imprudente protagonista no merece un castigo sino una amonestación que le despabile y le enseñe a tener discreción y prudencia, ya que su destino es la vida de la corte."[5] Y, por último, Leonard diLillo justifica el castigo de don García afirmando que la obra tiene una resonancia social que va más allá de la simple exposición y condena del vicio de la mentira; más que mentiroso, don García es un egocéntrico y presuntuoso que no respeta las opiniones de los demás, y sus mentiras no van sólo dirigidas hacia el beneficio propio sino también contra el bienestar social.[6]

¿Qué les ha ocurrido a todos estos críticos? No comprendieron que la estructura de la obra radica en el conflicto entre don García y don Juan que tiene lugar en el planteamiento de la acción del acto primero con la llegada de don García a la corte. Si allí don Juan quedaba desplazado y marginado, el desenlace hará ver la verdad de las cosas devolviendo a don Juan el puesto que le corresponde en una perfecta justicia poética. La estructura significativa de la obra exige sencillamente un cambio de énfasis de don García a don Juan. Es verdad que la personalidad de don García es arrolladora y atractiva, tan arrolladora que sus mentiras embaucaron no sólo a los personajes del mundo imaginario de la obra sino también a los críticos de hoy. Quizá el mejor engañado sea Joaquín Casalduero para quien la estructura de la obra es sólo una serie de mentiras, para quien es inútil examinar la obra desde el punto de vista moral, para quien la conducta de don García ni por un momento repele, y que dice que "si desplazamos la acción de su refinado nivel cómico el desenlace puede parecer forzado y sin justificación." En fin, Casalduero nos inviata a reírnos con las gracias de don García y olvidarnos de la angustia de don Juan de Sosa que vive, en palabras de Castro, "desviviéndose."[7] Goldmann dice que "el investigador debe muy en primer término tratar de descubrir una estructura que rinda cuenta de casi la totalidad del texto, observando, con este propósito una regla fundamental—que los especialistas de literatura no respetan, por desgracia, sino muy raras veces—, a saber, que el investigador debe tener en cuenta todo el texto y no añadirle nada."[8] En la búsqueda de una estructura significativa que tenga en cuenta toda la acción y todo el texto de la obra deben ser andados los siguientes pasos:

1) Ha de concederse importancia al conflicto planteado entre don Juan y don García. Ello motiva toda la acción de la obra. Sólo teniendo en cuenta tal conflicto puede tener sentido el desenlace. Si don García no es premiado al final es porque él había roto un orden existente simbolizado en el compromiso de matrimonio entre Jacinta y don Juan. El desenlace no hace más que devolver a don Juan el puesto usurpado por don García.

2) El conflicto versa alrededor de Jacinta que llega a convertirse en símbolo de todo aquello a que aspira el cortesano.

3) El triunfo momentáneo de don García sobre don Juan se debe a la no limpieza de sangre de éste ya que espera un hábito militar y cuya sospechosa tardanza lleva a Jacinta a buscar un mejor partido.

4) El arma de que se vale don García es la mentira. Todas ellas (ocho, según el recuento de Casalduero) afectan a la victimación de don Juan directa o indirectamente. Tan es así, que el desenlace dirá que la humillación sufrida por don Juan se debió a la actividad de "algún pecho de envidia emponzoñado."

5) La verdad sospechosa no es la de don García sino la de don Juan. La "verdad" en singular a la que podría referirse el título de la obra sería la única que don García dijo, a saber, su sincero amor por Jacinta; pero aquí no hay verdad ni mentira, sólo equívoco. En cambio, la verdad de don Juan, o sea, su pureza de sangre, había sido sospechada durante dos años.

Vista brevemente la estructura inmanente de la obra hay que pasar a lo que Goldmann llamó estructura englobante. "Una de las tesis fundamentales del estructuralismo genético es que toda estructura significativa parcial puede insertarse de forma válida en un número mayor o menor de estructuras globales, ya que cada una de estas inserciones saca a la luz uno de los múltiples significados que posee toda la realidad humana."[9] La estructura englobante apunta, por tanto, a la explicación de la estructura significativa inmanente de la obra mediante el comportamiento humano del grupo social. En el caso de *La verdad sospechosa*, examinemos tres de las estructuras englobantes:

1) La vida del autor. No se trata aquí de buscar una explicación de la obra mediante la sicología del autor porque, según Goldmann, sería una tarea demasiado costosa que sólo llegaría a dar razón de muy pocos elementos de la obra que tuviesen significación biográfica. Sin embargo, la biografía de Juan Ruiz de Alarcón es válida en este caso sólo en cuanto que es el primer dato englobante por el que el autor se identifica con el grupo de los conversos. Hoy sabemos que el abuelo paterno de Juan Ruiz de Alarcón, llamado Hernando de Mendoza, cambió su nombre a Hernando Hernández de Casalla por razones de limpieza de sangre. Se sabe también que el propio Ruiz de Alarcón tomó un segundo apellido "y Mendoza" para evitar ser confundido con un primo suyo llamado Juan Ruiz de Alarcón y Andrade cuando a éste se le negó la concesión de un hábito militar de la Orden de Alcántara por sospecha de sangre judía en la familia, hábito que le fue concedido diecinueve años más tarde después de haber sido iniciado el escrutinio. Y, por último, ambos primos, Juan Ruiz de Alarcón y Mendoza y Juan Ruiz de Alarcón y Andrade tuvieron en común varias generaciones anteriores un pariente cuyos restos fueron desenterrados y quemados por haber recaído durante su vida en prácticas judías.[10]

2) El caso histórico de Rodrigo Calderón de Valladolid. Este llegó a ser uno de los hombres más importantes del reino en tiempos de Ruiz de Alarcón. Pasó a ser el privado del Duque de Lerma cuando éste asumió el poder absoluto durante el reinado de Felipe III y cayó en desgracia con la subida al trono de Felipe IV. Calderón fue ajusticiado en el año 1621. Si su caída fue repentina no menos lo había sido su ascensión. De 1604 a 1616 don Rodrigo recibió una lista continuada de títulos nobiliarios: Cofrade de Nuestra Señora de Esgueva (1606), Caballero de la Orden de Santiago y Comendador de Ocaña (1611), Conde de la Oliva y Marqués de siete Iglesias (1616). Pero es significativo que para la concesión de cada uno de estos títulos se llevase a cabo una nueva investigación sobre la hidalguía y lim-

pieza de sangre del candidato. Además del examen repetido de pruebas, es sobremanera locuaz la tardanza de siete años en salir el hábito militar de Santiago (1604-1611), habiendo don Rodrigo pasado durante este período por críticos momentos de caer en desgracia, provocando todo ello la sospecha de sangre judía transmitida por su madre y abuelos maternos, bien conocidos éstos en los medios mercantiles de Amberes. Por otra parte, ya en el año 1607 el doctor Gutierre Marqués de Careaga escribe un libro, *Desengaño de Fortuna,* dedicado a don Rodrigo Calderón.[11] Y es aquí donde entra el nombre de Juan Ruiz de Alarcón. El *Desengaño* aparece con una guirnalda de poesías en la que contribuye Alarcón. "El prefacio al lector—afirma Bataillon—elige curiosamente por tema la envidia, maledicencia de aquellos cuya lengua tiene el poder de desenterrar a los muertos y de enterrar a los vivos."[12] Según Bataillon, "el ennoblecimiento de Calderón se trasluce en toda la historia de este libro."[13] El *Desengaño,* ya preparado para ir a la imprenta en el año 1608, no hace su aparición hasta el año 1612 cuando ya don Rodrigo había recibido el hábito militar de Santiago. No cabe duda que el libro se hizo eco de la dramática espera del homenajeado. Lo importante en nuestro caso es que el libro aparece con un emblema en su frontispicio representando una salamandra entre las llamas con la explicación moral en letras latinas *Veritati sic cedit envidia.* La inscripción, sin duda, hace referencia al triunfo de don Rodrigo cuya hidalguía y limpieza de sangre se habían puesto en tela de juicio por la envidia de sus acusadores. Ahora bien, lo más significativo de toda esta disertación histórica, es que el emblema del frontispicio del *Desengaño, Veritati sic cedit envidia* (Así la envidia da paso a la verdad), coincide con el desenlace de *La verdad sospechosa,* "Pudo, señor don Juan, ser oprimida / de algún pecho de envidia emponzoñado / verdad tan clara, pero no vencida." No es de extrañar que Juan Ruiz de Alarcón tomase dicho emblema como punto de partida para su obra escrita en los momentos de toda buena fortuna de don Rodrigo. El autor había vivido muy de cerca las pruebas de hidalguía de don Rodrigo con quien simpatizaba en un común esfuerzo por adquirir nobleza. En otra poesía, un soneto dedicado al hijo de Calderón con motivo de la muerte de su padre ("Fénix valor, a quien la llama es nido; / Hércules fuerte, si Faetón osado / que al suelo por subir cayó abrasado / y lo levanta al cielo haber ardido") Juan Ruiz de Alarcón continúa el mismo motivo del emblema cambiando la salamandra por otra ave noble; allí, en el *Desengaño,* se hacía renacer la nobleza de don Rodrigo puesta en duda por sus detractores; aquí su fama en el futuro se elevará de nuevo hasta el cielo.[14]

3) El grupo de hispano-hebreos como tercera estructura englobante. Lo que hace a los siglos XVI y XVII ser una edad conflictiva es que los españoles estaban siendo actores en un drama de honra. Cuando Lope de Vega dice que "los casos de honra son mejores, / porque muevan con fuerza a toda gente," el dramaturgo no hace más que salir al encuentro de inquietudes y situaciones comunes que afectaban a todos los españoles en la vida real. El sentimiento de honra o deshonra era una vivencia del sentimiento del honor ya maltrecho. La palabra "honra" parece más adherida al alma de quien siente derruido o mermado lo que antes existía con plenitud y seguridad. Sentirse seguro o inseguro dentro del cuerpo social dependía del grado de defensa contra la embestida de la opinión ajena. Cuando Lope de Vega dice que "honra es aquello que consiste en otro," se está señalando la fragilidad de esa honra por dar cabida a la murmuración, mentiras, calumnias y envidia. A este conflicto dramático se llega con la ruptura de un orden social basado en la convivencia de cristianos, moros y judíos. Y la ruptura del orden tradicional creó un nuevo sistema de valoraciones y desestimas que dependía exclusivamente de la pureza o impureza de sangre. De muchas formas se expresó este sentimiento de la honra en la edad conflictiva.[15] En cuanto a la explicación de una estructura conflictiva en *La verdad sospechosa* interesa ver cómo se expresó dicho sentimiento en las instituciones de aquella sociedad, y ello fue mediante los estatutos de limpieza de sangre. Al ser los estatutos adoptados por las órdenes militares, la espera de un hábito militar suponía *ipso facto* la puesta en duda de la pureza del candidato e implicaba deposiciones y declaraciones de testigos, dando lugar a calumnias nacidas de la envidia.

Juan Ruiz de Alarcón transpone al mundo de la creación literaria la estructura social de los conversos con los que el autor se sentía identificado. Se verá que el personaje de ficción don Juan de Sosa corresponde al don Rodrigo histórico en cuanto que ambos son sospechosos de sangre impura y esperan un hábito militar que después de una larga espera les es concedido, triunfando, así, la verdad de ambos sobre la envidia de sus enemigos. Don García es la ficción literaria que representa al noble cortesano aspirante a puestos de honor y a cuya consecución empleará todos los medios a su alcance incluyendo la mentira y difamación de su rival. Y, por último, Jacinta se convierte en símbolo de todo aquello que el cortesano aspira conseguir. Representa el mundo de desorden de la corte en un momento dado. Antes de la entrada de don García a la escena se supone la existencia de

un orden social simbolizado en el compromiso de matrimonio entre
Jacinta y don Juan de Sosa. Pero la protagonista es una oportunista
que no vacila en mudar sus sentimientos a la primera oportunidad
ventajosa proporcionada aquí por la llegada de don García. Don
Juan echa en cara a Jacinta:

> Yo lo vi; ya mi esperanza
> en vano engañar dispones;
> ya se que tus dilaciones
> son hijas de tu mudanza.
>   (vv. 1097-1100)[16]

Y la mudanza de Jacinta se debe únicamente a convenciones sociales.
Su prometido, don Juan de Sosa, esperaba un hábito militar y su di-
lación suponía sospechas de nobleza y limpieza de sangre:

> Que como ha tanto que está
> el hábito detenido,
> y no ha de ser mi marido
> si no sale, tengo ya
> este intento por perdido.
>   (vv. 981-85)

Pierde, así, Jacinta toda cualidad idealizante que optaría por un
amor humano no sacrificado en aras del honor convencional. Es significativo que en la edición de 1630 de *La verdad sospechosa* apa-
rezcan tres redondillas que fueron suprimidas por el mismo Alarcón
en la edición de 1634. En dichas redondillas Jacinta reflexiona sobre
el desgarramiento interior que suponía la renuncia a su prometido
don Juan, quejándose de las obligaciones que le imponían su rango y
clase. Sin duda fueron suprimidas por el autor por ir en menoscabo
del carácter oportunista de Jacinta que sacrifica su verdadero amor
en favor de las convenciones sociales de la época. He aquí las redondillas suprimidas:

> ¿Ay más dura sujeción
> que la fama y la opinión
> en la principal muger?
> ¿Ay grillos como tener
> calidad y obligación?
>
> ¿Que lo mismo que deuía,
> hazerme bien, me haga mal,
> y contra orden natural,
> venga a ser desdicha mía
> ser yo rica y principal?
>
> O fuerte insufrible fuero,
> que prefiera injustamente,
> lo vano a lo verdadero,

> y que el sujeto que quiero
> pierda por un accidente.[17]

Don García tiene igualmente una función simbólica. Su llegada a la corte provoca la mudanza de Jacinta, la ruptura del orden existente y el conflicto con su rival don Juan de Sosa. El arma de que se vale don García es el engaño y la mentira haciendo justicia aparente al título de la obra. Pero ya antes de que entrase don García en contacto con Jacinta y con su prometido don Juan, se había presentado en escena con unas funciones sociales cuya dimensión excedía a las de un personaje privado por muy noble que este fuere. Don García pasa a ser una transposición del noble cortesano. En primer lugar, es traído a la corte para ponerse al servicio del rey

> ....porque es bien
> que las nobles casas den
> a su rey sus herederos.
> (vv. 86-88)

En segundo lugar, don García no empieza a ser mentiroso en cuestiones de amor cuando por primera vez encuentra a Jacinta. Su vicio era una condición que databa de antiguo, que era bien conocida y que no pudo ser corregida durante sus años de estudiante en Salamanca:

> Mas una falta no más
> es la que le he conocido
> que, por más que le he reñido,
> no se ha enmendado jamás.
> (vv. 149-52)

Y, por último, don García viene a la corte donde va a sentirse en su propio ambiente; por muy experto que sea en el arte de mentir, recibirá mil lecciones de los cortesanos. Mentiras que ponen en peligro el honor y la hacienda del calumniado:

> En la corte, aunque haya sido
> un extremo don García,
> hay quien le dé cada día
> mil mentiras de partido.
> Y si aquí miente el que está
> en un puesto levantado
> en cosa en que al engañado
> la hacienda o honor le va,
> ¿no es mayor inconveniente
> quien por espejo está puesto
> al reino?
> (vv. 185-95)

Don Juan de Sosa es el personaje de la obra que cae en desgracia por sospechas de impureza de sangre. El autor se vale de una técnica estilística mediante la que se transponen la realidad social de los conversos en general y, más concretamente, la vida de don Rodrigo Calderón. Ya en el principio de la obra se introduce el tema de la limpieza de sangre en el diálogo entre don García y su criado Tristán; éste aconseja a su señor la conveniencia de un cuello alto de origen holandés para tapar cualquier mancha o defecto físico, y relata el caso de un galán que, al quitarse el cuello, puso de manifiesto su fealdad perdiendo, así, el atractivo para su dama:

> ¡Bien hubiese el inventor
> deste holandesco follaje!
> Con un cuello apalanado,
> ¿qué fealdad no se enmendó? ·
> Yo sé una dama a quien dió
> cierto amigo gran cuidado
> mientras con cuello le vía;
> y una vez que llegó a verle
> sin él, la obligó a perderle
> porque ciertos costurones
> en la garganta cetrina
> publicaban la ruina
> de pasados lamparones.
> Las narices le crecieron
>
> ....
> (vv. 239-53)

Tristán se está refiriendo a la mancha de sangre judía mediante el uso de palabras de sabor antisemita de la época, "lamparones," "narices," "cetrina." Es más, el poder de don Dinero que representa el cuello holandés hace aparecer como noble al judío mercader de los Países Bajos cubriendo la ruina de pasados lamparones. Es verdad que estas palabras no están referidas directamente a don Juan de Sosa pero son la introducción del tema de la limpieza de sangre que, como en muchas comedias, corría a cargo del gracioso. Don García responde a Tristán manteniendo la transposición de la realidad mediante otra referencia antisemita, la de mercader-judío:

> Por esa y otras razones
> me holgara de que saliera
> premática que impidiera
> esos vanos canjilones.
> Que, demás de esos engaños
> con su holanda el extranjero
> saca de España el dinero
> para nuestros propios daños.
> (vv. 261-68)

Debe recordarse que el personaje histórico don Rodrigo Calderón había nacido en Amberes de Holanda, y la sospecha de impureza de sangre provenía principalmente por parte de su abuelo materno, comerciante de aquella ciudad.

Más claramente aparece la transposición de la realidad para indicar la sospecha de impureza del protagonista en el uso del "hábito." La espera de un hábito militar, como en el caso de don Rodrigo, suponía estar siendo investigado por haber habido denuncias o sospecha de la no limpieza del candidato. A ello se refiere Jacinta cuando afirma, "los impedimentos / del hábito de don Juan" (vv. 966-67). Y esta sospecha es lo que se presenta como obstáculo infranqueable para el matrimonio de la protagonista.

En el acto segundo don Juan desafía a don García por haber éste aprovechado el momento crítico en que se encontraba para quitarle a Jacinta:

> Colijo que, habiendo sido
> tan público mi cuidado,
> vos no lo habéis ignorado,
> y, así, me habéis ofendido.
> (vv. 1776-79)

¿A qué puede referirse este "público cuidado," sino a que don Juan sentía su honor mermado por la opinión que había puesto en duda o levantado la calumnia contra su limpieza de sangre? El duelo nunca llega a tener lugar por cobardía de don García. Sin embargo, éste dice a Tristán haber vencido a don Juan dejándole medio muerto, siendo este incidente otro paralelismo más entre la vida de don Juan y la vida de don Rodrigo Calderón cuando éste pasaba por momentos críticos en el año 1607, hasta correr incluso la falsa noticia de su muerte. La mentira de don García queda al descubierto por la entrada inesperada de don Juan supuestamente herido de muerte, todo ello provocando la sospecha de Tristán. Don García recurre a otra invención; sin duda se ha curado por ensalmo; ello es posible; él mismo fue testigo de un caso semejante en Salamanca. Pero cuando el gracioso pide que le enseñe el ensalmo, don García responde:

> Está en dicciones hebraicas,
> y, si no sabes la lengua,
> no has de saber pronunciarlas.
> (vv. 2805-07)

En el contexto que vamos examinando "dicciones hebraicas" es otra alusión más al judaísmo de don Juan de Sosa.

Pero la verdad de don Juan acabará triunfando con la salida del hábito militar y casamiento con Jacinta. Esta verdad y triunfo de don Juan recibe más atención en el texto que la concedida por la crítica.

316

Cuando don Juan corre con la noticia de su victoria para recordarle a don Sancho la palabra con que prometió a Jacinta en matrimonio, el viejo don Juan de Luna le da la enhorabuena con las siguientes palabras:

> Por cierta cosa
> tuve siempre el vencer; que el cielo ayuda
> la verdad más oculta, y premiada
> dilación pudo haber, pero no duda.
> (vv. 3008-11)

Y, por último, la confesión de don García a don Juan:

> Pudo, señor don Juan, ser oprimida
> de algún pecho de envidia emponzoñado,
> verdad tan clara, pero no vencida.
> (vv. 3030-33)

Creemos haber llegado a los resultados deseados por Goldmann: "La interpretación de una obra debe comprender todo el texto al nivel literal; su validez se juzga única y exclusivamente en función de la importancia de la parte del texto que logra integrar. La explicación debe rendir cuenta de la génesis del mismo texto, y su validez se juzga única y exclusivamente con arreglo a la posibilidad de establecer por lo menos una correlación rigurosa—y, en la medida de lo posible, una relación significativa y funcional—entre el devenir de una visión del mundo y la génesis de un texto a partir de ésta, por una parte, y, por la otra, ciertos fenómenos exteriores a este último."[18] Pues bien, la explicación mediante las estructuras englobantes rinden cuenta de la génesis de *La verdad sospechosa*. Existe una correlación rigurosa entre el universo imaginario del texto y la visión del mundo del grupo social; correlación que se expresa en un conflicto de honra. Existe, además, entre comprensión de la obra y explicación englobante una relación funcional y significativa en cuanto que la victoria de don Juan es la respuesta colectiva a través de una conciencia individual, la del autor, orientada a la mejora de unas condiciones indeseables en el interior de una estructura social determinada.[19]

El examen de maridos

Si en las páginas anteriores fue necesario separar la estructura inmanente de las estructuras englobantes en favor de la descripción del método, en *El examen de maridos* se observará la premisa del estructuralismo genético que sostiene que la "comprensión y la explicación no son dos procedimientos intelectuales diferentes; son un solo y mismo procedimiento relacionado con diferentes coordenadas."[20] Sólo conviene apuntar que la estructura englobante será aquí la puesta en

Aplicación del estructuralismo genético

práctica de los estatutos de limpieza de sangre. Las *pruebas* de limpieza rinden cuenta de la génesis de *El examen* mostrando entre ambos no sólo una correlación rigurosa, sino también una relación significativa y funcional.

En el acto primero se dan las razones para proceder al examen, se especifican los requisitos de los pretendientes y se pone en evidencia el desorden a que dio lugar la promulgación de tal examen; todo ello transponiendo las pruebas de limpieza. La acción comienza con el testamento que, al morir, deja el padre a Inés, "antes que te cases, mira lo que haces" (v. 33). Pero lo que pudo ser un asunto privado de Inés se convierte en el acontecimiento más importante de la corte. La decisión de la protagonista es "el capricho más notable / que de romanas matronas / hablan las antigüedades" (vv. 196-98), y "por ella será famosa / eternamente en España" (vv. 369-70). Es más, el capricho de Inés está exigido por el honor de la nobleza, "y una mujer principal / parezca en la corte mal / sin padres y sin marido" (vv. 6-9), aunque tales exigencias llegasen hasta la locura: "Si no os parece cordura / el nuevo intento que veis / al menos no negaréis / que es de honrada esta locura" (vv. 855-58). Inés pasa a ser el símbolo de todo aquello a que aspiraban los nobles cortesanos. No es que ella examine a los pretendientes, sino que se convierte en el mismo examen: "que me llamen / el *Examen de maridos*" (vv. 71-72). Y Ochavo, el gracioso, lo afirma todavía más claramente según actúan los pretendientes: "Paréceme propiamente, / en sus aspectos e indicios, / los pretendientes de oficios / cuando ven al presidente" (vv. 415-18).

Los requisitos de los pretendientes responden igualmente a convenciones sociales de la época a las que se ajusta Inés. El corazón nada tiene que decir en la elección de la protagonista; sólo cuentan las cualidades personales: "Declara que amor en ella, / no es mérito, y sólo valen, / para obligar su albedrío, / propias y adquiridas partes" (vv. 229-32). He aquí los requisitos y el procedimiento legal del *Examen*:

> Con esto, en un libro,
> cuyo título es *Examen*
> *de maridos,* va poniendo
> la hacienda, las cualidades
> las costumbres, los defectos
> y las excelencias personales
> de todos sus pretendientes,
> conforme puede informarse
> de lo que la fama dice
> y la inquisición que hace.

318

Estas relaciones llama
"consultas," y "memoriales"
los billetes, y "recuerdos"
los paseos y mensajes.

....

Y al que por esto o por otro
defecto una vez borrare
del libro, no hay esperanza
de que vuelva a consultarle.
(vv. 207-229)

No menos significativa es la actitud de los nobles cortesanos. Una vez hecha pública la competición, no hay noble que se abstenga de presentar sus credenciales; los menos por amor; la mayor parte por miedo al "qué dirán," a la opinión; el no competir iría en menoscabo de la propia honra. He aquí las afirmaciones de algunos de ellos:

Conde Alberto:- Dado que no tengo amor,
por curiosidad deseo
de este examen de himeneo
ser también competidor.
(vv. 347-50)

Don Juan:- Siendo en tan alta ocasión
de méritos la contienda,
pienso que quien no pretenda
perderá reputación.
(vv. 355-58)

Don Guillén:- Con tan nobles caballeros,
si es que aspiráis a elegidos,
fuerza es probar mi valor;
que si es tal el vencedor,
no es deshonra ser vencidos.
(vv. 363-66)

Marqués:- Bien dices, que era el no hacello
dar al mundo qué decir.
Pero quiérote advertir
de que nadie ha de entendello
hasta salir vencedor;
porque, si quedo vencido,
no quiero quedar corrido.
(vv. 579-85)

Y se preveen el desorden, trajín, engaños e hipocresía que tal examen provocará en los nobles de la corte por ir contra las leyes naturales. Carlos echa en cara a Inés: "¿Posible es, cruel, que intentes, / con-

Aplicación del estructuralismo genético

tra leyes naturales, / que sin amor te merezcan / y que sin celos te amen?" (vv. 245-48). Y otras manifestaciones de desorden serán, según el Marqués:

> Ya, con tan alta ocasión,
> imagino en los galanes
> de la corte mil mudanzas
> de costumbres y de trajes.
> (vv. 249-52)

y según Carlos:

> La fingida hipocresía,
> la industria, el cuidado, el arte
> a la verdad vencerán;
> más valdrá quien más engañe.
> (vv. 253-56)

Acontecimiento notable, participación de la más alta nobleza, procedimiento legal estricto y mil mudanzas en la corte. Así se plantea en el primer acto la decisión de Inés. Estamos en una época de España en que el ingrediente último de la nobleza, más que las cualidades personales, era la limpieza de sangre. Al dar comienzo aquella competición de los nobles, el espectador sabía a ciencia cierta que los conflictos de limpieza tendrían que ponerse en juego. Por aquellos días Fray Benito Peñalosa y Mondragón escribió un libro sobre la nobleza titulado *Libro de las cinco excelencias del español* en que afirmaba ser sumamente difícil distinguir la verdadera de la falsa nobleza por radicar precisamente en algo invisible como era la limpieza de sangre, y dicha inseguridad podía acarrear gravísimas consecuencias. Así, por ejemplo, cuando un caballero en vísperas de matrimonio llevaba a cabo un examen genealógico de su prometida y, llegando a la tercera generación procedía al matrimonio sin pensar que algún enemigo podría denunciar más tarde la mancha de sangre en la novena generación de los deudos de su esposa, quedando para siempre deshonrados el caballero y sus hijos.[21] Se explicaba que el testamento del padre de Inés, "antes que te cases, mira lo que haces," provocase un examen de esa envergadura que se reducía, en último análisis, a las pruebas de limpieza de sangre.

Efectivamente, en el acto segundo del *Examen* se procede al escrutinio de los nobles pretendientes. Inés toma su puesto de juez en un bufete frente al libro y los memoriales. Beltrán, su secretario, va presentando los nombres de los candidatos y relación de sus méritos. Inés dará el fallo definitivo. Aquellos reprobados son en su mayoría por sospecha de limpieza de sangre:

De don Alonso se dice:

> Beltrán:- Este tiene nota al margen,
> que dice: "Merced le han hecho
> de un hábito y no ha salido;
> consúltese en saliendo."
>
> Inés:- ¿Ha salido?
>
> Beltrán:- No, señora.
>
> Inés:- Harta lástima le tengo,
> Beltrán, el que hábito pide,
> más pretende, según pienso,
> dar muestras de que es bienquisto,
> que de que es caballero.
>
> (vv. 1875-84)

Sabido es que la tardanza de un hábito militar suponía estar siendo el candidato investigado sobre su nobleza y limpieza de sangre. La petición de tal hábito, como afirma Inés, intentaba hacer pasar al candidato por bienquisto ante la opinión de los demás.

Del Conde don Juan se dice:

> Beltrán:- Es andaluz, y su estado
> es muy rico y sin empeño
> y crece más cada día;
> que trata y contrata
>
> Inés:-   Eso
> en un caballero es falta;
> que ha de ser el caballero,
> ni pródigo de perdido,
> ni de guardoso avariento.
>
> (vv. 1915-22)

Se afirma de don Juan ser mercader, alusión clara a los judíos y conversos. Además, se hace referencia a la "avaricia," nota característica de sabor antisemita asignada a judíos y conversos en la literatura de la época.

Finalmente, don Marcos de Herrera es reprobado simplemente por su nombre de converso. Pero con motivo del nombre de Marcos se rechazan todos aquellos cuyos nombres sean propios de conversos. Debe notarse, además, el empleo profuso de *don* usado o usurpado por los conversos en su afán de aparentar hidalguía:

> Beltrán:- El que se sigue es don Marcos
> de Herrera.
>
> Inés:-   Borradlo luego,
> que don Marcos y don Pablos,
> don Pascual y don Tadeo
> don Simón, don Gil, don Lucas,
> que sólo oirlos da miedo,

¿cómo serán si los nombres
se parecen a sus dueños?
(vv. 1903-12)

Sólo dos nobles pasan el primer escrutinio de las pruebas de limpieza, el Conde Carlos y el Marqués. El tercer acto decidirá la suerte entre ellos. Junto a la acción principal motivada por el capricho de Inés y el quehacer del *Examen,* corre paralela una acción secundaria. El Marqués, competidor ahora en el *Examen,* había estado comprometido anteriormente con doña Blanca. Ambas decisiones, la ruptura del compromiso y su participación en el *Examen,* son motivadas por las exigencias del honor. El Marqués confiesa: "Blanca, estoy obligado / a dar la mano a mujer / de mi linaje, o perder / la posesión del estado" (vv. 331-34). Pero Blanca tiene en la comedia un papel más importante que el de llenar la acción de enredos, que de otra forma sería demasiado simple. El desprecio del Marqués lleva a Blanca a vengarse de él levantando una falsa calumnia que llevará al Marqués muy cerca de "quedar corrido" en el *Examen.* Blanca se hace pasar por una antigua criada de sí misma para entrar en servicio de Inés y, simulando haber sido anteriormente criada de Blanca, dice a Inés:

Vino a saber del Marqués
ciertas faltas mi señora,
para en marido insufribles,
para en galán fastidiosas.

....

Tiene el Marqués una fuente,
remedio que nescios toman,
pues para sanar enferman
y curan una con otra.
(vv. 1127-42)

Blanca está a cargo de llevar a cabo aquellas mudanzas y mentiras que se preveían con motivo del examen y que vencerán a la misma verdad. El defecto físico del Marqués está transponiendo la mancha de sangre a la que comúnmente se referían como el "defecto" de nacimiento. Las fuentes eran unas heridas hechas a propósito en el cuerpo para expeler sus malos humores. El juego de palabras con que se expresan estas fuentes hacen pensar en la mancha de sangre que, según la creencia de la época, se transmitían físicamente de padres a hijos mediante lo que se llamaba "humores."

El Marqués es ignorante de la calumnia de Blanca contra él. De aquí que las dilaciones de Inés le sean inexplicables y provoquen monólogos de dudas en el mismo Marqués de aguda penetración sicológica. Cuando éste acusa a Inés de darle de largas a su elección, ella se justifica:

> Las dilaciones que veis
> son sólo en vuestro favor;
> que nadie en mi pensamiento
> os hace a vos competencia;
> sólo está de mi sentencia
> en vos el impedimento.
> (vv. 2137-42)

Impedimento que el Marqués ignora pero que asocia inmediatamente con la mancha de sangre:

> De mi sangre no podéis
> negarme, Inés, que confía
> con causa, pues es la mía
> la misma que vos tenéis
> (vv. 1281-84)

Si el Marqués está seguro de su pureza de sangre, el impedimento debe radicar únicamente en la sospecha, la murmuración, la opinión. De aquí que presente sus dudas al Conde Carlos:

> Carlos, sepa yo, de vos,
> por vuestra amistad, por Dios,
> ¿qué secreta falta tengo,
> que cuando a mí se me esconde,
> la sabe Inés? ¿Por ventura
> de mi sangre se murmura
> alguna desdicha, Conde?
> (vv. 2387-93)

La secretez del "defecto" adquiere una importancia excepcional. El adjetivo del "defecto secreto" se sustantiviza y pasa a ser "el secreto." En otra ocasión Inés dice al Marqués:

> Y quien con tal osadía
> presume, o es muy perfecto,
> o, si tiene algún defecto,
> en que es oculto se fía;
> y es acción poco discreta
> estar en eso fiado,
> que a la envidia y al cuidado,
> Marqués, no hay cosa secreta.
> (vv. 2665-72)

Como el defecto en este caso es una acusación falsamente levantada contra el Marqués, su efectividad depende de que sea "secreto" porque, así, el calumniado no podrá defenderse. Y esta importancia que adquiere la secretez del defecto nos lleva a buscar un significado más allá del que hoy día pueda tener para un lector desapercibido. Efectivamente, existía el término burocrático de *el secreto* para denominar aquellos documentos en los archivos de la Inquisición consistentes en las deposiciones (probanzas) de limpieza de sangre contra algún acusado de sospechoso.[22] El acusado permanecía en completa ignorancia de la acusación y el denunciante del *secreto* quedaba igualmente en el anonimato. Era simplemente una medida práctica para evitar la más remota posibilidad de venganza por parte del acusado, facilitando, así, la confianza del denunciante. El éxito de la investigación por parte de la Inquisición dependía en tal medida del secreto que llegó a equipararse al sigilo sacramental de la confesión al imponer la pena de excomunión *ipso facto* a cualquier oficial del Santo Oficio que violase *el secreto*.[23] Aquí Blanca, la denunciante, permanece en el anonimato. Sólo Inés sabe el secreto porque ella era el mismo *Examen.*

La intervención del gracioso descubrirá la calumnia de Blanca y restituirá la fama sospechada al Marqués. Pero antes de entrar en el desenlace de la obra, conviene examinar la contribución del gracioso al tema de la limpieza. Ya en los comienzos de la acción vimos que el Marqués fue el último en presentar sus credenciales para participar en la competición del *Examen;* le parecía deshonroso ser examinado por Inés, sin duda, por estar seguro de su limpieza de sangre. Pero cuando el Marqués se decide a competir, es el gracioso Ochavo el que trae la noticia a Inés. Esta acepta la decisión del Marqués afirmando que hubiera sido un agravio si éste no hubiese honrado el *Examen*. Y como los criados siempre parodian las acciones de los nobles, Ochavo se dirige a la criada de Inés, lo que motiva el diálogo siguiente:

Ochavo:- Y tú, enemiga, haz también
un examen; y si acaso
te merezco, pues me abraso,
trueca en favor tu desdén.

Mencía:- ¿Bebe?

Ochavo:- Bebo

Mencía:- ¿Vino?

Ochavo:- Puro

Mencía:- Pues ya queda reprovado
que yo quiero esposo aguado.

Ochavo:- ¡Escucha! En vano procuro
detenella. ¡Bueno quedo!
¡Vive Dios que estoy herido!
Pero si mi culpa ha sido
beberlo puro, bien puedo
no quedar desesperado.
Aguado soy, pues aunque puro
siempre beberlo procuro,
siempre al fin lo bebo aguado,

pues todo por nuestro mal
antes de salir del cuero,
en el Adán tabernero
peca el agua original.
(vv. 515-34)

Lo que tenemos aquí, más allá del chiste del gracioso, es una premonición de que en el examen del Marqués se va a poner en juego la limpieza de sangre. A los criados no les importa, como no le importó al Furrier del *Retablo de las maravillas,* la pureza o impureza de sangre. Ochavo ha puesto en juego varias alusiones y chistes antisemíticos de la época, el vino como bebida de cristianos viejos, el "aguado" por "manchado" para referirse a la mancha de sangre, y la igualdad de los cristianos viejos y nuevos en el pecado original.

Si Ochavo tiene la función de introducir el tema de la limpieza en el momento en que el Marqués se decide a tomar parte en el *Examen,* también correrá a cargo del gracioso averiguar cuál sea el impedimento o defecto secreto del Marqués. Se hace veladamente, transponiendo otra vez la realidad mediante el chiste crudo. Aquí, como al principio, Ochavo va persiguiendo a Mencía y para ello se esconde en la chimenea de la casa de Inés esperando el momento propicio de la noche para encontrarse con ella. Pero Mencía nunca llega a aparecer y Ochavo pasa la noche entera escondido en la chimenea. A la mañana siguiente se excusa ante el Marqués:

El amor me ha disculpado
y basta, señor, por pena
haber perdido la cena,
toda la noche esperando,
y haber el refrán cumplido
de "si pegare, y si no,
tizne," pues que pegó
y tan tiznado he salido.
(vv. 2490-97)

Ochavo ha cambiado la última parte del refrán usando palabras que se refieren a la mancha de sangre, "tizne" y "tiznado."[24] Y, efectivamente, es allí en la chimenea donde el gracioso se entera por una conversación que oye de Inés que el "defecto" del Marqués es sólo una calumnia de Blanca.

Hay algo peculiar en el teatro de Juan Ruiz de Alarcón a lo que Pérez de Montalbán llamó "extrañeza," y desde entonces los críticos han visto en sus obras un sentimiento democrático, un sentido moral e, incluso, un resentimiento de la moral, para todo la cual se ha buscado una explicación en el "mejicanismo" o en las "jorobas" del autor. Pero el estructuralismo genético sostiene que una de las ideas funda-

Aplicación del estructuralismo genético

mentales de todo comportamiento humano es que "los hechos humanos son respuestas de un sujeto individual o colectivo y constituyen una tentativa con miras a modificar una situación dada en un sentido favorable a las aspiraciones de este sujeto," o sea, que "todo comportamiento humano tiene a modificar una situación que el sujeto experimenta como un desequilibrio, en el sentido del establecimiento de un equilibrio."[25] El triunfo de don Juan de Sosa en *La verdad sospechosa* y del Marqués en *El examen de maridos* no implica ni un sentimiento democrático ni un resentimiento de la moral, así como tampoco se explica por el "mejicanismo" o las "jorobas" del autor. Más bien hay que admitir esa tendencia al equilibrio de todo comportamiento humano según sostiene el estructuralismo genético. Poco importa que el autor tuviese sangre limpia o impura; la puesta en claro de la pureza de don Juan de Sosa tampoco implica limpieza en el caso histórico de don Rodrigo Calderón. La "extrañeza" de estas obras consiste en lo que ya dijo Américo Castro, o sea, que la literatura de los conversos (o de los autores identificados con el grupo) atacaba "el funcionamiento de aquella sociedad, no sus fundamentos."[26]

GEORGE MASON UNIVERSITY

Notas

[1]Las obras consultadas son: Lucien Goldmann, "Metodología, problemas e historia," *Sociología de la creación literaria* (Buenos Aires: Nueva Visión, 1968), pp. 10-43. "El estructuralismo genético en la sociología de la literatura," *Literatura y sociedad* (Barcelona: Martin Roca, 1971), pp. 205-34. "Genetic Structuralism and the History of Literature," *Velocities of Change,* ed. R. Macksey (Baltimore: John Hopkins University Press, 1974), pp. 89-102.

[2]Jacques Leehardt, "La sociología de la literatura: Algunas etapas de su historia," *Sociología de la creación literaria* (Buenos Aires: Visión Nueva, 1968), p. 65.

[3]"Metodología," p. 20.

[4]"*La verdad sospechosa,* the Source and Purpose," *Hispania,* 15 (1932), 246-52.

[5]"La justicia poética de *La verdad sospechosa,*" *Romanische Forschungen,* 83 (1972), 189.

[6]"Moral Purpose in Ruiz de Alarcón's *La verdad sospechosa,*" *Hispania,* 56 (1973), 259.

[7]"*Las paredes oyen:* Comedia de ingenio," *Estudios de hispanistas norteamericanos dedicados a Helmut Hatzfeld,* ed. Josep M. Solá-Solé, Alessandro Crisafuli, Bruno Damiani (Barcelona: Hispam, 1974), pp. 254-56.

[8]"Metodología," p. 15.

[9]"El estructuralismo genético," p. 219.

[10]Willard F. King, "La ascendencia paterna de Juan Ruiz de Alarcón y Mendoza," *NRFH*, 19 (1970), 55 y ss.

[11]Para más detalles históricos puede verse Marcel Bataillon, *Pícaros y picaresca* (Madrid: Taurus, 1969), pp. 91-124.

[12]*Ibid., p. 71.*

[13]*Ibid.*

[14]Juan Ruiz de Alarcón, *Obras completas,* ed. Antonio Castro Leal (México, 1965), III, 391. Es significativo que Quevedo usase el mismo motivo mitológico de Faetón en un soneto contra el ennoblecimiento de don Rodrigo Calderón poniendo de manifiesto la no limpieza de sangre de sus antepasados en una aplicación perfecta del antiguo mito. He aquí el soneto:

> Solar y ejecutoria de su agüelo
> es la ignorada antigüedad sin dolo;
> no escudriñes al Tiempo el protocolo,
> ni corras al silencio antiguo el velo.
> Estudia en el osar de ese mozuelo
> descaminado escándalo del polo:
> para mostrar que descendió de Apolo,
> probó, cayendo, descender del cielo.
> No revuelvas los güesos sepultados;
> que hallarás más gusanos que blasones,
> en testigos de nuevo examinados;
> que de multiplicar informaciones,
> puedes multiplicar quemados,
> y con las mismas pruebas, Faetones.

incluido en el *Romancero de Don Rodrigo Calderón,* ed. Antonio Pérez Gómez (Valencia, 1955), p. 127.

[15]Véase Américo Castro, *De la edad conflictiva,* 2da ed. (Madrid: Taurus, 1961), pp. 59-101.

[16]Juan Ruiz de Alarcón, *Obras completas,* ed. Agustín Millares Carlo (México: Fondo de Cultura Económica, 1959), II, 411. En adelante, todas las citas de *La verdad sospechosa* y de *El examen de maridos* remiten a esta edición y volumen.

[17]Arthur L. Owen, *"La verdad sospechosa* in the Editions of 1630 and 1634," *Hispania,* 8 (1925), 91-92.

[18]"Metodología," p. 41, nota 5.

[19]"Estructuralismo genético," p. 219.

[20]"Metodología," p. 20.

[21]Albert Sicroff, *Les controverses des Status de "Pureté de sang" en Espagne du XVe au XVIIe siècle* (Paris, 1960), p. 296.

[22]Stephen Gilman, *The Spain of Fernando de Rojas* (Princeton, 1972), p. 296.

[23]Albert Sicroff, *Les controverses,* p. 230.

[24]Puede verse un ejemplo en Baltasar Gracián, *El criticón:* "Era de ver y aun de reir, como todos andaban *tiznados,* haciendo burla unos de otros. —¿No véis, decía uno, qué mancha tan fea tiene Fulano en su linaje?, ¡y que ose hablar de otros! —Pues él, decía otro, ¿que no vea su infamia tan notoria, y se mete a hablar de las ajenas, que no haya ninguno con honra en su lengua," tomado de A.A. Van Beysterveldt, *Répercussions du souci de la pureté de sang sur la conception de l'honneur dans la "Comedia*

Aplicación del estructuralismo genético

nueva" espagnole (Leiden, 1966), p. 70.

[25]Goldmann, "Metodología," pp. 12-13.

[26]*Hacia Cervantes,* 3ra ed. (Madrid: Taurus, 1967), p. 328.

EPIC "AUNQUE DE SUJETO HUMILDE"—A STRUCTURAL ANALYSIS OF *GUZMAN DE ALFARACHE*

Barbara N. Davis

Of all the works produced during the Golden Age of Spanish literature, perhaps none has ranked higher than Mateo Alemán's *Guzmán de Alfarache* as an object of critical controversy. Accepted and celebrated in its own day as "el Pícaro," *Guzmán* came to be regarded as a literary curiosity, a novel of dubious structure burdenend with the tedious moralizings of an embittered man. Contemporary critical investigations have rescued *Guzmán* from its ignominy and succeeded in clarifying its essential nature as fictional autobiography of didactic intent.[1] A definitive generic classification of the work has not as yet been made, however. The present study is an attempt to analyze the structural patterns in the *Atalaya de la vida humana* in order to provide such a generic assessment and to illuminate the relationship of Alemán's masterwork to the literary theory of the epoch in which it was written.

During the sixteenth and seventeenth centuries there existed principles of logic and rhetoric that determined the stylistic patterns of literary composition. Edmond Cros' study of *Guzmán* showed the extent to which its author adhered to rhetorical practices, basic to doctrinaire writing, in the methodology of his book.[2] The ideal patterns of the logicians were adopted with equal rigor by Alemán with respect to the stylistic and structural development of *Guzmán*. As explained by Jaroslav Hornat, the principles of logic applied "not only in the sense that one item followed another in linear succesion, that any statement had to ensue in logical consequence from the preceding statement; but also in the sense that all the logical windings—explanatory parentheses and digressions—had to be duly expressed through grammatical means as well: an exact stratification of coordinate and subordinate relations in a syntactical arrangement, corresponding to the same values in logical arrangement, was obligatory."[3] The following sentence from *Guzmán de Alfarache* illustrates this logical pattern:

> Luego como acabaron de rezar, que fue muy breve espacio, cerraron sus brevarios y, metidos en las alforjas, siendo de los demás con gran atención oído, comenzó el buen sacerdote la historia prometida, en esta manera. (I, 175)[4]

It can readily be seen that the basis of the sentence consists of the phrases: "Luego como acabaron de rezar. . .cerraron sus brevarios y. . .comenzó el buen sacerdote la historia prometida." The other portions of the sentence, the so-called "rhemes" (i.e., "all that is affirmed about the logical subject of the utterance"[5]), are explanatory, illustrative and descriptive, and, while they refer to and complement the basis of the sentence, they are actually unnecessary to its comprehension. The "logical subject" of the utterance is joined to these fragments by the "logical links": "que," "y," "siendo," "de esta manera."

This development of a sentence based on a logical elaboration of every idea therein contained is identical to the procedure Mateo Alemán employed as the structural foundation of *Guzmán de Alfarache*. The basic element of the work is the story of Guzmán's life. It is clear from Alemán's own words that this narrative was meant to serve as a framework, for the description of the novel's development is made exclusively in terms of the adventures, and narrative quantitatively predominates over other elements. Around this framework is found material related and complementary to the main narrative: critical and homiletic digressions, interpolated novelettes and fables. The digressive content of the work corresponds in nature to the elaborating phrases of the sentence cited above. The structural pattern of *Guzmán* has the *pícaro's* life as its logical subject and the digressions and interpolations as its rhemes.

The distinctive units are all related thematically to the main narrative. In the case of the digressions, they may elaborate moralistically or critically upon a point made in the story, as when Guzmán reflects upon vengeance after being deceived at the inn, or satirizes students and their way of life when he begins study at Alcalá de Henares; or they may provide a philosophical introduction to an adventure about to take place, as does the digression on vengeance that precedes Guzmán's revenge on his uncle and relatives in Genoa. The novelettes, whose theme is love, are introduced to broaden the spectrum of life which Guzmán surveys from his critical watchtower. Moreoever, as Donald McGrady has shown, they "display a tension between immoral adventures and religion"[6] analogous to that of the larger work with which they also share an intent to "deleitar aprovechando." The insertions, nonetheless, are separable from the novel's central plot (as Aribau so vehemently illustrated in the Biblioteca de Autores Españoles edition of *Guzmán*[7]), and in order to maintain the balance and unity of the whole, Alemán had recourse to an ingenious series of "logical links."

The devices used by Alemán to assure the novel's continuity range from connective phraseology to entire stories. Examples of the former are the following forthright statements: "Hice luego discurso . . .," "Esto he venido a decir, porque. . .," "Que con razón. . .," "De allí me fui deslizando poco a poco en la consideración. . . ." Another technique is the citation of authority as justification for the introduction of related material: "Y así debió de ser en todo tiempo, pues Aristóteles dice. . ." (I, 63); "Aquel famosísimo Séneca, tratando del engaño,. . .en una de sus epístolas dice. . ." (III, 197); "Allá nos dice Aviano filósofo en sus Fábulas. . ." (III, 198).

A more vital linkage is based on a presumed curiosity on the part of the reader for elaboration and explanation, or, contrarily, on an assumption of the reader's acquaintance with the subject at hand, as in: "Digo deseado, porque, como habrás oído decir, tiene tres caras el médico. . ." (I, 120) or "Ya tendrás noticia de la fábula, cuando apartaron compañía la Vergüenza, el Aire y el Agua. . ." (II, 266). The method used to exploit the reader's supposed curiosity is the rhetorical question: "¿Quieres que te diga qué casa es, qué trato hay en ella, qué se padece o cómo se vive?" (III, 274); "¿Por qué piensas que uno raja, mata, hiende y hace fieros? Yo te lo diré." (I, 143-4); "¿Quiereslo ver? Pues oye." (I, 161); "¿Quieres verlo ver?" (III, 273).

Most common is the exemplification which involves the use of some sixty-five anecdotes or stories that typify the problem under discussion. In the case of the digression about friendship, a story about Foción serves as an introductory link; the diatribe against lawsuits is prefaced by a story of Guzmán's own experience; the discussion of overadornment of truth in the first chapter of the novel follows the story of the nobleman and the two painters. That the story is seen as a logical link by virtue of its clarifying ability is seen in the following two quotes:

> Entonces le respondí: "Señor, para satisfacer a esa pregunta seráme necesario referir otro caso semejante a ése. . ." (V, 145).

> Al propósito te quiero contar un cuento largo de consideración, aunque de discurso breve, fingido para este propósito. . . (III, 120).

It is for this reason that the most frequent bondings in *Guzmán* are similar to the following examples:

> Así acontece ordinario y se vió en un caballero. . . (I, 49).

> Tal sucedió a mi padre. . . (I, 53).

> No sé que lo hizo, si es que por ventura las melancolías quiebran en sueño, como lo dió a entender el montañés que llevando a enterrar a su mujer. . . (I, 105).

> Quisome parecer a lo que aconteció en la Mancha con un médico falso (I, 106).

> Como sucedió a un hidalgo cobarde. . . (II, 76).

> Como lo hizo cierto juez. . . (V, 79).

> Mas aun en torpeza y vicios quieren también exceder y ser solos ellos, como se vió en cierto titulado. . . (III, 98).

> Acontecióle aquesto a un gran príncipe de Italia, aunque también se dice de César (III, 116).

It is also common, of course, for there to be linkages of unannounced digressions to narrative, as the following example shows: "Todo lo dicho se verificó bien de mí, en proprios términos y casos" (V, 109).

A good example of the functioning of this logically-oriented structural pattern is found in the third chapter of Part II, Book I. As expected, the chapter title refers only to the narrative content: "Cuenta Guzmán de Alfarache lo que le aconteció con un capitán y un letrado en un banquete que hizo el embajador." However, out of the chapter's twenty-two pages in the Clásicos Castellanos edition, only six relate this episode, and they are the last six. The preceding sixteen pages of text contain the following items:

(1) a philosophical consideration of deceit ("el engaño")
(2) three anecdotes illustrating different kinds of deceit
(3) a discussion of deceivers, e.g., people who dye their hair
(4) a digression about old age
(5) a fable about Jupiter, the animals and the ages of man
(6) another reference to the deceits practiced by the old

The logical subject of the chapter is Guzmán's adventure with the old captain and the lawyer, on whom he plays a trick that forces each to reveal his vanity and deceits. The logical link of this episode to its preceding rhemes is made explicit by Guzmán himself: "No sin propósito he traído lo dicho, pues viene a concluirse con dos caballeros cofrades desta bobada, por quien he referido lo pasado." Both elderly gentlemen are guilty of deceit, in particular that of concealing their ignorance and their age by a pressing and tinting of their beards. Thus the remarks in the major portion of the text refer directly to them. The connections of the various sections of the digression itself are, however, of equal interest, for they are typical of the means Alemán employs to give continuity to his novel.

The chapter opens with the sentence: "Son tan parecidos el engaño y la mentira, que no sé quién sepa o pueda diferenciarlos." The second sentence elaborates: "Porque, aunque diferentes en el nombre, son de una identidad. . .," while the next paragraph illustrates: "Quien quiere mentir engaña y el que quiere engañar miente." A few sentences of clarification follow, and then Alemán proceeds to give a vivid description of deceit by means of comparisons. He claims deceit to be general: "Es tan general esta contagiosa enfermedad, que no solamente los hombres la padecen, mas las aves y animales," and he illustrates this point. The following paragraph reiterates this idea and elaborates upon it: "Toda cosa engaña y todos engañamos en una de cuatro maneras. . . ." The descriptions of three of these four ways of deceit, the harmful ones, are illustrated by stories: "Como le aconteció a cierto estudiante. . .," "Así le aconteció a este mismo estudiante. . .," "Aconteci le aquesto a un gran príncipe. . . ." Having described four, Alemán then announces that there are "otros muchos géneros destos engaños," and he describes the worst: "el de aquellos que quieren que como por fé creamos lo que contra los ojos vemos." Of this sort of deceit, the lowest form is dyeing the hair and beard—the deceit of the old. This criticism leads to a meditation on old age: "¡Desventurada vejez, templo sagrado, paradero de los carros de la vida!" Speaking of old age reminds Guzmán of a fable ("Al propósito te quiero contar un cuento. . .") that tells why, in his last sixty years, man lives the life of an ass, a dog and, finally, a monkey. This fable is linked to the preceding criticism of the attempt of the old to appear young in this way: "Y así vemos en los que llegan a esta edad que suelen, aunque tan viejos, querer parecer mozos. . .representando lo que no son, como lo hace la mona, que todo es querer imitar las obras del hombre y nunca lo puede ser." The final paragraph of the digression sums up the preceding considerations: "Terrible cosa es y mal se sufre que los hombres quieran, a pesar del tiempo y de su desengaño, dar a entender a el contrario de la verdad y que con tintas, emplastos y escabeches nos desmientan y hagan trampantojos, desacreditándose a sí mismos." Guzmán's adventure with the old men illustrates his points perfectly, and his last comment—a play on words—ironically summarizes the whole chapter: "Lo que puedo decir a vuestra señoría sólo es que ambos han dicho verdad y ambos mienten por la barba." In this way Alemán masterfully guides his story, arguing and elaborating, proceeding from the specific to the general and vice versa, illustrating and clarifying, so that the entire chapter forms a thorough, connected and logical monothematic whole.

Such deliberate and elaborate structuring, which belies the criticism that *Guzmán* is "de plan aparentemente poco claro y de estructura poco ceñida,"[8] reveals more than a mere logician's attention to form. In presenting to his public a work encyclopedic in scope, didactic in intent and complex in structure, Mateo Alemán was adhering very closely to the theory of epic creation as defined by his contemporaries. Baltasar Gracián early recognized the generic nature of the *Atalaya de la vida humana.* In the fifty-sixth discourse of his *Agudeza y arte de ingenio*, Gracián speaks of "las graves epopeyas" which merit "el primer grado" among ingenious inventions; the epic, he writes, "forja un espejo común y fabrica una testa de desengaños."[9] Homer's *Ulysses* is a fine example of this, for it vividly paints "la peregrinación de nuestra vida por entre Cilas y Caribdis, cíclopes y sirenas de los vicios."[10] He cites several other epics that differ in subject matter, but not in form, from Homer's masterpiece. Some are heroic, including the labors of Hercules and Vergil's *Aeneid*; others are "amorosas," like Heliodorus' tale of Theagenes and Cariclea; and finally there is *Guzmán de Alfarache*, a true epic, "aunque de sujeto humilde."[11] Moreover, Gracián credits Mateo Alemán with being "tan superior en el artificio y estilo, que abarcó en sí la invención griega, la elocuencia italiana, la erudición francesa, y la agudeza española."[12] Gonzalo Sobejano has carefully and fully analyzed the validity of each of the four criteria upon which Gracián based his judgment.[13] Through analysis of the structure of *Guzmán*, the validity of the specific generic denomination Gracián bestowed on the work can be seen. In constructing his work so that each idea contained therein was logically elaborated by association, analogy, contrast, causality, comparison, description or illustration, Alemán was following the honored classical tradition of the great epics. As Erich Auerbach indicates:

> the basic impulse of the Homeric style [is] to represent phenomena in a fully externalized form, visible and palpable in all their parts. . . . The separate elements of a phenomenon are most clearly placed in relation to one another; a large number of conjunctions, adverbs, particles, and other syntactical tools, all clearly circumscribed and delicately

differentiated in meaning, delimit persons, things and portions of incidents in respect to one another, and at the same time bring them together in a continuous and ever flexible connection; like the separate phenomena themselves, their relationships—their temporal, local, causal, final, consecutive, comparative, concessive, antithetical, and conditional limitations—are brought to light in perfect fullness . . . .[14]

Other structural patterns further reinforce the designation of *Guzmán* as an epic. The symmetrical structure of *Guzmán* is well known.[15] Guzmán begins his life story in Seville, with his widowed mother. Part I sees him leave his home for Madrid, journey from Spain to Genoa and thence to Rome; Part II reverses this order and finds Guzmán returning from Rome via Genoa to Madrid and Seville, where he is reunited with his mother. The structural image of the book, a closed circle, encompasses all of Guzmán's fictional life. The narrative begins with its hero's origins, continues with his search in Italy for his origins, and ends with a return to his origins. Guzmán's circle is, therefore, a search for himself—a quest, a journey to learn who he is. The guiding structural metaphor of *Guzmán* is that odyssey, the journey of life and the search for self.

Guzmán refers to himself frequently as a pilgrim, "peregrinando por [el mundo]" (I, 101), and makes mention of "aquel camino por donde [salí] a buscar mi vida. . ." (III, 105). He views his adventures as obstacles in his search for "tierra larga, donde hay que mariscar y por donde navegar" (II, 227) and yet declares himself "determinado. . .de seguir la senda que me pareciera atinar mejor a el puerto de mi deseo y lugar adonde voy caminando" (III, 82). The same imagery is employed by Alemán to describe both the purpose and the trajectory of *Guzmán*. "A ti sólo busco y por ti hago el viaje. . ." (III, 82) are words he gives his protagonist to speak, reminiscent of his own declaration "a sólo el bien común puse la proa" in the "Dedicatoria al Discreto Lector." *Guzmán* is constructed generally in terms of a journey, undertaken jointly by the author/narrator and his companion, the reader. Chapters are conceived as a day's travel ("Descansa un poco en esta venta; que en la jornada del capítulo siguiente oirás lo que aconteció en Florencia. . ." [II, 213]), and the reader is expected, though tired, to persevere in his voyage: "Comido y reposado has en la venta. Levántate, amigo, si en esta jornada gustas de que te sirva yendo en tu compañía. Que, aunque nos queda otra para cuyo dichoso fin voy caminando por estos pedregales y malezas, bien creo que se te hará fácil el viaje con la cierta promesa de llevarte a tu deseo" (III, 69).

The metaphor of the journey is a commonplace in epic poetry, as

Epic "Aunque de sujeto humilde"

Curtius indicates: "The Roman poets are wont to compare the composition of a work to a nautical voyage. . . .The end of the whole work is entering port. . . .The poet becomes the sailor, his mind or his work the boat. Sailing the sea is dangerous, especially when undertaken by an 'unpracticed sailor',. . ."[16] Such, indeed,is the stance taken by Alemán in his "Dedicatoria al Discreto Lector," where he voices the fear that "alguno querrá decir que, llevando vueltas las espaldas y la vista contraria, encamino mi barquilla donde tengo el deseo de tomar puerto," and at the beginning of Part II:

> La [gloria] mía ya te dije que sólo era de tu aprovechamiento, de tal manera que puedas con gusto y seguridad pasar por el peligroso golfo del mar que navegas (III, 71).

> A mi costa y con trabajos proprios descubro los peligros y sirtes, para que no embistas y te despedaces ni encalles adonde te falte remedio a la salida (III, 74).

The hero of this odyssey, Guzmán, functions structurally in an epic capacity. The autobiographical nature of the work derives naturally from the epic tradition, as indicated by López Pinciano, literary theoretician of the Golden Age: "si otro que Ulyses contara sus errores y miserias, y otro que Eneas sus trabajos y desventuras, no fuera la narración tan miserable, y. . .faltara mucho al deleyte de la tal acción. . . ."[17] Guzmán's stance as narrator is also an epic stance: he is an omniscient storyteller with a complete vision of both past and present events. Through the retrospection of the memoir he is able not only to recount but to comment upon events—to put them in their proper perspective. *Guzmán* is not historical narrative, nor is it sentimental remembrance. Everything that occurs within its pages is linked to a higher order and assumes, through ethical and moral meditation, a symbolic significance and a heroic quality.

El Pinciano emphasized the allegorical essence of the epic: "la épica tiene una otra ánima del ánima, de manera que la que era antes ánima, que era el argumento, queda hecho cuerpo y materia debaxo de quien se encierra y esconde la otra ánima más perfecta y esencial, dicha alegoría."[18] Alemán defined the same dichotomy as "conseja" and "consejo" ("No te rías de la conseja y se te pase el consejo" [Al discreto lector]) and laid great stress upon the allegorical nature of his work: "Que, como verdaderamente son verdades las que trato, no son para entretenimiento, sino para el sentimiento. . . .Mas porque con la purga no haga ascos y la dejes de tomar por el mal olor y sabor, echémosle un poco de oro, cubrámosla por encima con algo que bien parezca" (IV, 232). The inclusion of a great quantity of digressive and homilectic material in *Guzmán* corresponds to El Pinciano's observation that "el buen poeta. . .ha de tocar la philosophía moral o natural en su obra" because "la poesía comprehende y trata de toda cosa que cabe debaxo de imitación y, por el consiguiente, todas las sciencias. . .junto con la política que es su principal intento."[19] On this very basis rests Alonso de Barros' praise of Alemán's inclusion of "los avisos tan necesarios para la vida política y para la moral filosofía a que principalmente ha atendido."[20]

López Pinciano defined the epic, in verse or prose, as "imitación común de acción grave, hecha para quitar las passiones del alma por medio de compassión y miedo. . . ."[21] The worldliness of subject matter and lowly nature of the protagonist of *Guzmán* do not alter its essential fidelity to this format. The spectre of Guzmán as "galeote" and redeemed sinner serves as an example to provide the catharsis described by El Pinciano. Carlos Blanco Aguinaga has voiced the objection that "frente a los héroes de las narraciones anteriores, el pícaro es un antihéroe, la encarnación más baja de la realidad humana: a su vez el mundo en que se mueve el pícaro es el más bajo y opuesto al ideal imaginativo, puro y noble de la épica, de las novelas de caballerías, de la novela pastoril."[22] While this is undoubtedly true in terms of the birth, character and deeds of Guzmán, it is nonetheless not a useful criterion for denying the epic nature of his story. Since the principal and underlying purpose of *Guzmán* was cathartic or educative, the fact that the hero was not noble was unimportant. Alemán himself contended: "Lo que hallares no grave ni compuesto esto es el ser de un pícaro el sujeto de este libro. Las tales cosas, aunque serán muy pocas, picardea con ellas: que en las mesas espléndidas manjares ha de haber de todos gustos. . ." (Al discreto lector). El Pinciano echoed this assertion when he recommended that the subject matter of an epic be secular: "porque el poeta se puede mucho mejor ensanchar y aun traer episodios mucho más deleytosos y sabrosos a las orejas de los oyentes."[23]

Carlos García Gual differentiates the epic hero who "se sentía bien en su mundo" from the novelistic hero who "se encuentra en conflicto con un mundo que le domina y en el que es a la par héroe y víctima."[24] Guzmán is very much at home in the world he inhabits. Whereas Lazarillo is innocent, Guzmán is not. Where Lazarillo schemes and steals in order to satisfy his hunger, Guzmán does so as much to display his "mañas" and "sutileza" as to satisfy any physical need. What are desperate acts in a struggle for survival in *Lazarillo* become in *Guzmán* what Robert Alter calls "the far end of the picaresque spectrum bordering on villainy."[25] Guzmán was as renowned for his "mañas" as Aeneas for his "pietas"; hence the fate of Alemán's original title: "dieron en llamarle *Pícaro* y no se conoce ya por otro nombre" (III, 170). It is this public judgment of Guzmán as a symbol that perhaps best explains his epic nature. As García Gual writes: "El héroe épico. . .debe significar, para el instinto de su auditorio popular, algo que es sentido con más valor que su propia oscuridad particular."[26] Guzmán de Alfarache achieved heroic stature despite—or because of—the very ignobility of his acts.

Mateo Alemán himself classified *Guzmán de Alfarache* as a poética historia" and a "fábula" (Declaración para el entendimiento deste libro). According to El Pinciano, of the three types of "fábulas," the epic is that which "sobre una verdad [fabrica] mil ficciones" and which is based "en alguna historia" (in other words, an epic "fábula" is a "poética historia") "mas de forma que la historia es poca en respecto y comparación de la fábula."[27] Perhaps no better description exists of the intertwining of fiction and fact that is *Guzmán*. Formally, Mateo Alemán created, not a novel, but an epic of and for his time, and Guzmán de Alfarache stands not as an individual, but as a "pícaro per antonomasia"[28]—hero of an epic, "aunque de sujeto humilde."

ONONDAGA COMMUNITY COLLEGE

Notes

[1]Recent studies of *Guzmán* include: Gonzalo Sobejano, "De la intención y el valor del *Guzmán de Alfarache*," *Forma literaria y sensibilidad social* (Madrid: Gredos, 1971); Edmond Cros, *Protée et le gueux* (Paris: Didier, 1967); Francisco Rico, *La novela picaresca y el punto de vista* (Barcelona: Seix Barral, 1969); Angel San Miguel, *Sentido y estructura del "Guzmán de Alfarache"* (Madrid: Gredos, 1971).

[2]Edmond Cros, *Protée et le gueux* (Paris: Didier, 1967).

[3]Jaroslav Hornat, "Some Remarks on Fiction Style, Old and New," *Critical Approaches to Fiction*, Shiv K. Kumar and Keith McKean, editors (New York: McGraw-Hill, 1968), p. 164.

[4]Citations are from the Clásicos Castellanos edition of *Guzmán* and give volume and page number.

[5]Hornat, p. 164.

[6]Donald McGrady, "Masuccio and Alemán: Italian Renaissance and the Spanish Baroque," *Comparative Literature*, XVII (Summer, 1966), p. 204.

[7]Buenaventura Carlos Aribau, editor, *Novelistas anteriores a Cervantes* (Madrid:

Biblioteca de Autores Españoles, 1850).

[8]Celina S. de Cortázar, "Notas para el estudio de la estructura del *Guzmán de Alfarache*," *Filología*, III (1962), p. 86.

[9]Baltasar Gracián, *Agudeza y arte de ingenio, Obras completas* (Madrid: Aguilar, 1960), p. 477.

[10]*Ibid.*

[11]*Ibid.*

[12]*Ibid.*

[13]Gonzalo Sobejano, "De la intención y valor del *Guzmán de Alfarache*," *Forma literaria y sensibilidad social* (Madrid: Gredos, 1967), pp. 59-65.

[14]Erich Auerbach, *Mimesis* (New York: Doubleday Anchor, 1957), p. 4.

[15]See Angel San Miguel, *Sentido y estructura del "Guzmán de Alfarache" de Mateo Alemán* (Madrid: Gredos, 1971), pp. 85-113.

[16]Ernst Robert Curtius, *European Literature and the Latin Middle Ages* (New York: Harper & Row, 1963), p. 129.

[17]López Pinciano, *Philosophía Antigua Poetica*, edición de Alfredo Carballo Picazo (Madrid: Instituto "Miguel de Cervantes," 1953), v. III, p. 209.

[18]Pinciano, v. III, pp. 174-5.

[19]Pinciano, v. I, pp. 216-7.

[20]Alonso de Barros, "Elogio. . .en alabanza deste libro," *Guzmán de Alfarache* (Madrid: Espasa-Calpe, 1962), pp. 39-40.

[21]Pinciano, v. III, p. 147.

[22]Carlos Blanco Aguinaga, "Cervantes y la picaresca: notas sobre dos tipos de realismo," *Nueva Revista de Filología Hispánica*, XI (1957), p. 315.

[23]Pinciano, v. III, p. 168.

[24]Carlos García Gual, *Los orígenes de la novela* (Madrid: Istmo, 1972), p. 153.

[25]Robert Alter, *Rogue's Progress: Studies in the Picaresque Novel* (Cambridge, Massachusetts: Harvard University Press, 1964), p. 13.

[26]García Gual, p. 122.

[27]Pinciano, v. II, p. 12.

[28]Alberto del Monte, *Itinerario del romanzo picaresco spagnolo* (Florence: Sansoni, 1957), pp. 59-60.

THE SURFACE AND WHAT WAS ELIMINATED FROM THE SURFACE OF *DON JULIAN*

Jerome S. Bernstein

Reivindicación del Conde don Julián is a violent, aggressive novel, expressing Juan Goytisolo's profound hatred of and contempt for his mother country. In this study I want to explore the dimensions of the author's violent hatred and to propose that despite its surface the novel's subtext signifies a loving process of self-cure. I assume that the underlying text of a novel may be a different one than the surface text, and that this underlying text may be at odds with the surface text in certain important ways. I will consider the novel as if it were a sort of myth.[1]

Surely no one will object that the novel in hand is not a myth since it was written by just one individual. In fact, as the enumeration which stands as a colophon makes clear, the novel is admittedly more than an individual product. The author uncovers "la participación póstuma o involuntaria" of fifty-two individuals, and in the Spanish edition (though not in the English translation) he thanks particularly Carlos Fuentes, Julio Cortázar and Guillermo Cabrera Infante for their friendly and steadfast collaboration. I am actually less concerned with proving that the novel is a myth than with showing what it is that has been eliminated from its discourse. In this vein, I refer the reader to the work of Kenneth Burke, a critic of genius and sensitivity, a structuralist *avant la lettre,* who is one of the titans of modern criticism.[2]

Applying Burke's methods of reading and those of other structuralist critics permits me to specify the subject which Goytisolo eliminated from his discourse: the narrator's personal victimization by Spain. We realize that the vituperative attack upon his mother country is not "motivated" by any events in the novel. The narrator lives apart from Spain, in Tangier, and the entire compass of the novel's discourse is a single day in his life. He has literally—that is, superficially, on the surface of the novel's text—no motive for the volcanic eruption which overruns and devastates Spain.[3] I eventually want to arrive at the narrator's victimization, but first I want to deal with the surface text. After some remarks on the novel's thematics, I will discuss some of the associational clusters of the themes, and some of the transformations which, like the masks in any dramatic controversy, both reveal and conceal the characters conjured up in the discourse.

In the novel's first sentence, a dramatic tension is established between the second person, singular "tú" and a first person to be discovered. Both members of the tensional pair have many facets. Although these facets are continually shifting, what counts is the relationship of intimacy between the two persons.

We find out that the narrator is conscious of himself as a performer, one delivering a discourse; he demands our complete attention: "Silencio, caballeros, se alza el telón : la representación empieza."[4] Our initial impression of the narrator as snake-oil man, a type of magician who conjures and does tricks, grows stronger as we discover that his way is cleared and "el día te pertenece : dueño proteico de tu destino, sí, y, lo que es mejor, fuera del devenir histórico" (26). The narrator is free of ties—domestic, economic, national—and able to wander, aimlessly it seems, through the city. Echoes of the existentialist *héroe a la intemperie* resound in his prayer to Góngora:

> altivo, gerifalte Poeta, ayúdame : a la luz más cierta, súbeme : la patria no es la tierra, el hombre no es el árbol : ayúdame a vivir sin suelo y sin raíces : móvil : móvil : sin otro alimento y sustancia que tu rica palabra : palabras sin historia, orden verbal autónomo, engañoso delirio : poema (124-5)

We are in the hands of a shamanistic master of illusion; he tells us he is or has been a reporter, a chronicler of his countrymen's frenzied passage from underdevelopment into a sort of affluence previously unknown in Spain (58). He has renounced the "comfortable" role set out for the accepted writer in Franco Spain, a role full of remorse and bad faith, involving the adoption of "una estrategia a largo plazo, una táctica acomodaticia" (35). Against the hollowness and deceit of that role the narrator juxtaposes his rootlessness; he is rooted only in his radical honesty in reporting what he sees.

Renouncing the comfortable fame of an establishment man of letters in Spain is not, however, a renunciation of another fame and power. When the narrator does carry out his conquest of Spain and imposes the blood-bath, he implies that Spaniards will love him, since "quien bien te quiera te hará llorar" (118), and "el pasivo serrallo acogerá con júbilo el áspid" (127). The result, fame or infamy, is the same in either case; the narrator has simply chosen to reverse the valences. Like any shaman, he is outside of history and in direct connection with superior powers whose exercise will bring him the high reward of everlasting glory and fame, just as his namesake, the historical Julián, gained odium and infamy.

One of the facets of the "yo" is the traitor Julián, whose story comes to us from history. The narrator as the traitor Julián begins as an observer of Spain: he can see the mainland from across the Strait of Gibraltar. He ends as a watchman at a construction site, where he performs traitorous and evil acts upon the boy, Alvarito. The role of observer-watchman is ironic; it carries two opposed meanings at once. As watchman of the construction site, Julián/narrator's job is to safeguard the site. But he does the opposite, in destroying Alvarito and the "property" of Spain. As a watchman, Julián/narrator does not inform the police of any wrongdoing he sees at his post; he perpetrates the wrongdoing himself. He watches Alvarito come home from school each day, just as he had previously watched Spain every day from his lookout in Tangier.

The ironic intent behind the role of watchman or guardian is easily extended from Julián/narrator to all the other guardians in the novel, who also fail to preserve the objects of their guardianship from attack. Since Julián/narrator manages to attack everything in Spain no "guardian" can be successful.[5] This extension of irony to all guardianship is aimed at Franco's claim that his is but a "caretaker" government, serving only until such time as God (or Franco) decides that the Spanish people are ready for the monarchy to be "restored."[6]

Nor have we exhausted the ironic thrust of the role of guardian. The imagery of "watchman" and "watchfulness" evokes a corresponding imagery of "deception, deceit, slyness, and stealth." Hence, the destroyers in the novel—the scorpion which kills a captive grasshopper in the boyhood memories of the narrator, the snake which kills the tourist/Mrs. Potiphar in the narrator's report of the tour's visit to Tangier, and Julián/narrator's forcing Alvarito into degradation and suicide—all perform their destructive acts by stealth and deceit. Their attacks are not frontal but devious; they do not announce themselves in advance, nor allow the enemy to prepare him/ herself. Naturally, the "eternal vigilance" of the Franco regime has forbidden the circulation of this novel, and naturally it circulates and is read clandestinely.

We have glimpsed some of the diversity in the "yo"; the other member of the tensional pair is "tú." "Tú" is Spain, it is the prophet Mohammed, it is the narrator in his own childhood, as well as the narrator speaking to himself in the present. The subject of the destruction of Spain is expressed in various themes which recur in shifting combinations with each other throughout the work: "abandonarse al excitante juego de las combinaciones" (135). The vision is kaleidoscopic, but I would caution the reader not to assume that the narrator's smoking kif makes that vision hallucinatory. Nothing is gained by likening the vision to a hallucination; instead, much is lost because of the distance this word interposes between the reader and the text. The narrator's kif-induced visions cannot adequately be described by terms such as rational/irrational, realistic/surrealistic, etc. The kif is a liberating and sharpening tool which facilitates his vision (126); it is here that the keenness of vision missing in the novel's "watchmen" is present. Are we surprised that, just as with Goya's *Caprichos* or Picasso's *Guernica*, the sharpened vision is what we otherwise call "in-sight"?

Many reasons are given why Spain deserves destruction. One of the first is that the country is an evil step-mother: "adiós, Madrastra inmunda, país de siervos y señores : adiós tricornios de charol, y tú, pueblo que los soportas : tal vez el mar del Estrecho me libre de tus guardianes" (14-5). An echo of another exile, James Joyce: "Ireland is an old sow who eats her farrow." An echo of evil step-mothers in fairy tale and myth. Both and neither. Where Cinderella appears (216), we recall that she lived with a step-mother and step-sisters; where Celestina is invoked (173), we remember that she is called "mother" by some of the characters in that work. The narrator, in full command of the range of Spanish literature, is expressing the same anger and doubt about "la madre patria" as Unamuno was when he punned on the "padre matria." Hence, "la patria es la madre de todos los vicios : y lo más expeditivo y eficaz para curarse de ella consiste en venderla, en traicionarla" (134). This is an attack on the legitimacy of the mother country. Spain's legitimacy is in question because of the regime which rules her, an usurper's regime which supports and is in turn nourished by the stagnant, worn-out, vapid traditions of chastity, religion, and rhetoric (160). If the legitimacy of the mother country is under attack by being labelled a "step-mother," then we shall expect the "fatherland" to suffer attack also. This attack is directed at Franco, "el Ubicuo" (34), behind whom lie the Nazi support in the Civil War, the pronounced Germanism of his own brand of Fascism (e.g., in choosing Burgos, that is, the Gothic "city," as his provisional capital during the war), and the obsession with dreams of millennial legitimacy based on the kings of the Visigothic succession in Spain. This obsession, as any Spanish schoolboy can testify, is visited upon Spain's citizens when they are made to memorize the list of Visigothic kings, and it echoes the Old Testament genealogies ("Hijos de Jafet, nietos de Noé") as Américo Castro has abundantly pointed out.

One of the prime pieces of broken glass in the narrator's kaleidoscopic vision is the philosopher Séneca, a figure claimed as Spanish by conservatives, and who is thoroughly demolished in the novel. Séneca is charged with turning Spain into a pea-patch: "vuestra patria ha sido, es y será un garbanzal : y vuestro símbolo, héroe de honda raigambre ibera, de añeja, ranciosa cepa senequista, Garbanzote de la Mancha" (151). The Spanish yearning for genealogical justification for its "naufragados sueños imperiales" (56) is derided, stemming as it does from the "imperativo poético de Castilla y de su acrisolada voluntad de Imperio" (163). This piece of the vision joins several others: "hidalguía : honra : misticismo : sed de empresas : genio y figura [hasta la sepultura] : máscara" (176). They are all attacked and disposed of. The narrator answers these yearnings for Empire with a recreation of the Moorish invasion of the eighth century. Thus he accomplishes, with negative valence, the dreams of the Franco regime that Spain will serve as the bridge between the "emerging" Arab nations and Europe. Casting his and Spain's lot with the Arab world, needless to say, is Franco's reaffirmation of the anti-Jewish policies of Nazism and of Spain herself, reaching back to the eleventh century. The early anti-Semitism of the Castillian conquest of the peninsula in the fifteenth century, driving both Moors and Jews from Spain, now finds a one-sided focus in Franco's policies.

When the lawyer, Alvaro Peranzules, becomes the *perfecto caballero* (160), certain elements fall into place: the *caballero* as warrior, mystical exaltation, fixity of purpose, rhetoric, and classical Spanish literature. When he visits the library and peruses some books by classical authors, Alvaro discovers the insects which the narrator has brought from home and surreptitiously squashed between the pages: Alvaro is an insect, thoroughly covered by a bony carapace, and as he reads, "endurece aún los rasgos petrificados de su mascarón y recita con voz pedregosa un soneto crustáceo, de morfología ósea y sintaxis calcárea, extraído de algún florilegio de fósiles, alineado en los estantes de la biblioteca del bulevar" (161). Nothing is more natural and even classical in its observance of decorum than that the insect, Alvaro, should read crustacean sonnets and other fossil works by other insects. As the narrator observes Alvaro in the library, watching him discover the squashed insects (178-9), he sees him die (181) apparently from fright.

Behind the act of squashing insects in books by classical authors there are a few important thematic ideas. The insects are Tangerine, hence, something Arabic invades and contaminates the "great" works of Spanish literature, as indeed thousands and thousands of Arabisms have invaded the language in general. The Spanish language is dead (156-7), having been suffocated "desde estrados, iglesias, cátedras, púlpitos, academias, tribunas" (192) and having failed to impose its rigidities imperially ("nosotros lo llevamos a la otra orilla del Atlántico" [193]). As with the Moorish invasion of 711, the Arabisms Julián/narrator introduces into Spanish books carry his own invasion, although there aren't enough flies in Tangier to blot out all the despised members of the Spanish middle class (58).

When Julián/narrator puts the insects into the books, he inspects his handiwork; he is the "observer" again. He sees his work and sees it is good, so good that he must suppress a yell of delight: "ahogando en la garganta el grito de Tarzán" (38). The narrator-as-God is seen elsewhere also: "recreador del mundo, dios fatigado, al séptimo día descansarás" (148). Apart from being a means of defiling the fossilized classics he hates, the insects he puts into the books are a means of inserting himself into the classics, not as a reader nor as a classic author (or one of hallowed fame) but as a vengeful destroyer.

A great deal of the aggression in the narrator appears as an attack on the Spanish language itself. Spanish is "el último lazo que, a tu pesar, te une irreductiblemente a la tribu" (70). Having renounced Spain and the career of a *conformista* man of letters, the narrator needs to find a new language, just as he needs to find his individuality. In the first pages of the novel, the narrator knows himself to be as yet unborn; the darkness in his room is "la apaciguadora penumbra fetal" and he slowly walks about "por la lenitiva matriz" (15). There is as yet hardly any distance between himself and the Spain he can see

345

across the Strait: "unido tú a la otra orilla como el feto al útero sangriento de la madre, el cordón umbilical entre los dos como una larga y ondulante serpentina" (13).

I will return later to the snake and mention some of its phallic meanings. For now, I will say that the umbilicus likened to a long, curving serpentine is the Spanish language, or rather the Castillian language, enshrined, entombed in the Royal Academy' dictionary, (did not Pérez de Ayala in *Belarmino y Apolonio*, call the dictionary a cemetery?), in its grammar book, and in its failed vigilance over *casticismo* in expression. While Julián/narrator carries out his invasive rampage on Spain, he is telling his story in Spanish. But it is a Spanish which purposely welcomes foreign words, violates the norms of punctuation and throbs with the continual use of taboo words, popular turns of phrase and dialectalisms. The narrator, in addition, is master of scientific language, purloined from lay medical encyclopedias[7] and biology textbooks. In this instance too the narrator wants to open the gates of language so that it will reflect his own lived reality.[8]

A full understanding of what is at work in the narrator's use of Spanish requires that we see the imperative for a "meta-language of control" which, according to Basil Bernstein, is a prerequisite for the emancipation of consciousness and for "an elucidation of the objective distribution of power and channels of control."[9] As is obvious, the narrator's attack on Spain is fundamentally an attack on the corrupt uses of power currently by the Franco regime and millennially by an extremely repressive monarchy and oligarchy. The Castillian language, guarded by the Academy, is a "restricted code" which conceals the pathways of the exercise of power and short-circuits the potential for social change and innovation.[10] An elaborated linguistic code, i.e., a meta-language of control, makes the processes by which social power is channelled visible, hence amenable to change. The narrator does not, therefore, merely wish to offend by the use of obscenity; nor is he merely interested in mocking Spanish notions of propriety. He is intent on fashioning a language which breaks down linguistic rigidities and concealments, just as his invasive attack on Spain will ruin its repressive, millennial culture. Finally, the narrator's inclusion of passages in dialect and of foreign words and phrases does not make those "sub-standard" utterances achieve parity with standard Spanish; to have done so would have required that the entire account be written in those "sub-standard" forms. Instead, the narrator has come through the other side of Academic Spanish and acquired a broader meta-language, one which liberates him and his readers and which by its violence is perfectly suited to the warfare which is the subject of this discourse.[11]

We see Alvaro Peranzules, practitioner of the *retórica huera* of pure Castillian, and exemplar of the *perfecto caballero cristiano*, die because of the insects which blemish the pages of his beloved authors. His funeral combined various forms of public demonstrations of remorse—mourning, ecstasy, and eroticism. For the procession of penitents merges with a newsreel of *Carnaval*; both processions snake their way through the streets observed by the narrator. The penitential peaked cap fuses with the headgear of the KKK, amalgamating religious fervor and murder, mysticism and prejudice.

Alvaro/Perfecto Caballero/Séneca, for those are his masks, has a daughter, Isabel la Católica. In her the fusion of religion and death is seen again. She is the perfectly devout Christian woman who "oye misa diariamente, cumple con las horas canónicas : aprende latín para orar y lo domina como un consumado humanista : su padre le ha enseñado el amor a Dios : a tener honor y ser esclava de la palabra" (163). Like Santa Teresa and Sor Juana, Isabel la Católica masters Latin, thereby becoming a slave of words. She is enslaved, not emancipated, by language and while a slave to the "Word" or the "Verbum" which vivifies and regenerates, she is also a "love slave," masochistically perverse and bent on self-destruction. Julián/narrator "spies" on her from behind a curtain as she says her devotions, to the accompaniment of songs by the Rolling Stones. The missionary zeal of Reconquest Spain's Catholicism is matched by the "musical cruzada" (40) of the Stones, and they help transform Alvaro's daughter from the quintessence of virginal, chaste Spanish womanhood into a lascivious strip-teaser, given to refined forms of self-abuse. Watching her strip off her clothes and flagellate herself with a crucifix creates unbearable tension in the narrator ("la dilatación vascular y la filiforme secreción de tu sierpe devienen intolerables" [165]), and he emerges from behind the curtain to thrash her himself, and then embark through coitus on a voyage into the Sacred Grotto, Isabel la Católica's vagina, the jealously guarded vagina of all Spanish women.

The sado-masochism of this scene flowers, or festers, into a paean to *El Coño*, the grotto repressively guarded by traditional Spanish custom, a custom not without its roots in the seven-hundred-year rule of Spain by the Moors. The grotto/cave/cavern is a constant presence in the narration, the target of the ever-present snake. Of the many and obvious levels of meaning in the "cave-snake" pair, one bears special mention. The cave is Spain herself, target of Julián's invasion, and victim of the rape and ruin he perpetrates on her. The invasion from Morocco is paralleled by the invasion from America and Northern Europe which has already occurred: the tourist invasion. The group of tourists visiting Tangier includes an American, Mrs. Potiphar, who is bitten by a snake and dies. Her body is defiled by the "gnomos orientales del Zoco Grande" who rush to urinate on it (68).

The tourists truly invade Spain, but their invasion, unlike the one Julián instigates, is negative. They support Franco (65), and Mrs. Potiphar gestures from her bus as if electioneering for him (120).[12] In Julián's account, helicopters from the American air base actually do electioneer for him (124). The invading horde of tourists is no less destructive than Julián's horde, for they strafe the city with their cameras (46). Clearly, Spain is doomed, encircled by invaders from all points of the compass. But Julián's invasion will be the more perfect one because it is treasonous, carried out by stealth, and is a sexual, incestuous violation of the "mother country."

The snake, Julián/narrator's phallus, penetrates the sacred vagina of the mother country. When we see Julián as the watchman at the construction site, the snake naturally is present: "tú y tu fuerte compañera, la culebra : prolongación indispensable de ti mismo y de tu modo de ser" (215). In one or another form it plays the central role in the seduction, degradation and forced suicide of Alvarito, the schoolboy who peeps through a hole in the fence surrounding the site. Part IV of the narration deals chiefly with these events, and if the reader was shocked earlier he is now horrified. Enveloped in the myths of Cinderella and Little Red Riding Hood, with echoes of Orphic descent into Hades, Julián/narrator takes on another mask: that of executioner or of Death itself. The steps in Alvarito's destruction—seduction into homoerotic activity, the awakening of Alvarito's guilt and its manipulation by Julián/narrator/executioner, his being forced to steal his mother's jewels and blame the theft on a faithful servant, his death by hanging—are an ineluctable destiny. The reader follows these steps with the same hypnotic fascination with which Alvarito follows Julián's orders: Julián is the snake which hypnotizes its prey before killing it (106), just as Mrs. Potiphar was hypnotized previously by the snake and snake-charmer. The intensity of Julián's prose in this section is a clue to the special importance it has in his narration and I will return to its importance below.

After the death of Alvarito, the destruction of the Spanish trinity is complete: Alvaro/Perfecto Caballero/Séneca as father; Isabel la Católica/Santa Teresa/strip-tease artist as mother; Alvarito as son. Julián ends his narration with the destruction of the temple, and briefly he is Samson, endowed by God with superhuman strength. As the Church, "la casa del miedo" (233), collapses, Julián returns home through the marketplace, and the narration winds down to a quiet close, but one which promises to begin the same invasion, the same narration, again on the morrow. So the snake bites its own tail *ouroboros* joined in a circle of perfection, completion and self-sufficiency.[13]

The preceding discussion focuses the major patterns in the narrator's kaleidoscopic vision. They constantly shift, elements from one scene combining with elements from others, until it seems that any given piece of the picture, any image, may in fact be carrying the totality of meanings carried by all the others. This polysemy of the imagery and of the language gives an impression of seamlessness; no matter where one begins to inquire into the meaning, one is referred to all the other meanings. I have actually said that the narration forms a totally self-sufficient entity, and thus fulfills a necessary condition of a work of art.

I also think it is clear that the summary above does not exhaust all the important meanings which are contained in Julián's characters and in the events and objects he describes. The summary does, however, cover the surface of his discourse and prepares us for the examination of what is left out of that discourse: its eliminated subject.

Structuralism lays great stress on the relationships between the signs in a code, whether these be phonemes, sememes or mythemes. In fact, in structuralism the relationships between and among signs overshadow the specific content of the signs. In *Don Julián* all of the images or signs are of manifold content, and that content shifts from page to page. This fact makes a first reading quite difficult, since the reader is accustomed to paying attention to the signs themselves, instead of to the clusters of signs and their interrelationships with each other. Second and third readings are progressively easier and increasingly rewarding.

The narration's overall tone is one of opposition, and looking at some of the simpler oppositions at work in the discourse is a good way to elicit its sub-surface features. One such opposition is "Spain/Morocco." The meanings with which the narrator fills up the sign "Spain" include spiritual decay, aridity, sterility, and death. These

The Surface and What Was Eliminated

meanings are embodied by characters such as Séneca, Santa Teresa, Alvaro, Franco, Isabel la Católica, Manolete, and so on. The opposite term, "Morocco," carries opposite meanings: life, fertility, water, sexuality. These are manifested by a similar though less numerous range of characters: Tariq, Mohammed, the narrator himself.

Of these meanings, the "Moroccan" ones prevail, or will prevail, over the "Spanish" ones. If Castilla is arid and dry, Julián will cause it to rain, sending clouds "que convulsionarán bruscamente el clima." The result will be a promiscuous flowering of underbrush and crops: "la naturaleza devendrá lluviosa : barbechos y rastrojos verdearán : cereales, hortalizas, legumbres tapizarán el fértil llano" (146). The "dry / wet" opposition appears also in Julián's urge to infect Spain with rabies, hydrophobia, by donating blood which carries that disease. The clinical description of the symptoms makes it clear that the entire country will need to be disinfected before it can be inhabited again (133-4). On the "wet" side are life and sex which Julián attributes to the "Moroccan" member. Julián's background is Spanish, as is his language. He has a traditional Spanish, even European, view of the Arab as promiscuous and licentious. As Américo Castro has pointed out, the Arabic contribution to Spain's culture has been stigmatized precisely for its assumed sexual license. Down to this day, Spain reacts ambivalently to the Arab world, engaging in a ruinous Moroccan war in the 1920's with France against the Rif and exploiting Moorish troops under Franco in the Fascist uprising of 1936, while lately pretending to the role of mediator between Europe and the Arab world.

The Arab world as a place of sexual liberation and / or perversion is also a setting for some of the works of André Gide and the American expatriate Paul Bowles, among others. While this has been a large part of the "myth of Arabic culture" for Europeans, there has generally been a conviction among them that Arabia is exotic, distant, different. In Spain, however, looking to Arabia means looking at a cousin culture, one which in many ways shaped Spain's own. Hence, there is not the separation a Frenchman or American feels, and the ambivalence is greater. I also want to group another binary pair, "light / dark," under the "Spain / Morocco" pair. Under the "light" term fall Anglo-Saxons and Nordics, progress, affluence, and the sun. Under its opposite fall the Spanish, underdevelopment, poverty, and shadow.

So far the binaries look like this:

     I.   Spain   /   Morocco

dry	/	wet
asexual	/	sexual
sterile	/	fertile
death	/	life
light	/	dark

At the point where "light / dark" take their place in the binary opposition we begin to see the valences shift. For this opposition includes "Earth / Hell," "earth / underground," "Castilla / grotto," and finally "life / death." I alluded above to the Orphic personality of Julián: "Orfeo sin lira tras las huellas de Eurídice, . . .te internarás en la oblicua garganta abierta en la excavación pelviana" (168). At the construction site, a walkway of wooden planks leads to the waiting Julián; Alvarito "walks the plank" to his doom (219). The walkway is the bridge over the abyss, and the child falls into the clutches of Julián/Orfeo/Death. The "Earth / Hell" pair includes the "earth / underground" pair. The grotto, besides being the vagina, is an underground cavern, damp, and humid. It is also, when called "la negrísima gruta," a public toilet (58). Hence:

II.

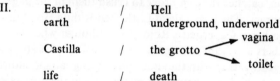

Earth	/	Hell
earth	/	underground, underworld
Castilla	/	the grotto → vagina / → toilet
life	/	death

Comparing the two series of oppositions, we can see that the polarities shift on the "light / dark" pair. In the first series, Spain is "light" and "dead." In the second it is "earth" and "life." Likewise, the values of the opposites of these terms also become reversed. At the level of the oppositions present, we can understand that the pivotal terms are reversible and carry a double message. This quality enhances their fullness as signs, and is in line with the completeness and self-sufficiency of the narration as an unending, cyclical flow.

Understanding the interrelationships of the binaries and the ease with which their various contents may shift and fill up specific signs at given moments in the discourse helps us to apprehend the eliminated subject of the discourse. The Julián/narrator sign is a vehicle for death, retribution, vengeance and treason, all of which are subsumed on the surface of the narration in the figure Tariq. The three meanings of Julián (Julián/narrator/Tariq) denote individuals who are peers. Another sign, with rather more meanings (Alvaro/Isabel la Católica/Alvarito) comprises a family tree: Alvaro is the father of Isabel la Católica, and Alvarito is the son of Alvaro since he bears his

351

name. What has been eliminated from the discourse is why Julián corrupts and forces Alvarito to commit suicide. Nowhere on the surface of the discourse is their relationship explained or motivated. I take it that Alvarito is Julián himself in childhood.

In Part II, Julián's narration splinters into several separate discourses: the tale of Little Red Riding Hood, memories of Julián's childhood, a sermon on sin, and a dialogue about fornication and sexual perversions which is overheard in a garden, among others. The dialogue concerns a woman and a watchman at a construction site, and certain perverse activities with her hydrocephalic child. The child's mouth is always open "como si cazara moscas" (97). The narrator remembers escaping from his house "acosado de presentimientos y deseos : a través del barrio desierto, con el corazón palpitante... hasta el límite de las obras [para] invocar allí, ansiosamente, la aparición del guarda y el niño, de la víctima y el castigador" (98). Added context for Julián as spy/observer/watchman is given here. The reference to flies links the victimized child with the adult Julián who himself catches flies, in order to crush them in the pages of books in the library. The fairy tale of Little Red Riding Hood now has a masculine hero, Caperucito Rojo (13), although when the narrator remembers a servant telling the story, Little Red is still a girl. The sex change, together with the situation of being caught, indicates that Julián as a child was victimized by the wolf of the fairy tale, the watchman.

"Being caught" has an additional impact for the narrator because he remembers witnessing in school the killing of a captive grasshopper by a scorpion (91, 93-94). The teacher forced him to watch the killing and he fainted. The teacher is also an embodiment of Alvaro (162). As the hero of Little Red Riding Hood is caught, other boys in Julián's narrative are "caught," especially the ones apprenticed to the weaver. The latter, like a spider, watches them get tangled in his web and awaits the moment when "suavemente le hunde los quelíceros venenosos en el cuerpo, le inyecta su propio jugo digestivo y va disolviendo y chupando todas las partes blandas" (63-64).

Other trapped creatures are the birds in the café where Julián and Tariq smoke kif and drink mint tea. The little boy serving as Julián's guide "mira fijamente los pajarillos que brincan en el interior de las jaulas" (72), just as Julián had watched the caged grasshopper in school. These birds, however, turn into giant birds of prey, falcons and hawks, which descend and attack the city, as in Alfred Hitchcock's The Birds.

Julián's young Arab guide is an embodiment of Julián himself as a child of nine, twenty-five years before (60). When in Part IV Alvarito returns home from school, the narrator asks who he is: "el niño? : qué niño? : tú mismo un cuarto de siglo atrás" (215). We have come full circle then, like the *ouroboros,* only to discover that the child Julián kills is the child in himself.

This conclusion has been effaced from the narration's surface; like Alvarito it has been eliminated, wiped out. Although effaced, the subject is pointed to by various clues on the surface of the discourse, among them the fact that Alvarito, as was the narrator himself in childhood, is a "niño bien" (94), and that when Alvarito knocks at the door of the shack and Julián opens it the latter says: "y está allí : delgado y frágil : vastos ojos, piel blanca : el bozo no asombra aún, ni profana, la mórbida calidad de las mejillas : tú mismo un cuarto de siglo antes : insólito encuentro!" (219). And when Alvarito hangs himself in the shack, Julián says: "tú mismo al fin, único, en el fondo de tu animalidad herida" (230).

The narration's surface is a devastating attack on Spain. But the missing subject, the motive for the attack, is the narrator's recognition of the damage done to him by Spain and by her repressive traditions. The gradual but inevitable degradation of Alvarito communicates itself with a special intensity, with a keener sadism and a more detailed outrageousness than the destructions of Alvaro/Séneca or of his daughter, Isabel la Católica. Although I am persuaded that those two figures are the narrator's father and mother, I think that he has reserved a special hatred for Alvarito, for his own abused childhood. The narration is an exorcism of a very personal demon, the warped and deformed child that Spain produced in the narrator himself.[14] In killing off the child in himself, Julián completes the eradication of his own personal history, thereby creating himself, as it were, by parthogenesis, creating himself as an independent human being truly free of his destructive past.

Another piece of evidence assures me of the correctness of this conclusion: I feel more outraged when I read of Alvarito's destruction than at any other part of the novel. Edmund Leach points to outrage as a reaction to the violation of taboos.[15] I do not claim to have exhausted the meaning of this narration, nor even that its "basic" or most important meaning is the conclusion I have reached.[16] The novel, as all art works, is polysemic. Moreover, its meaning may shift across time according to the degree of openness a given reader brings to it.

The Surface and What Was Eliminated

The novel's aim is to terrify, not to delight, the reader. But it is not to terrify a whole country, nor hasten the death of an already senile and impotent oligarchy. As do all works of art, the novel aims to confront the reader's terror by communicating its "eliminated" subject to his/her unconscious by means of the subject's symbolic contents.[17] Only through this confrontation can the reader move in the direction Goytisolo wishes, toward liberation both in the outer world of politics and in the inner world of the reader's feelings.

THE CITY COLLEGE
OF THE CITY UNIVERSITY OF NEW YORK

Notes

[1] Cf. Eugenio Donato, "The Two Languages of Criticism," in Richard Macksey and Eugenio Donato, eds., *The Structuralist Controversy: The Languages of Criticism and the Sciences of Man* (Baltimore, 1972). He follows Lévi-Strauss's description of a myth as a "type of discourse from which the subject of the enunciation has been eliminated."

[2] In particular, the reader will profit from Burke's *Language as Symbolic Action, The Philosophy of Literary Form, The Grammar of Motives,* and *The Rhetoric of Motives.*

[3] I am of course referring to the narrator of the novel, to its "implied author," who is not to be confused with Juan Goytisolo, the novel's actual author. See Wayne Booth, *The Rhetoric of Fiction* (Chicago and London, 1961), pp. 71-76.

[4] Juan Goytisolo, *Reivindicación del Conde don Julián* (México: Editorial Joaquín Mortiz, 2a ed., 1973), p. 13. All numbers in parenthesis in my text refer to pages in this edition.

[5] Notice that the "guardian" is one of the more widespread *topoi,* or commonplaces, one which harks back to Juvenal's "quis custodiet ipsos custodes?" (Who will watch the watchers themselves?), and is found everywhere now in our own Watergate Era.

[6] This question is not merely a point to be argued by idle, frustrated monarchists. The current "Príncipe de España," Don Juan Carlos, is not in fact the legitimate heir. That heir is his father, Don Juan. In the abscence of Don Juan's abdication, the monarchy which began a hiatus forty-four years ago with the abdication of Alfonso XIII cannot be restored. If Juan Carlos accedes to a throne, he will begin a new monarchy, albeit one deserted by his grandfather. I omit any discussion of Juan Carlos' two older brothers, one of whom is deaf and the other haemophiliac, who were shunted out of the line of succession some years ago.

[7] In the library Julián/narrator sees "un hombre de edad indefinida que consulta los tomos de una enciclopedia popular de divulgación médica" (32). Perhaps that man is Julián himself, or even Juan Goytisolo.

[8] The same purpose is seen in Luis Martín-Santos' *Tiempo de silencio,* the first

post-war Spanish novel successfully to incorporate scientific language into literary language. For a grander, more obsessive, and entirely more elaborate example, see Thomas Pynchon's *Gravity's Rainbow.* As in so many other areas, the modern novelist is here following the directions pointed out by James Joyce, in the seventeenth chapter of *Ulysses.* Recall, however, that that chapter includes, among others, the languages of law, civil engineering, music, and mathematics.

[9]Ernest W. B. Hess-Lütich, "Language Learning and Social Values: Two Concepts of Linguistic Socialization and their Sociological Implications," *The Incorporated Linguist,* 13, 4 (October, 1974), 108. Cf. this concurring view of a political scientist: "Syntax and the prevailing sign structure thus implicitly express the ideology of the community, facilitate uncritical acceptance of conventional assumptions, and impede the expression of critical or heretical ideas." Murray Edelman, *The Symbolic Uses of Politics* [1964] (Urbana, Ill., 1972), p. 126.

[10]Cf. Hess-Lütich, p. 107.

[11]Cortázar, like many other modern Hispanic novelists, makes war on words in *Rayuela.* Cf. Goytisolo's statement that "la negación de un sistema intelectualmente opresor comienza necesariamente con la negación de su estructura semántica." "La actualidad de Larra," in *El furgón de cola* (Paris: Ruedo Ibérico, 1967), p. 19, n.2.

[12]Additional depth for Mrs. Potiphar's role will be gained from John D. Yohannan, ed., *Joseph and Potiphar's Wife in World Literature: An Anthology of the Chaste Youth and the Lustful Stepmother* (New York, 1968).

[13]Cf. J.E. Cirlot, *A Dictionary of Symbols,* trans. Jack Sage (New York, 1962), p. 235.

[14]See, in this connection, Goytisolo's remarks in "Literatura y eutanasia," in *El furgón de cola,* especially pp. 54-55. In addition, a reader's response resembles one's response when one is hypnotized; cf. Norman Holland's remarks in Macksey and Donato, eds., *op. cit.* (above, n. 1), pp. 86-87. In line with Holland then, is not Julián actually a shaman, a snake-charmer who has hypnotized the reader?

[15]"Structuralism in Social Anthropology," in David Robey, ed., *Structuralism: An Introduction* (Oxford: Clarendon Press, 1973), p. 51.

[16]Many meanings which the author intends for the novel can be seen in the essays in *El furgón de cola.*

[17]See Martin Grotjahn, *The Voice of the Symbol* (New York: Delta Books, 1973).

355